国家出版基金项目
NATIONAL PUBLICATION FOUNDATION

教育部人文社会科学重点研究基地重大项目
"中国21世纪新课程改革研究"成果

儿童学研究丛书

张华 主编

儿童主体论

戎庭伟 著

山东教育出版社

图书在版编目（CIP）数据

儿童主体论 / 戎庭伟著. — 济南：山东教育出版社，
2018.10

（儿童学研究丛书 / 张华主编）

ISBN 978-7-5701-0449-9

Ⅰ. ①儿⋯ Ⅱ. ①戎⋯ Ⅲ. ①儿童教育-主体论-研
究 Ⅳ. ①G61

中国版本图书馆 CIP 数据核字（2018）第 266549 号

ERTONGXUE YANJIU CONGSHU

ERTONG ZHUTI LUN

儿童学研究丛书 张 华 主编

儿童主体论 戎庭伟 著

主管单位：山东出版传媒股份有限公司

出版发行：山东教育出版社

地址：济南市纬一路 321 号　邮编：250001

电话：（0531）82092660　网址：www.sjs.com.cn

印　　刷：山东泰安新华印务有限责任公司

版　　次：2018 年 10 月第 1 版

印　　次：2018 年 10 月第 1 次印刷

开　　本：710 毫米 × 1000 毫米　1/16

印　　张：23.25

印　　数：1-2000

字　　数：320 千

定　　价：46.00 元

（如印装质量有问题，请与印刷厂联系调换）印厂电话：0538-6119313

迈向"儿童学"

——"儿童学研究丛书"主编寄语

　　"儿童学"或"儿童研究"（child study）诞生于19世纪末欧美国家的"进步教育运动"与"新教育运动"。美国"儿童研究运动"的发起人霍尔（G. Stanley Hall）说："通过儿童生长的过程去评判一种文明，通过适应个人自然生长的方法去评判一种学校制度。"这既揭示了儿童学的价值追求，又阐明了现代民主教育与古代专制教育的重要分水岭——是否建基于儿童研究之上。我国民国时期的"新教育改革运动"是世界教育民主化运动的有机构成。因当时确立了"以儿童为中心""谋个性之发展""发挥平民教育精神"等理念，儿童学研究获得重要发展，并由此为我国教育现代化与民主化奠定早期基础。

历史在曲折中前进。1936年7月4日，联共（布）中央颁布《关于教育人民委员部系统中儿童学曲解的决定》，宣布儿童学是"资产阶级伪科学"，立即取缔并彻底批判。有的儿童学者被判处死刑，许多儿童学者被撤职或逮捕，著名儿童学者维果茨基和布隆斯基的著作被禁止出版。"儿童""个性发展"等术语成为苏联讳莫能深的词汇，"无儿童的教育学"——凯洛夫《教育学》自此登场，苏联教育一度陷入僵化与停滞。直至20世纪五六十年代，维果茨基等人的儿童学著作才重新出版。70年代，维果茨基的著作译成英文传入西方世界以后，震惊欧美教育界，他创造的"社会建构主义"思想成为引领世界教育发展的支柱性理论之一。

中华人民共和国成立以后，由于国家采用了"一边倒"的政策而全面师法苏联，"取缔儿童学"的政策事实上被隐秘地输入了。一方面，民国时期的儿童研究被打上"资产阶级学说"的意识形态烙印而被迫中止；另一方面，凯洛夫《教育学》于20世纪50年代引进中国，并被视为唯一合法和政治正确的"马克思主义教育学"在中国推广。凯洛夫《教育学》在苏联仅存在了十年，但在中国已存在了近七十年。它把教育的本质理解为通过外部知识的灌输而改造人的心灵。在这里，儿童不过是一个任人摆布的玩偶、会移动的容器而已。这种"见物不见人"的教育学至今仍盘踞我国教育界，成为迎合"应试教育"需要、阻碍我国教育现代化和民主化的最大思想障碍之一。自2001年开始，伴随基础教育新课程改革的实施，儿童学研究获得长足发展。新课程提出了"为了每一个学生发展"的理念，尊重个性、崇尚自由、促进每一个儿童主动发展等进步教育理念，自新中国成立以后第一次被如此系统、广泛和彻底地倡导。儿童学研究成为实施新课程改革、践行素质教育理念的必然要求。

何谓儿童学？儿童学是一种时代精神，即尊重儿童独特价值、追求儿童解放的教育民主精神，简称"儿童学精神"。儿童学是一个研究领域，即对儿童的发展与学习、儿童文化与儿童个性诸方面的跨学科的整体性研究。宏观言之，儿童心理学、儿童教育学、儿童医学、儿童社会学、儿童文化学、儿童哲学、儿童文学、儿童史学等，均属广义的儿童学的有机构成部分。儿童学是一门具体学科，即一门基于某种范式、整合不同视角对儿童及其发展进行整体研究的学科。这是狭义的儿童学，可称为"儿童学学科"。儿童学学科既建基于"儿童学精神"，又源自"儿童学领域"，是二者的具体化与专门化。

我国儿童学的任务和未来方向是什么？将儿童发展视为一个专门研究领域，运用跨学科视野和多元化方法对儿童发展进行深入研究、获得深刻理解，基于理解儿童而促进儿童发展，最终实现我国儿童解放和教育民主化。这是我国儿童学发展的根本任务与使命。我国儿童学发展的未来方向应聚焦如下三个方面：

第一，捍卫儿童权利。儿童是完全的权利主体。儿童阶段、儿童文化、儿童生活具有独特价值，成人有责任让儿童过好今天的生活——独特的儿童生活。每一个儿童个体具有独特价值，尊重儿童个性、发展儿童个性特长是成人社会特别是广大教育者的神圣职责。我国需要通过包括立法在内的各种途径保护儿童权利，而不应延续古代专制社会将儿童置于被压迫者底层的做法，也不应将成人社会的竞争法则通过"应试教育"体制强加于儿童并使儿童日益工具化。我国社会迫切需要践行"新儿童观"，即让儿童成为社会一切福祉的最先享用者、一切灾祸的最后罹难者。"新儿童观"的实现是我国进入现代文明社会的基本标志。

第二，理解儿童认识。人的认识具有发生性与发展性。儿童既有独特的认识世界的方式，又有对世界的独特理解。尊重儿童的核心是尊重儿童的理解。正是由于20世纪初杜威、皮亚杰开创了尊重儿童经验、研究儿童认识的伟大传统，才有了波澜壮阔的世界教育民主化运动。汇集儿童哲学、儿童心理学、儿童教育学等学科，研究信息文明时期儿童认识的新特点、新变化和新需求，是创造21世纪信息时代新教育的基础与前提。

第三，探究儿童方法。儿童是世界的探索者、发明者、创造者。杜威说儿童具有与生俱来的探究、建造、表现与社会交往的本能。儿童不是成人知识的被动接受者，而是主动的创造者。但儿童有自己的探究世界的方法。儿童学应致力于发现儿童的方法，并找到途径将成人的方法转化成儿童的方法，以帮助儿童不断发展探究世界的能力。

教育学即儿童学。只有当广大教师乃至全社会学会捍卫儿童权利、理解儿童认识并探究儿童方法的时候，中国社会才有希望。

2016年9月10日教师节写于沪上三乐楼

目录 ∎

第一章
导论：理解与批判

第一节　研究回溯：福柯与儿童

一、研究缘起：问题与意义

派纳在其《鹤的失语》一文中引用了这样一个故事（派纳，1994，265）：一位妇女被关押在精神病院达48年，因为医生说她说话含混且喋喋不休。但最终人们发现，她是一个乌克兰移民，而医院里没有人意识到她是在讲乌克兰语……

在某种意义上，教育中的儿童就像那个乌克兰妇女，被囚禁在"主体性"的医院里。为什么可以这么认为？儿童的"医生"是谁？他（们）是如何"说"的？我们能够"最终发现"儿童的真实身份吗？本书就要来解开这些谜底。

（一）教育空间释义

教育空间是考察儿童主体化的场域。在不同章节，其具体所指不同，先用表1.1对其进行简要说明。

表1.1 教育空间

四维度	三类型	所属章节	时间维度在各类型空间中的作用
教育空间 教育真理 教育权力 伦理实践 时间	转换的论述空间	第2章	通过参考时间的位移或历史的演进,得以识别论述空间的转换、教育真理与儿童主体性的流动性特征
	矛盾的权力空间	第3章	通过时间的分割与累积,得以在权力空间中生产出儿童
	真实的异域空间	第4章	儿童通过对线性时间的超越,从而能够在由过去、现在、未来所构建的异域空间中实现伦理型实践的自由

教育空间包括四个维度,即教育真理、教育权力、伦理实践与时间,其中时间维度贯穿于前三种维度的交互作用过程中,它承载着主体化的所有因素,但又可以被部分超越。

教育空间有三种不同的表现形态,分别是论述空间、权力空间和异域空间。

论述空间是教育真理诞生的场所,但它同时含有教育权力与儿童伦理型实践的因素。通过参考时间的位移或历史的演进,得以识别论述空间的转换性以及由其所决定的教育真理与儿童主体性的流动性特征。

权力空间是教育权力运行的场所,但权力的运行依赖于并生产着教育真理,它也同样依赖于儿童的伦理型实践,但其对于儿童的生产效果却可能部分受到儿童伦理型实践的消解和抵制。时间是教育权力生产的基本要素,通过对时间的分割与积累,得以选择性地生产出特定主体性的儿童。

异域空间是一种心理空间,借助于此,儿童能够部分消解教育真理和教育权力对自身的规约与生产。它存在于儿童与他者联合、与异者相遇或超越线性时间的自我考古过程中,儿童在其中能够自我设定真理的游戏规则,进行伦理性自我创造。在异域空间中,儿童有可能形成普世主体性,这是世界主义的基本精神。

在某一时刻，教育空间中其他三个维度的运行状态，可用立体图形表示（图1.1）：

三个小球分别表征教育真理、教育权力与伦理实

图1.1 某一时刻教育空间中三个维度的运行状态

践，三者的运动交织在一起而不可分割（但并非总是并行不悖）。它们运动的全部轨迹，便编织出建构儿童主体性的教育空间。教育空间运行在时间的过程中[①]；在某一时刻，三个维度整体的运行状态，便由三者之间的力量对比关系综合确定。

主体化与主体性。"主体化"是本书研究的核心对象，即儿童形成主体性的过程与机制。这里的"主体性"概念，与我国当前语境下或现代意义上的主体性内涵有很大差异（详见下文的文献综述）。与"主体性"相关联的一个概念是"身份"，本书将其视为主体性的某一个或几个方面，它总是与特定情境联系在一起。因此，身份是主体性的内容之一，相对于主体性的流动性而言，身份的主要特征是相对固定。

（二）研究问题

福柯将哲学的任务界定为描述"当前的特质"。本书延用他的这一思路，系统考察儿童"当前的特质"，尤其是"当前的历史"（"医生"），以期理解儿童主体化的多种技术及其运作机制（"说"的方

---

① 时间的"过程"而非时间的"进程"，表明教育空间中的时间是可以回溯的。同时，它也表明儿童能够超越过去、现在和未来的线性时间界限，发展出自己超越时间性的主体性品格。

式）。^①在此基础上，思考重建儿童主体性的另一种可能（"最终发现"）。

因此本书解决的基本问题是：分析在教育空间中，儿童是如何主体化的。更进一步说，借用福柯的整体思想^②，历史地研究在教育空间中儿童主体化的具体技术，并在此基础上探讨儿童自我主体化的新路径。具体问题是：（1）教育中的真理如何规约儿童（儿童真理的历史）；（2）教育中的权力关系如何生产儿童（教育权力的理性）；（3）儿童主体如何进行伦理型自我建构（主体的伦理型创造）。这三方面的问题，分别揭示了教育中的真理政治学现象及教育真理的转换性特征，教育中权力关系的生产性作用及儿童在权力关系中的能动性，儿童自我认识、自我关怀以及实践性自由的可能性等特征。

归纳起来，本研究主要探索福柯思想对于教育研究的价值，论述福柯对真理的谱系学考察、对权力的微观分析和对自由的伦理型实践，之于本书的研究问题和研究内容所提供的方法论价值和概念性意义。

上述三种研究内容中，教育真理与教育权力关系类似于儿童的两位"医生"，他们分别从理论化、生产过程两种角度，去论说与形成儿童的主体性。而儿童自我的伦理型实践则类似于患者对医生的反应方式，他

---

① 本书研究的是个体层面上的主体化，而非高于个体如家庭或社会层面上的主体化。尽管二者之间联系密切，但是差别却也显著，最主要的是在主体化的程度和性质方面。"个体主体化"讨论的是个体的身体变成权力符号的效果；而超越个体的"集体主体化"，则需将集体人口看作一具性质单一、结构一致的权力当局的身体（隐喻意义），于是就会产生这种反直觉的说法："一方面，有很多具身体但却没有任何个体性；另一方面，一种个体性却拥有多具不同的身体。"（Foucault, 2006b, 46）前者描述普罗大众，后者叙述权力当局。个体主体化的全部实现能够体现集体主体化的特征，但这种特征因其内部并不完全统一而具有开放性和吸纳新事物的力量。集体主体化的程度更深，且因其内部主体性过于一致而容易封闭，不能接纳异己思想。集体主体化的程度，反向衡量着教育和社会中民主化的程度。

② 借用福柯的整体思想，主要是指既运用其前期思想，更要从其后期思想中挖掘实现教育中的民主与自由精神的要素。因此，本书在方法论（考古学、谱系学和伦理学）和基本概念（真理、权力关系和伦理）上，都试图突破前人"使用"福柯的方式。近年来出版的介绍福柯思想的诸多英文著作，也渐以其思想的全貌作为基本框架（如Deacon, 2003; Paras, 2006; Cusset, 2008）。

们有可能通过自我认识"最终发现"自我身份，并可能运用自我创造的自由——尽管这一过程不可能完全逃脱两位医生监视性的目光。

所以，作为经验的三种形式或儿童主体化的三种技术，教育真理、教育中的权力关系和儿童主体自身，虽然受到权力关系在哲学、政治学和伦理学等领域的限制与界定，但儿童仍然有可能对权力关系进行批判，能够借助于谱系学方法，理解自身主体化过程，并基于这种理解去重建自身主体性。

重建主体性需要某种自由。本书对自由路径的探寻，既不是从外部出发（如自由主义者那样），也不是寄希望于总体的变革（如批判理论家那样），而是遵循康德的传统，把认识当前的特性作为实现自由的第一步，"从内部出发"，对儿童当前的历史进行谱系学化分析，考察儿童真理的特征（从考古学到谱系学），分析现代权力的运行机制（特别是规训形式和治理术的分析），以及儿童主体的伦理性创造（主体性重构的方向）。通过这三种方式，儿童变成主体；而批判这三种方式，儿童则获得了自由的空间。

因此，自由路径的探索包括两方面内容：经验分析和先验分析（J. Miller，1993）。经验分析的目的在于通过批判或结构分析，探究儿童身份的社会建构过程；而先验分析的宗旨在于通过经验批判，获得越界的可能，进而尝试建构新的儿童身份，让儿童重构自我。

（三）研究意义

儿童主体化的过程是可以理解和批判的，理解和批判主体化过程本身具有重要的教育学、社会学和政治学意义。对儿童主体化进行经验和先验分析，意义在于：

（1）关怀教育情境中儿童的生存状况。教育在于形成特定主体性的儿童，但在日常的教学和研究工作中，这一目的似乎正被遗忘。教师为了培养心目中的"理想"儿童，大多从儿童外部入手，关注于教育程序、教学材料、教学风格、课程实施与教育技术等内容，好像外部的努力自然会转化为内部的发展一样；而并不去考虑主体性形成的过程与机制，尤其是如何调动与发挥儿童自身在主体性建构中的作用。结果，儿童对于自我主体性的形成失去了发言权和行动力，成为被"医生"们恣意言说的对象。当我们了解到儿童主体化的机制时，我们对待儿童的态度或许就会改变，儿童在教育过程中所应具有的地位就会得到归还。

（2）帮助教师或课程研究者在教学或研究中提升自我意识。教学与研究要知其然更要知其所以然。众多的教育工作者将教育目的在于形成特定主体性的儿童作为先验假设，而不作细究追问，要么停留于这种假设而不去深究所形成的主体性的合法性，要么违背这种假设为儿童提供不利于特定主体性形成方面的经验。这两种情况都源自对主体化过程的模糊认识。教育工作者既要了解自己在做什么，又要确切知道为什么这么做以及这么做对儿童主体化的可能后果。对儿童主体化过程的解析，将有助于他们对自己工作的自觉，而自觉是走向自由的前提。

（3）丰富课程研究的方式。当前，在我国课程研究领域占据主导性话语的，仍然是课程开发范式。本书试图遵循课程理解范式，对主体性形成的多种维度，进行跨学科、多元式的解读，尝试运用多种理论，深入分析同一对象，目的在于获得解放性知识（区别于程序性知识），希望能够帮助教育实践者在理解儿童主体化的基础上，更具创造性地开展自己的工作。

要想产生以上三种意义，给出一种主体化的抽象理论是不行的，而必将提供主体化过程的详尽分析。本书运用多学科视角和多元化方法，就是力图达成对主体性形成过程的透彻理解与认识。在分析过程中，具体性和历史性是基本原则。

当然，这种原则是由主体性特征所要求的。与主体性的现代理解方式不同，本书持后现代观点，认为主体性具有流动性和易变性，所以不可能存在解释主体化的系统理论。这与福柯的精神一脉相承。福柯为我们提供了"创造性的、备受争议的和独到的关于哲学-历史和社会学思想，然而，他并不建立对于社会问题的任何宏大的、普适性的、空想的或者系统的解决方案"（Besley，2006，2）。承袭福柯的风格，本书目的仅在于尝试对历史情境中的"儿童主体化"这一具体问题，运用多学科视角作为工具深度挖掘，并基于这种挖掘，思考重建主体性的可能与方式。实际上，对问题的理解不同，采用的解决方案往往也殊异。只有对问题透彻理解，它的最佳解决方式才可能出现——或许，这就是理解课程范式不言自明的逻辑。

二、文献综述：主体性与主体化

儿童主体化，即儿童成为主体、获得主体性的过程。那么，什么是主体性？主体化具体是指什么？分析主体化的已有理论有哪些？这些理论对本书的意义是什么？以下将分析"主体性""主体化"这两大概念的历史源流和研究现状，作为本书进一步研究的基础。

（一）主体性的历史批判

主体性是西方思想界17世纪以后的一个核心概念（弗拉克斯，1994，11），在不同时期和不同语境下，其意义差别很大。本书分析儿童主体性，目的在于思考儿童主体在教育空间中的处境以及是否可能在教育关系中获得自由，或者说，在获得自由的有效实践中到底需要什么样的儿童自我。

1. 我国教育语境与现代中心论意义上的主体性

我国教育语境中的"主体性"内涵，与西方语境中的相比差异很大。

梳理我国教育语境中对"主体性"的假设，可以归纳为三个方面。[①]

第一，主体性作为一种哲学理念，是指主体的人在认识、改造自然与社会时所表现出来的自主性、能动性和创造性等特征，是人的一种内在规定性。主体性是人的先天本质特征，这是其他动物所不具备的。

这种概念假定，主体性是主体自身所拥有的一种素质，它是一种形式方面的能力。这种能力可以指向不同的对象与方面，而自身没有具体的内容，正如当前的教学论研究只重视教学程序、模式或策略而不思考教学内容一样。

第二，具有主体地位的人，不一定具有主体性。主体必须将内在于己的隐形的"主体性"品质挖掘并展现出来，才能称得上具有主体性；而且这种内在的潜伏对象必须要进一步挖掘和培养，否则就只能永远潜藏在个体体内。

照此说法，成为主体是具有主体性的必要而不充分条件。而事实上，教育，不管是何种方式与内容，总会在儿童身心上留下印记。这种印记与标识，就是主体性的内容，而不管印记的是非、曲直与深浅。

第三，需要从主体性发展到主体间性。主体间性的道德人格才是理想的儿童品质，它具有交互性、平等性、共识性、崇高性、和谐性等特质。

[①] 我国教育语境中的"主体性"概念，通常作为修饰语，附在其他关键词的前面。根据关键词或研究主题的不同，可以分为以下六类：（1）主体性教育哲学思想探讨（王策三，1994；郭湛，2002；韩幸，2014）。（2）主体性教育范式（高芳，2013；陈安杰，2014）、主体性教育（王道俊、郭文安，1992；黄崴，1994，1997，2002；蔡春，1999；肖川，1999；张家军，1999；张天宝，1999，2000；冯建军，2000；康永久，2000；吴航，2000；李永伟，2002；李菊梅，2008；王志勇，2009；高芳，2013；安世遨，2014；陈安杰，2014）、主体间性教育（蒙冰峰、廉永杰，2010；李育球，2010；吕佳翼，2016）。（3）主体性教学（和学新，2001；赵荷花，2007；颜炳梅，2009；袁秋红、吕立杰，2014；李雨乔，2015）、主体性学习（周海涛，2015）。（4）主体性思想政治教育（宋五好，2010；朱慧，2010；符俊，2012；孙若梅，2014）、主体性道德教育（王洪席、郝德永，2007；葛桦，2008）、主体性道德人格（肖川，1999；唐士其，2008；朱启涛，2009；蒙冰峰，2010）。（5）主体性教师（仲丽娟，2005；瞿卫星，2005；孔霞，2007；李桢、张钧，2012）、主体性教师教育（徐丽华、卢正芝，2005；张相学，2002；李小红，2010）。（6）学生主体（高奇，2007）、主体性学生观（何幸来、刘霞，2005）、主体性生成（周大勇，2006）、主体性发展（胡定荣，1997）；主体性发展实验（北师大教育系与安阳人民大道小学联合课题组，1995）。

是否有这个过渡的必要？其实并不需要，因为主体间性是健康主体性的题中应有之特质，在道德与伦理诉求上，前者内在地包含了后者。

总之，我国教育语境中"主体性"概念的基本假设是：主体性已经内在于主体内部；经过外部条件的适当诱发，就可以将之释放，造就具有主体性的人；主体性的人具有自主、能动、创造等品质，而且应该考虑到其他主体的存在，具有主体间性的美德。

界定概念的过程，反映了概念界定者的政治观和伦理观。关于儿童主体性的观念和我们对这些观念的选择取舍，都反映并加强了已有的政治和社会性力量。笔者认为，上述主体性概念的界定，至少有三个问题需要我们重新思考。

第一，主体性被界定为主体的动力，而动力是一种能力的形式却没有具体的内容，因此，主体性教育培养的将是没有目的和方向的儿童品质。这种表面没有而实际遭到隐藏的目的和方向，教师若不能慧眼识别，很容易被某种利益集团所操纵与利用。操纵的方向不同，产生的结果自然会大相径庭。

第二，只重形式而忽视内容，这种界定抹掉了儿童主体性在性质上的根本差异，否定了个体与个体之间以及个体内部下位个体（sub-individual）之间主体性的异质性，这样也否定了儿童主体自我更新与变化的力量，并可能导致主体性与社会性的分离，以及向外部寻求社会变革力量的缘木求鱼式做法。

第三，儿童自我的主体性，与特定社会关系中集体的主体性，都具有多种维度。个体主体性与集体主体性都是多种力量关系作用的结果，是话语论述的产物（知识、权力、伦理），它表明了对儿童主体身份的预期及其结果的实现，在这种实现过程中已经包含了儿童自由行动的全部可能与有效路径。

这三方面的内容，在我国教育语境下的主体性概念中都得不到体现，主要原因在于，我国语境下（不只在教育领域）的主体性概念，本质上属于西方现代中心论意义上的主体性。

某种程度上可以说，西方哲学即主体性问题的哲学，西方哲学史是主体性与自我问题的历史。从康德到哈贝马斯以来，启蒙哲学家们所描述的主体性，能够自主自律和无限地自我反思，所以主体性与自我是意识与经验的核心。但这种主体性主要是一种单一的主体性，它的建构过程及主要特征是：

第一，坚持先验主体存在的合理性，渴望超验主体。超验主体先验潜藏于主体内部，是等待展开（如自由主义）或解放（如批判理论或心理分析理论）的对象。这点已受到后现代主义的致命解构。后现代主义认为，主体性并非超验主体先天特性的展开或解放，因为主体处于特定的历史情境中，主体性由多种力量所生产，它根源于并反映着特定的话语论述与制度实践的特点。

第二，在坚持单一自我与超验主体的同时，压抑和拒斥主体性的其他许多相互关联着的方面。这种做法不仅难免生产出单向度的人，而且还造成了自我与他人的不必要对立，以至于主体间性才成为现代主体的一种必要美德。

总之，我国（教育）语境中或现代中心论意义上的单一自我的概念，对主体性的描述很不充分，我们需要新的自我形态。

2. 后现代非中心论意义上的主体性

与现代主义者不同，后现代主义者认为主体性是一种推理的结果，而不是超验的、非历史的和固定不变的永恒对象，也不是某种客观的绝对的实体和状态（弗拉克斯，1994，12）。主体性的形成既不是如弗洛伊德的压抑假说所强调的单一内在主体的释放，也不是如乔姆斯基的先验人性论所表明的内在结构的展开，而是主体在外界环境的作用下所建构出的一系列特征。主体性并非先验的，而是历史性建构的，是社会条件的推论性产物；主体性并非单一的，而是处于变动不居的形成过程中，具有形成性、流动性和多样性特征；建构主体性的目的在于制度化实践，在于权力的隐蔽性运行。

后现代理论家致力于勾画主体性的政治谱系，考察其本质是如何历史性形成和历时性转换的。构成主体性的常规观念，如疯狂与文明、性别与身体，所起的作用受一定历史情境的限制。这些观念既不是中立的，也不会具有普遍的真实性或约束力，更不应被看作科学或哲学思想中"价值中立"的结果；恰恰相反，这些观念是复杂的知识-权力网络的产物，产生和证明社会的组合和排斥行为，支持社会干预的合法性，以保证权力的顺畅运行。

后现代理论家福柯，分析了诸如疯狂与文明（Foucault，2006）、健康与疾病（Foucault，1963；1980a；1985；1990）等主观经验相互依赖的范畴。本质而言，"文明"只有在联系并通过表现出与疯狂截然相反的功能时才能获得其真实意义，而"健康"也只有在联系并通过表现出与疾病完全相反的状态时才能获得识别特征。这些依赖性范畴赞同并证明治疗和惩罚性的社会干预的合法性（Foucault，1977a），文明、健康需要为"专家"集团的产生提供基本的理论指导，"专家"的作用就在于将人们分为不同的群体（因而使群体与"专家"自身得以永久存在），并研究与治疗反常与不健康者，保护文明者与健康人免受其害。

同"文明""健康"一样，作为主体性重要特征的"性别"概念，其形成也具有许多相似意蕴（Butler，1990；1993；1997）。女权主义者认为，性别概念和性别习俗是历史的产物，它们并非是由某种先定的、不可更改的生物学根据所决定，而是权力、语言、社会实践结构的反映，并反映着赞成和反对此结构的斗争状况（弗拉克斯，1994，12）。性别意味着历史的复杂演变着的社会关系，性别自身同其他社会关系相互影响而且部分地由这些社会关系所组成。在当代西方社会，这些观点是通过一定的知识-权力体系反映出来并发挥其作用的，而在这些体系中，国家部分地通过限制来实施其权力并获得合法性。知识-权力体系建构主体性或体现主体性，同时知识-权力体系还必须依赖于主体性而行使自己的目的，国家借助于主体性概念，制定相应的限制措施或标准化要求而运行自己的权力。

因此，与我国语境下和西方现代中心论意义上的主体性概念不同，后现代的主体性本质上是社会实践和历史的推论性产物，因为表征主体性的多种概念和要素自身的内容，随着历史情境和社会实践的变化而不断地发生转换。①后现代主体性并非单一的自我，而是具有丰富性内容，它犹如一束白光，透过棱镜时折射出不同的色彩，并随着棱镜焦距的不同而呈现出不同的光谱，从而展现出主体性的历史性和丰富性特征。这一特性，就是主体性的流动性和多样性；而不同焦距的棱镜，则是下文中将要分析的权力（Power）。

3. 本书中儿童主体性的内涵

儿童，是教育理论与实践的重要主体。本书采用后现代意义上的主体性概念，考察儿童的"面孔"在不同历史条件下的呈现特征与转换机制。这一概念包含以下三种要素。

第一，同女权主义和后现代主义者所强调的一致，本书认为儿童主体性的概念是流动的而非固定的，是过程性的而非终结性的。儿童主体性的理论与实践类似于一门流体力学，其中主体性的概念，总是随着表征它的其他概念与要素如天性、理性、权力、心灵、发展过程、内在性等的变化而变化，绝非固定不变的、无限时空中的实体；主体性的实践总是根据主体性的理论而展开，对儿童身份的期待及其相应的课程策略、教学程序等，既依赖于对主体性的定位，又力求确保主体性的实现。流体力学的主体性概念，不但能够揭示儿童主体性本身的复杂性，而且还要求我们公平

---

① 正如本书将要分析的，"儿童"的概念总是随着表征它的其他概念与要素，如天性、理性、权力、心灵、发展过程等的变化而变化。儿童概念依赖于这些要素来表征，而这些要素本身的内容是不断变换的，所以儿童的画像必然也发生改变，不可能永远单一。

对待这种复杂性。

第二，儿童主体性具有一定的时间性，与时间有着特殊的关系。主体性的时间在其有效范围和强度上有很大的变动性，作为个体的儿童能够同时停留在不同的时刻点上。正如自传（儿童自我考古的方法）所显示的，儿童能够自由地向或远或近的过去、现在和未来的经验移动，并在当前的时刻点上完成超越时间性的自我建构。同时，作为集体概念的儿童也含有时间性的元素，我们当前关于儿童概念的认识，往往重叠着多个世纪以来的认识论景深，它是几个世纪以来儿童概念的"叠加"与重影，尽管在某一时刻其中的一种形象会比较清晰。霍尔眼中的儿童，既反映出赫尔巴特儿童的特征，又具有卢梭儿童的一定特质。主体性复杂的时间形式，与同样复杂的生物学的、政治的、家庭的和性别的进程相互影响、相互依赖，后者决定前者并部分地受到前者的规定。

第三，主体性在时间维度上的漂移，是主体性弥散性之一种，另一种是主体性具有空间形式①，能在空间维度上联姻与融合。儿童主体性的空间即是儿童社会生活的环境，它在范围和性质上存在很大的差异性，从而出现了"自我"与"他者"、"自我"与"异者"之间的区别。儿童个体在不同的社会环境下，会产生不同的身份和意识，并表现出不同的适应性行动。同时，"自我"的存在依赖于"他者"并部分由"他者"所界定。自我的不同方面，以及自我与他者之间的不同是相对的，并且可以流动。这种流动性并不必然意味着主体性的分裂与模棱两可，而是拓展了主体性内容的可能方式，是形成世界主义主体性的必要条件。在虚拟现实和多元文化空间中，主体性的流动不仅可能，而且必要。我们需要具备容忍多样化主体性的能力，并有道德的义务去接纳和鼓励儿童主体性的弥散性和复杂性。

---

① 儿童主体性的"空间形式"，与儿童主体化的"教育空间"，是两个不同的概念。前者偏向于物理学意义上的空间，而后者的范围更广，既指称物理学意义上又指称（而主要指称）隐喻意义上的空间。

主体性既具有流动性，又具有弥散性；主体性的概念，是社会关系、时间和空间的函数。流动的、弥散性的主体性概念对于儿童主体性的理论化带来许多启示：首先，我们必须留意主体性生成因素的多样性；其次，这么多生成因素表明，我们不可能建构关于主体性的单一理论，不可能建立解释所有主体性问题的宏大理论，当然也不能去"发现"现代意义上的"自我"，而只能"具体"地分析主体性形成的多种因素和过程，因为主体性的不同方面需要不同方式的理论解释。

（二）主体化的历史批判

儿童主体化是指儿童成为主体（becoming subject）、获得主体性的过程与机制，那么，儿童是如何"成为主体"的？个体的内、外部因素在主体化过程中起什么作用？主体化的过程与机制到底是怎么回事？

"主体化"的研究，出现在多个学科的话语中，如政治学、心理学和文学。教育学中的主体化研究，既与这些领域有关，又具有自己的特点。下文将从后现代的观点出发，逐一分析政治学、心理学、文学和教育学中的"主体化"理论。贯穿这一分析过程的主要问题是：四个不同领域的"主体化"理论，其独特性与共同点分别是什么？福柯（式思维）将如何评判它们？它们对于教育空间中儿童主体化的分析有何启示？

透过对上述领域的历史分析，笔者认为当前关于主体化过程的观点，可以归纳为两种类型。一是认为主体性内在于主体的生物结构之中，主体性的形成是主体内部先验结构的自然展开，主体的内部特性决定了主体性生成的全貌。尽管需要外界环境提供适当的诱发条件，但根本而言主体性的形成外在于权力，权力往往构成内在结构展开和主体性形成的障碍。所以，为了充分发展个体的主体性，必须持续改造不合理的外部环境或社会制度。这种富有自由主义精神的认识，鲜明地体现在福柯和乔姆斯基辩论（"福乔之辩"）的乔氏观点中。此外，它也表现在卢梭、霍尔等浪漫主义或进步主义教育者的儿童发展观点中。

二是认为主体性的形成，完全受制于社会中的权力关系，个人是社会关系的产物，社会关系决定着主体性的特质。个体之间尽管存在差异，但总体而言，社会关系起着根本性的决定力量，个体主动性难以在社会的决定性面前发挥作用。所以为了摆脱社会关系对个体的压抑作用，充分发展个体的主体性，必须整体性变革个体生存的社会关系。这种富有批判精神的认识，正是批判理论家的根本观点（"批判理论"）；此外，它也存在于弗洛伊德的心理分析理论以及以吉鲁为代表的批判教育学家们的思想中。

文学领域中巴赫金对话主义的主体化观点，可以看作介于二者之间的中间类型。某种程度上可以说，以上两种类型是主体化理论的两种典型的文化符号，它的一般性体现在多个领域中。尽管各领域使用的语言和论述方式不同，但其精神实质与两种典型符号之间并没有本质差别。

1. 政治学中的主体化

1971年，在荷兰一次电视节目上，主持人分别询问了福柯和乔姆斯基（以下简称乔氏）三个问题。两人对相同问题截然不同的回答，成为学术史上著名的"福乔之辩"（Foucault，2006a，1—67；Foucault，1984，3—7）。

第一，什么是人性？乔氏认为，人性是存在的，否则无法科学地理解人类语言是如何获得的。正是凭借某种相对固定的人性、某种先验的生理结构体系，每种文化中的人们才能基于自身零星的经验，习得自己文化背景下的统一语言并能创造性地运用它。因此乔氏的研究工作定位于揭示这些结构体系，发现人类心智中可测试的数学理论，他继承了笛卡尔的理性主义传统。

福柯否定了乔氏的人性观，避开回答"人性是否存在"这一抽象问题，转而询问"人性"概念在我们社会中的运用方式。福柯区分了在特定历史时刻某一学科中实际运作的概念，和该学科中经常谈论的一些普世性概念之间的差别，对于这些宽泛的概念符号或宏大的抽象理论，福柯认为需要做历史化的处理，从而说明特定的科学概念与特定的社会实践之间的密切关系。

第二，为什么他们对政治感兴趣？乔氏认为，创造性工作和自由地探索是人类的普遍需求，但在当前的社会中却备受压抑；好在现代技术和科学足以克服这种抑制和异化状态。如果没有解除抑制，消除异化，原因不在于科学，而在于社会和政治机构。因此我们面临的是一个政治性问题，即如何创造一个公正的社会，以保障人们的理性和创造性。而未来的公正社会，正是建基于人类本质或人性概念的人文主义理论。知识分子的职责就是运用人性概念的标尺，去检验并建设一个更富人情味和更公正的社会秩序。

福柯觉得这一问题微不足道且显而易见，他将"为什么"转换为"如何"，即"我是如何着迷于政治的"。福柯认为，假设一种理想的社会模型，或构想社会的第一原则，或构建乌托邦，是西方政治哲学的显著特征。正是这种抽象追求，这种"求知的意志"，导致我们对西方社会中权力的具体运作方式几乎完全失明。我们必须抛弃乌托邦的策划、停止对第一原则的追求，转而询问在我们社会中，权力是如何实际运作的，批判各类机构中权力的运作方式。

第三，我们为什么要对抗政治暴力？乔氏认为我们必须反对当前社会的不公正，为社会的更高目标——正义而战，为此我们需要指导性方针，需要某种固定的和理性的标准去判断更好的社会意味着什么，否则就容易迷失方向；而这些标准和原则，就是人性。

福柯认为，所谓的正义标准，本身是编造出来的观念，作为某种政治或经济力量的工具与武器，用于支持或反对社会中的另一种力量。人们不可能运用正义的标准来达成更加人性化的社会，正如历史已经证明的那样。参与政治斗争的原因非常简单——而且我们一直身处其中——改变权力关系。

乔氏认为存在着人性，对人性的培养和展开的过程，就是主体性的形成过程。由于当前社会环境不利于主体性形成，所以我们需要为正义而战，而战斗的指南针就存在于人性丰富的内容中。这种认为主体性是先天人性展开的过程的观点，或称（新）自由主义的精神，逐渐成为主体化的文化符号之一。

与乔氏的人性展开论形成明显对比的，是政治学中的批判理论；但可以把它看作对乔氏人性论（或自由主义人性论）的补充和延伸。

批判理论认为，自由主义关于人的主体性实现的构想若要真正实现，只关注于主体自身自然品质的展开是不够的，因为人生活在社会中，受到社会文化与制度的制约和限制。人是社会的产物，其本质是一切社会关系的总和。因此，为了改变主体性，就必须改变主体所生存的环境和体制，建立另一种能够最大程度地满足主体性发展所需要的制度和环境，只有这样，主体性的充分发展和自由精神的养成才有希望。批判教育学先驱保罗·弗莱雷从人性化的问题入手，分析压迫社会的结构，揭示了被压迫的事实，认为压迫社会的教育其实只是一种统治的手段，不是真正的教育；弗莱雷的目的是要用解放代替压迫，建立被压迫者教育学，这不仅解放被压迫者，也解放了压迫者。

批判理论家在自由主义者对于主体性的认识上前进了一步，他们着重从主体所生存的社会环境出发考察主体性形成，论述社会环境和社会关系对于主体化所发挥的主导和决定性作用。因为社会关系是实现主体性的环境和必要条件，人是社会关系的总和，所以为了发展主体性，实现主体的自由，必须通过革命等彻底变革的手段，来改变主体存在于其中的"一切"社会关系，摧毁旧制度，建立新的、主体性能够自由展开的新空间。

批判理论的主要代表人物，如马克思、韦伯以及法兰克福学派等①，都对主体在社会中的处境以及改变这种处境的看法，做出过或喜或悲以及有喜有悲的论断。

2. 心理学中的主体化

弗洛伊德的心理分析理论对于主体化的理解，类似于"批判理论"。该理论认为，在个体内部存在着另一个更真实的自我，由于受到意识的压抑而不能展现，即个体的性冲动或欲望受到了压制。欲望在弗氏看来，构成了个体的动力机制。它既是维持个体生存的能量，更是个体创造的源泉。这种能量或源泉受到了压抑，被埋葬进无意识之中，但是我们可以通过特定的手段如谈话疗法将欲望释放，从而让个体成为真正的自我主体。

福柯不赞成弗洛伊德关于"谈话疗法"可以将自我从其自身释放出来的论断，原因有二。第一，这种被压抑着的潜存自我，或说"真实的自我"，在福柯看来根本就不存在。他反对弗洛伊德及其压抑模式的假设，试图修正和改造弗洛伊德分析模型的构成要素。

第二，谈话疗法本质上是规训权力的作用形式。福柯非常怀疑心理分析能够将个体从痛苦中解放出来从而获得自由的说法，他认为，这种解放的观念以及"个体自由"的意识形态体系，在人类自由史上产生了破坏性作用，因为它掩饰和遮盖了规训权力对主体性侵入的事实。规训权力伴随

① 马克思关于人性的著名论断，"人的本质不是单个人所固有的抽象物；在其现实性上，它是一切社会关系的总和"，这种认识需要再思考。第一，马克思把人的本质历史化的方法本身值得怀疑。黑格尔认为存在着客观、永恒的理性，它构成了人的本质或人性。因其过度抽象，人性终沦为形式而失去历史的体温与内容。为补充人性中的历史因素，马克思否定人的本质先验论的观点，认为人的本质是具体的，人性内容是社会关系的总和，并且随社会关系的发展而逐渐丰富。问题在于，随历史而不断改变的人性，还是人的"本质"吗？为何不抛弃本质论，转向形成论？第二，人的"本质"是"一切社会关系的总和"，因此若要改变人性或主体性，就必须改变人性存在的全部基础，包括社会、文化和经济的整体关系。只有整体变革"总和"意义上的社会关系，人性才会得以改变。问题在于，如果革命曾在历史上奏效过，但今天权力以关系形式存在的时候，革命的对象又指向何处？整体变革是改变主体性的唯一方式吗？与马克思积极的心态相反，韦伯认为在官僚体制下，改变人的存在状态是根本不可能的。而法兰克福学派先抱有马克思的憧憬，实践受挫后转而归向韦伯的悲观论（如阿多诺）。这种或喜或忧的情绪化色彩、全部或虚无的总体化心态，都源于未能对现实做正确判断。

人文科学的诞生而兴起，在国家层面之外运作，这种权力通过学科内容与知识技术的形式而产生效力。各种机构如学校中开展的心理咨询服务，也参与并支持了这种规训权力的行动。所以，谈话疗法不但不可能让个体摆脱权力和痛苦，而且还隐秘地加剧着规训权力对于个体的作用。

就强调主体受到外部环境的压抑，必须通过一定的手段（如革命或谈话疗法）才能将"真实的我"释放出来以成为真正的主体这一点而言，马克思和弗洛伊德的观点具有相似性。福柯在尼采的启发下，深刻批判了二者的"解放论"。尼采启发福柯，在分析人类变成主体的方式时，需要摆脱要么将权力、要么将欲望作为优先概念去分析的套路，摆脱马克思主义的（强调权力）和弗洛伊德主义（强调欲望）的话语模式。最终福柯另辟蹊径，对于权力和欲望在人类主体的形成和自我创造过程中的运作，进行了重构和再理论化。

批判理论及其对应的解放模式认为，权力压抑了主体（不管是自由精神还是性冲动或欲望）；将权力移开，被压抑的对象就会自然呈现，于是主体就会重获自由，或者成为真正的自我。因此，它们也假设在个体内部先验存在着某种成为主体的力量，就此而言，它们与乔氏等的自由主义是一致的。但不同之处在于获得成为主体的先验力量的方式。自由主义者从人性内容中寻求，而批判理论家从社会斗争中争取。福柯（式思维）认为，永恒的人性并不存在；权力也并不仅仅压抑了主体。权力新的存在形式和作用机制，不仅持续改写着人性的内容和儿童的面孔，而且隐秘地生产着主体的心智、思维方式和主体性特征。但这并非意味着主体只能听任权力的摆布，相反却能够发挥能动性，甚至抵制和改变权力关系，但是路径却不可能存在于人性内容的挖掘或社会总体式的变革中。

3. 文学中的主体化

巴赫金（巴氏）对话主义的主体形成论，介于自由主义与批判理论之间。巴氏认为，对话是人存在的基本方式，一个人只有不断地与他人对话，包括言语和经历上的对话，才能真正完全地认识自我，建构主体性。以下从两个层面来理解其对话式的主体化理论（楼育萍，2010，61）。

第一，哲学层面：对话是主体建构和存在的基础。巴氏认为，人的存在是特殊的和统一的存在事件或进程（Holquist，1990，24）。"特殊"既意味着存在的个体性，又表明存在的片面性、不完整性，所以需要从特殊走向统一，即自我与他者进行相互交流与对话，建立依存关系："人实际存在于我和他人两种形式之中。"（巴赫金，1998，387—388）每一个人的自我都需要自己的"我眼中之我"和他人的"我眼中之他人"才能完全认识自己。所以，主体的建构是以自我与他者的积极对话、交流来实现。

将主体性的建构看作一种"存在事件或进程"，而不是先验主体的展开或压抑主体的解放，表明巴氏主体化理论的历史性和过程性。福柯式思维认为，研究主体（性）需要分析形成它的多种力量。

同时，它也表明了主体自我的建构与他者之间的依存关系。主体是在自我与他者的交流对话中形成，并处于自我与他者之间价值的互动过程中，从而体现了自我的建构与他者之间的张力关系。福柯式思维认为，尽管福柯意义上的"他者"与巴氏意义上的"他者"所指不同[①]，但巴氏对于自我与他人之间依存关系的定位，为我们思考儿童主体化乃至再主体化提供了启示。

第二，语言层面：语言是主体建构和存在的媒介。巴氏认为，自我与他者的对话借助语言来实现，语言连接着说话人和对话人，并处于一定的社会语境中而具有意识形态性。所以"语言不是自由地进入说话者意图的

---

① 福柯意义上的"他者"（Other），是被排除的对象，但也是被选择者建立的基础。二者之间尽管身份上相对，但在认识论上却共存。巴氏意义上的"他者"，是除自我之外的所有人，尽管也是自我身份建构的基础，但所建构起来的身份与"他者"可能是一致的（当然也可能不一致甚至对立。当是对立关系时，就与福柯意义上的"他者"内涵相一致）。

中介，它承载了他者的意图"（Bakhtin，1981，294）。话语中经常带有两种不同的观点，即向心力与离心力，此即巴氏的双声语概念。向心力旨在集中统一意识形态的世界，统治者用来强化他们的意识体系；离心力反抗单一的真理，展示着自己对此世界的不同看法。在语言中这两种力量并存，透过它们我们可以看到语言背后意识形态的冲突。

主体对话式建构依赖于语言，语言中存在着双声语、向心力和离心力的因素，所以，特定情境中的话语、意识形态、权力关系等多种要素都影响着主体的形成。作为多种因素的产物，主体性既体现出内容的丰富性，又表明了各影响因素之间的相互作用关系。语言中的向心力与离心力，形成了斗争性的话语格局，这就为主体性走向开放提供了认识论上的前提。

但也正是由于巴氏过于强调主体性的历史建构和多因素的综合作用，使得其主体的自身能动性沦陷于多因素的泥淖中；仅仅着眼于主体化过程的外部影响力量，而没有顾及主体自身对这些因素的调节作用乃至超越这些影响因素的可能性，不能不说是一种遗憾。这不仅因为主体化事件需要主体的积极参与，而且主体的能动性本身也是主体化的一种方式，他们能够调整与自我的关系，从而将自己确认为某种存在。主体的形成与他者关系密切，但并非关系绑定，主体能够在一定程度上超越既定的语言界限，甚至忽视他人的"我眼中之他人"，创造新的存在方式。过度强调自我的存在和他人的关系，也就部分否定了自我的个体性和能动性。

而且，对话主义没有考虑到主体性形成的时间和空间维度，更没有涉及主体性形成的跨时间性与跨空间性特征。

4. 教育学中的主体化

这里分析在教育或课程史上对于儿童主体性形成的不同观点，主要通过三个关键词（或称教育隐喻）①shaping，cultivating和bildung，来说明它们对于儿童主体化的不同假设以及相应的教育或课程策略。

shaping，表明"塑造、使形成"，它将个体的形成看作主要是外部环境力量的作用，因此在强调个体形成论的同时，却忽视了个体的能动性作用，如批判理论一样，没能正确处理外部环境与内部能动性之间的关系。我们可以借助于分析洛克的儿童观，从中体会shaping一词的意蕴。

洛克对儿童天性（nature）的解释是机械论的，他采用牛顿力学式的方法来解释儿童的内在性（interiority），将其看作一件可拥有的商品，需要从外界环境中汲取经验以发展它们。因此，洛克主张儿童从经验中学习，运用感官感知世界，形成关于世界的复杂观点，通过这些观点的积累，儿童的理性（reason）就能逐步发展。洛克重视外界事物对儿童产生的影响力量，通过可塑性来叙述儿童，将儿童编织进一种外界经验积累与内在理性发展的因果推理之中，用（逐渐发展起来的）内部力量与易受外界影响的特性来描述儿童。

cultivating，表明"引出、开发出"，它具有人文主义情怀，认为主体性已内在于主体之中，教育等外界环境的作用仅在于将潜在的品质引发出来，因此它类似于自由主义观点，18世纪后期卢梭"极端浪漫主义"儿童观便属此列。

卢梭认为，儿童的发展即是儿童从内部天性中展开自己的过程，因此他非常强调儿童天性中的秩序性，尊重儿童在"自然"形式下的独特个性。他将"儿童的天性"用于具体指导教育决策，因此，教育规划必须对儿童的天性高度敏感，教育目标在于，让儿童天性中有价值的东西拓展至

---

① 关键词或隐喻分析，具有重要意义。维特根斯坦说："每天清晨，你必须掀开废弃的碎砖石，碰触到翠绿的、生机盎然的种子。"而"一个新词就像一粒播下的种子"。笔者认为，一个旧词曾经是一粒播下的并发芽结果的种子。通过纵向比较不同时期（不同）词语使用的条件和效果（福柯的考古学方法），能够揭示知识型（episteme）或话语形态（discursive formation）的转换过程，进而显示出考察阶段内决定词语使用的话语性实践和非话语性实践的特征。

更广泛的社会领域中。卢梭提出教育要"返回自然"，似乎他知道这种具
有高度适应性的人性到底是什么。

bildung，意味着"教化"，强调人的"精神的转变"，这种转变不是
人的外在自然属性的变化，而是一种内在的"自我造就"。教化不是单纯
地发展人类的天赋和能力的手段，教化本身就是目的，它注重精神的提升
和"心灵的转向"（伽达默尔，1999，13—14）。而这种目的，需要两种
历程才能实现，即个体在精神上走出自身，获致"普遍性"；同时又返回
自身，获得"个体性"。

教化首先是"向普遍性的提升"，向体现为文化和知识的精神的普遍
性提升。任何个体的特殊性都是有局限的，走向普遍性乃是人类的一项使
命。"人类教化的一般本质就是使自身成为一个普遍的精神存在。"（伽达
默尔，1999，14）教化首先要走出自身，克服个体精神的局限性。

"走出自身"只是教化的一半，它的另一半是"以异化为前提的返回
自身"（雅斯贝尔斯，1991，17）。也就是说，不是使精神历史地实现向
普遍性的提升，教化就算完结，教化还要求人从他物出发向自己本身"返
回"。可见，教化不只是对知识和文化普遍性的"占有"，而是要与其"对
话"，特别是要从普遍的异己的东西里认识自身，发现并开掘"自己的
家"。"走出自身"与"回家"在教化中始终是联系在一起的，教化就是二
者的历史的循环（郭晓明，2004，21）。

"教化"的概念，大体揭示出主体化的目的和过程。主体化在于促
成个体"精神的转变"，关注于个体认识世界、认识自我的思维方式的更
新，注重经验对于个体生存的意义。"走出自己"和"返回自身"是主体化
的基本过程，在走出自己的过程中，个体与外界异己的对象进行交互，达
成自我的普遍性；并在此基础上回归自己，关怀自己，通过自我认识实现
自我转变，达成艺术化、个性化的存在。这才是"走出"的目的、"返回"
的意义。总之，bildung一词最抽象地表述了主体化的机制，对于本书分析

儿童主体化过程具有重要意义。

三、福柯之眼：权力中的儿童

上文从四个不同领域展示了主体化的理解方式。尽管各自话语方式不同，但通过分析仍可以看出它们之间显示的一般性特征。对于这种特征，福柯将会如何看待？他又是如何认识主体化方式的？

（一）福柯（式思维）如何看待上述主体化理论

1. 自由主义和批判理论

福柯否定了下面两种说法：第一，个体具有一种自足的心智结构，它独立于外部力量的影响。这种观点的持有者当然也承认外部因素对个体影响的事实，但仍侧重认为个体发展的核心机制存在于个体的内部。第二，个体是其生活于其中的社会现实的产物。这种观点的持有者并不否定个体之间的差异和独特性，但仍倾向认为社会结构才是形成个体的决定性力量。

自由主义和批判理论大致对应于以上两种观点。这两种文化符号，具有相同的假设，即认为存在着某种类似于人性的东西。区别只在于实现人性的方式：是直接引发与展开这种人性，还是间接去创造人性展开所需要的外部条件。

2. 目的论的主体化理论

自由主义和批判理论的上述观点同属于目的论的主体化理论。目的论认为，从一开始就存在着（或潜在地存在着）统一的实体，如果给予"足够好的"环境条件，这种实体就会按照确定的、天然的步骤向其自然的结局或目的演变、发展（弗拉克斯，1994，13）。如果这种描述——规定性理论遭遇反常，自由主义者从目前状况追溯回去，以查找人性概念的内涵哪部分出现了问题；而批判理论家则眺望未来，创造适宜主体性充分演变和发展的"足够好的"环境条件。自由主义者通过移除阻碍主体性发展的破坏性因素，而批判理论家则试图创建一个新社会。对于他们而言，理想的社会是能够为主体天性的充分发展提供条件的有序社会。他们都认为主体性的改造存在着终点：自由主义者认为，当去除天性发展的不利社会因素，个体和集体最基本的天性和权利得以发展和保证，改造的任务就算完成；而批判理论家认为这还不够，还需要建立一个积极促进主体性形成的社会。

3. 福柯的主体化观点

形成主体性不是去"发现自我"，即发现个体内部的一个牢固的、单一原始的和未启蒙的自我，这样的个人才是现实的，并能够用首尾一致的方式调整其所有行为、选择取舍和各种关系——这是绝对不可能的；主体化也不是一种在某处去"发现"主体的旅程，这种"某处"可能是自由主义者的人性概念，或康德意义上的理性人，或弗洛伊德心理分析理论中的"隐性秘密"等，相反，主体是一种形成的过程，是一系列话语和实践的产物。意识到这一点，我们就必须从我们周围和我们体内的多种力量中，创造我们自己。当然这并不是说主体性只是一种幻觉，而是说，"主体在任何时候都是变动不居的东西，它永远处于复杂的、矛盾的、未竟的交叉变化进程中，想要完全彻底地接近和控制这些过程，那只能是个幻觉"（弗拉克斯，1994，13）。而在分析主体的"变化进程"方面，福柯为我们提供了强有力的思维工具。

福柯的主体化理论与批判理论家的理论存在一定的区别。在承认个体的形成论而非先在论上，二者是一致的。但批判理论家认为，个体由其所从事的活动完全地塑造；福柯认为尽管个体是形成的，但却不是被社会结构彻底建构，形成新的主体形态永远是可能的。这种不同带来的结果耐人寻味，福柯对主体的抵制作用保持积极看法，对主体的能动性寄予了厚望。他认为，在社会实践和体制形成主体的同时或之后，主体可以通过回溯主体性的形成过程，创造出改变自我存在方式的有效路径。

（二）儿童主体化与权力分析

福柯思想是本书论述儿童主体化的思维背景。将福柯思想与本书研究的问题建立联结，根本原因在于研究问题的相似性。本书研究的问题是：在教育空间中儿童是如何主体化的？而组织福柯思想的中心问题为：在我们的文化中，人（类）是如何成为主体的？（Foucault，1997；1998；2000）问题的相似，决定了联姻的必要与可能；福柯分析问题的视角和对象，成为本书分析儿童主体性形成可资借鉴的角度和内容。

很多人将福柯冠名为"权力哲学家"，认为"权力"是福柯思想的核心。而在他去世前一年的采访中，福柯坦言道他真正的研究兴趣和目标不是考察权力，而是人类被建构成主体的方式的历史（Dreyfus，1983，208）。当然，在此过程中必然涉及权力关系，因为它是话语（包括真理）生产的有机组成部分；但权力（包括话语）只是主体化的因素之一，是考察主体化过程的一个出发点。主体，而非权力，才是福柯研究中一以贯之的主题。福柯的思想体系，从根本上说，可以归结为考察主体形成的历史方法，或主体形成的启蒙过程。

更有研究者认为，福柯前、中、后期的思想变化很大，甚至前后矛盾。果真如此吗？笔者认为，变化并非意味着思想的矛盾或断裂，而是旨在对主体形成问题做不同角度的回答，目的在于分析形成主体性多方面的影响因素和经验类型。以下分别从福柯的真理观、权力观和自我观三个角度，论述福柯思想"变中不变"的事实。

1. 真理①：从真理建制到真理游戏

在早期作品中，福柯将真理看作编制陈述（statements）的规则，认为

---

① 福柯向尼采继承的思想和方法，除主体的历史存在论、权力观和谱系学外，还有真理的概念，他大体接受了尼采透视型的真理观念。对于尼采而言，真理是一种方便的小说，仅仅是一种关于占有真理的信仰。福柯既否定了古典主义关于真理的观念（真理对应于独立存在着的世界），又拒斥"真理分析"（确保在决定陈述是否为真时，推理过程的正确性；或关注我们接近或获得真理的能力），他的创新在于对"真理"进行历史化的处理，即在话语生产中理解为"真理建制"，在伦理型实践中理解为"真理游戏"。

"'真理'可以理解为一套程序的系统，它规范着陈述的产生、管理、分布、流通和运作"（Foucault，1980a，133）。而维持和调控这些程序的，则是权力关系。为表明真理的权力特性，福柯提出了"真理建制"（regimes of truth）的观念。在真理面前，主体唯有接受真理下的知识观念。真理的这种概念，剥夺了主体在真理面前的自由与能动性，与他后期的真理观形成了鲜明的对比。

在福柯后期《自我的技术》讲座中，他认为自己的研究是历史化的分析：西方文化中社会科学（如经济学、生物学、精神病学、医学和刑法学）中的具体"真理游戏"，是如何生产出人们用以理解自身的知识和技术的（Foucault，1988b）。这里的真理，表明的是社会科学中的知识，它是一种公共知识。科学作为真理游戏，既是人们自我理解的产物，也是人们自我理解的过程。人类的存在，需要认识自己，理解自己的生存环境。

027

"真理游戏"（games of truth）概念中的"游戏"，是指"真理生产的一种规则体系"，所以，真理游戏就是编制陈述规则的规则。与真理建制相比，真理游戏的提法有何新意？真理建制表明，知识的规则主要掌握在权力关系手中，真理成为权力关系调控知识的媒介和杠杆，主体的能动性并没有成为影响真理作用的力量。而真理游戏，作为规则的规则，它的控制者就不仅限于权力自身，主体自身也可以对真理做出自己的界定，尤其表现在认识自我方面，打破了权力对自我的设定，主体自身能够对真理做出新的理解，并可能改变以前的真理与知识的关系，甚至生产自我真理。

这种真理观念，衍生出真理的标准问题，即真实的陈述和合理的推论是按照什么标准做出的？我们为什么要接受这种而不是那种陈述和推论？对于福柯来说，他考察真理的目的不在于表明哪种真理更为正确，而是看真理讲述作为一种活动是如何运作的。一定程度上可以说，福柯研究真理问题，"不是去处理真理（本身真伪）的问题，而是去论述真理的讲述者或者说真理论述作为一种活动的问题"（Foucault, 2001a, 169）。

2. 权力：从压制到生产

福柯在《规训与惩罚》中对于权力的论述给人的印象是"决定论"的，对于人的能动性并未给予充分的论述；但在随后的研究中，他对权力进行了重新定义，将作为自我管理的能动性包括进来——借由这种能动性，个体能够通过自我的技术进行伦理性的自我创造——从而克服了他早期作品中政治方面的局限性（Rabinow, 1997; Foucault, 1986, 1988a, 1990; McNay, 1992）。福柯的权力观不仅包括控制的技术，也包括自我的技术。

权力技术"决定个体的行为，并让他们服从于特定的目的或控制，完成主体的客观化"（Foucault, 1988b, 18）。福柯早期的作品很强调这种控制技术的应用：在规训权力的控制下，"驯服的身体"顺从于政治力量；而在人文科学中，个体通过客体化、分类和标准化的过程而得以形成（Foucault, 1977）。但是，这是否必然表明主体在权力面前只能处于被动地位，完全听任权力的摆布？

在福柯后期的思想中，权力的观念有所变化，它的功能并不止于压制、强迫或控制。就权力的这一点而言，福柯认为个体"作为自我决定的能动性主体，能够挑战和抵制现代社会中统治权力的结构"（McNay, 1992, 4），依赖自己去实现自己，而并不必然需要牧师或治疗专家。

同时，权力的作用形式也发生了变化。在晚期作品中福柯分析了自我技术的概念。自我的技术作为一种主体化方式，是主体在自我力量或在他人的帮助下，"作用于自己的身体、心灵、思想、行为和存在方式"，旨在改变自己，达到某种"幸福、圣洁、智慧、完美或不朽的境地"（Foucault, 1988b, 18）。

总起来说，控制和自我的技术定义了个体，生产了主体性，调控着主体的行为。这种综合型的技术让个体成为国家的重要一分子，国家能够通过施用这种新型权力形式（福柯称之为"治理术"），让个体变成有用、温驯并具有实践能力的公民（Foucault，1988c）。同时，福柯的权力概念还表明，规训的个体仍能发挥积极主动性，他们能够自我内化权力关系，成为自身主体化的动因，并对权力关系做出一定的反应甚至抵制（Foucault，1977a，203）。

3. 自我：从论述性形成到自我建构

福柯前期的思想认为，自我或主体是论述性实践的产物。在他早期分析社会机构——如收容所、诊所、医院、监狱和学校——的作品中，他强调了规训的权力形式对于个体施加的外在约束。福柯早期一直关注权力和控制的技术，其中自我通过科学研究和权力规训而完成客体化。

而到了1981年，他的兴趣逐渐转向人们是如何将他或她自己变为主体的。福柯开始关心这些实践：个体在他们自己或别人的帮助下，作用于他们自己的身体、心灵、思想、行为和生存方式，目的在于改变自己，达到某种完美或幸福状态。福柯后期承认了自我在主体性形成中的能动性作用，而事实上，只有认可与接受能动性意义上的自我或主体的概念，主体性内涵才显得完整和富有启发性。

福柯对自我进行理论化分析，这一思路不仅承认个体能够运用能动性，而且认为基于这种能动性，个体能够进行自我建构的伦理化实践，践行"自我的艺术"。他提供了关于自我的一些新观念，例如伦理、自由、艺术化生存、生存美学等，强调借助自我管理中的自我决定或能动性因素，通过自我的技术和伦理化自我创造，个体能够进入将自己创造成伦理型主体的过程中。这尤其表现在福柯关于自由与伦理的关系论断中：自由是伦理的存在论条件，而伦理是自由的实践方式。

（三）"权力"与主体化

1. 福柯思想的连贯性

福柯曾经将自己的工作归纳为，着眼于研究主体的构建方式，考察主体如何成为科学话语或所谓的"人文科学"（包括经验和规范）真理游戏中的知识对象，如何成为体制性实践中的权力对象，和如何成为自己的建构对象这三种活动的过程和方式（Foucault，1998d，461）。

他前期的作品集中于真理、权力、控制等主题以及个体由它们所生产的过程分析，而后期作品（Foucault，1985；1990）则转换到自我和主体性这些让评论者非常吃惊和感到矛盾的主题上来。看似一种研究内容的断裂，实则不然，因为研究主体性确实需要不同的途径与不同的视角。前期的研究最好看作是主体性形成的背景和外在条件，而不是一种必须有待纠正的错误。后期的研究应该看作是主体的自我主体化过程，"分析个体被引向关注于自身，将自己识别、确认和认可为主体"的机制。抽象点说，这两个方面都是关注于相同的问题：多种类型的经验是如何破坏和创造构成特定时期的我们的多元主体性的？（Ransom，1997，56）正如福柯本人说道："在首先研究真理游戏之间的互动作用……然后研究它们与权力关系的相互作用之后……我感到有必要研究自我与自我关系中的真理游戏以及自我成为主体的过程。"（Foucault，1985，6）所以，这非但不能表明福柯的研究缺乏统一性或呈现出断裂性，而实际上，他的每一部分研究都可视为主体化"经验"的不可或缺的一部分。看似断裂，实则视角的转换与论述的周全。本书主要考察的是主体化过程中的经验类型——真理、权力、伦理——及其（相互）作用方式。

2. 福柯的"权力"哲学

福柯思想中的真理与伦理观念，是同权力概念紧密联系在一起的。真理，是知识生产的规则，是权力控制知识的媒介；自我建构的伦理型实践，起始于对自我（由权力构成）进行认识，它没有也不可能超越权力，而是与权力的一种周旋。所以，真理、伦理在儿童主体化方面所提供的经验，最终必然带有权力的因素与印迹。从根本上说，真理、权力关系和伦理，分别是福柯的"权力"概念在哲学（认识论）、政治学和伦理学方面的表征——这是对福柯哲学的最高抽象——它们与儿童主体化的关系，本质上不过是"权力"在不同领域内的具体表现。①

第二节　当前的历史：儿童主体化机制

一、历史存在论：儿童的存在方式

（一）拒先验人性论，转本体论为谱系学

1. 拒斥先验人性论

福柯对于人类变成主体的方式的研究，首先是一种历史性研究。如上文所分析的那样，政治科学、政治哲学通常先简要指明我们人性的特征，进而去描述什么样的社会建制是适合于这种人性的。而对于福柯来说，人性或人的本质并不存在，他不承认存在普遍的人性，认为我们不可能提出一种人性理论，它能够适用于所有的年代、跨越所有的文化，不可能建立起关于人类本性的普世化理论，更不能以人性概念的标尺去评判社会结构的合法性。没有共同的、一劳永逸的人性观念，没有基本的或普适性的人类本性，不存在人性科学问题（如霍布斯或休谟），也不可能建立基于某种宣称的人性之上的其他理论（如政治学、教育学中的权力理论）。

2. 转本体论为谱系学

福柯否定人性的先验论，抛弃了海德格尔思想中的本质论，转而接受具有尼采风格的谱系学研究，用谱系学取代了本体论，来考察我们的历史

①　将主体化的三种经验类型归纳到"权力"的概念下，与他人将福柯冠名为"权力哲学家"的做法，存在很大区别。前者围绕主体的建构这一问题而考虑"权力"的不同表征，"权力"的概念从属于主体的概念；而后者将主体置换为权力，以权力为中心考察福柯思想，将主体视为权力的产品。因此，在定位福柯思想的中心，在对待主体与权力的逻辑关系上，二者都存在重大区别。

存在论，试图从文化分析的视角论述自我的形成。没有拥有主权的个人，也没有超验的主体，人类只不过是在不同时期以不同方式被历史性地建构成的主体。福柯评论道："我的确不相信存在主权、基础意义上的主体，普世意义的主体。"他进一步解释道："正相反，我相信主体是形成的，形成方式为服从于文化环境中的多种规则、风格和创生物的实践，或是从其中解脱出来。"（Foucault，1988b，50—51）

去除了先验人性论的紧箍咒，我们就可以获得自由的空间，并能做出积极的自我改变，从而赢得自我存在的部分主动权。在福柯手中，所有的本体论问题，都进行了激进化的历史性处理。他认为，政治理论就应该在很大程度上去历史化地分析人类主体被创造的过程，聚焦于形成多种心智状态的诸多力量。

（二）儿童的历史存在论、主体解释学、自我的文化

1. 儿童的历史存在论

历史存在论，是本书对儿童主体在教育空间中存在方式的基本定位。儿童的历史存在论认为：儿童必定以主体的形式存在于教育空间中，且这种主体形式或主体性，是历史性形成而非先验的。福柯将主体视为特定历史文化情境中或谱系学叙述中的存在，主体总是受制于特定时空条件下话语的规则体系、权力的生产方式和主体的实践方式，特定的话语形态、权力关系和伦理实践界定着主体的面貌。分析儿童的历史存在，即是分析儿童如何在话语规则的规约下、在权力关系的生产中和在伦理性自由的创造中成为主体的过程和机制。

2. 儿童的主体解释学

儿童的历史存在论，也可以称为儿童的"主体解释学"，或儿童的"自我的文化"。主体解释学对于理解现代教学的话语和实践具有重要意义。实际上，教学发展为形成主体性的主要方式，正是基于这样的信念：主体本身不仅具有真理探求的态度、倾向和能力，而且作为一种"我们自己的历史性存在"，主体有能力建构并更新自身的主体性，参与创造自己存在方式的历史过程。这些观点，早已成为今天教育教学实践中不假思索的假设和习以为常的依据。

3. 儿童"自我的文化"

将"自我的文化"作为一个哲学和历史问题来研究，目的在于两点：第一，在理解自我的过程中凸显文化具有的重要地位。"自我的文化"表明，我们在研究自我、考察儿童时，必须将对象置于价值体系和社会实践之中，因为它们表征着特定时期的文化内涵。"自我的文化"中的"文化"，意味着主体性的多种维度，主体性好比一束阳光，不同情境下可以折射出不同颜色的身份，而主体性却是一贯的。"自我"的观念内在于特定的文化编码中，只有透过由价值、社会关系和实践组成的文化分析，才能予以理解自我，认识儿童。

第二，显明自我实践自由以及自我再创造的可能性。主体是一个形成的过程，具有生长和改变的力量。形成主体性的实践和社会关系，在不同历史时期会发生改变甚至重铸。在主体生存于其中的文化被改变之后（和/或改变过程之中），主体性就会发生变化，二者往往同时改变自己与对方。所以，自我的"文化"既是理解主体性的背景，又是探索主体性再形成的路径。

教育在形成"自我的文化"方面具有重要意义，它提出了一些重要的问题，如主体性（理解自己的心灵）、主体间性[①]（理解他人的心灵），这些议题是学习、文化、身份、伦理和自我形成问题的核心。人类的存在并没有必然的普遍样式，在现代社会，人是通过特殊的机制形成的。本书分析的，就是教育空间中儿童形成的多种机制。

① 作为主体间性的自我，既能确认和理解他人（的心灵），又是为"他人"和"不同"所建构。

二、主体化宏观机制：身体、权力与四维空间

程序将政治权力强加于身体上，个体是程序化的产物。身体已经"主观化"了，即主体的功能固化在身体上，身体受过心理学化和标准化处理。因为所有这些原因，唤作个体的东西才得以出现，从而能够说话、掌握话语，并试图发明科学。

——Foucault，2006b，56

人是政治的动物，在今天具有了新的意义。政治权力是如何让个体出现的呢？根据引文中福柯的理解，他/她是身体"主观化"的产物。主观化的过程包括心理学化与标准化；主观化的结果就是，现代意义上的个体出现了。

（一）身体与权力：权力化身体

主体的形成，是权力-知识作用于人的身体的结果；身体的权力-知识化，就是人的主体化。现代权力的运行，主要依赖于控制人们的行为而不是身体[①]（Ransom，1997，123），尽管控制的对象转移到心灵（控制行为是通过操纵人的心理而实现的），但身体的地位并没有降低：第一，身体是心灵的载体，权力对心灵的作用，必然先将身体置于特定的空间中，通过时间的累积效应方可完成，而这种过程要求身体必须在场。第二，权力对心灵的作用结果，最终借助于身体来表达，通过身体的特定行为而体现，因为个体的所有行动都必须借助于身体来完成。

---

① 这种说法与本书并不矛盾。Ransom（1997）试图表明现代权力与身体的关系发生了变化而不是没有关系。在规训权力出现之前的君主时代，断头台斩头示众的场景是权力与身体关系的直观而典型的描述。罪犯的侵权行为就是对帝王的侵犯，帝王的身体（隐喻意义）受到威胁，因此罪犯的身体就必须遭受迫害，以象征和展示君主权力的存在。这是权力对身体的直接作用。在发现这种权力形式的有限性效果或说主体化功能的不稳定性之后（如效果的非连续性，运用依赖于复杂的操作），伴随外部社会环境的变化，政治家研制出新的权力形式，之一便是规训权力。现代规训权力则将引导和形成人们的行为作为主要目标，它不再报复身体而是通过"安置"身体，让身体具有生产力，表现出规范性的行为习惯。

1. 身体成为话语论述和体制实践的产物

自我并不仅仅是灵魂，还意味着身体。[①]在西方漫长的哲学传统中，主体是以精神的面貌出现的，精神主体主导着现代哲学的话语，作为精神的主体被认定为所有的知识、行为和意义产生的基础。而受到当时哲学思潮[②]强烈影响的福柯，在批判笛卡尔和黑格尔哲学关于主体思想的基础上，认为精神主体其实历史性地物化在论述性和体制性的实践中，而这种实践则着眼并依赖于主体的身体，因此他非常重视身体和空间的研究。换言之，福柯对主体的存在作历史化理解，用对主体的谱系学研究，代替了定义人性本质的哲学探讨。在这种研究中，福柯将主体置于时间和空间中，并通过聚焦于主体的身体而实现人的存在的时空化处理。

福柯对于身体研究的观念，综合体现在他所提出的"生命权力"（biopower）这一术语中，把它视为一种对于人体的政治解剖学和对于人口的控制技术。作为对待生命的一种新的政治技术，生命权力具有两种主要形式，两种形式都将身体视为机器和人口的调节器，都强调人类身体的再生产能力。

第一种形式出现在军队、学校和工作场所中，目的在于获得更具生产力、更加温顺和有用的人口——个体身体的权力化。权力对个体身体的投资，明显表现在学校、医院、工厂等规训性机构与体制中。身体通过一系列社会文化实践被决定和塑造，在话语、实践、体制化环境中形成，直接被卷入政治领域中。借助于社会文化实践网络，在话语、实践和机构的调控作用下，身体被塑造成社会性产品。《规训与惩罚》主要分析了权力技

035

---

① 我们身体的基本需求，既促成了世界的商业化，同时也使自己的存在商品化。商品化的压力导致个体越来越重视保持表征自我身份的体型，重视拥有"所需要的"商品和追求特定的生活方式。由于身体的有形需求及其不断扩大，最终促成社会的商业化，自己沉溺于其中甚至无法自拔。欲望满足往往会产生更多更大的欲望。

② 当时，影响福柯的哲学思潮主要包括：现象学传统（尼采、海德格尔、胡塞尔、梅洛-庞蒂、萨特和波伏娃等）、结构主义的方法论（年鉴学派）和马克思主义思想家（阿尔都塞等）。

术作用于身体的运作方式以及这种方式与知识生产（话语的新形式）之间的关系。通过权力与知识的交互作用所产生的客观化模式，实现了人类身体的符号化，人类变成主体。这一研究主题在《性史》中得到了进一步深化。在《性史》第一卷中，福柯考查了性经验形成的权力/知识机制，以及认知意志形成性科学、产生性真理的方式（Foucault，1980a）。与传统观念相反，福柯认为性经验不但没有受到压抑，相反却能产生知识，而且是权力关系作用于身体的"密集的转运站"。在《性史》第二、三卷中，福柯探讨了生存艺术的思想，其中身体成为自我管理的对象，成为自我标榜和自我风格化的艺术品。最终，权力对身体的操纵结果既是政治性的，同时也可能具有审美特征。作为权力的一种工具和中介物，身体成为权力物化的途径和产物，我们对于个体的所有权力性期望和目标，最终将通过操纵身体（如赋予和剥夺自由）、将身体置入特定空间中的方式而实现。福柯认为在现代社会中，权力关系直接控制身体，身体是权力关系的产物，直接参与政治性实践。反映社会性质的身体，是权力作用于个体的肉体并物化的现象，是社会性的情境化结果。

在经济体制中，身体因其具有生产性而具有价值。但身体作为劳动力，还需要另外一个条件：它必须服从于权力关系，遵循权力规则。简言之，身体要具有价值必须同时具备两个条件：第一，它具有生产性，能带来经济效益；第二，它必须在政治方面服从管理。经济方面的生产性和政治方面的温顺性，是身体具有价值的两个必备条件。作为伦理型实践形式的教育，目的在于影响心灵，但显然离不开对于儿童身体的操纵和控制。教育必将通过作用于儿童的身体以促动灵魂，通过教化儿童的身体再生产和维持社会秩序。权力需要控制身体；控制身体是控制心灵的基础（通过将个体置于特定空间中的间接方式），而控制了心灵也就在很大程度上控制了个体。

生命权力的第二种形式出现在人口统计学、财富分析和意识形态中，试图在统计学层面上控制人口数量。人口研究很快变为"政治经济学"研究，管理者需要关于国家的详细信息去建构福利机制，从而创造一个快乐、富足、健康和温顺的人口群体——社会身体的权力化。社会身体的维护，要借助于一系列的分化实践。"社会身体的现象并不是众望所归的效应，而只是作用于个体身体的权力的物化结果"（Foucault，1980，55），并遵循政治斗争的策略性发展的理路，通过特定的机构培养并掌控身体的能力，但在另一些时候权力却对同一具身体进行反击。

总之，身体既是知识的对象，同时也是权力运行的节点。福柯关注权力技术的运作方式以及权力与知识的关系，通过二者交互产生的客观化模式对人身体的作用，从而使人类变成主体。通过话语如（理性的）管理和控制，和通过机构如监狱、精神病院、工厂和学校，身体显然受制于规训和控制，最终让"身体"成为社会和政治性分析的范畴，成为历史分析的对象。福柯在考察身体的过程中，着重强调身体的物质性以及在社会文化方面的具体性；身体中写入了权力关系，同时表明了性别、种族和阶级等方面的特征。

对主体身体的聚焦与研究，意义深远。通过对身体进行历史性分析，打破了这一概念的自明性，从根本上否定了关于"身体"的浪漫的本质主义和自然主义思想，它们将身体表述为一种统一体，一个不受历史因素影响的永不改变的范畴；强调了身体概念的文化特质，身体不再仅仅是生物学意义上的实体，它失去了自然性而获得了文化和解释学上的意义，最终显示出身体是许多复杂过程的交叉点。同时，身体和身体批判的历史表明了在理解"我们自己"方面的一种重大转换：从宗教教义认为人能够超越肉体而灵魂不朽的观念，到后现代主义强调人的解剖学和社会性结构的肉体性特征。主体性就与人类主体的历史，与身体的概念紧密连接在一起，随着对身体概念理解的转换而表现出历史性特征。

2. 具身主体性：权力化身体的存在方式

笛卡尔的身/心二元论区别对待灵魂和身体，将现代哲学和人文科学引入错误的发展轨道，这种根深蒂固的二元论扩大到更广泛的领域中，导致了西方文化的分叉式发展。启蒙运动让理性几乎成为一种迷信来崇拜；吊诡的是，它显然非理性地高估了理性在控制情绪或身体方面的能力。尼采（1956）提醒道，意志或激情比灵魂更为强大，扬言要推翻世界的理性秩序；但这只不过是延续了旧时的二元论思维，而并没有发展出一种更具综合性意义的实体化的主体性。

"由于我们的侵犯性身体或顽固性心灵总是会寻找到抵抗和逃逸的路径，所以认识并融入一种实体化自我的当代哲学，就为在当代社会中认识身体和情感提供了一种更加乐观的视角，并打开了新的可能性空间。"

（Besley & Peters，2007，46—47）为消除笛卡尔的二元论，梅洛-庞蒂（1962，1968）试图"澄清我们所有的精神活动，实际上都受到我们身体特征的约束"，受到身体的时空性特征对于知觉的影响，活生生的身体（lived body）是意识和感知的基点。"真实的主体并非意识本身，而是存在，或通过一具肉体存有于这个世界。"（Miller，1993，55）对现世主体的考察不能进行抽象描述，而要考察主体的具体性和时空性。福柯也强调主体的肉体性、理性的感官性和主体性的实体性。他认为主体不像康德的伦理主体那样，作为一种抽象的普世主义的永恒存在；也不像新古典主义经济学所标榜的那样，担当一种有着极大理性和自由意志的经济人角色。他强调自我存在的日常偶然性，力图表明主体的身体是权力作用下的标准化、个性化和权力写入的效果，主体性就寄寓于这具身体中。

"具身性"（embodiment）一词就是用来表明身体与精神、身体与社会性因素之间的这种关系。"对具身性（embodiment）的诉诸并不是对生物性东西的还原。'具身性'虽然意指行为含有生物性的一面，但它还是一种依赖其他相关概念、因此也有赖于文化背景的现象。"（霍伊，

1996，43）它并不刻意突出笛卡尔二元论中的任何一方，而是通过确认心理存于物理和物理存于心理的一种新的联结或整体主义，试图解决二元论难题。它认为，所有的知识、理性和人的欲望都具有实体性，都着眼于此时此地的当下性，人类主体的存在范围和进入的社会、经济和政治关系，具有时间性和有限性特征。对于主体存在的范围和进入的关系，需用一个"空间"——身体——来承载主体与其存在场域之间的相互作用关系。同时，具身性这一概念还表明，在突出自我的具体性的同时，也应该考虑和确认他人的具体性，因此"具身性"包含了主体间性的意涵。主体间性是从具体性和关系性的角度看待自我，确认关系型的自我是教育和沟通展开的根本性条件。

　　主体性的具身性既是主体历史性的确认，同时又是主体自由可能性的保证。"梅洛－庞蒂坚决主张认识主体的有形性，并（像伊波利特一样）坚决强调认识主体的历史情况。这些差异并非无足轻重：梅洛－庞蒂感到人类的自由所受到的限制，较之萨特在《存在与虚无》中所说，要严重得多。"（Miller，1993，61）尽管"严重得多"，但并非不可能；相反正是主体的有形性特征，使得我们对自由的探求不再停留于抽象的解放模式的探求，而有可能从主体所处的具体情境出发，并基于这种具体性，实现主体的具体自由。从抽象程度而言，较之人文主义者的观念显得较为具体，但它却是真实可行的。

　　研究19世纪末期的美国教育史，经常会涉及身/心二元论问题。20世纪初的心理测量运动，将二元论中的心灵确认为教育中的宠物，而将操场、保健和学校健康运动视为征服身体的强化场所和行动。身体，作为一个问题域，一个被监视和干预的可见性目标，从认识论的角度被看作是特定学科内容的对象——体育、家政、手工艺术和工业教育。而在我国的学校教育中，重视智育忽视体育的现象也比较普遍，从微观政治学层面揭示教育界对于身体/心灵的二元论态度，既反映社会权力与习俗观念对教育者观念的影响，同时还在于提醒这种错误认识论对于教学乃至学生发展有潜在的消极影响。

之所以提出"具身主体性"，抛弃身/心二元论，根本原因在于现代权力新功能的发现。权力的新形式和新机制将摧毁身与心之间的无形屏障，打通二者之间本来不可割裂的关系。下文将展示"一套机构及机制，它们将身体或称'身体奇点'作为操作的目标和对象，而产生出的最重要的效果是一系列的投资，一种'虚拟核心'，即我们可称之为灵魂的东西"（Hook，2007，8）。总之，通过这种"转换性技术"（transferable technology），得以生产出个体或儿童主体。

（二）空间与权力：权力化空间

"权力/知识"对身体作用的过程和机制，就发生在空间中；换言之，"权力/知识"通过空间的形式和技术"写入"身体中，身体在空间中承载着权力的效应。

与精神的非物质形式相比，身体栖居于空间中并占据着空间位置，所以分析身体必须要考察空间的概念，研究教育也必须研究对其至关重要的空间问题。在我们时代，空间意味着多重景深，表征着多种关系形式，如性别、种族和性观念等。在我们所处的时代，空间是以点与点之间关系的形式呈现给我们的，空间观念和空间政治学潜在地进入公众场所和身体（身体政治）的概念中。

福柯将空间视为一种社会建构物，他揭示了空间概念中内在的政治性特征，证明了空间是权力作用的根本条件。福柯对于空间的分析着眼于身体这一对象，他强调身体的物质性特征；但需注意，他并不将身体等同于"自我"本身，"福柯集中研究身体问题，但却不是主观主义；相反，他研究的正是身体是如何驯化而形成主体的"（Elden，2001，104）。围绕这一主题，福柯形成空间概念的过程，经过知识型（知识的空间化与规训式形成），到封闭的体制性机构（监狱、学校、诊所和工厂），最后由规训社会到自我掌控的个人世界。

对于空间，目前的认识集中在两个层面，即实体意义和隐喻意义。[①]实体意义的空间，是考察存在和主体性问题的必要背景，也是再概念化权力、知识和身体之间关系的重要基础。本书探讨的空间概念将包括上述两个层面，既是实体意义上的空间，也是作为社会学问题（社会过程的空间维度）的隐喻空间。

1. 作为实体性的空间

对于福柯来说，每一种社会空间都反映着权力的结构和知识的运用。他提出，在18世纪出现了一种政治话语，它将建筑运用于社会管理中（Foucault，1984，239）。思考教育问题也必须考虑空间因素及其功能，因为儿童的"有形性"必然存在于学校空间中，教育者通过控制学校空间的样式，以影响儿童的身体和心灵，达到权力的特定效应。

学校是规训建筑的典型样式。作为封闭性空间（enclosed space），学校有着明确的目的，它鲜明体现出教育空间和致力于产生主体化结果的规训权力之间的关系。规训权力依赖于校园和教室的设计样式，通过建筑去改造个体：校园文化能够为儿童的成长发挥潜移默化的促进作用，而作为教育性元素最密集的教室，更是直接进行知识灌输和价值塑造的场所。进入建筑中的个体，空间将控制他们的行为，让行为体现出权力效应，让权力去了解并改变他们（Foucault，1977，72）。规训权力通常借助于监视、判断和审查等手段，而这些程序可以通过精心设计的体制化建筑去完美实现。这种建筑可以提供全息性的监督功能……其中的学校建筑，作为训练个体、完成个性化的空间型机制而建造，福柯称之为一部教学机器。

---

① 这种思路，主要受到德雷福斯（Dreyfus）在分析海德格尔的"being-in-the-world"（dwelling）中"being-in"意义时的启发。德氏认为，"being-in"有两种意义：空间意义（指包含或容纳，如在盒子中）和存在意义（如在军队中、在爱中，指卷入或参与）。德氏认为海氏在创造"being-in-the-world"一词时，混淆了"being-in"这两种意义，详见Dreyfus（1991）。

（Foucault，1977，172）将儿童置于这种空间，最终确保规训后的儿童品质与教室和校园空间特性的一致，达到教学机器的目的。若换个角度，儿童的身体也是一种空间，学校将学生（身体）安置于学校公共空间中，目的在于实现"私人身体空间"与"公共学校空间"在根本特性上的一致性，这是学校（教室）作为空间政治学（politics of space）的基本功能。

在实体意义层面上，本书主要从三个层面考察了空间形式和权力效用之间的关系：宏观层面，即在全球化时代，作为开放系统的教育的政治经济学问题（第4章）；中观层面，即教育机构空间的分布问题（第2章）；还有微观层面，即教室或演讲厅中的权力问题（第3章）。

2. 作为隐喻性的空间

这是在隐喻意义上理论性运用"空间"的方式[①]，也是在方法论意义上使用空间的方法。隐喻空间的研究，与结构主义思潮的发展有着密切关系：结构主义促使社会科学的关注点逐渐从时间性转向空间性。这种转向标志着与启蒙思想的决裂，终结了现代哲学无视空间问题的局面；不再相信持续进步的历史观，而是强调历史发展的非连续性，先前的历史学（historical）意识开始为地形学（topographical）意识所取代；并对现象学意义上的主体进行去中心化和解构，从而强调结构在知识产生和意义赋予方面的作用。

福柯的"当前的历史"（history of the present）观念，就是在隐喻意义上使用空间的尝试。他将谱系学重构为一种历史性本体论、一种空间化的历史

[①] 在当代社会学思想中，关于空间隐喻（如领域、空间、边界）的观念不断增多。从马克思的经济基础/上层建筑的区分，齐美尔的社会疏远/社会亲近的概念，索罗金的社会文化空间的观念，到吉登斯的结构行动理论（"首次系统地将空间观念，既是物理性的又是社会性的，整合进一般的社会学理论中"），还包括布迪厄提出的颇有影响力的社会空间和领域的概念，和怀特首次系统地对"网络理论"的阐述（Silber，1995，转引自Besley & Peters，2007，72）。希尔博得出结论：空间的隐喻开始取代实证主义的理论建构模式，并且表现出对任何包容性和总体化范式的普遍质疑。

（spatialised history）形式，而不仅仅是一种空间的历史（Elden，2001，6）。本书继承了福柯的"当前的历史"的经验，尝试在论述空间、权力空间与异域空间中，探讨儿童主体性为空间化历史所生成的机制。

三、主体化微观机制：教育空间、经验与主体化

当前正在发生什么？而我们——我们也许不过是当前正在发生着的事情——又是谁？

——Foucault，1988g，121

（一）教育空间与经验

主体化是利用教育空间生产儿童主体的过程[1]，教育空间创设的目的在于生产教育性经验（educational experiences），经验生成特定的主体性。什么是教育空间？教育空间为什么能够产生主体化？

在"话语形态"（discursive formation）思维的启发下，本书提出了"论述空间"（discursive space）的概念。话语形态是福柯考古学的分析对象，它与论述空间的区别在于：前者是陈述（statements）或话语诞生的场所，是陈述存在的条件和结果。在这种环境中，主体完全受制于话语规则的制约而沦为以历史书写的方法论跳板；而后者是儿童主体的诞生场所，用来考察主体性的形成过程，分析论述空间中的内容（真理、权力关系和主体）在主体化中的作用机制和它们之间的相互关系。主体在论述空间中既受限于论述空间，同时又能够体现自己的能动性，从而让自身主体化过程具有自主性。因此，两种概念在范围、对象、功能和与主体关系等方面都有较大差别。

教育话语中的空间概念是存在的。教育史或课程史通常会做出这种假设：空间是真实的，一种空间比另一种空间更为真实。例如，教育或课程

043

---

① 教育空间与儿童主体之间存在两种关系，即舞动关系和共构关系——舞动关系（永恒的）是从纵向历时角度考察论述空间与主体形成的关系，而共构关系是从横向共时角度考察论述空间与主体的关系。

的理论与实践之间的分离与再度结合，一直成为不断努力的对象；而近年来的研究则更倾向于加深理论者与实践者之间的联系。其实这种分离并不是自然的事情，而是人们自愿划分出不同的空间，并选择自己认为更为真实的空间自居。论述空间是本书提出的一个新的空间类型，它属于理性空间而非物理空间，但却是真实空间。

同样，主体也是真实的，因为主体是理念性的——话语并非给先在于它的事物命名，而是去创造它所表达之物，话语是形成它欲表达之物的策略。这种真实的主体，必然要存在于论述空间中。在话语空间中，主体作为一个点被创造出来，但这个点并非静止，而是处于不停的运动中，所以主体的意义总会变动。处于论述空间中作为节点的主体，并非"白板"，而是富有"空"的内涵。正是这种"空"的特质，才使得以后各种话语的不断写入成为可能。主体的性空论，可以作为批判先验主体的出发点之一。

1. 教育四维空间——真理、权力、伦理、时间

"教育空间"，是论述儿童主体化的主要场域。①首先，从性质而言，它既是物理性空间，同时又是社会性或隐喻性空间。其次，就内部要素来说，它既包括真理、权力、伦理，同时也内涵时间性（an established time frame）因素。

空间维度一：教育真理。教育真理是教师和儿童对于教育或课程的基本信念，教育真理影响着教师的教育理念、教学行动、师生关系以及教育问题的提出和解决方式，影响着儿童对自我的理解、对学习过程的认识、对自我和他人关系的处理方式。这种无形的经验类型，以意识和无意识方式，时时刻刻作用于教师和儿童，是权力对欲形成的儿童主体性的基本定位。教育真理规定着儿童主体，尤其是规定着教育实践中对儿童的认识，

---

① "教育空间"既是集体意义上的，同时也是个体意义上的。因为不同的个体和社会群体可能拥有截然不同的空间范畴，既包括生存空间，也包括思想空间，而特定阶段内的"不同"又会表现出某种相似性。

并进一步规范着教育研究者、实践者们的课程意识、教学行为，甚至课程问题的提出方式。教育真理与社会/制度性实践保持协调关系，在某一特定历史时期课程工作者所秉持的教育真理，是特定社会条件作用的结果。当我们理解教育真理是如何形成的、当时形成的条件、形成的偶然性时，我们对教育真理就会有新的认识，对要形成儿童的何种主体性就会有更广阔的思维空间。

空间维度二：教育中的权力关系。权力关系一定程度上反映着教育真理，因为现代权力关系的运行和知识紧密结合，形成"权力/知识"模型。权力关系发生变化后，权力与主体的关系也将随之变化。权力关系对儿童主体化的作用较为明显，权力关系作用于主体，意味着权力培养儿童主体性、实现个体社会化、建立社会身份的过程。权力关系的运行，是形成儿童主体性的过程，本身既需要儿童的能动性作用，也需要儿童行使关系型自由乃至进行必要的反抗。主体能动性在教育领域中一直存在，并会发生积极作用（例如抵制）。主体在教育生产过程中具有选择的自由，并能积极建构自己的存在方式。主体的这种特性，在教育领域中表现为课程的"发展"和儿童主体性的"丰富"。

空间维度三：自我的伦理型实践。除体系化的教育真理和能量化的权力关系外，儿童主体与自我的关系，也是教育空间中的要素之一。儿童能够在自我认识的基础上进行自我转变，走向"美学化生存"；能够在虚拟空间和多元文化背景中，根据新的真理标准，利用新的权力技术，进行身份重构和自我意识更新。儿童主体自身作为教育的一个空间，蕴含着巨大的身份建构作用。他们能够通过认识自我，进而改变自我，改变对世界的认识。在当前全球化时代，在文化多元主义和虚拟现实技术不断发展的背景下，如何建立儿童的身份认同感和文化归属感，应该成为考察儿童主体性形成的应有之意。

空间维度四：时间。在教育空间中，时间的作用无处不在、无时不在，但常因我们过度专注于当下而忽视这一因素。以上三个维度都必须在时间的维度中展开，主体性是以上三种因素在时间进程中的累积效应（cumulative effect）。时间不只为主体被动经历，主体还可以在意识中进行主动超越，如自传方法中的"过去—现在—未来"三维时间穿越，就表现出时间的可跨越性特征。

教育空间的四个维度之间具有密切联系，它们分别涉及儿童和教师主体对世界的认识（真理）、对人与人之间关系的认识（权力关系）以及儿童对自我的认识（自我主体），这三个维度分别是福柯意义上的"权力"在哲学、政治学和伦理学领域的不同表征。

三种"权力"在时间维度中的运作，是同时进行的三种过程。主体化需要一套关于儿童的知识，它在一段时间内能够表述儿童的时代性特征。它属于人文社会科学领域（常常有自然科学基础），反映出对儿童品德、理性、自我意识等方面的最新认识。不过，这种知识既不是定论性的，也不是累积式发展的，而是随着新的环境变化不断地进行更新。很多情况下，同一时期关于同一对象的儿童存在着多种知识解释，解释之间相互竞争以获得广泛的认同和采用，角逐成功者就能晋升为特定时期内论说儿童的主导性知识。

解释儿童的主导性知识，将建立一套规则。规则将决定接下来何种关于儿童的知识是合法的、可纳入主导性知识范围的，而且还将决定在社会环境（家庭或学校）中如何"摆放"儿童（作为知识的对象）的位置，调整儿童与他人的关系。一定历史时期内，对于儿童的解释和做法逐渐会约定俗成，稳定下来成为体制化实践。儿童史表明，对于儿童的认识发生改变后，对于儿童的实践如师生关系和儿童在学习中的地位，也将随之改变。

关于儿童的认识和基于认识的实践，联合起来就形成一种活动领域，儿童在此领域中存在时，逐渐会意识并确认自己的身份即某种主体性，如孩子、妹妹、好学生、少先队员等，完成自身的主体化。当儿童自我意识能力较强，他们能够审查影响自己主体化的外部主要力量，甚至立志形成自己某种新的身份时，那么在福柯看来，这种自由创造主体性的行为，就是自我的伦理型实践。

2. 四种技术类型——生产、符号系统、权力、自我

除时间之外的其他三种维度，可以看作福柯意义上的三种"技术"类型。个体作为历史性存在，具有不同的自我形成技术。技术作为文化和社会的一部分，对自我的形成具有不同的功能。

福柯的"技术"观念批判继承于海德格尔，他将海氏的"技术"概念赋予尼采的谱系学色彩，从而在主体性与技术之间建立起关联。海德格尔（1977）用技术的观念去试图理解存在的"本质"或在场（dasein），福柯去除了海氏"技术"概念中的本体论因素[1]，对本体论问题做历史化处理。他并不关心aletheia观念[2]，或揭开自我的任何内在隐藏着的真理或本质，而是将海氏的techne和技术（technology）观念，改造为具有历史性内涵的主体化方式，即"自我的技术"（Foucault，1988b）。对于福柯来说，自我或主体"不是一个实体，而是一种形式，而且这种形式主要不或经常不等同于他自身"（Foucault，1997a，290）。"自我"表明着auto或"相同"，同时也意味着理解个体的身份。福柯用对主体的谱系学研究，去代替试图定义人性本质的哲学追求，目的在于揭示人类存在的偶然性和历史性条件。总之，并不存在普适的人性概念。一旦我们意识到这一点，我们将比以前更为自由。

---

① 海德格尔思想中"技术"的内涵，直接来源于古希腊哲学，但二者又有所不同：海德格尔的"技术"，是一种解蔽方式，将被外界遮蔽的东西揭露出来，让存在过的事物得以重现；而古希腊哲学中的"技术"，是一种从无到有的产生过程，人们运用知识和技能，生产出一种新的、未曾存在过的事物。同样是形成某物，一种是存在过的，一种是尚未存在过的，或许这就是两者间的根本差别。

② aletheia一词，在古希腊语中是"真理"的意思。这种真理的特别之处在于，它的获得是一种揭露、公布或公开的过程，是对象内在品质或特定的自然属性的展开过程。

福柯致力于"概述在我们的文化中，人类生产出自身知识……（并）将这些所谓的科学（知识），作为理解自己的具体技术的多种'真理游戏'的历史"（Foucault，1988b，17）。科学、知识和真理游戏，是人们为了理解自我而创造出来的文化与社会资源，它们本质上是自我构建的具体技术，技术形态是多种多样的，如自传或传记、忏悔、真理论述等策略。福柯总结出四种相互关联的技术，即生产技术、符号系统技术、权力或控制的技术和自我技术（Foucault，1988b，18）。[①] 每一种技术都是一种实践理性，都是对个体进行培训或改变或塑造的方式。通过这些技术，人们发展关于自身的科学，并利用这些所谓的科学、这些具体的"真理游戏"，来理解自我。

技术不是价值中立的。海氏曾提醒我们，我们不大可能自由，不管我们是否接受这一点，更糟的也正在此："当我们将它（技术）看作一种价值中立的东西时，我们可能是在最坏的情况下将自己交给了它；对于技术的这种观念，这种我们尤其充满了敬意的观念，让我们完全忽视了技术的本质。"（Heidegger，1977，4）技术的价值性意蕴，要求对于人的存在应该有新的理解。人类并不仅仅是运用技术使世界客体化并主宰世界的主体；更确切地说，作为现代技术影响的结果，人类为这种技术所构建和创造。对于福柯和海德格尔来说，正是现代世界的实践，产生了一种不同的主体，一种"作为自身内部深刻真理源泉的主体"。

3. 教育空间分析不是后/结构主义思路

教育空间中的"空间"与主体化技术中的"技术"，与海德格尔对应的概念相比较，意义差别很大。海氏的"空间"，作为人类诗意栖居的场所，是一种实体性空间；而教育空间中的"空间"，既指实体性空间，但更多是一种隐喻用法，指称对象的论述范围或论域。海氏的"技术"，

---

① 在一次采访中，福柯表示他可能"过多地着眼于控制和权力的技术"（Foucault，1988a，19）。

在本体论意义上，表明一种内在性的展开和揭露过程。海氏认为，在现代技术遭到滥用，不再是揭露事物本身，而成为将对象变为"持存物"（standing-reserve）的手段，最后遮盖了事物。现代技术试图征服空间，取消"间隔"，但吊诡的是，在技术"取消间隔"的同时，人们与世界和其中事物的关系却越来越疏远。福柯去除了技术的先验成分，对技术的本体论意义进行谱系学化处理，继而用来表明主体性形成的历史性过程和社会性因素的作用。本书分析的（主体化）技术是儿童变成主体、让儿童主体最终得以"呈现"（去除先验论意义）的方式，也可以说是一种创造主体的方式，这种创造不是随意进行的，而只能在教育空间中展开。主体化技术不可能超越教育空间，相反，却一贯体现出教育空间的根本性特征。

教育空间思维下的空间分析法属于结构主义分析，但非（后）结构主义的思路。结构主义者对时间性态度冷漠，他们强调对历史的同时分析甚于历时分析，关心历史的非时间性或曰空间性特征，并将这种观念借助于精神、社会、文化、知识和历史中内含的"结构"观念，引入现代理论的建构中，并逐渐成为社会科学发展的范式。在20世纪60年代早期，源于尼采和海德格尔精神的后结构主义运动开始质疑这种方向，后结构主义，作为专门对结构主义所宣称的科学地位的一种哲学反击，在保留结构主义对人类学主体的批判观点的同时，旨在对结构主义的"结构"、体系概念和科学地位进行去中心化处理，批判它所暗含的形而上学论调，并将它的发展扩展为诸多不同的方向。

福柯不是历史间断论者，通过空间分析而非时间分析，在于考察作为断裂背景的历史连续性特征。在考虑历史共时性的同时，更在于凸显历史的历时性和连续性特征。同时，教育空间具有不断转换的特征，它是一个动态的概念，具有变动不居的特点。每一个教育时期，教育空间的概念不尽相同，空间中所有元素的内涵和特征也会随着教育空间的转换而发生相应变化。以上两点足以说明，这种分析属于结构主义分析方法，但不是（后）结构主义的思路。

（二）经验与主体化

1. 教育四维空间产生教育性经验

学校教育提供的大多有意义和有效的经验，在于根据某种标准，形成特定类型的儿童；而特定类型的标准就潜藏在学校所提供的教育性经验中。课程研究中关于课程的内涵界定历来多有争议；若从儿童立场出发，则"课程是经验"最为切题，因为它揭示了课程的基本形式和根本目的。课程，是一个价值穿梭和思维传递的空间，旨在引领儿童像空间中的指示那样，去思考他们自己与他们的世界。在学校空间中，儿童主要借助课程经验来认识自我、理解世界，协调自我与世界的关系，最终实现主体化（社会化）。由于课程经验不是自然物而是创造的价值对象，所以由它们所产生的主体化必然带有目的性和预定性。

福柯考察了在西方文化中，人（类）是如何变成主体的。他从三种相互联系的经验类型——真理、权力关系和伦理——出发，研究了真理对人的规范性作用、权力关系对人的生产性作用和主体自身在主体化过程中的能动性作用（伦理实践），解释了现代西方主体形成的机制与艺术化生存的路径。本书借鉴福柯的方法论，考察教育空间中的儿童主体如何生成的问题。从三种经验类型，即教育空间中的真理、教育中的权力关系和儿童主体与自我的关系，运用谱系学方法，分析教育真理的历史、教育权力的生产性作用和主体自身的自由等三种经验，如何在时间的延续与累积中，为儿童产生出教育性经验，最终促成儿童主体化的作用机制，并在理解儿童主体化过程基础上，探索再主体化的可能性。

真理性规约、权力性生产和伦理性创造，三种经验类型彼此交织于教育空间中，因此教育性经验不可谓不复杂甚至会彼此矛盾。只有当我们认真思考这三种对象，将它们与自我建立起关联，我们才会切实体验到它们，或者说它们才能构成我们建构主体性的经验内容。

2. 经验促成主体化的机制：经验—真理—存在

对个体有意义或有效的经验，一定程度上都包含了根据某种标准塑造个体的功用，而某种标准已预先存在于经验之中。经验及其中负载的价值、标准等观念，客观存在、不可否认，本身可能无优劣良莠之分，唯有在个体层面、具体考察个体存在与新型经验的关系时，经验的使用方式及产生的（潜在）效果，才需要仔细审查。

在新经验面前，个体的某种存在方式可能会受到挑战甚至遭遇毁弃；在思考新经验的过程中，个体会形成新的自我真理，而新的真理将带来新的存在方式。"经验—真理—存在"，三者形成了一种互动、有序、恒久的运动过程。因此，新经验推动了新的主体化进程，主体性对经验具有开放性。

经验的目的，在于引导个体走出旧我、将自身转变为与先前不同的对象，进入新的存在方式。这个过程绝非一劳永逸。经历"走出"和"进入"而形成的新主体性，个体可能在面对新型经验时，再次进行批判和否定，进入另一种新型主体性。与传统学派不同，福柯认为个体在批判或否定先前的主体性时，并没有一般性或终极性标准。自由主义者认为，人的发展是逐渐摆脱外在限制，趋向人性的丰盈和完善；批判理论家认为，现阶段人的发展受到异化与压抑，要摆脱非自然的状态以获得人性的解放；而福柯认为，人的主体性是由权力关系形成和改变的，权力关系提供特定性经验，形成人们的特定性认识，决定人们特定的存在方式。当主体的存在方式遭遇新经验的挑战，他们就会产生新的认识，进而发展新的主体性。换言之，个体"走出"的目的仅在于"走出"本身，而不在于"进入"某种理想境地。不断经历新的经验，进行永恒的自我否定和自我创造，是个体最重要的生存目标——课程经验的目的与意义正在这里。

对主体化过程来说，个体层面的经验才有意义，经验进入个体内部，才可能内化为个体真理，个体正是依赖于个体真理而非集体真理参与实践。真理性游戏（games of truth）是真理运行的集体形式；但个体必须参与真理性游戏，进入真理的对话过程中以发展个体真理——这是课程的展开形式，也是课程的最终目的。真正的改变，必须从个体的内心开始，通过与自我的对话，进而提升原有的认识，追求另一种存在可能性。技术的三大形态或经验的三大类型，在此也可视为在哲学、政治学、伦理学三个方面对自我形成经验的研究。

3. 主体性对经验的开放性：经验—思考—批判

经验产生的主体化过程内含的目的性和预定性，也预示着主体化过程难免的偶然性和建构性。儿童是教育空间中诸多经验联合形成的结果，这种结果并非前定、不可改变的，实际上它只是众多可能性中的一种条件性示现。

经验与主体的先后决定关系，是现代主义和后现代主义哲学争论的焦点之一。自笛卡尔开创的现代哲学传统坚持认为，主体是经验产生的条件。现象学家更是坚持统一的单一主体观，认为个体不管受制于什么样的经验，主体仍然先于经验，并在存在论上高于塑造他的经验。与此相反，后现代主义者福柯认为："正是经验，作为一种过程的理性化且本身是临时性的，才产生了主体。我将主体化看作这样一种过程：个体变成主体，或更精确地说，个体建构了主体性，当然这只是自我意识组织的既定可能性中的一种。"（Foucault，1988e，252—253）确认是经验产生了主体性，而非主体是一切经验的条件，让后现代主义者去挖掘造成当代主体命运的各种因素。

同时，他们也从个体心智结构的角度探讨经验为何能产生主体（性）。实际上，"经验型"主体，是经验建构的多种下位个体（sub-individuals）的总和。下位个体之间始终处于相互作用状态；不同时期、不同部分的下位个体由主体外部的权力/知识所建构，一旦建构成功，这部分下位个体将不再保持原状，它们必定与其他下位个体通过妥协与合作而发生效力。这就意味着，我们需要打破现代哲学对主体性是单一、孤立形式的认识，重新思考后现代主体性的多种维度和不同形态。尽管每一主体在形体上是单一孤立的，然其内部心智结构并非如此。①认识到生产儿童主体性的多种力量，确认儿童主体性的多重维度，我们就能对当前主导儿童的话语和实践做出反应，对生产儿童主体性的经验进行反思，以重构儿童主体性。

对经验进行思考，是主体性生成和改变的核心环节。内外部经验之于主体的现实性和有效性，必须仰赖于主体内部的积极思考，通过运思过程，经验才可能成为生发主体性的力量。由此出发，当学校教育被体制化为课堂教学，教学被教条化为知识记诵或技能训练等主体心智并不在场的表演时，真正的教育就被遗忘了。教育随时可以发生、随地能够示现，个体接触到"意外或陌生"的对象，经历经验的反思与重构，教育也就发生了。因此，教育内涵与经验的内涵同宽，"教育即经验"（Pinar，2009，71）。当然，运思或研究，是经验的内在要求，"没有伴随研究的经验显得愚蠢。没有研究——认识、推理和自我反思——个体就不可能体会主观性意义、进行自我的建构。这已是一个历史性的旧观念了"（Pinar，2009，7）。内外部经验经过主体内部的运思，主体化过程才会实现。

正是通过运思和系统推理的历史性实践，主体才得以产生。反思或思

---

① 阻碍确认与运用多样性的下位个体，一般认为是自由主义政治学对于个体的认识方式以及与此种认识相关的权力观念。从霍布斯到罗尔斯，古典自由主义思想家们认为，个体是自在自足的（存在于社会组织之前如霍布斯认为的，或诞生在社会组织形成之中如亚当·斯密和亚当·弗格森论述的），是政治分析的最小单位。对自由主义的福柯式批判，将部分着眼在其心理基础的薄弱上，忽视了个体的建构性特征。这种原因可能在于，当自由主义思想发展的时候，心理学尚未发展；而当弗洛伊德等开始发展心理学时，又明确宣用一种非政治形式。不管出于何种原因，福柯坚决否定自由主义对下位个体的忽视。对他来说，认为个体是单一的或个体心理的非政治状态，既是一种边缘化个体的行为，又是一种遮蔽规训权力运作机制的策略。福柯也不赞同自由主义关于个体权力的观念。权力表现在认可国家和个人双方"认可"的决定上，但这种"认可"也可能成为权力的作用目标和结果。所以，自由主义的权力只能产生虚假的安全感，同样不能用来防御规训权力的隐蔽性作用（Ransom，1997，157—159）。

考，并不仅仅在于精心安排论点，或者提出有说服力的方案；它最好被理解为一种实际的、身体力行的实践气质，这是思考的内在要素（Ransom，1997，154）。对于福柯而言，思考"是人类生活和人际关系中的基本要素……虽然通常很隐蔽，但却总是激发着日常行为"（Foucault，1988d，155）。福柯将批判性思考看作一种以自身为目的的活动，甚至于一种美德。

今天的儿童，会运用这种美德吗？研究主体化的目的不仅在于让主体认识到主体性是可改变的，更在于让他们"学会在何种程度上通过努力研究个人的历史，能够将思维从已有定式中解脱出来，从而以不同的方式去思维"（Foucault，1991，35—36）。解脱的出发点是先行分析主体性形成的过程，在过程中才能产生批判的视角和实践的路径。

上文分析了教育空间的作用机制，它依赖于相互作用的知识、规则和伦理三个要素在时间维度中积累经验的效应。换言之，教育空间依赖于这三个要素相互作用而发生效力，从而产生特定性经验以促使儿童主体化。如果持续批判与检验经验的效应，也能够利用这三个要素让反主体化过程——重构儿童的存在方式——变成可能：知识构成一种权力关系，如果对其历史发展过程加以考察，知识的合法性就会受到质疑；规则控制着知识的产生，并调控着对知识对象的处理方式，但它与知识的关系可能会发生反转，"重新评价"与知识的关系，甚至从联姻走向对立；知识让儿童成为客体，努力将儿童建构为权力的媒介，但权力和知识对主体的作用却可能因为主体自身对其的批判而发生异变，让预定形成的主体性方向发生偏转；特别是儿童的伦理性创造，更让主体的自主建构成为可能。

总之，"当前的历史"，目的在于探讨关于儿童的社会认识论的变迁，认识论生产出原则，用以管理与规约儿童是谁、儿童应该是谁，以及哪些儿童不符合这些原则（因而不能跻身于"正常"儿童行列而变为"他者"）。

第三节　研究思路：凡走过必留痕迹

本书考察儿童主体化，目的在于探讨儿童主体性的本质以及这种本质与儿童自由的可能关系。从如何获得自由的基本立场出发，考察儿童实现自由的可能与现实路径，是本书的核心价值追求。

一、编码与解码：同一过程

（一）在编码中寻求解码策略

前苏格拉底时代末期，西方哲学出现了两大分支，即批判哲学和真理分析哲学。真理分析哲学关注推理过程的正确性，以保证陈述的真理性品质；它也进行诸如我们是否有能力接近真理的本体性反思。批判哲学关注真理讲述事件的重要性，思考谁能够讲述真理以及为何讲述真理。（Foucault，2001a，170）对于批判哲学来说，真理不再是追求与客观世界相符合的理性历程，而是一个权力事件，真理在现实社会中的生产和利用方式对它更有吸引力。

福柯明确表明自己的批判哲学立场，"某种程度上，福柯的思想适合归入哲学传统，那即是康德的批判哲学，福柯的工作可称为思想的批判史"（Foucault，1998d，459）。那么，福柯是如何从事哲学批判工作的？批判的思路又是什么？

有种观点认为，福柯权力批判的路径和出发点，存在于后期的"生存美学"思想中。福柯较有影响力的解读者德里弗斯（Dreyfus，1983）就认为，福柯的抵制观念建立在后期对自我的认识中。福柯前期对主体的历史存在论定位和谱系学研究，引导他最终返回自我掌控（self-mastery）的伦理上来。福柯在斯多葛学派作品中发现了自我掌控技术,它是自我的一系列文化实践,这种实践有力证明了人类的存在并没有普遍性的必然样式,我们可以逃离目前的身份,成为其他样子。同时,福柯质疑基督教的禁欲主义思想,认为它倡导自我放弃的伦理观,而对其坦白技术(confession)大为欣赏,最后发展为真理讲述(parrhesia)技术并引入与权力角逐的游戏中。在后期讲座中,福柯参阅古典文献,着重阐释真理讲述和自我掌控在引导人们成功参与世界方面的意义。特别在古代人探索如何管理生活、赋予生活尽可能美的形式这一问题启发下,他提出了"生存艺术""关怀自我"和"生存美学",志在将生活创作为艺术品。基于这些不同的存在方式和多样的自我实践,德氏认为,福柯开始质疑我们当前的实践方向,并思考抵制的策略;并进一步得出结论:正是在自我的这些"创造性实践"中,福柯试图建立抵制的可能性策略(转引自Besley & Peters,2007,82)。

056

对德里福斯观点的认识,影响到我们对福柯批判策略的真实领悟。首先,德氏关注到福柯看重历史借鉴的价值无疑是正确的。通过比较不同、发现差异,我们可以探索不同于当前存在方式的另一种可能,进而为批判和超越当前方式提供动力基础。然而,发现另一种可能、否定存在的普世形式只是批判工作的一个无关宏旨的功能,因为历史的真义在于借鉴而非模仿,发现存在的另一种方式与在当前实现这种方式之间,并没有往往也不可能有必然关联。①因为在权力/知识构成的网络空间中,即使个体试图进行"创造性实践",因为无法摆脱权力/知识对自我的作用机制,实践的"创造性"也是极其有限的。再者,这种权力批判路径本身,无视或绕过权力/知识网络,单单依赖于个体层面能动性的无限发挥,本身类似于

---

① 古希腊人的生活方式,对于福柯具有吸引力的根本原因在于,它为当代人的生活提供了一种另类的方式,从而证明了人类的存在并没有普遍性的必然样式,但它既不意味着古希腊人的生活方式就是福柯心目中的理想国,也不能说明它在现代实现的必要与可能。

一种乌托邦的构想。福柯多次否定这种做法，正如他的研究者指出："用准确的历史知识去补证我们的哲学分析，或者试图概括对不同时代研究的结论，以建立人性的普世性需求，我们都必须持谨慎态度。这也是从福柯处得出的一条重要讯息。"（Besley & Peters，2007，177）因此，福柯后期的"生存美学"，在有限的范围内能够创造出另一种生存样式的主体，但这种逃离现实、寄希望于异域空间的做法，实在支撑不起批判工作的全部内容；自我的"创造性实践"，并不能成为权力批判的全部所在。

权力批判的重要内容和关键思路，在于分析主体化过程。在教育空间中，身体成为权力–知识编码的载体、权力效应承担的媒介，我们可以通过研究身体加工的底片，揭示和描绘权力–知识"写入"身体的过程，此即分析儿童主体化的过程。同时，正是由于权力–知识通过空间的形式和技术写入身体，那么在分析儿童主体化过程中，我们就可以推论出"反写入"的程序和解码的策略，从而在权力–知识网络中探寻个体存在的另一种可能。

057

（二）拒绝与创造的有机联合

构成我们当前世界的多数对象"是（由人）形成的，只要我们知道它是怎么形成的，我们就能改变它们"（Foucault，1988，37）。事实上，理解事物的形成过程是进一步改变事物的前提和基础。福柯评论道："自我的问题不是去发现自我的实在性是什么，也不是去发现一个实在的自我或自我的实在性基础，而是要去发现自我不过是我们历史中技术的历史关系，我们的任务是要去改变这些技术。在这种意义上可以认为，现在一种主要的政治问题，准确讲，就是关乎我们自我的政治学。"（Foucault，引自Allen，2008，1）自我政治学的主要任务，是去发现和改变形成自我的技术关系。因此，批判的路径存在于主体化过程的全部奥秘中，存在于对主体构成的谱系学分析中。

这种批判路径，在福柯的权力分析中得到佐证和理论支持。福柯认为，正如主体的自由是权力关系运行的必要条件一样，权力抵制也蕴含在权力的运行过程中。基于权力运行依赖于权力抵制这一事实，可以推断权力的批判必然依赖于主体具体地参与世界，依赖于自我掌控的伦理去试图"显明"主体自己的空间感受。而"不同的社会群体，有着独特的空间性"（Morgan，2000，27—29），对于不同的个体来说，同样如此。①个体独特的"空间性"主要由个体的身体来体现，所以，从抵制内在于权力关系来分析个体的权力抵制，必将从分析空间中身体的主体化入手。权力抵制涉及身体以及身体与空间的关系，考察空间中身体的主体化机制同思考权力反抗的方式，是同一种过程不同方向的努力。在个体层面上，批判政治学即身体政治学，身体政治学又密切关联着空间政治学和身份政治学。因此，同抵制是权力关系运行不可或缺的条件一样，身体、空间与权力批判三者间也具有不可分割的内在性。

批判的原理，首先在于对主体化的认识，认清自己由哪些因素形成以及如何形成；继而改变或控制某些因素，就能在一定程度上改变自我。这种从分析权力运作机制来探索权力批判路径进而改变自己的思路，可称为主体性的"拒绝的艺术"。福柯后期的"生存美学"思想，可看作适度超越权力的一种美学实践，但仍需建立在对权力运作机制的批判性理解上。权力批判的关键是提升主体的"反思性不顺从"精神。拒绝某种"所不是"的主体性，同创造新的"之所是"的主体性之间，只有理论分析上的先后差别，二者在实践中很难分开。因此，可以将福柯后期"生存美学"思想，看作其试图将后期自我建构艺术同早期"拒绝的艺术"结合起来的尝试。这种尝试尽管包含自我的创造性实践，但只有与知识、权力和伦理结合起来的创造性实践才有效，才可能真正建构一种具备实践可能性的生存美学。某种程度上可以说，福柯的抵制行动是回溯性反思性的，它基于

---

① 在作这种理解时，我们需要转变对于"空间"的常规观念，从将空间看作同质的、连续的、客观的，转变到将空间看作具有异质性、片段化、想象性和主观性的特征。

对主体化过程的历史性理解，旨在显示我们可以是另外一种样子。

（三）批判思路再现主体化的微观机制

在编码中寻找解码策略、将拒绝与创造有机联合，这种批判思路不是逃离真实权力现场的卑怯或自恋行为，而正是依据教育权力效果的发挥依赖于主体的形成过程这一事实推论得出的有效实践。儿童是诸多过程综合形成的结果，而这种结果并非先定的不可改变的。上文分析得出，主体性对经验保持开放性，因此可以通过提供新的经验，建构儿童新的主体性。新主体性的形成，意味着权力关系已然发生了变化。此一过程，彰显出"经验—真理—存在"的主体化微观机制在权力批判过程中的作用。

个体的存在总是与个体的真理相关联，而个体的真理由个体经验所建构，所以改变主体性在于让个体考察先前的个人经验、审辩自己所秉持的真理、质疑自己的存在方式。揭示某种力量作用于我们的机制，个体与影响力量之间的关系就会发生改变，即使它继续影响个体，但其影响力量必定会发生改变。考察、审辩或质疑，为个体提供一种新的"经验"，借由这种经验，个体将产生新的真理、新的存在方式。

059

批判并不必然意味着要否定和抛弃之前的主体性，其真实目的在于为儿童提供一种经验，让儿童以一种不同态度对待先前的自己，改变对原有对象的认识，形成新的真理观。福柯这样论述这种经验：其本身"既非'真'也非'假'，因此更像小说、一种被建构的东西，只有在被创造之后而不是先于创造而存在；尽管它不是'真理'，但却具有真实效果"（Foucault，1991，36）。

多种不同类型的力量，通过产生特定性质的经验，塑造了儿童主体。这一主体化过程非常复杂，往往不可能鉴别出其中全部的影响力量；单就某一种塑造事件来说，主体也不可能明确其对自己的作用方式。假如个体明确了一部分力量，试图拒绝或改变它们对自己的影响，但其他力量也会登上影响的舞台，或者之前影响的力量配角现在转变为主角，因此，个体不可能彻底洞察自己的形成过程。多数个体在成长过程中对塑造自己的多种影响往往处于无意识、非反思的状态，他们对自己的存在状态感到茫然，因为塑造个体的力量实在太多，主体疏于洞察更疲于应付。

基于此种困境，福柯对个体的最高期望是：能够参与决定（如果不是掌控）"下一真理"（Ransom，1997，58）。个体依赖于自己被建构的样子，考察自己如何成为这种样子的，哪些力量促成了这个结果，个体就能更有意识更具反思性地进入"经验—真理—存在"的游戏中：理解自身当前的主体性特质，分析它的形成过程和影响因素，个体有可能成为反思型存在者。因此，福柯将批判活动视为哲学工作的核心。运用批判，通过思考，个体才能对自己的生存方式产生自觉。至于如何考察和质疑建构自己的多种经验，就要用到下文论述的谱系学和传记方法，用它们去理解主体化过程，分析构成主体性多种因素的（相互）作用及其所提供的特定"经验"的特质。

060

二、方法论分析：自传与谱系学

简单地说，我是尼采主义者。借助于尼采的著作，我试着尽最大可能在许多方面看看在这个或那个领域能够做些什么。

——福柯

教育空间中三种类型的经验促成了儿童的主体性化。为进一步揭示不同经验与儿童主体化之间的关系，本书拟采用以下两种方法。

（一）自传方法

本书用自传方法意在让儿童理解自我在当下的身份和处境；而欲达此目的，个体必须回溯历史，借助生活史来观照当下生活。历史并未远去，它一直在参与个体当下的生活，"所有的经验都是世界特征和个人传记的产物，过去通过与现在交互作用对我们的经验产生影响"（Eisner，1985，25—26）。作为一种自我的考古学，儿童通过回溯生活史，考察自己、教师的角色和师生关系的复杂性，鉴别和认识进入个体灵魂和心智的各种外界因素，分析影响自己认识、决定自己做出选择的多种力量，从而认识到自己为历史、社会和文化所建构的过程和结果，以及这一过程是如何展开的。自传的目的是要培养儿童一种超越时间和超越概念（即超越主体性）的自我发展观。第四章将运用自传方法对儿童身份进行考古，此处暂不展开说明。

（二）谱系学方法

本书考察儿童"当前的特质"，对于儿童当前特质最有效的描述手段是"诉诸历史"。在教育空间中，儿童当前的"历史"究竟是什么？

1. 陌生化效应

知识、权力和伦理对儿童主体化的作用机制比较隐蔽，所以需要"诉诸历史"方能看清三者对儿童的作用方式。分析儿童主体化过程，第一步就是要揭示三者各自的功能以及三者之间的相互作用方式。这就需要借助于谱系学来完成。福柯谱系学的概念与方法，受到尼采《道德谱系学》（Foucault，1980c，1984b，1984c； Nietzsche［1887］1956）一书写作方法的直接启示。[①]作为一种历史研究方法，其目的在于在当前产生一种批判性效果（Ransom，1997，79）。

对于福柯来说，追溯历史在于显示：当前我们习以为常的对象，其实并不如看上去的那么自然；当前我们认为理所当然的事物，经常在偶然、对立性的关系中形成，所以它们的历史根基往往比较脆弱。谱系学，或称"当前的历史"，意在揭示"当前的"某种文化现象在最初产生时的"历史"条件，进而表明当前认为固定化、理所当然的事物其背后的历史偶然

---

① 谱系学假设，我们对于历史的考察，并不是要去追求和确保某种客观性，而往往是带着确定目的走向历史，确证我们已有的立场。谱系学家并不忌讳公开自身立场，往往带着某种"偏见"去质问过去、质疑现在，但根本目的却在于虚构未来。谱系学作者写出的，或许在客观主义历史学家们看来全是虚构物，类似于小说，但这并非意味着对他们而言真理就不存在。事实上，从历史或现实来看，虚构通常会化身为真理，具有真理的功能，虚构的话语能够产生真实的效果，并将产生或创造出尚未存在的东西。

性和发展过程的断裂性，让熟悉的事物陌生化，并开始重新思考当前对象的处境。

研究某种对象当时是在什么条件下产生的，进而指出在时空变换之后，这一对象对于今人价值的有限性，谱系学家意在突出当时条件的地方性和偶然性，暗示在当时条件下所产生的对象已不太可能完全运用于今日情境中。谱系学家并不断言某种对象是"错误"的，而只是想表明某种对象（例如道德）作为一种地方性、时间性的产物，并不会（完全地）适用于新的情境。作为一种历史分析方法，谱系学运用诸多技术，追溯赋予人、理性、道德、真理等奠定生活之基的对象之价值的形成、结构化与在当前作用方式的历史，并重构新的价值。

所以，福柯意义上的谱系学与传统的历史分析方法迥然不同。它挑战了人文主义者的观念，后者认为自我是统一的，自我可以完全理解自身；意识是线性的，意识存储记忆就像一本小说展开一个故事情节。它打破了进步主义者关于启蒙的进步神话，转而强调分散、不对等和差异性，并不认同关于生活的普适的理所当然的"真理"。通过追溯"当前的历史"，发问或质疑"当前"的特质，谱系学考察"历史"的问题在当前是如何表述的；并鉴于当前的关注点，历史化分析与重新评价过去，根据当前的新问题来重构历史。在谱系学家看来，作为回溯的过去是一种出现的过程，而不是进化或发展的历程。

2. 步骤与类型

谱系学一般有三个步骤：第一，悬置研究对象，并将自己从对研究对象的沉浸迷恋中脱离出来。摆正考察对象的位置以及研究者与研究对象的关系，是谱系学研究的起点。从谱系学的视角来看，当前我们或许不应该将多元智能理论看作解释儿童"最好的"理论；实际上，它对儿童解释方式的情境性, 对当前教育实践的适切性, 需要成为批判性审查的对象。[①]
将研究者从当前情境中分离出来, 是国际化课程研究的目的之一。

第二, 确认真实身份。深入追溯研究对象的形成历史, 揭示它作为一种历史对象的具体性, 本身表明了诞生条件的地方性特征。经过这两步之后, 我们对于特定对象(例如多元智能理论)的崇拜感就会打消, 依赖性就可能降低, 实现对研究对象的祛魅。

第三, 产生新的对象。在对研究对象祛魅后形成的暂时性思维空地上, 研究者有机会去挑战主导我们当下生活的认识与实践, 去创造能够替代原有生活方式的新对象。谱系学方法的出发点就是创生新对象, 从一种公开的偏见立场出发, 在质问过去的过程中实现其目的, 而对于追求所谓的历史客观性并无太多兴趣。

谱系学通常有两种类型, 即历史谱系学和政治谱系学。前者的主要目的在于揭示先前的假设、思维方式等的偶然性甚至暴力性基础, 功能仅限于打破人们对当前对象的常规性认识(有限的扰乱效果)。历史谱系学止步于此, 政治谱系学更进一步, 它超越了打破常规性认识这一目标, 接着去创造新的认识和实践以取代当前的认识和实践。这种超越和创造, 在福柯看来, 不是传统 "一般知识分子"(general intellectual)的职责, 而是当前 "具体知识分子"(specific intellectual)的使命, 为人们提供有用的思维工具和分析方法。所以, 历史谱系学告诉我们 "当前" 是什么, 政治谱系学为我们开辟 "未来可能性"。这两种方法, 对于儿童主体化的理解与重构, 都产生了重要启示。

对于谱系学的常见误解是, 认为谱系学的批判功能, 在于它要揭示权力存在于对象发展过程中并产生了消极性影响。这种认识, 是对谱系学功

063

[①] 谱系学的效果, 取决于应用它的研究者。此例中当然也存在这种可能: 经过谱系学方法考察后, 我们仍坚信多元智能理论的价值。但即便如此, 我们对于多元智能理论进行过深刻批判与反思后, 与其关系也发生了改变——强化了先前的已有认识。

能的狭隘理解。谱系学并非要去揭示对象形成过程中权力的存在与作用，而是考察对象形成的历史条件，显示对象形成的偶然性与历史性。即使权力性因素参与其中（大多如此），对象由权力所生产，本身并非需要批判。谱系学旨在揭示对象的历史性特征，权力的参与或许是其历史性特征之一，但绝非历史性的唯一内容。

3. 运用新情境

谱系学形成了我们自己的批判性存在方式。在福柯看来，个体生活在自己时代，需要批判性反思构成我们自身的文化和经验，进行伦理化自我建构。循此思路，本书用此方法分别考察教育空间中的真理、权力关系和儿童主体这三种对象，以历史视角和能动论眼光，探究这些因素或经验与儿童主体性之间的共变关系。

运用跨学科视角和观点，理解"主体化"的过程与机制；情境化解读所考察的对象，体现出研究的空间思维和地方意识；暂时悬置构造性教育经验的先验假设，揭开教育的文化载体和经验内容（如课程），以及在其偶然和独特的形成过程中所包含的权力因素。这种思维方式和研究路径，不是从预定的、先验的、普适性的抽象概念出发，而是历史化追溯特定概念的发生发展过程，及其在特定文化环境中的使用方式，体现谱系学的基本要求。

非本质化思维方式让我们在现实境遇中开辟儿童自由的路径。当我们知道主体性形成的具体过程时，主体性再形成的实践空间就被打开，实践自由就自然诞生。质疑教育领域中的经验、知识形式和权力关系的自明性，目的在于创造新的教育思考和行动的可能性。一旦我们知道事物最初是如何建构的，我们就能够重建该事物——教育领域中儿童的主体性同样如此。

对于主体性形成因素的谱系学考察，不是非理性主义视角，因为承认教育真理的价值、教育中权力关系对儿童的社会化作用、儿童理解自我的目的在于更好地改变自我；也不是规范法学家的做法，并没有开列出再形成主体性的策略清单，或者建议"应该"如何再形成儿童主体性；而只是履行一位批判者的角色、一位具体知识分子的职能，尽可能准确地去分析问题，批判性考察问题的成因，进而为实践自由创造空间。

第二章
真理主体：规约与解构

我们对于事物的认识，并不是直接用肉眼天真地去"看"，而是借助于特定的认知框架和概念工具去推理与判断。所以，认知框架和概念工具这些有色眼镜，对于我们来说，通常比"事物本身"更为真实。[①]

本章就是来分析在教育史上界定儿童概念的各副"有色眼镜"，主要集中于赫尔巴特的道德范畴与霍尔的心理/科学范畴。在福柯看来，这些理论与范畴构成了教育中的"真理"，它们规定着我们认识儿童的特殊视角、身份特征和功能定位。因此，教育真理既定义儿童的特征，又控制他们的行为。

传统的"真理"概念意味着客观上必须正确的东西。尽管也是相对的，但在特定的时空范围内，真理代表着对客观对象的本质与精神的正确把握，人们基于真理的行动总是不会失望。但福柯的"真理"概念与此截然不同。他拒绝谈论我们能否真正接近事物的本质，从而确保我们行动的合理与有效，而是考察我们为什么要这样去谈论事物，怎样把某些陈述定义成了真理，因此福柯式"真理"的概念意味着生产理论、事实与陈述的

---

① "事物本身"是一个假借概念，笔者并不认同现象学家"回到事物本身"的提法，因为"事物本身"永远是我们所认定的对象，它并不具有"本身"性，或者说其"本身"性我们无法脱离认知概念而把握。

特定法则、规范与体系。由于这些规范与体系通常与权力联系在一起，所以他也称"真理"为"真理建制"（regimes of truth）。总之，与追求客观、永恒、绝对正确的心态不同，福柯更关心所谓的"正确"是如何被制造出来的，又是如何在学科和实践中应用的，从而将我们所谓的人文主义情怀与社会实践联系起来。也正因为福柯关心这种联系，所以他考察"真理"的目的不在于获得至真至善的理念，而在于洞悉真理的实践方式。

教育空间中的"儿童"，从福柯"真理"的意义上看，就成为一个抽象的概念，一种权力的文化符号，而不仅仅是一个生物学对象，因为在不同时期、不同文化背景下，人们谈论儿童的方式、界定儿童特征的规则以及为促进儿童发展所采用的教育或课程策略总是千差万别，这些差别反映在我们对于儿童的理性、天性、道德、内在性、发展阶段等具体概念的认识与实践上。借由这些概念，权力将儿童变为"真理主体"，实现对于儿童的定位、操纵与控制，并实现自身真理形态的存在方式。

权力与真理（或知识）建立联盟，既提升了自己运作的隐蔽性与高效性，同时也承担被知识解构的风险。本章讲述的就是它们之间既合作又排斥的关系。

第一节　舞动的儿童史

"儿童"这一概念最初是如何出现的？我们为什么随之去研究"童年"？传统理论解释说，儿童发育不完善，与成人相比他们的生理结构和心理机能发展水平较低，所以需要特殊对待。这种解释无可厚非而且"总是正确"，但问题在于它不能解释为什么"儿童/童年"概念的建立是最近的事儿（Baker，2003），更不能解释为何不同时空条件下对于儿童/童年的认识和实践会相去甚远。所以，生产"儿童/童年"概念的"真理"，尽管与儿童的生物学事实有关，但可能并不仅仅局限于此。那么，儿童/童年概念建立背后更复杂的规则是什么？这种规则是永恒的还是在不断转换着？

一、儿童的语法：儿童诞生的标准

每个概念都源于一种特定的经验，并体现着一种社会利益。

——康奈尔，1997，67

话语或真理决定着我们感知对象的方式与内容。人类认识世界不是直面世界，而是借助理论框架去看、去听、去思考与实践，话语或真理就是我们认识世界的工具。它们既规定着我们理解现实的角度和深度，又制约着我们对现实的态度，从而确保我们所认识到的现实，正是真理或话语所欲描述的；我们所从事的实践，正是真理或话语所欲达到的。因此，人类的认识与实践从来都不是中立、自然的，而是真理性、价值性的。

（一）从本体走向历史

人类生存在一种文化中，这种文化的"深层语法"就会潜移默化地深刻影响着他们的思考与行动，成为他们意识与无意识思考的凭借，并让他们的行为表现出文化所内含的风格来。文化决定着人类认识对象的方式，并实现对象认识的逻辑与文化的逻辑之间一致的对应关系。对于儿童的认识，当然也要在特定文化背景下进行，那么，特定时空下决定儿童概念的文化逻辑是什么？不同文化逻辑所决定的儿童概念之间，又存在着何种性质的关系？

对于儿童的认识，当前主要有两种取向：生理学取向和人类学取向。生理学取向将儿童看作一具生物学机体，研究着眼于儿童生理结构特征，如生理特征、器官、细胞和分子层次的生理活动等。这种取向的潜在假设是，把儿童看作一种普通的活机体，能用解剖学特征和生命活动规律进行描述；而且，这些特征与规律很难随着时空转换而发生很大变化，表现出某种相对稳定性与普遍性。①

生理学取向集中于探究儿童的自然生命活动；与之不同，人类学取向侧重于研究儿童的社会生命活动，它将"儿童"看作一种由历史与文化所建构的社会性存在物。②它着眼于研究界定"儿童"的社会规则及其历史转变规律，这种社会规则具有具体效应，能够产生实践性效果。"儿童"概念的历史，与界定它的其他概念如天性、理性、权力、道德和内在性等概念的历史紧密相连；儿童概念的内涵，总是依赖于这些概念得以界定（例如，洛克的理想儿童是绅士，而到了赫尔巴特，道德人则成为教育的旨归）；同时，界定性概念也借助于儿童这一对象而物化自己。儿童概念与界定这一概念的其他概念之间，表现出复杂的共构关系。

福柯式思维认为，不能将"儿童"仅仅看作一个生理结构有待挖掘和展开的自然物，通过科学研究就可以获得关于他们属性的全部认识，并据此开展有效教学；儿童观念的出现，毋宁说是文化和历史建构的结果，是心理学、生理学、伦理学和哲学等领域知识与实践发展的必然产物，并得到一系列教育性程序和技术的支持。③因此儿童史的书写，必须主要参照真理、理性、权力和伦理的历史，并遵循自由和控制、知识和权力的关系进行。为了更加真实（真实也是一种虚构）、更有创造性地认识儿童，我

---

① 达尔文的生物进化论指出，生物的特征和功能是不断进化的，但进化论仅仅是一种假说。即便这种观点能为科学所证实，相对于漫长的人类进化史而言，从儿童概念的首次出现到现在，这几个世纪不过是历史的一瞬，儿童个体的生理特征在此期间不可能发生很大变化，从而表现出相对稳定性和普遍性。

② 这里要排除任何意义上的先验论思想，如哲学、社会学或心理学领域中的先验论，因为它认为生命的进展仅仅是个体内部生理因素的自然顺序展开，社会环境尽管能加速或减缓这一进程，却不会从根本上改变整体的方向。这就在个体内部预设了一种不随时空变换而保持恒常性的生理结构（physiological matrixs），所以就本质而言，人类学取向中的先验论，大多类似认识儿童的生理学取向。

③ 福柯的思想，带有很大的"片面的深刻性"。在《疯狂与文明》一书中，他将"疯狂"概念建构为一种因社会排除机制而产生的现象，似乎与个体的生理状态无关。关于福柯的思维特点，或许比较合理的一种理解是：他要补全人们对于特定对象的认识，正如他坚持选择另类生活方式、写作风格与斗争精神，从而证明还有另一种存在方式一样。笔者无意追寻福柯的风格，但本章着重从儿童概念嬗变的角度，分析生产儿童概念的真理及其转换性特征，所以必定要坚持"儿童"中不断变换的一面。而这一种"变"正表明了另一种不变，即儿童社会性的不断变化。

们需要思维上的转换，从生物学意义上的儿童概念，转向人类学层面的儿童概念。

思维转换意味着对永恒人性论的否定。福柯式思维拒斥存在某种类似人性的东西，我们通过了解它就能把握儿童本质的观点；他也批判存在某种理性的能力，借此就能洞悉儿童心理世界的论调。在他看来，我们唯有借助于生产儿童概念的规则或曰儿童的语法，才能在特定情境中勾画儿童的模糊轮廓，在历史进程中辨识儿童的模糊面孔。轮廓或面孔之所以模糊，是因为同一文化时空下儿童的语法并非唯一，不同文化时空下儿童的语法绝不会一致，由此语法生成的儿童形象自然是多种形象的重叠与交织。这不是非理性主义态度，而是要澄清儿童概念与权力、真理与社会实践之间的关系，体悟儿童概念的历史性和权力性特征。

（二）论述空间的建构

从生物学取向到人类学取向的转变，对永恒人性和先验理性的拒斥，都需要设置考察儿童概念的场景，本书把这一场景定义为儿童概念的论述空间。引入"论述空间"的概念，目的在于对儿童的概念与真理的认识，能够框定在特定的历史舞台上。这种做法具有三方面意义。

第一，在分析过去的权力理论（儿童概念）时，可以尽量避免当前的权力理论（儿童概念）所产生的干扰与污染，尽量还原历史，进入真实的现场（Baker，2001，13）。[①]同时这一做法也暗示，论述空间主要关心人们关于儿童说了"什么"，而不是"谁"在说，因为"什么"（话语）决定了"谁"的类型，正是借助于"什么"，我们才能确认与判断界定儿童概念的其他相关概念。这是一种去个性化的叙述方式，一种论述儿童的新语言。

第二，为考察儿童概念搭建一座舞台，界定儿童概念的其他概念唯

---

① 这是谱系学方法的基本要求。

有借助于这一舞台才能进行舞蹈。考察儿童的概念，需要在特定范围内进行，这即是儿童概念的边界。在边界内部，儿童的内涵需要借助其他概念来体现自己，例如天性、理性、权力、（心灵）内部/外部问题、发展等术语，儿童的概念随着这些界定性概念内涵的转变而转变，这种共变关系类似一种舞蹈运动。那么，由什么舞台来支撑这一运动呢？论述空间。论述空间既规定了儿童概念的界限，也提供了儿童概念变换的场景。不同的时空，论述空间不同，那么描述儿童的界定性概念以及儿童的面孔都会发生相应的改变。由于本书考察的对象属于不同历史时期的事件，所以必须为不同事件设置不同场景。

第三，运用论述空间，还在于点明时间概念。论述空间用来表明一个时期或阶段内的故事；表明故事发生的场景，只存在于这一时段内。如果时段跨度不大，往往不会涉及知识型（episteme）层面的问题，但在表述儿童的话语方面，同一论述空间仍会有较大的差别。如果时段跨度较大，则其中可能包含几次知识型的转变，那么论述空间就会随之发生转换。

1. 机构性禁闭产生儿童标准

下面将通过考察"儿童/童年"概念的产生，来说明论述空间的存在及其作用机制。在论述空间中理解儿童/童年，容易产生这种联想：童年与学校教育之间的关系，类似于福柯认识的疯狂与精神病院之间的关系。

将"童年"建构为个体生命中的一个必经阶段，本身是一桩社会学事件。在美国教育史上，解释"童年"产生的原因有两种方案。第一种认为，它是中产阶级出于经济、道德和智力上的考虑，为了试图拯救和保护"儿童"，所以将童年看作个体生命中体力和能力不足、道德水平低下，需要积极干预的一个阶段。

第二种方案认为，尽管上述的理解方式很重要但还不够彻底①，需

———————————

① 这种理解只是从外部探讨童年的成因，而不能传达出童年概念本身的意识形态性，以及童年与公立学校教育的出现与普及之间的交叉关系。

要进一步追问的是：中产阶级在经济、道德和智力上保护儿童背后的动机是什么？它认为，一种更为可取的理解是，将公立学校的出现与将童年确认为生命中的必经阶段之间的关系，与福柯意义上的"禁闭"（confinement）实践联系起来，禁闭的行为产生了儿童以及禁闭儿童的方式——公立学校教育（Baker，2003，439—440）。可以这样来理解三者之间的逻辑演进关系即"事物的秩序"，即中产阶级首先意识到有必要建立童年的概念，接着就创建了公立学校教育以保护和拯救"儿童"；而这种创建免费的义务性的学校教育举动，就促使中产阶级在经济、道德和智力方面努力提升儿童。这是思考童年的概念、公立学校教育与中产阶级的行动主义三者间关系的一种逆向思路。

这种逆向思路，也多次体现在福柯的作品中。他对疯狂与精神病院之间关系的分析，可以外推到童年与公立学校之间的关系上。在《疯狂与文明》（2006）中，福柯认为，作为一种机构的精神病院的诞生，并非起源于人文主义运动的背景（人文主义将疯狂看作人类的一种自然特性和生理现实[①]），也并非迫于认清疯狂本质的科学上的压力和需要；相反，它的目的在于提供一种隔离和禁闭性经验，这种经验将产生新的可能性对象，我们将其标记为疯子。疯子经常被看作长不大的儿童（即没有或缺乏理性），所以需要禁闭。福柯对于精神病院的分析，以及其后对于诊所、医院和监狱的研究，都可以小心地外推到学校教育与童年之间关系的分析中来。

禁闭"儿童"（形成过程中的准儿童）的目的，在于生产儿童（将要正式出现的对象）的标准，实现儿童（以后的对象）的标准化（Rose，1989，132—133）。依据福柯的观点，学校、医院和监狱等这些隔离性或禁闭性机构，它们的作用类似于望远镜、显微镜或其他科学仪器，能够建

---

① 这种本体论性质的认识，正如生理学科将儿童看作一种活机体与生理解剖学上的现实一样直接。

立一种视觉机制（regime of visibility）（即福柯意义上的监视），并按照这种机制生产出独特的常规性标准（作为标准化的规则），被观察的对象就被分配到适当的位置上（评价的结果）。因此，这些禁闭性机构联合作用，致力于规范和评价个体的行为和态度，有利于建立一套关于个人特征的编码体系，这种编码体系就成为主体性标准的来源。从禁闭性实践中产生的标准，就能够让之前偶然的和不可预测的人类行为的特性，可以依据合格与偏差的标准，进行管理和判断、编码和比较、分级和测量。

隔离和编制（男性）儿童，对他们进行家庭教师、寄宿学校等形式的教育，目的在于培养"标准化"的儿童。基于标准，在儿童的特定年龄段，或在某种群体氛围下，他们发展中的问题或潜能就能及时被识别和评判，就能够判断儿童的发展状况和水平。正如洛克假设，如果特定年龄段的儿童生活在一起，那么就不需要再将他们送到寄宿学校去。（洛克，1999）17世纪中叶的夸美纽斯在其《大教学论》中也认为，儿童的成长可以进行标准化论述。很显然，他是基于分类性实践才得出儿童标准的。此外，17和18世纪出现了浪漫主义的儿童思想及育儿建议，对于标准化的儿童应该是什么同样有具体的论述，如卢梭认为在儿童变为成人之前他们应该是什么的观点（2007），就表明他心目中的儿童在未成人以前，或许和疯子一样，应该一直是被隔离的。

073

把儿童看作具有某种独特性从而有必要隔离式处理，在理论上要先于建立免费的公立学校教育的行动；意识到必须建立儿童和童年概念并促使新概念的最终出现，本质上起源于特定的"隔离"行为。这种行为既非简单出于人道主义考虑，也非单纯为了科学上的求索。新的对象（儿童）及其独特性（童年）的出现，是机构性禁闭的结果，是隔离性实践的效应。

显然，机构性禁闭存在起点，那就是儿童与童年概念的诞生之时，反映在教育史上，就是在某个时间点上，儿童与童年的概念开始进入人们的视野，儿童这一对象开始成为生理学家、心理学家、教育学家们研究和干预的对象。童年期内成人容忍儿童淘气、撒娇、自控性差等"非理性"行为，但容忍不是纵容，而是为开展教育、祛除非理性提供正当性理由。

但是，机构性禁闭却不存在终点，只要公立学校教育继续存在，它就需要儿童这一对象和童年这一事实；换句话说，学校教育机构（很快蔓延到家庭领域）仍然维持着儿童与童年概念的存在。不过，我们逐渐遗忘了学校（与家庭）的这一功能，对儿童与童年概念诞生的最初事件也置若罔闻，因此很容易颠倒因果关系，不自觉地滑入人文主义者阵营。

2. 话语性禁闭产生儿童面孔

机构性禁闭产生了儿童与童年的概念，但它并没有提供这一概念的内容，或说"凝视"（gaze）儿童的具体方面。它仅提供凝视儿童的机会，尚未涉及看到的具体内容。这就解释了尽管禁闭空间（如学校或医院）能够产生观察对象的真理，但它所得出的关于同一对象的真理（洛克对于绅士的论述、卢梭对于自然人的向往、赫尔巴特对于道德人的追求以及19世纪晚期出现的以霍尔为主要代表的儿童研究运动对科学人的实验等），在不同时期为何会相去甚远（鉴于禁闭空间很早即已存在）。

不同历史时期，关于儿童的标准总在随着一般性推论的变化而变化，这一事实也可用于解释教育史中出现的以下现象：如果用寄宿学校封闭式管理儿童已达数个世纪之久，那么为什么在儿童研究运动以前没有出现关于儿童身体的细致的、数学化的与测量性的描述？洛克在亲自参观过寄宿学校之后，为什么没有想到去关注儿童头盖骨的周长或婴儿的手臂与肢体长度等方面的科学事实？为什么他对于儿童健康的论述不涉及这些内容？（洛克，1999）赫尔巴特将教育学作为一门科学，为何不把实验研究作为其核心活动？当幼儿被限制在普鲁士当时的小学校时，赫尔巴特为什么不鼓励教师让儿童通过实验方式获取信息，而仅仅让教师注视儿童并让他们遵守纪律？

这些问题表明了以下两点：第一，生产儿童话语的禁闭空间不只是物理层面或实体意义上的，还必然包括隐喻层面或话语意义上的。第二，不同时空中的主体对于话语意义上的"禁闭"理解不同，他们关于禁闭的一般性推论自然也存在很大差别。正因为隐喻意义上话语空间的禁闭作用，才规定了一般性推论的历史性及其转换性特征。为区别于机构性禁闭空间，本书把隐喻意义上的禁闭空间称为话语性禁闭空间。

在话语性禁闭空间中，特定历史时期中的主体对于儿童与童年的认识或一般性推论很不一致。对于同一种运动如儿童研究，不同阶层的人们反应不尽相同。在解释同一种"经验"时，存在着多样化的理解方式，有多种立场来评价同一事件。事实上，人们对于过去的回溯总是怀有某种期待，这种期待决定着他们对于过去回溯与解释的可能性和限度，制约着通过这种回溯与解释所要达到的特定目的。因此，这种事实间接表明话语性禁闭的多种方法能够产生真理性效果，而这种效果可以重构主体性。

儿童概念的具体内容并不是固定的，而是处于不断变动中。如果"儿童"成为一种话语方式，并通过这种方式使得其他的相关话语（如儿童发展、儿童教育等）也具有儿童性的特质或特质上的儿童性，那么"儿童"就成为一种文化符号，尽管看起来它好像是先于论述的（prediscursive）或是自然的概念。[①]"自我的稳定必来自我们对世界的理解赋予了一个不变而有序的自然（尽管它与现实没有必然联系），它'帮助我们控制和支配着我们的环境'。如果自我不是处于存在的姿态，而是处于'生成的状态'（state of becoming），那么一切逻辑会土崩瓦解。"（斯科特·拉什，摘于 汪民安，2001，436）从根本上说，并不能将儿童概念看作政治上中立的、现实上稳定的平台，可以在上面构建出其他客观的理论，好像儿童是一种先验的生物学性的存在，漂浮在天空之上，超越于语言和文化

---

① 谱系学方法的使用，目的就在于打破人们对于事物的这种"自然"态度，从而发现该事物历史的偶然性和（非）连续性。

而存在。事实上，儿童概念及借助于儿童概念所形成的其他概念或理论，同为文化的建构物，都是由不同的论述空间所构成的特定范畴。

机构性的禁闭空间（例如公立学校），以及在机构性禁闭空间之内的话语性禁闭空间，规定了不同时代特征下的儿童真理是多样性的而不是单一的，是社会历史性范畴而不仅是纯粹的生物学事实。

（三）论述空间的社会学意义

在论述空间的纸张上，用该空间中的相关概念去描述儿童的语言，需要特殊的"语法"。这种语法所"写出"的儿童能够被看见、感受到和触摸到，并能引诱表演出最激动人心的行为来。但这些行为在我们看来平淡无奇，不值得大惊小怪，因为它是在"既定事实"的掩盖下发生的。而我们现在所需要进行的工作，就是去揭开并分析这种"既定事实"，理解那些对象为何成为我们今天的"既定事实"。

用这种"语法"写出的关于儿童的"语言"，将被用来象征性地概述不同时期对于儿童认识的理论构想，如本书中的赫尔巴特和霍尔的儿童观。需要理解的主要内容包括，为什么他们的"语言"会如此不同，为何这种语言能够被假定为它准确而直接地指称、描述与捕捉了它的对象（即儿童）的内部心智，能够作为指称儿童的真理。仔细解析赫尔巴特的儿童与霍尔的儿童之间的差别，我们将发现在儿童语言的背后存在着不同的论述空间，它们将儿童与语言作为合理的概念架构，来应对和经历当时的社会要求，以建构儿童与其存在背景的共构关系，从而既让儿童的语言具有时代性特征，更把时代的发展建立在儿童的身心之上。

就本质而言，并不存在儿童语言的本质性特征[1]，因为论述空间的每一次转换，也正表明了并不存在本质上的儿童或儿童的本质。所谓的"本质性意义"，总是随着话语形态的转换而不断转换；但它却为阐述教育的

---

[1] 本质性特征可以指洛克儿童的绅士风度、卢梭儿童的自然天性、赫尔巴特儿童的善意道德，也可指称霍尔儿童的科学发展。

人文特征和变换教育方式与课程内容，打开了空间，带来了便利。

二、流动的真理：流动的主体性

知识……不是生活实践中的一种伴随现象，而是运作于生活实践之中，并作为生活现象的一部分。

——Popkewitz，2008，185

（一）一般性推论即真理

上文论述到，儿童的语言是论述空间的产物，不同论述空间中儿童的语法不同，从而创造出的儿童语言也就丰富多样。但在某一种论述空间中，一般性推论（populational reasoning）决定着儿童的语法。因此相对于论述空间而言，一般性推论才是儿童语言的真正书写者，而论述空间提供了写作的背景。

在书写儿童语言时，一般性推论决定着我们对于儿童的叙事意识，塑造着对于儿童的描述方式，并引导我们基于这种描述与意识去开展特定的教育实践活动。因此，对于不断变换着的儿童语言来说，最紧要的问题是：语言背后所隐藏的一般性推论到底是什么？它在儿童的语言史中是如何运作的？

一般性推论即是生产儿童的"真理"。教育者对于儿童真理的理解与接收（他们的儿童观），构成其教育观的核心内容。儿童真理规定着教育者以何种方式（诗性语言的描述如卢梭，还是科学研究性的观察如霍尔）去观察儿童，以及观察儿童哪方面内容（天性、理性、道德，还是心理发展或其他），进而规范着教育者的课程意识与实践，最终决定着儿童所能接受到的教育性经验。教育领域中的意识和经验，就其设计意图而言，一定是为了儿童真理的实现而准备的，正所谓教育是"有目的"地培养人的活动，教育应该致力于儿童与社会的发展。

（二）知识即权力

儿童真理是生产儿童语言的规则。一方面，这种规则的具体化就表现为关于儿童的各种知识，如对于儿童天性的解释、关于儿童发展阶段的界定、关于儿童核心素养的构成内容等；另一方面，这种规则并非自主，而是与权力联系在一起。特定情境下什么样的知识是合法可以流通，什么样的知识不合法需要排除，都有明确的筛选机制。因此，进入教育领域中的知识，特别是儿童最终所体验到的经验课程，必然带有某种意图与价值倾向。它是教育真理的显现，旨在塑造儿童的主体性。

教育意识和经验的意向性（intention）特征，若从其产生的过程来看就更为明晰。首先，人类知识的产生是一种选择的过程，选择的标准在于满足知识选择者的利益，用来达成他们解释现实的目标。通过选择这个抛弃那个、肯定这个否定那个，选择者用知识塑造着意欲"表达"的世界。其次，课程知识具有教育性，本身的目的就在于促进儿童的社会化，知识的选择性和价值性就体现得更为明显。儿童通过接受（他人或自己）选定的课程，体会课程选择者所传达的目的性经验，逐渐巩固和发展对于自我及自我与社会特定关系的认识。所以，进入流通领域的课程知识，本身打上了真理意志和权力意志的双重烙印，因此福柯提出了"权力-知识"的概念。对他来说，知识即权力-知识，因为"权力生产知识，并且……权力与知识直接地包含彼此：没有（任何）权力关系（的确立）不是依赖于形成与之相关的一个知识领域，也没有任何一种知识，不是依赖于并同时成为权力关系"（Foucault，1977a，27）。

知识与权力的相互蕴含（implication）关系解释了为什么自由主义者所提出的某种知识，如真正的人性、人类兴趣和自然秉性等，本身不具有合法性的原因。权力对课程知识的控制和渗透，是批判教育学家们一直以来所批判的对象。他们认为，应该摆脱权力与意识形态对于课程知识的控制与渗透作用，试图在意识形态和知识之间做出明确区分，用纯粹知识取代权力化的知识。他们认为可以凭借价值中立的客观知识（常指自然科学），揭示意识形态的权力本质，并实现社会的改造。在福柯看来，知识与意识形态之间很难划清界限，因为知识同意识形态一样，本身也是权力关系的产物和表现，知识本身并不能引领我们获得自由。对于知识的研究，福柯既不认同"知识即意识形态"，也不认为"知识就是理论"①，而是考察知识的实践，即知识是如何产生和应用的，知识流通的条件是什么。他认为，知识实践受制并服务于权力关系，着重考察知识实践是如何用来增强与完善权力在个体和集体控制以及主体性形成等方面的作用。

借用福柯的"权力–知识"观点，我们很容易理解：体现儿童真理的教育知识本身，便是权力的存在形式和作用途径。在特定的教育空间中，教育知识的存在总是有条件的，因为权力对儿童的描述在特定时段内总有它特殊的兴奋点。权力通过知识，将儿童的这些方面聚焦、放大、加以利用，并在此过程中不断发展新知识，以进行儿童新的定位与描述、培养与利用。权力所着眼并着手——通过知识——儿童的这些方面，即是儿童主体性的内容。

（三）知识不是权力

福柯认为，知识与权力尽管关系密切，但二者之间并不能画等号，它们之间是蕴含性（implicational）而非同一性（identical）关系，任何一方都不能消减为另一方，二者在概念范围和运作机制方面存在着明显区别。

首先，具有权力效应的知识，是从知识整体中选择出来的部分，而未被选择或遭到压制的部分（subjugated knowledge），尽管暂时不具有权力功能，但在条件允许的情况下也可能发挥权力效应，形成与目前的主导知识（dominated knowledge）争锋的态势。

①　马克思主义者认为，知识是权力关系的产物，代表着权力集团的利益追求和价值观念，所以知识即是意识形态。资产阶级的知识，比如说现代自由经济学，就被看作错误的知识或坏的科学。与此相反，古典自由主义者认为，可以摆脱利益影响，建构出价值中立的知识体系。对他们而言，知识即理论。

下文将会分析，在20世纪早期美国的儿童研究运动中，霍尔关于儿童发展的复演论思想占据主导地位，与此同时，关于儿童发展的其他理论从未放弃质疑的声音。正如世界教育史与课程史所显示的，一种主导的教育理论或课程思想占据主导地位时，总是试图压制（尽管不一定成功）其他的教育或课程思想；而当社会条件发生变化，被压制的思想有可能成为新的主导理论，从而呈现出难以避免的且一贯重复的钟摆现象。20世纪美国教育所经历的进步主义与传统主义的你方唱罢我登场的局面，深刻印证了这一点。每一种教育思想都相当于一种教育真理，对儿童主体性都有着特殊的情境性定位。

第二，当前与权力关系紧密结合、具有权力效应的主导性知识，描述了我们的现实，建构着我们的主体性；但是却可以通过特殊利用它们，一定程度上消解权力与知识对我们的建构作用，让主导性知识由权力的联盟变成权力的对手。

如何"特殊利用"主导性知识？这就是采用上文提到的谱系学方法。通过质疑"当前"所运用的构成我们教育意识和实践惯性的"历史"，考察决定这些意识与惯性的真理存在的可能性条件、产生的过程和运用的环境，进而发现教育真理（儿童真理的教育学表达）产生的历史性和偶然性特征，揭示它们所产生于其中的论述空间的性质，进而让理所当然、固化的儿童真理流动起来。儿童真理的舞动性特征，意在显明权力关系、真理与儿童之间的变动关系，说明儿童主体性的形成在论述空间中受到的限定性因素与异变性力量。

在具体的谱系学工作中，上述两种做法往往联合使用，即首先悬置对真理的理所当然的态度，历史化分析自然态度背后的历史性和偶然性，继而接纳另一种被压制的"他者"型真理或创造新的真理。因此，这种利用知识对峙权力的方式，既不同于自由主义者利用人性知识（本身是权力关系作用的结果）去争取权利，也不同于批判教育学家们从外部抵制的思路。后者虽然认识到权力与知识之间的关系，但并没有正确识别二者之间的距离以及由此距离出发重获主体自由的可能性。

（四）流动的儿童真理

因为知识不是权力，所以谱系学分析主导型知识，或是利用被压制的知识，两种方式都可以重构儿童真理，促成儿童主体性的改变。这种现象表现为：流动的真理，流动的主体性。

当然，这只是一种学理上的分析，变化了的儿童真理（往往其发生于其中的论述空间也同时被改变）在现实中能否被接纳并采用，还要看其是否符合权力当局的兴趣，或持新的儿童真理的人能否在权力场域中获得并控制主导话语权。从教育史来看，儿童真理的流动性体现在两个方面，一是认识儿童的方法上，二是认识儿童的内容上。

从认识方法的流动性而言，18世纪与19世纪呈现出很大的不同，儿童真理经历了从神话到科学的转变。卢梭关于儿童的认识是社会历史性的，儿童的身体-心灵特征必将在特定的历史文化背景下才能得以体现。但在卢梭之前，关于儿童的讨论主要是神话式的，出现了很多技术可用来比较和争论不同种类和状态的儿童身份，这种身份与三位一体的观念联系在一起。在争论的背后，是关于成为/存在/非存在之间的层级关系。到了19世纪中期，这种比较的眼光已经带有了科学化色彩，儿童研究中对于儿童的认识开始从科学的角度着眼。因此，儿童的争论基本上不再涉及三位一体的超自然形式，而是更直接地关注于儿童的天性。很多研究主要是集中于将天性看作可以划分的状态，状态之间具有分界线，例如儿童/成人、原始/文明、女性/男性、疯狂/理智等。将观察的对象进行区分，并指出它们之间的不同并赋予意义，这种研究方式在今天看来并不新颖甚至有点过时，但最初出现在19世纪却也不是一件无意识或可以避免的事情。

从认识内容的流动性而言，对于儿童相同性/不同性的认识在不同时期差异很大。公立学校教育是一种特殊的机会，它用于比较儿童，进一步区分已经分化了的儿童，在儿童的相同性和不同性之间周旋。这种对于相同性/不同性的迷恋，在不同时期不同文化背景下总是体现得很具体，并用极其时尚的语言将它们表达出来，这种语言深入到儿童身体与心灵的内外各个方面。而新产生的不同性，总是与之前的认识掺和在一起，但又因为采用新的理解技术而具有新的特点。这种特殊的新旧合并过程，既让每一种不同性得以突显，同时也由于相同性的存在，使得儿童的面孔不断地叠加，儿童史的舞动得以成为可能。

在确认儿童真理的流动性或儿童史的舞动性时，我们需要一个参照系。事实上，在做出儿童史是舞动的这个结论之前，我们已经预先假定了儿童概念的超验存在①，这是机构性禁闭的产物。在我们论述儿童真理的流动性时，同样假设了儿童概念的超验存在，有了超验存在的恒常性认知背景，我们才能觉察和识别历史进程中儿童真理的断裂和连续。超验存在的儿童概念，可以类比于柏拉图意义上的"形式"（儿童的标准）；各时段内"儿童"概念的历史性内涵，正是"质料"的不同内容（儿童的面孔）。由此出发，一部儿童史，就可看作权力关系使儿童"形式"在不同历史条件下"质料"化的过程。

下文将分析，在19世纪初和19世纪末两种不同的论述空间下，作为时代代言人（去个性化语言）的赫尔巴特和霍尔，对于国家（或社会）之于儿童主体性需求的特定理解，以及将这种理解转化为儿童真理，从而规范他们去认识儿童的特定方面，并以教育教学策略去保证儿童特定方面的实现最终满足社会期望的过程。

---

① 否则，我们根本无法研究儿童史，因为根本无法确定哪些事件或材料属于儿童的历史。

第二节　变换的面孔

"儿童"这一概念，是教育尤其是课程与教学领域的核心关键词之一。每当我们对"儿童是什么"的认识发生改变，随之的课程目标、教学内容、学习方式、师生关系、教学评价等都会发生相应转变。在教育史上，从儿童的"赎罪说"到"小大人"说，从"自然人"到"绅士"，从"花朵"到"多元智能"到目前的"核心素养"等，儿童主体性认识的每一次转变，都会带来教育领域中的一场小风暴。风暴中心的儿童，或说"处于论述空间中的儿童，本身并不是白板，而是意义存在的前体"（Baker，2001，50）。那么，儿童是什么意义存在的前体？前体之"体"又意味着什么？

下文通过呈现两篇关于"儿童"的"知识考古学"来回答上述问题，借以说明儿童面孔的变换性特征及其变换的依据。为什么选择赫尔巴特与霍尔这两位儿童学家，而非其他人物作为考察对象？原因有二：首先，在教育目的论上，二者分别以道德性格与个体心理或社会品质与个人天性为中心。其次，赫尔巴特通常代表传统教育思想，而霍尔一般属于进步教育阵营。这两组对比，可以认为构成一种对立，借助这种对立，本文分析儿童理论中的"对立"思想是如何形成、转变与相互关联的。关联本身即说明了儿童真理"对立"的相对性以及儿童史的舞动性，显示出儿童史的发展是一系列"矛盾性"解释的演进过程。

一、赫尔巴特与道德儿童（一）

心灵最好是通过和风细雨般的浸润方式、用种种的感受来培养，通过

083

开始时适合小孩年龄、随着年龄增长而不断给予纠正的道德学来培养。

——赫尔巴特，2002d，30

18世纪晚期的德国，由普鲁士国王资助的公立学校教育已然是一种普遍现象。[①]耐人寻味的是，虽然当时已经建立了现代意义上的国家政体，出现了学校教育，但赫尔巴特的教育学思想却集中在家庭教育，且主要关注于男性儿童的教育。不过在他去世后，特别是19世纪末期，在美国出现的赫尔巴特主义者，却将他的教育思想作为教学指南普遍运用于公立学校教育中。但是，赫尔巴特的儿童毕竟不同于赫尔巴特主义者的儿童，它们体现了变换了的论述语境。

与洛克、卢梭的儿童官能发展观不同，赫尔巴特的儿童道德发展观认为：儿童的发展并非先天官能的自然展开，而是儿童所生活的文化环境的产物，因此儿童的道德发展是随着外界刺激不断增强而不断进步的过程。道德发展的机制是心灵发展的内部统一，为了确保儿童心灵发展的统一性，需要精心组织正式的家庭教育因素，发挥家庭教师的作用，以过滤和正确运用多种影响。在他看来，社会环境与文化、儿童道德发展、正式家庭教育三者之间相互需要并相互促进。

可以把赫尔巴特的伦理学（哲学）、心理学和教育学的主要观点做一简要概括，然后再来分析各自的具体内容，尤其是三者之间的关系。

伦理学：伦理学的目的在于界定良好的意志，家庭教师教学的目的在于实现良好的意志。

心理学：心灵拥有灵魂，并追求自身内部的统一性，心灵内部达到统一即为人的良善。当心灵接触到呈现物（presentations）时，灵魂表现为真

---

① 公立学校教育的出现，是一个相当复杂的过程，很难将其归结为某一种原因。根据Bernadette M. Baker（2001）的观点，德国公立学校教育起源，背景之一是基督教话语与官僚制话语的结盟，之二是现代德国民族国家的出现。

实因子（Reals）之间的相互作用①，不断趋向自身的内部统一。

教育学：教学的目的在于发展道德，通过消除真实因子（Reals）之间的矛盾性，以实现心灵内部意志作用的统一，臻至道德良善的境界。

（一）道德上的善意②

赫尔巴特心目中的乌托邦表现在对人的培养上，他强调"心理学"意义上和教学意义上的过程，借此过程形成个体的智力，培养个体的人性品质和道德情操。通过建构意志（意志是建构的而非天生的，这与浪漫主义有重大的不同），培养意志的顺从性（顺从性是道德产生的必要条件，顺从性依赖于审美启示而产生），赫尔巴特将审美启示与道德联系起来。善意是赫尔巴特最终的教育目标，也是他伦理学的重要目标。他认为，伦理问题在于界定善意，而相应的教育学工作则在于让儿童的意志变得美好（Dunkel，1969，11）。赫尔巴特非常重视道德教育，将道德教育视为儿童教育的唯一类型。心理学和力量理论是赫尔巴特伦理学的基础，只有从伦理学的角度才能够理解为什么心理学和力量理论构成了赫尔巴特的教育机制。数学心理学和力量理论，也为重构儿童奠定了基础。

（1）特定体验与道德联结的纽带是意志的建构。赫尔巴特认为，儿童的意志是建构出来的，而不是儿童天生所具有的品质。通过精神活动建构出意志，这一事件在心理过程中是可以进行推算的，而推算的实践在赫尔巴特看来就属于心理学领域的工作范围。③统觉理论用来分析道德的形成，道德既形成于外，又是一种机械论的话语，从而家庭教师可以控制儿童的意志，人类的历史由教师来书写。赫尔巴特考察的着重点不在于力量

---

① 真实因子（Reals）之间，主要有三种关系：（1）相似关系（二者融为一体）；（2）不相似关系；（3）矛盾关系（二者相互斗争）。

② 赫尔巴特将心灵的形成与品德的建构联系起来。

③ 主要是指他后期心理学的思想，如《心理学教科书》（1809）、《心理学作为一门科学》（1824—1825）、《关于心理学在教育学中应用的几封信》（1831），这些内容都表明了赫尔巴特关于教学、心理学与儿童三者之间关系的新思考（赫尔巴特，2002f）。

本身，也不在于统觉团的增大，甚至也不在于进步本身。在赫尔巴特的教育学模式中，力量在认识论方面的重要性表现在伦理方面，力量使得道德与统一的身份成为可能，把道德变成为儿童本能性的品质，才是赫尔巴特发展观念的核心所在，也是他的权力作用之所系。因此，权力作为原因和结构进入赫尔巴特的教育学模式，目的在于生产有道德的、统一的儿童。权力是道德生产的途径，但权力却不是终点。原因和结构的意义并不简单地等同于方式和目的。教育的目的不在于最终心灵的力量，而在于心灵力量所意味的东西，它意味的是本能上的道德、容忍、始终如一的基督徒式的举止和态度。这并不意味着在强调道德相对重要性的同时，忽视了力量的作用。而正相反，与牛顿对力量的认识相同，在解释许多对象时，必须借助于力量的概念。赫尔巴特只有借助于力量的概念才能描述如何发展儿童、教什么或者怎么教。

（2）赫尔巴特认为新生的儿童不具有意志，从而在教师的责任与儿童的道德观念之间建立了一种新的联系，它要求教师去选择特定的刺激，选择通过儿童的意志能够塑造儿童品德的呈现物。所以，要成为一个合格的社会成员，接受教师的正式引导变得非常必要。家庭教师应该能够提供多种外部刺激，这些刺激能够与儿童内部的心灵之间产生交叉作用，增强统觉团的力量，从而发展人类的良好意志。所以，统觉理论的最终目的是用来分析道德的形成。家庭教师通过控制呈现给儿童外部事物，通过控制呈现物的秩序，能够让儿童的心灵偏向于这个或那个方向。因此这种控制方式能够影响到道德领域，产生儿童的顺从性，以表明社会想要如何利用儿童。所以，教育不可能是自然的教育，或是经验的教育，而是一种道德教育。[①]它通过操纵、控制和解释自然与经验，让儿童产生特定的体验，从而让儿童产生某种特定的思想认识。

---

① 对于赫尔巴特来说，教育的目的在于产生有道德的基督徒。

（二）统觉心理学

赫尔巴特的心灵论，带有牛顿力学、莱布尼兹单子论[①]和康德范畴论的痕迹，力量（power）、单子和范畴在其心理学[②]理论建构中具有重要地位，力量、真实因子和范畴的理论化，是赫尔巴特心灵论和心理学理论的基础。

对于赫尔巴特来说，儿童的心灵是建构起来的。[③]儿童处在环境中，环境中的刺激作用于儿童，儿童的心灵能够对刺激做出反应，包括排斥、并列或融合等作用机制，从而扩大心灵的接受能力。心灵本身并不是被动的，而是积极主动的，其本身具有灵魂的特性。对于心灵来说，当它面对外界异质性刺激时，刺激的异质性或许会对心灵构成困扰。这些干扰尽管不可避免，但本质上并不一定有害，如果能够妥善组织、合理利用这些刺激，它们的异质性还将产生出相反的一面——心灵的统一性。

赫尔巴特的形而上学要解决的是如何实现刺激的多样性（或矛盾性）到同一性的问题。[④]为了解决他的形而上学难题，赫尔巴特设想了一种"真实因子"[⑤]（Reals），它类似于莱布尼茨的"单子"[⑥]（monads）。与莱布尼兹的认识相同，真实因子不会随时空而改变，并具有力量与灵

---

① 赫尔巴特的统觉概念是莱布尼兹的统觉概念的延续。赫尔巴特与莱布尼兹一样，认为升入意识的任何观念，便可引起统觉，并且赫尔巴特发展了莱布尼兹的统觉概念，提出了统觉团说。他认为观念须在意识的观念的统一整体之内得到位置，才可升入意识。一个观念的统觉不仅使它成为意识的，而且使它为意识观念的整体所同化，这个整体便是统觉团。统觉团概念是赫尔巴特为揭示观念相互作用规律所提出的两个重要概念之一。

② 直到19世纪末期，在美国才出现心理学。而赫尔巴特（1776—1841）的著作中却已涉及被后人称为心理学的内容。

③ 这种理解并非表明心灵的建构是从无到有的过程。在赫尔巴特看来，人类的心灵（mind）具有灵魂（soul），心灵的灵魂性是心灵被个体环境中的文化所建构和发展的前提条件。这种"先天"的灵魂存在于文化影响之前，伴随文化的影响功能逐渐变得强大；但却不是如官能心理学所认为的先天官能在时间内的自然展开。

④ 去除矛盾性、追求统一性的主题，是赫尔巴特建立他的道德论的根本目的，同时也是他的形而上学、伦理学、心理学和教育学工作的共同旨趣。

⑤ "真实因子"将多种不可化约性的刺激形式，简化为只拥有某一种特定属性的对象，它们不可能转化为其他的对象从而具有其他的属性，例如由冰化成了水。真实因子被指定为不可改变的，它们体现的是同一律。

⑥ 根据Baker（2001）的观点，赫尔巴特向莱布尼茨借鉴的观念除"单子"（monads）外，还有"意识"与"意识阈"的观念（threshold of consciousness）。意识阈表明的是刺激强度与感受经验之间的数量关系，刺激只有在意识阈之上才能被感受到。

魂两种属性。力量属性是建构心灵的源泉，或可看作心灵形成与发展的"因"。①建构起的心灵也拥有灵魂，所以其自身也具有力量，可以看作真实因子互动的"果"。当每一个新刺激出现时，心灵就会对刺激做出反应以自我维护，此时心灵又可看作真实因子作用的"因"。正是因为真实因子之间的互动状态，才使得心灵能够从容地应付外部复杂的世界。灵魂属性是指真实因子能够通过力量属性从而建构统一化心灵。②

与莱布尼兹的认识不同，真实因子并非处于由外力控制的先验的完美的和谐状态，力量属性③让它们处于激烈竞争的互动状态，处于力量的斗争关系中，因子之间既可能相互冲突，试图征服、控制对方，以维护自己的灵魂，也能够发生吸引、合并，从而扩充自己的灵魂。赫尔巴特认为，可以用数学模式来表达真实因子之间的多种运动状态。用数学式子来表达心灵的形成过程，就是数学心理学的内容。作为一种新的心理学形态④，赫尔巴特的数学心理学就是用来解释作为整体的心灵，与赫尔巴特所谓的

---

① 关于外部真实因子的力量如何能够建构出心灵，康德也研究过这一问题。赫尔巴特批判性继承了康德的传统，并没有深究为什么能够产生心灵范畴，或许这一问题已经超出心理学理论范围。所以在他重构的数学心理学中，像康德一样，赫尔巴特也没有明确表态观念的起源，而是认为作为能够接受刺激的心灵与刺激本身，二者都是观念的产生所需要的。

② 赫尔巴特认为，两个相互冲突的观念虽然可以相互抑制，但却不会消失于无形。受到抑制的观念由于其势力减弱，就由一种现实的状态退为被抑制的状态。这种被抑制的状态在一定条件下仍可变为现实的状态。由此，赫氏便演绎出了其中一个重要概念意识阈，并认为，一个概念若要由一个完全被抑制的状态进入一个现实观念的状态，便须跨过一道界限，这道界限便是意识阈。现在我们可以知道一个观念的势力为什么等于清晰性，因为强有力的观念存在于阈限之上，所以为意识的。而另一些弱的观念则被抑制成为无意识的，存在于阈限之下，变为模糊的。在任何情况下，意识的成分是由许多观念的机械作用的结果。意识阈之下的观念，要想不遇任何阻力上升为意识的观念，就必须使其与意识中的观念的整体相和谐，即统觉的存在，否则就会被排斥。而统觉又是历史性形成的，所以需要控制统觉的形成过程。

③ 所谓观念相互作用，是指观念也是活动的，这是他接受莱布尼兹关于灵魂单子具有活动特性的结果，并且他根据当时英国联想主义的思想及当时力学的引力与斥力的概念，认为作为活动的观念之间也存在着相互作用。若两个观念不相冲突而又属同一感官，它们便会产生融合；如果它们不相冲突而不属于同一感官，这就叫复合；如果两个观念相互冲突而势力均等，则可完全互相抑制；如果势力不等则不能互相抑制，二者可以并存而合现于意识之内。

④ 数学心理学作为新的心理学形态，既不同于先于赫尔巴特时期的洛克和卢梭的官能心理学，也有别于后期的赫尔巴特主义者的文化时期论（官能心理学的变体）。

单一的真实因子，是如何应对多种刺激的。

真实因子之间的互动（即力量之间的冲突和融合）效果或交叉作用，就表现为心灵中呈现物的效应。赫尔巴特认为，呈现物效应让心灵始终处于运动状态，典型表现在年幼的儿童总是好动，坐立不安。而且，呈现物总是处于意识阈的上方，这样它们才能在心灵中发挥作用。正是通过呈现物在心灵中的互动，新的力量与先前力量的结合过程，才增进了统觉团的功能，产生新的概念和观点。换言之，对象自身拥有某种力量或能力，当它们与心灵中已有的力量或能力发生作用（合并或排斥）时，就会产生一种效果，即创造出新的印象与观念。越来越多的呈现物能够作用于先前的统觉团，扩展统觉团的思想之环（circle of thought），并转化为统觉团中新的力量，成为与下一个新的力量或呈现物互动的结合点。呈现物效应有利于促进统觉团容积的扩大，是促进统觉团的一种自我维护活动，是同时进行的同化和顺应两种过程。

所以，真实因子（观念）、呈现物（意识）和心灵三者互为因果，它们联系的媒介就在于力量的运动。下文将分析建构起的心灵又是道德的"因"，直觉性的道德反应能力是心灵的"果"，但又是完善心灵的"因"。赫尔巴特在19世纪早期形成的本体论认为，"力量"（power）既是人类心灵发展过程的原因，同时也是它们的结果。作为原因，他将power看作力量，看作关系；作为结果，他将power看作儿童发展所形成的能力、潜力或者心灵的力量，从而能够凭借直觉做出良好的道德决定。

赫尔巴特的power内涵范围较小，不像福柯认为的那样可以用来解释一切现象。赫尔巴特对于力量的理解，仍然属于旧式的牛顿力学观，这种力量可以占有，可以（且需要）防御，这些特征正是他的心灵发展心理学所显示出的特征，从儿童到少年到青年到成人莫不如此。像古典官能心理学一样，赫尔巴特在其形而上学和数学心理学中，为机械能形式的力量保留了重要的地位。心灵能力提升的过程，类似于牛顿物理学的作用原理。

089

但与官能心理学不同的是①，提升心灵能力的过程，不是通过合并多种单独的官能或能力，也不是通过反复地背诵或操练以训练官能，而是通过激活多种感官②的作用，并围绕真实因子（Reals）自我保持的活动规律而运作。赫尔巴特推荐历史和伟大的文学作品作为课程内容，就具有激活感官的作用。

心理学是赫尔巴特的教育学理论（教育学作为一门科学③）的重要依据之一。对于赫尔巴特来说，心理学是一门科学④，它非常接近于意识现象学，而且这种现象学可以通过数学进行理论分析。对于赫尔巴特而言，心理学作为科学的特性，主要表现在对心理学做出数学化的解释，心理学的工作就在于形成呈现物与呈现物之间相互冲突的数学化描述。赫尔巴特区分了三种作用的类型：相似、非相似和相反。相似关系的二者将相互融为一体；不相似关系的将形成不太紧密的结合；而矛盾关系的二者间将形成斗争关系，力量较强的一方将涵盖与消除力量较弱的一方。呈现物之间的相互作用，既可以是力量之间的结合，也可以是力量之间的对立，最终的结果都将形成意识的统一性，保证基于人类经验多样性的认识的一致性。

心灵的发展是由内在的驱动力所触发，驱动力来自真实因子之间的相互作用，这些关系的相互作用必须有一个确定的结果，它不能忍受平局，必须鉴定出胜利者。获胜者在意识阈限之上对统觉团施加作用。这种结果可以被看作是种进步，它必会产生更大或更宽，更稳定，更强大，如果不是更好的统觉团的话。统觉团必须在更多的力量作用下才能变得更大，心

---

① 赫尔巴特在论述他的心理学思想时，明确反对卢梭和洛克的官能心理学理论。

② 多种感官已经存在于个体内部，是等待被展开的对象吗？果如是，其与官能心理学有何区别？或许，对于心灵发展的解释，官能心理学认为是个别、独立的官能组合的作用，而赫尔巴特的数学心理学则认为是激活的作用和建立新联结的过程。

③ 赫尔巴特意义上的"科学"，主要是指一种研究领域，一门学科，或某种知识体系，而不是指某种方法或某种实验活动；而且他还认为，这种意义上的科学，如心理学或伦理学等，是建立教育科学的必要基础。

④ 心理学的科学化，即是指心灵形成与发展过程的数学化解释。

灵力量必须在真实因子的作用下才能增强。统觉团变大变宽，心灵才能有更多的力量或能力去辨别与消化新刺激。赫尔巴特的数学心理学理论，是统觉观念的基础。洛克和卢梭的心理学有先验主义倾向，而赫尔巴特则充分表现出经验主义的意味，但却不是基于洛克意义上的经验心理学。

赫尔巴特的心灵概念，是意志、情感和欲望三者的结合体（这三项内容是教学所最终关注的对象）。心灵的发展，是通过心灵与经验的共同作用，最终形成新的心灵结构的过程。心灵由发生于其中的呈现物而得以建构，心灵已经存在着的结构不断地由新的呈现物所改变，同时，已经存在着的结构也改变着对呈现物的感知和加工，这三点即是赫尔巴特的统觉论。赫尔巴特的统觉理论，是其心灵、力量和教育学理论的聚合点，因此成为赫尔巴特理论体系中家庭教师的教学活动和儿童存在论的重要依据。

儿童的内在性不仅可以改变，而且还可以由家庭教师所创造的环境进行塑造，对于儿童内在性的这种解释①，给予了家庭教师干预儿童发展的正当性。事实上，赫尔巴特认为家庭教师所能够做的，离不开他对于儿童心灵的解释；正是基于心灵与力量之间的关系，才是赫尔巴特提出教育学建议的出发点。

二、赫尔巴特与道德儿童（二）

我得立刻承认，不存在"无教学的教育"，这个概念，反过来也一样，我也不承认有任何"无教育的教学"。

——赫尔巴特，1989，12

---

① 赫尔巴特的理论尽管也关怀生理或心理方面的缺陷问题，但在他的教育学中，他强调人的心灵（mind）更甚于肉体（physical）。对于赫尔巴特来说，儿童的发展即是其品性的发展，它主要依赖于心灵，因此他教育学的核心就在于培养儿童的多方面兴趣，而几乎忽视了儿童的"身体"。

（一）家庭教师对父母角色的必要补充

赫尔巴特将儿童发展看作一种成为（becoming）的过程，是积极地建构出来的，是未来社会发展的基础。儿童的发展是一个螺旋式上升的进程，终点是下一个更高水平的起点，最终成为一个道德主体。在这一过程中，时间的概念发生了变化，从相对直线的和先后顺序的自然展开，到螺旋式的、复杂的、多层面的心理建构，而这一建构的过程，相对于有机体官能的自然展开而言，更多取决于家庭教师的活动。同时，赫尔巴特认为，儿童在出生时并不具有重要意义的力量和意志，这些力量和意志都是在后天形成的。这就使得他的儿童"发展理论"看起来具有科学性和历史性，同时也更加突出了家庭教师及其教学在儿童发展过程中的重要性。

赫尔巴特重视家庭教育，因为家庭教育表征着母亲、父亲、家庭教师和儿童之间的多种关系。儿童在成长的早期（5—6岁之前），女性承担着直接而明显的抚养角色；而到了5—6岁时，儿童与家庭教师的关系，以及与父亲的关系对他们的成长就显得非常必要了。因为这时他们既要学习母亲的温柔和体贴，也要学习父亲的理性和权威。而如果父母亲事先没有对儿童进行约束与控制，教师将不可能在儿童身上树立起任何的权威来。家庭教师具有重要作用，赫尔巴特声称在家庭教师之前并没有儿童的意志和能力，它们是教师对儿童控制的结果。

儿童必须依赖于家庭教师的训导。家庭教师提供各种外部刺激，这些刺激与儿童内部心智相互作用，最终形成儿童的善意。赫尔巴特儿童要接受私人教育，当然，教育方式要经过核心家庭的认可，这与大众化的公立学校教育形成对立性的态势，这种对立是赫尔巴特儿童具有独特性的基础。因此，父母与家庭教师之间彼此需要，这种相互促进的关系是教育儿童的基础。

父母与家庭教师共同分享作为儿童教育的权威角色。家庭教育作为一个权力竞争的场所，本身反映了对于儿童管理的多种方式及其相互之间的依赖关系。随着儿童逐渐长大，生活的范围也必须超越家庭，转向更宽广的活动领域，教师的角色就显得特别重要了。儿童教育的拥有权从家庭中的父母转移到科学教育专家的手中，不仅是因为培养儿童心灵的重要性，更重要的在于家庭环境的复杂性与局限性。

从心灵的形成机制可以明显看出家庭环境的局限性。若将儿童只圈定在家庭中，这对于儿童的发展来说就构成了一种危险，因为家庭环境相对于多元的社会文化来说总显得单一，它仅仅体现某种特定的家庭兴趣。赫尔巴特认为，家庭环境过于狭隘，不能包揽儿童的全部教育，需要有专业知识的家庭教师的教育工作，才可能培养完整的儿童。在赫尔巴特教育体系中，教师起着主导性功能，正如19世纪晚期赫尔巴特的批判者所认为的那样。

赫尔巴特所构想的教育，重要的出发点就在于家庭，但家庭并不能提供与组织多种经验类型，以让儿童了解他者，对他者产生共情。同时，现代国家的建立，重新定义了家庭的职能，家庭成为服务于更广大社会现实的生产性力量，所以，儿童有必要打破家庭环境的束缚，进入一个更大范围的社区，并在其中确认自我与他人的身份。在这种情况下，家庭教师的作用就凸现出来，因为他们能够帮助协调儿童自我与他者之间的关系。

（二）赫尔巴特的教育学理论

赫尔巴特在表述他的教学建议时，运用了一系列他所认为的科学。除心理学外，赫尔巴特把伦理学也视为一门科学[①]，基于心理学和伦理学这两门教育学的基础科学，赫尔巴特提出了教养儿童的规范和他的教育学策略，主要包括：

（1）五种道德观念[②]（赫尔巴特，2002c，117—129）：终极的道德目标和教育理想。这五种道德观念，用于判断和引导儿童意志在遇到冲突时

---

① 这种"科学性"的内涵，与霍尔的科学性内涵很不相同，所以对于儿童内部性的解释，同样也不相同。

② 五种道德观念，即自由、完善、仁慈、正义和公平，它们构成了赫尔巴特教育目的论的理论基础。

的正确方向，最终将儿童个体的内心自由引向普世性的道德规则。

（2）三种教学方式①（赫尔巴特，2002c）：意志指引与道德实现，主要包括管理、训育和教学。管理主要通过恩威并用的方式，让儿童实现自我控制，为教学做好准备。训育主要在于引导儿童的意愿，将其牵引到教师目的和教学活动中来。而教学主要是形成儿童的思维之环，用教育性教学发展儿童的品德。这三种方式，同属于赫尔巴特意义上的不同类型的呈现物，表征不同特性的经验。通过控制呈现物，目的在于某种程度上控制儿童的心灵、品德和意愿。

（3）四段教学法②（赫尔巴特，2002c，52—56）：教学程序与道德实现。这四个步骤表明了儿童应该如何澄清一个概念，然后与统觉团中的相关概念妥当地联系起来，并进行实际运用。赫尔巴特认为，所有新的呈现物都必须和以前的联系起来，这样教授新的对象就有了支架，以便将新的对象联结到已有的文化中去。

（4）多方面的兴趣③：学科内容与呈现物。多方面兴趣可分为"认

① 三种教学方式，即管理、教学、训育。"管理"包含了权威性和慈爱双重的元素。在进行教学之前，必须首先对儿童进行管理，如果不首先通过管理将儿童天生的粗野倔强的性格压下去，无论是教学还是教育都无法进行。但是，儿童管理既不是教学，也不属于教育，它旨在为顺利进行教学和教育创造前提条件，除此之外别无目的。"训育"与"管理"的区别主要在意图上；训育作用于儿童的意志，所以它必须在儿童具有一定的意志之后才能有效。"教学"源于其心理学理论，主要任务在于合理地操纵对象。没有教学就没有教育，不进行文化知识的教学，实施道德品格的教育就无从谈起。管理、训育和教学，是赫尔巴特的儿童形成策略，其目的在于为儿童提供特定类型的经验，这些经验必须符合教育、道德和体系化的要求。

② 四阶段教学法，即清楚—联合—系统—方法。"清楚"指教师讲授新教材，将新观念分析出来深入研究，以便使学生清楚而又明确地感知新教材。事物能否被感知，首先取决于学生的过去经验，即旧观念或旧知识的性质及其与新观念或新知识的相关性。"联合"指通过师生谈话将新旧观念联系起来。"系统"指在教师指导下寻找结论和规则。"方法"指通过练习将所学知识应用于新的场合。教学过程即是一个观念运动过程，通过明了（清楚），使个别的观念明确清楚；通过联合，使许多个别观念得以联合；通过系统，使已联合的许多观念得以系统化；通过方法，使已系统化的观念进行某种运用，以便使之更为牢固和熟练。

③ 多方面的兴趣可分为两大类，即"认识"的兴趣和"同情"的兴趣。"认识"的兴趣属于周围自然现实的认识，"是在观念中摹写在它面前的东西"；而"同情"的兴趣则属于认识社会生活的，"是把自身置于别人的情感之中"。以上两大类兴趣又可具体分为六种兴趣。第一种是观察、认识自然界及周围环境个别现象的经验兴趣。第二种是探究自然知识规律，对事物进行思考的思辨兴趣。第三种是对现象的善恶美丑进行艺术评价的审美兴趣。第四种是与一定范围内的人接触的同情兴趣。第五种是与社会上较广泛的人进行接触以尽公民职责的社会兴趣。第六种是对所信奉教派予以重视和亲近，虔信上帝，服从教会的宗教兴趣。

识"和"同情"两大类，儿童通过交叉学习认识与同情，就将习得道德的品质。这两大类兴趣都需要以呈现物的方式，通过经验的方式提供［因］。多方面兴趣的养成是受过教育的人的显著特征，是道德性格形成的重要标志［果］。

兴趣是统觉的条件。根据赫尔巴特的观点，兴趣是指观念的积极活动状态，是一种好奇心和智力活动的警觉状态，正因如此，兴趣赋予统觉活动以主动性。他认为，当观念活动对事物的特性产生了兴趣这样一种活动时，意识阈上的观念就处于高度的活跃状态，因而更易唤起原有的观念，并争取到新的观念。

赫尔巴特的课程以历史科目为主。教育学的全部任务在于发展儿童内部良善的意志（good will），而教学决策的最佳时机很大程度上是参考儿童理解和消化多种道德观念的准备程度，教学材料和程序的选择，就是基于它们能够促进这一整体目标实现的程度。

赫尔巴特做出的教育学建议，主要针对的是家庭教师，而不是公共学校教育中的公立教师。[①]赫尔巴特重视家庭环境中的教育，而且对象主要是家庭中的男孩，对家庭之外的学校教育，赫尔巴特没有太多的兴趣。鉴于当时德国正在出现的现代国家形式，这种教育学旨趣是颇耐人寻味的。

（三）Bildung与赫尔巴特理论

男性儿童的道德发展（在赫尔巴特看来是一种进步），是儿童周围的文化环境作用的结果，而环境反过来需要正式家庭教师的精心组织，以过滤多样性的刺激影响，从而合理地应用它们。道德发展，环境或文化，以及正式的家庭教师指导，三者之间相互包含、互为必需，三者之间

---

① 这与在19世纪末期赫尔巴特的教学建议被广泛用作美国公立学校教育中的教学指导形成了鲜明的对比，而事实上，19世纪早期赫尔巴特的教育观与儿童观，与19世纪晚期赫尔巴特主义者的教育观和儿童观，事实上存在着重大的差异，它们体现着不同的论述背景和话语形态。

的关系可以用Bildung①一词来表达。这三个变量，通过当时流行的genre和algorithms形式，出现在赫尔巴特的作品中。

赫尔巴特的教育学与心理学思想，反映了他将Bildung从其宗教意义已经转变到世俗意义中，它表明在发展有道德的基督教徒时家庭教师的作用，而不单是上帝的意志。教育不是对人性的补充（这与霍尔的观点相反），而是管理儿童生活中的危险的一种方式。赫尔巴特认为，危险存在于外部多种刺激中，儿童可能会遭遇这些危险，尤其是在城市中生活的儿童更是如此。家庭教师的职责在于面对多种现实，进行过滤、净化和组合，使之产生一种连贯性的意义去建构儿童。家庭教师通过序列化的呈现物（presentations）去建构儿童的心灵，所以Bildung意味着儿童螺旋式的发展，最终能够直觉性地进行道德行动。在这种Bildung的观念中，家庭教师辅导成为建构意志和形成道德的一种方式，家庭教育是构成人类智力的要素。

赫尔巴特并不认为儿童的发展是先天官能的自然展开过程；相对于先天因素，他更强调后天教育的作用。作为教学目的②的道德，它的发展被认为是完全出自私人教师之手，尽管"nature和forture"也以不同的方式发挥作用。赫尔巴特认为，智力发展的艺术（教育为了品德）不可能独立于反复地训育（管理儿童）。就教育内容来说，教育应该主要依赖于教学伟人传记（历史）与文明史，因为它们延续了多个世纪，以稳定性证明了其优越性（人类历史和儿童发展史，在他看来类似于经验科学的发展史）。从历史中提取最好的内容作为课程，在文化进化和儿童发展中建立有序的原则。这些原则（在儿童心灵中形成统觉团）能够产生进一步的"发展"（即更多和更大的统觉团），因为个体（或集体的社会）所接受的多种刺

---

① 赫尔巴特教学建议中的Bildung与下文将分析的美国赫尔巴特主义的Bildung存在着明显的区别。同时，赫氏的儿童是Bildung的对象，形成的过程并不基于"文化时期论"，这与美国赫氏主义者的儿童也不同。

② 儿童天生并不具有意志和能力，这一推论让教师的管理方式成为可能，让教师提供各种呈现物变得富有意义，教师能够积极地建构和组织儿童的品德行为。教师工作的起点就在于儿童的道德存在于教师的掌控之中，因为儿童天生没有意志，没有积极生活的能力。就本质上而言，这是福柯意义上的权力的技术。

激的影响，来自已经形成的"智囊团"。这就是赫尔巴特的Bildung
观念。

教育的目标在于处理个体性和社会性之间的关系，让二者之间达到平
衡，以产生合力。赫尔巴特的儿童发展观内在地建立在儿童遗传的储存观
念的能力上。假设儿童拥有这种内在的遗传能力，并不是否定教育对文明
社会中的"健康"儿童教学的必要性，恰恰相反，正是借助于家庭教师的
教育作用，让儿童观念的储存具有一定秩序，并指向特定的道德方向。

赫尔巴特儿童观与教育观的主要思想，可以概括如下：

第一，心灵通过广泛地接触呈现物（presentations）及其力量得以建构
起来①，似乎与文化时期论存在着距离。环境在心灵建构的过程中非常重
要。在赫尔巴特看来，儿童的发展就是通过系统性的组织化的结构，不断
地丰富和完善儿童的内在性的过程。

097

第二，儿童的发展理论，是动力性的且以成人为中心。儿童的发展直
接来自家长和家庭教师的作为，他们需要运用管理、训育和教学的方式以
影响儿童；因为儿童内在天性并非先天存在，所以儿童发展不是儿童内在
天性的逐渐展开，也不能奢望内在天性可以单独指导教学决策。

第三，伦理是他关注的中心。在他看来，知识的功用在于启发人们生
活中的伦理行动，正规的教学成为发展儿童品德的方式。

赫尔巴特认为，刚出生的儿童并没有意志和能力，它们是一个形成的
过程，他用数学心理学来分析儿童的意志和心灵的形成过程，从而建构和
凸显出心灵过程中力量（power）的运作理论。也就是说，赫尔巴特建构
出的力量理论，局限于解释心灵的形成和意志的建构的理性（将力量理论

---

① 赫尔巴特的心灵发展论并不将心灵的建构视为一种道德上的必需（a moral requisite），心灵也不具有任
何先验性，而只是从呈现物中建构出来的对象。这就与下文中要分析的赫尔巴特主义者存在区别，他们认为儿
童的心灵是先验的整合性力量，心灵能力的提升表现为心灵整合方法的改善，所以需要借助于外部引导性因素
促成提升和改善的发生。

作为解释的工具），并据此选择课程内容和教育教学方法。赫尔巴特的目标在于实现最高层次的整合与和谐，这就需要普遍地顺从相互遵守的道德原则；他对于通过真实因子的学习和关于人类发展的叙述，就可以理解为达成个体与国家之间的和谐局面。

赫尔巴特的教育学提供了新的书写文化历史的策略，它将文化历史写进儿童的身体-心灵中；也提供了新的控制和设计未来的策略，它将未来的控制和设计定位于观察儿童和选择呈现物的过程中，而这一过程主要是通过培养儿童的道德实现的。儿童个体必须依赖于理想的道德原则而建构，以有益于自我和他人。赫尔巴特这一看似简单的教育理念，它的实现将是极度复杂甚至不可能的。这种理论只是一种叙述性、目的论和机械论的推理性语言，它所产生于其中的社会现实却充满了不确定性，因为当时出现了现代意义上的国家，这是一种组织人与人之间关系的新形式。赫尔巴特建构儿童个体的方式，也发生在多种现实的并存中，其中既能培养赫尔巴特意义上的统一化的人（a unified Man），又能塑造出现代国家中的公民。但是，所有这些性质相异的现实，在赫尔巴特看来都能够进行"真实因子"式的分析，关于儿童的宗教信仰以及竞争性的科学解释，内部都存在着多样性的争论，而且二者之间的异质性，在赫尔巴特那里都能够用于支持统一化（unity），并用来产生儿童多方面的兴趣，建构同质化的性格类型。这种理论的建构方式，将带来诸多的问题。

三、霍尔与科学儿童（一）

"儿童研究"运动中的儿童，与赫尔巴特的儿童之间关系并不明朗，可以说非常复杂并令人费解。[1]本节要讨论的问题是："儿童研究"中的儿

---

① Baker总结出关系复杂的原因在于，当时北美地区公立学校的出现、美国赫尔巴特主义的兴起，以及在19世纪末期儿童研究的科学化热情，还有内战之后人们对儿童概念的定义和使用的方式所发生的变化。

童，其"内在性"①是什么？儿童研究中的儿童是如何论述的？特别是霍尔，作为儿童研究运动之父②，对于儿童是如何认识的？

19世纪末期，发展主义盛行于欧美国家，发展心理学就是在这一思潮下出现的。作为发展心理学的应用领域，同时也是其重要组成部分的儿童研究③，便在这种条件下展开。发展主义的目的在于将儿童从蒙昧状态中解放出来，接下来就将分析儿童解放史。但在分析这种解放的"文明史"过程中，理解是何种意义上的解放，以及为何解放，恐怕要比分析解放本身更为重要。

儿童研究是首次有组织地抨击美国公立学校改革的运动④，并且也是首次集中于儿童，或者说以儿童为中心的运动。它与美国赫尔巴特主义一起，也是最先表明儿童的发展沿着它所谓的"发展阶段"进行的；同时，与美国赫尔巴特主义不同的是，它认为儿童的这种发展，具有科学上的合法性，应该作为决定性的原则，以决定公立学校教育结构，教师应该依据这一原则进行教学，所有行动都必须遵循这一原则。

099

儿童研究关注的机构除公立学校外，还有其他的社会性机构，所以

---

① "内在性"对于赫尔巴特和霍尔来说，含义不同。赫尔巴特意义上的"内在性"指的是处于累积过程中的统觉团，而霍尔意义上的"内在性"指的是儿童生长和发展在生理学和心理学上的理想过程。

② 本书在分析美国的儿童研究运动时，主要借助于分析霍尔的儿童思想，当然，儿童研究运动在时空两方面都远超过霍尔的文本所论述的范围。

③ Baker认为，1883年G. Stanley Hall的*The Contents of Children's Minds on Entering School*一书的出版，标志着儿童研究在美国的开始（Baker，2001，427）。

④ 面向公众的义务教育，目的在于通过提供正式的世俗文本"拯救"儿童，以及成年男人和整个社区。建立公众学校不是单个人的意志，而是当时社会整体局势的要求和回应，这种要求和回应只不过是通过某个具体的个人表达出来而已，如当时的教育学家曼。公众学校教育的目标并非整体一致，对于拯救儿童的理解也是五花八门。曼采用的是预防性的积极干预方式，而不是消极的治疗性策略。这种教育话语的医学化的内在逻辑在于，社会中出现的问题，能够通过对内部成员的干预而予以消除。因此，非常重视家庭中的妇女在儿童早期发展阶段中对儿童的教育工作。但逐渐发现，家庭并不能承载儿童教育的全部任务和内容。正如赫尔巴特所认为的家庭环境过于狭隘而不能包揽儿童的全部教育，需要有专业知识的家庭教师的教育工作才可能培养完整的儿童一样，在当时的情境下，就必须将教育看作国家或各州的责任和权利，从而将儿童的教育从家庭转移到学校中。拯救儿童的手段即在于提供免费的学校教育，提供义务性的学校经验。将儿童期建构成生命中的一个阶段，本身是一种社会性事件，它可能是出于经济、道德和智力角度的考虑。

范围远超过霍尔的文本所论述的内容。在论述公立学校教育时，所使用的"儿童"术语需要加以界定，否则就会出现词语的"误"用现象。因为正如下文所要论述的，儿童研究仅限于特定的对象，而不是社会各阶层的全体儿童。尽管儿童研究的成果和对教育的意义可以运用于儿童教育的现实，但这种必要性和意义并非为所有阶层的人士所认同，儿童研究所可能辐射的对象范围受到了限制。所以，关于儿童认识的"科学性"问题，也因为其研究样本的局限性而受到了质疑。换句话说，儿童研究的对象只是公立学校中的儿童，而不包括上层社会中的儿童，因为后者不屑于参加此项研究。

赫尔巴特的儿童与赫尔巴特主义者的儿童（变体）之间最主要的区别，就表现在他们对于课程认识的争论上。美国赫尔巴特主义者及其分支——儿童研究的出现，正处于19世纪末古典课程与儿童中心课程激烈交战的时期。这一争论将改编赫尔巴特的儿童观和教学论，主要从两个方面入手：第一，通过将官能心理学和数学心理学原则结合起来。第二，通过集中和联合研究的术语，重写教育史和道德论。

（一）赫尔巴特主义者与文化时期论

美国的赫尔巴特主义者将官能心理学（展开的思想）和赫尔巴特的数学心理学（统一的思想）联合起来。他们批判当时的官能心理学思想[①]，质疑古典课程内容的首要地位，认为学校应该传授给儿童在自然条件下要学习的东西。他们批判的主要原因在于并不认可古典主义者关于儿童心灵形成方式的解释。而在批判的同时，他们也就远离了赫尔巴特关于真实因子（Reals）的观点，而真实因子的观点既是赫尔巴特心理学的基础，又是

[①] 官能心理学认为，人的心灵是由不同的官能或能力构成的，如道德能力、智力和体能，通过练习可以发展和提高这些官能，教育的目标就是"扩大心智，训练能力"。官能心理学是教育中心智训练的基础，而且也是赋予古典学科和数学在课程中居于最为优先地位的基础（坦纳，2005，41—42）。1828年美国发表的《耶鲁报告书》，再次将官能心理学作为学科内容选择的依据，并作为继续强调古典课程的理由。官能心理学对于官能或能力的认识，本质上与牛顿式的力学观类似。

他给出学习建议的原则。

　　赫尔巴特主义者不能将赫尔巴特的心理学与他的形而上学整合起来的另一个原因是，当时对于课程内容控制权的争夺，以及课程与社会工程之间建立的新型关系。赫尔巴特主义者排斥官能心理学及其主导下的古典课程，他们认为应该传授与儿童的现实生活密切相关的社会经验。这种兴趣使得他们对赫尔巴特的观点必须既接受又抛弃①，只能是选择性地继承。

　　赫尔巴特主义者认为心灵与身体相互依赖，心灵的发展是通过身体外部的活动和身体内部（生理细胞）的作用而形成的，也就是说，心灵的发展依赖于身体的内部和外部两种作用过程，借助于这种分析过程，才可能说明心灵不可见的工作方式。对于赫尔巴特主义者来说，这种分析的争论是他们认为心灵具有先在的整合能力和接受文化时期理论的背景与基础。

　　赫尔巴特主义者拒斥官能心理学的浪漫观念，认为心灵的发展不是多种官能联合作用的结果，不同的官能出现在不同的阶段；而认为心灵的发展要归属到心灵中先在的、展开中的和整合性的力量。心灵是连续性的不断进化的，它随阶段的推进出现的不是新的官能，而是新的整体性能力。新的官能与整体性能力二者之间的微妙区别在于，后者认为心灵是一个统一体，而不是一个可以分化的整体。

　　赫尔巴特主义者接受文化时期理论，实际以一种不同方式再次接纳了官能心理学。②尽管他们认为心灵作为一个整体，不能视为多种官能（如

---

　　① 像古典官能心理学一样，赫尔巴特在其形而上学和数学心理学中，为机械能形式的力量（power）保留了重要地位。心灵能力（power）提升的过程，类似于牛顿物理学的作用原理。但与官能心理学不同的是，提升心灵能力的过程，不是通过合并多种单独的官能或能力（faculties），也不是通过反复地背诵以训练官能，而是通过激活多种感官（senses）的作用，并围绕真实因子（Reals）自我保持的活动规律而运作。赫尔巴特所推荐的历史和伟大的文学作品，就具有激活感官的作用。但到了19世纪末期，不仅公众投票反对古希腊的古典课程，而且这些内容不再被认为是提升心灵力量的源泉，因为它们不是基于紧迫性的生命活动和复杂的工业力量的需要，而这些在当时才被认为应该作为课程内容。

　　② 文化时期论接近于官能心理学，二者都认为官能作为能力，心灵的发展是展开的过程；然而文化时期论却反对官能心理学的独立的官能联合作用的观点。赫尔巴特主义者接受了赫尔巴特所反对的官能论，但改变了对官能发展的认识，认为在心灵的有机结构中存在着一种先验的整合性能力。

感知、记忆、推理或意志）的总和，但它的发展也是一种展开的过程，它的整体能力随着时间推进而"自然"出现，心灵将变为自身的单一的官能，在内部力量或适宜条件下的外部力量驱动下，促使心灵向下一个水平迈进（而在赫尔巴特看来，这种能力是建构出来的）。所以赫尔巴特主义者的发展理论认为，心灵和道德是引导性展开的过程[①]，他们也因此特别重视以儿童为中心的方法在儿童心灵和道德发展过程中的重要作用。

总之，赫尔巴特主义者的心灵论可以归结为以下几点：第一，心灵具有整合的能力，心灵的发展表现为整合方法和整体能力的提升。第二，心灵需要有引导的发展，要有专门的配合心灵工作的方法。第三，接受了文化时期理论中的发展观念，即随时间的推移，心灵整体能力自然展开。

（二）心智整合与文化统一

美国赫尔巴特主义者接受了赫尔巴特的联合思想[②]，这是对课程概念化的一种转换，从关注课程内容转变到关注课程方法，从古典–官能的立场到课程作为方法，这种方法将匹配赫尔巴特的心灵观点。赫尔巴特主义者对课程争论和集中与联合观点的重视，目的在于围绕新教育的假设彻底重写教育史。

赫尔巴特认为心理学可以借助于观察自己而获得理解，在赫尔巴特面前没有任何可以观测的明摆着的事实（可以将它看作内视）；而赫尔巴特主义者的发展心理学需要"看"（see），而且可以毫无疑问地进入可见事实（可以将它看作外视）。

[①] 儿童发展理论发生过几次重大转换，从洛克和卢梭的官能展开论，再到赫尔巴特的心灵和道德的积极建构论，到赫尔巴特主义者的心灵和道德的引导性展开论。

[②] 集中（concentration）与联合（correlation），两个概念意义不同。齐勒意义上的集中是指，单一的课程内容或主题，它构成所有课程的教学跳板（456）。联合是指多种集中中心（concentration centers），它寻求教育内容的统一与和谐。因为儿童已经经历过不同的发展阶段，或旧的知识必须与新的知识建立联系，或在整个学校教育过程中存在多集中中心，所以这些原因都要求将教学事件组织为一个系列，各阶段之间相互关联。除以上的管理和教学上的要求外，还有心理学上对关联的要求，即历史文化的原则必须匹配统觉发展（457）。

文化时期理论，即个体发生复演群体发生，齐勒表明不同阶段的观点，将"历史文化的原则"与"儿童统觉发展的阶段"联系起来，将历史叙述和心理叙述统一化到儿童身上。赫尔巴特主义者的文化时期论，为他们接受赫尔巴特的思想奠定了基础，将儿童心灵的整合与民族文化的统一关联起来。[①]通过建立联合性的和符合儿童心灵方法的课程，发挥儿童复兴民族历史文化的作用。借助于科学，理解儿童身体内部和外部的特征，建立适应于这种特征的课程，从而将民主文化有效地写入儿童的心灵中。儿童的发展，不仅仅是将身体和心灵逐渐逼近不同的进化阶段，而且也是将身心作为一个平台，在其上抒发民族欲望的过程。"联合研究"将确保文明进化过程中最好的文化基于儿童的身体发展到新的最高阶段，因为按照文化时期论的建议，儿童在任何一个文化时期都应该停留很长的时间，直到能够充分地掌握该阶段的全部内容。这种情况，看似课程内容与儿童心灵的准备性之间并不匹配。

相对于身体，儿童的心灵更适合作为教育和民族历史进步的隐喻性地点，而这一地点正是集中和联合关注的核心。联合研究，目的在于获得连贯的历史统一性的叙述。历史的统一性将促进儿童心灵的统一性，进而民族的统一性，进而下一代的统一性。[②]由此看来，在儿童心智和人类历史之间具有重要的推论形式。19世纪末期儿童研究中的"儿童"，其发展被认为完全遵循生物学上严格的发展阶段理论，即文化时期理论。这种儿童发展的解释是有深刻的社会原因的。"本质而言，文化时期理论再次主张种族等级论，它强化了奴隶制并让白人产生一种错误的优越感。"（Baker，2001，463）联合研究不过是用教育学的方法确认了这一主张。

赫尔巴特主义者忽视了儿童的道德问题。对于当时追求学术主义的他们来说，在公立学校中塞入和复兴道德教育，无疑会遭到他们的反对，

103

---

① 儿童研究的任务就在于科学地理解儿童的内部性，揭开内部力量整合和心灵顺序发展的预成论思想。

② 强调统一性策略的举动，可看作对19世纪末期美国社会所出现的"危机"局面的反应。

因为要求更多强调道德也就意味着抵制对学术的过度强调行为。但可以假设，如果他们强调道德，联合研究也会凸显出其重要性。因为根据赫尔巴特的观点，没有学术或智力上的发展，道德的发展将是不可能的；心灵是产生道德的方式，在这种新的关联性推论中，道德被看作是天生的，在其展开过程中，是所有学科内容作用下最近实现的品质。所以，对赫尔巴特主义者强调道德的假设，同样显示出联合研究的重要意义。①

"联合研究"，作为文化时期论在教学上的应用，并不仅仅是一个教育学事件，用统一化的教学技术去整合学科内容；而更是一个社会学和政治学事件，旨在用儿童的心灵来表达进步的意义，促进进步的实现，而进步的意义就在于作为一种管理儿童的恐惧和向往的形式。赫尔巴特的理论在美国之所以能如此盛行，部分原因在于它与文化时期论之间的关系。

（三）儿童研究与儿童期话语

以下将按两条线索论述：第一，儿童研究作为进步主义的一部分，它的社会性意义。第二，儿童研究与课程的关系，儿童研究对公立学校教育的意义。

儿童研究运动能否作为进步教育的一部分，尚存在争论。②但本书认为如果从当时该运动发生的"语境"（discursive context）来看，并不能简单地视其为进步教育的一部分，否则就简化了情境的复杂性。作为一种运动，它具有独特性，这种独特性甚至超越了当时的时空范围；最好将它看作一种话语体系（discourse network）。在这种体系中，它对于儿童的内在/外在问

---

① 在儿童研究运动中，这种假设看似多余，因为智力与道德之间的关系发生了显著变化。道德不再凌驾于智力之上，而只能通过智力来体现自己。测试儿童的智力、测量儿童的身体、听取儿童的发言等所获得的"生物学事实"，都被间接地翻译为儿童的"道德禀赋"（Baker，2001，465）。

② 如果认为儿童研究是进步主义教育运动的一部分，则假设存在一种单独的可识别的进步教育运动，例如克雷明就持这种观点，并认为儿童研究是它出现的标志（Cremin，1961）。但更多的研究者并不赞同这一假设。如克利巴德指出，用一种代号标识经常是矛盾性的观点并不妥当，各种观点之间并不具有明显的统一性。他曾鉴定出在19世纪末20世纪初经常对立的四种主要的教育改革运动，即人文主义、发展主义、社会效率论和社会改造论（Kliebard，1986）。

题、理性、天性、能力、智力、发展等概念都有着独特的推理形式。

必须研究儿童，是儿童研究运动的关键与核心的假设。研究成长中儿童的天性和需要，以建立教育的新哲学。儿童研究并非单一的运动，克利巴德鉴别出两个派别，即人类学派，主要是霍尔和其学生，与实验学派，代表人物是巴恩斯、加斯特罗和杜威。①人类学派的儿童研究以在自然情境中观察儿童为起点，并书面记载儿童的言行，以此作为课程改编的依据，使课程合乎文化时期理论。实验学派的儿童研究也将观察儿童作为起点，但却是在控制性的环境中。两派的区别也体现在它们的假设上：前者在自然状态、未受影响的条件下观察，故"发现"必然真实；后者通过不断变换环境条件，得出自然发展的真实规律。

尽管二者在细节和研究方式上存在区别，但都遵循基本概念和理论（文化时期论），而正是二者之间的相似性才真正标识着儿童研究运动的身份。该运动的核心假设是，需要仔细研究儿童后，才能建构符合他们天性的课程；学校教育应该以儿童的天性和需要为方向。这种以儿童为中心的课程思想，明显区别于以古典学科为中心的课程观。

105

以儿童为中心组织学校教育，还有更重要的原因，主要是关于儿童期的话语。如上文分析到，将儿童期看作脆弱的阶段，智力低下，缺乏道德等，才为积极的干预确立合理的依据。将儿童从孤儿院中、从少年犯机构中、从儿童医院中解救出来，将他们纳入公立学校教育中，这本身代表了一种对于儿童的生理、道德、智力等方面新的管理方式。所以，儿童研究，并不仅仅发生在教育领域，脱离其他的社会环境；相反，它发生在更大的社会空间中，与整个国家的福祉联系在一起，本身代表着一种进步主义信念。这是一种新的组织学校教育的方式，而这种新方式的产生，是基

---

① 实验学派内部的意见也不统一。杜威认为不需要特别地"引诱"出儿童的活动，因为儿童已经处于活动之中，重要的是要创造适合儿童各方面发展的条件和环境。加斯特罗则比较谨小慎微，他认为对儿童做出一般性结论的时机尚未成熟。而巴恩斯与加斯特罗相反，他认为儿童已经表现出一些定论性的行为来。

于对儿童新的理性认识，它包括儿童的担忧、欲望和潜能等内容。

尽管儿童研究在教育领域中广泛开展，但并非为所有阶层所普遍接受，特别是上层精英阶级。他们仍然坚持古典或传统的课程，并将儿童进入实验室的科研工作贬损为手工劳动。所以，在公立学校和私立学校之间，就产生了非常大的差别，不仅表现在关于谁（贫民还是贵族子弟）需要被拯救上，而且还表现在谁需要儿童中心课程上。儿童研究，就像公立学校诞生之初一样，并非为每一个人所接受和经历。意识到这一点，我们在理解儿童研究的结论时，就要留意它关于"儿童"和"儿童天性"的一般性论述之中的不同、异质性和细微差别。对于"儿童""儿童天性"，不同阶层的理解显然也就相去甚远。

若从福柯的角度来分析这一事实，就会更加透彻。公立学校和私立学校区分的先在性，以及儿童研究在公立学校中开展的广泛性，说明了福柯意义上的"凝视"的不均匀性。只有特定的儿童才成为研究或凝视的对象，对他们的身体和心灵进行不断的描述、测量和听证。如果说儿童研究产生了一般性的结论，本质上这些结论不过是其易于接触的对象的特征，而并不具有"一般性"的意义。

儿童研究不仅仅是摆脱传统的、死记硬背式的学校教育，它采用重复、考试和古典课程的形式；也不仅仅是平稳过渡到以一般性的儿童为中心。它是要挣脱关于如何教育儿童的先前的思维形式，同时延续了仅考虑特定儿童群体的做法（先前思考的更多是中上层阶级的儿童，而现在关注的对象转为公立学校中的下层阶级的儿童）。所以，尽管儿童研究一再声称追求"科学性"①，实现关于儿童真理的生产，但从其研究对象的小样本来看，其宣称的"科学性"其实并没有保障。

---

① 借助于科学或追求科学性，是儿童研究者区别于传统主义者、赫尔巴特主义者等的显著特征。所以，在儿童研究的拥护者霍尔看来，赫尔巴特主义者尽管有着善意的激情，但因缺乏科学方法而终误入歧途。具有讽刺意味的是，后来者也曾批评过霍尔的工作是神秘而不科学的。

（四）儿童的内在性与复演论

洛克、卢梭和赫尔巴特关注的儿童，是单个儿童，由私人教师指导；而霍尔研究的儿童，是集体的、公立学校中的儿童。儿童研究中的儿童，最引人入胜的地方在于，力量理论与儿童发展之间的关系：力量是儿童的生物生理组织中给定的机制，它渗透于儿童的身心结构之中；儿童的发展被认为是在这种力量的作用下重演过去，重演整个人类种族的历史。到儿童研究运动出现时，文化时期论产生了新的变体：复演论。[①]

在"儿童研究"者看来，内在性的独特内涵能够用于说明儿童与儿童的天性。或者反过来说，对于儿童内在性的理解，就构成了儿童研究本身：儿童是可知的，是科学研究的对象，他们的内在性不仅需要深入地观测、质问与评价，而且许可在其之上建构一种权力理论。

19世纪末期，用于解释儿童的理论并不仅限于达尔文的生物进化论，进化论本身不足以解释儿童研究中所运用的科学思想。例如，复演论（文化时期理论中的一种）就在儿童研究中作为一种规律在运用。与进化论不同，复演论认为，每一单独的生物体在其发展过程中，都将重复它所属种群的进化阶段，人当然也不例外。这种解释中人类发展规律的合法性，就不是来自达尔文的随机选择与幸存的论述，而是来自胚胎学的研究，因为胚胎将提供有机体展开的方向和目的。

此外，"儿童研究"为文化时期论引进了新的术语，如细胞理论。细胞理论出现在1840到1870年间，它普及了这种生长的理论，即认为生长来自最小的内部单元，如细胞的分化或细胞的增大。在儿童研究中，细胞生长的观点用来证明种族至上主义者的观念。

---

① 复演论，作为文化时期论的下位理论，似乎带有一种能动性的力量。作为文化时期论的新变体，复演论对成年人外部形式的解释借助于多种科学模型，这些模型映射出儿童的内部性以及儿童发展的显著特征，即利用儿童的科学模型去解释成年人的外部特征。复演论试图在个体的生命之间提供一种连贯性（coherence），大体上能够跨越时空提供生活的一种统一性。

在"儿童研究"中采用多种科学研究儿童发展，还有来自除生物学外的生理学方面的研究。生物学关注有机体的历史，而生理学关注有机体的结构和功能，但二者间的界限通常并非泾渭分明。在儿童研究过程中，多种相异和相似的学科都将用来解释儿童。

在儿童研究过程中，也遇到了一些理论上的争论，时值关于生理机能上的功能形态论和观念形态论，与关于细胞的活力论和物质-机械论的激烈争论①阶段，它们思考的问题都是，有机体生长的力量来自何处。尽管这些理论之间看似不可调和，而所有的理论都被用来解释儿童研究中的儿童。②总体来说，生理学中的活力论与物质论之间的争辩，对于教育领域中的儿童研究并没有实质性的影响。

霍尔偏向于活力论，尽管他在必要的时候并不排斥物质论的解释方式，他的这一倾向具有重要的意义。活力论问题本身为在儿童研究中引用复演论提供了论述空间；同时，活力论的理论基调③，也为文化时期理论吸引儿童研究的支持者提供了基础，从而使得有可能从科学性和目的论的角度，创造性地应用文化时期论去解释儿童。

---

① 观念形态论（idealist morphology）认为，不同的动物和植物之间，形式的相似性（similarity of form）和理想类型（ideal-types）是可描述出来的。研究者在考查一组生物体之后，就能够得出这一特定类型植物或动物的一种理想类型［理想类型促成了生物体的发展］。相反，功能形态论（functional morphology）集中于单个有机体的胚胎发育过程，研究生物体的结构和功能之间的关系［结构决定了生物体的功能发展和完成］。功能形态论借助于物质-机械论（materialist-mechanist）来解释生长，物质论认为有机体的发展所需要的所有力量，都包含在它身体的组织中，身体是所有动力的来源，身体能够激发自己工作而不需要借助于灵魂。而活力论（vitalism）反对机械论，它认为对于生物体生长的解释，不能仅仅归因于他们自己的物质构成形式，还必须借助于一种"有效要素"（active principle）才能说明生命的起因。在这种观点看来，所有的生命现象都可以归结为来源于生物体外部的第一因（prime cause）。所以，活力论经常与观念形态论联系在一起，试图寻找共同的祖先或想象中的鼻祖。观念形态论明显受到康德的形态类型观念的影响。

② 这并非假设儿童研究能够将生理学或生物学等学科混合成"纯粹"的话语，而只是表明儿童研究可以不顾及对立性话语去形成自己独特的（儿童）论述。对于霍尔来说，观念形态论和功能形态论同为他所利用。

③ 活力论认为，生物世界中的所有生命现象都是统一的；生物的身体，是心灵或自然目的（如上帝）启示性的物质性存在方式。

四、霍尔与科学儿童（二）

对个体知道得越多，帮助他/她发展可做得也就越多。不管怎样，发展不是一个中立性的概念。

——Baker，2001，494—495

（一）预成论

"只有将自己放置在历史时段中，并将自己作为特定事实的文本，人才能够研究自己，并将此作为一门科学。"（Baker，2001，479）Baker认为，在儿童研究运动中，研究儿童的参数主要包括生长、繁殖、衰老和死亡，这些参数也是研究者据以认为他们的工作具有科学性的根据。

这里，需要对儿童研究者的"科学性"概念进行解释。他们认为，儿童的自然生长标志着种族的进步。有机体的生长意味着某种进步并不是一个新观念，而是一种比较普遍性的西方传统（当然卢梭是唯一的例外，他认为是种堕落）。对儿童在时间中生长的观察和记录，就被认为是科学，所以它不等同于自然科学意义上的科学性。尤其是人类学派的儿童研究，科学就是指"直接地"观察儿童，并记录下观察到的现象。

亚里士多德的后生说（epigenesis）认为，胚胎是逐渐发展的。而到了17世纪，这一学说受到了挑战。批判的观点认为，生物体不是逐渐发展（gradually develops）的，而仅仅是在不停地生长（merely grows），并不会产生新东西，只是先在性物质的生长与展开过程——这即是预成论（preformation theory）的观点。生长是一种内部过程，是预先形式的完成，是预成论的主要内容，所以它本质上属于复演论。预成论提供了一个研究生物体变化的概念框架，霍尔受此影响，对生长主要有两点认识，即最终大小（final size）和先定论。尽管环境影响有机体的形成，但它仅能影响有机体生长的速度，而不能影响它的最终尺寸。

机械论—活力论的争辩，是论述空间的效果，试图想以另一种不同的方式来解释有机体，包括儿童研究中的儿童。运行在这种论述空间中的儿

109

童研究，追寻着活力论的理路，并试图整合和利用历史学、科学和哲学上的推论，以彻底变革早前的预成论观念，将其变成为文化时期理论。这种复演论因而提供了一种儿童生长和发展的话语，用以解释儿童的生命历程。

（二）内部与外部的特征

真理本身具有排斥性作用，在强调自己为真的同时，必然去否定其他对象的假，以强调自我存在的合理性。内部的深层与外部的表层之间的关系，也是文化时期理论中理性的重要方面，所以在儿童研究中有必要在内/外部之间建立起关联。

通过内部器官和外部特征的关系方式来描述和解释生命，是"看见"的一种新形式，福柯在《诊所的诞生》中解释了转换到这种新形式的过程。[①] 在18世纪末期，人体并不可"见"，身体的真理遮隐在黑暗之中，人们采用艺术的语言去想象人体内部的黑暗地带，或用诗化的语言去推测身体内部的工作方式。赫尔巴特的"真实"（Reals）以幽灵般的互动方式漂浮在统觉团周围，本身并不能加以分解或控制，在赫尔巴特主义者和儿童研究者看来，这不过是赫尔巴特的猜想。而到了19世纪中叶，出现了一种新的理性话语，它能够运用人体解剖术，让身体内部的真理重现光明，个体从而变成科学的认识对象，可以无限地被认知，并能够被控制。活力论和机械论，在赫尔巴特主义者和儿童研究者看来是一种真理，因为二者都源于生理解剖的实验。

在这种重组凝视的过程中，对个体的儿童进行观察和实验，从而有可能围绕儿童研究组织多样化的理性语言，以明显区别于先前的诗性语言，

---

① Paras（2006）生动形象地描述了福柯的论述过程。他说福柯认为，18世纪末医学知识是基于疾病分类的准动物性话语，医生的问题是"你有什么（病）"。到了19世纪中叶，医学知识转变为基于受损组织的观察、解剖临床性的全新话语，医生的诊疗对话变为"你哪里痛"。而这一转变过程，却是在非常短的时期内完成的（Paras, 2006, 22）。

正如赫尔巴特在论述心灵时所使用的那样。当然，这并非意味着要抛弃建构儿童的旧式理论和体系，而是通过将个体作为研究的客体，利用新的科学语言去描述他们，从而实现对个体性的正式重组，深化个体性的可见部分。①

所以，儿童研究情境下的儿童发展观，将不再仅仅是统觉团的扩大，也不再仅仅是内部官能的展开，而是一种生物生理的过程。解释这种过程需通过将身体的外部特征，同肉眼看不到的内部器官及组织的结构和功能结合起来进行。到了19世纪中叶，人的内部性包括两层含义，即细胞（cell）和心灵（mind）；而外部性则有三种含义，即身体的外部特征（体型、肤色、性别等）、行动/语言和环境。儿童研究用内部与外部相联结的方式去解释儿童发展的过程。

运用不同科学来分析儿童内部性的方式，在儿童研究的不同派别中并非一致的。在人类学这一分支中，理想类型的儿童体现了人类的所有历史和全部类型，他们将在目的性力量（教育或教学）的作用下，有待发展成为理想类型的成年人。为消除儿童发展中的随机性，促进理想类型的实现（观念形态学的原则），儿童研究者认为需要目的性计划（功能形态学的原则），去解释和引导儿童的行动。因此，两种形态学同为人类学派的儿童研究者所需要。②实验派的儿童研究，一种更物质论的立场需要通过借助于儿童自己去解释儿童的行为，但并没有消解文化时期理论的作用③，而是将这一思想清楚地体现和具体化在教学的建议中，如杜威的活动教学

111

---

① 儿童发展的解释，必将随着科学（自然和社会）的发展而不断深化，但能否说这种深化具有积极的意义，这是另一个问题。

② 因为观念形态论与功能形态论，以及活力论与物质论的联姻，既为文化时期论以连贯性的形式，同时也为其带来不确定性空间，即在科学领域中对儿童认识的不确定性。这种不确定性便导致了对儿童内在性认识的不确定性。这对于人类学派的儿童研究者而言，意味着他们会接受并非达到完美状态的儿童发展现实，并给予环境在儿童发展中一定的地位。于是，学校、教师和教学活动，既作为研究的地场，同时也规范着个体、民族和种族的发展。

③ 文化时期论是儿童研究的核心假设，尽管实验派儿童研究者代表人物杜威对文化时期论并不完全赞同。

理性，可能是这方面最著名的代表。总之，两种类型的儿童研究既研究儿童的外部特征，也专注于儿童的内部状态，以期获得关于儿童的科学语言，并建议教师在外部的环境中应该做什么，以及为何这么做。

赫尔巴特的数学心理学和儿童研究的新式心理学之间的区别显而易见。赫尔巴特将儿童的天性看作是客观的，因此他可以通过推测真实的互动方式来说明统觉团的扩大机制，解释儿童的发展过程。赫尔巴特的心理学观念是"发展儿童"（developing the child），即儿童统觉团的扩大、心灵的成熟，是通过呈现物（Presentations）不断建构的过程。而儿童研究中的心理学观念是"发展中的儿童"（the developing child），他们认为"个体发生复演着群体的发生"，这表明儿童发展所遵循的阶段与种族进化的阶段相一致。这一阶段首先是由儿童的生物学和生理学的特征所决定，其次才轮到环境中经验的支持作用。其他如美国的赫尔巴特主义者，他们也信奉复演论，并更进一步将儿童的意志也看作天生的而非建构的。总之，发展主义认为，儿童发展将经历在功能上连续的固定的阶段，新式心理学标榜自己之"新"的基点就在于，将生命阶段论看作是由生命生理学历史性决定的某种形式，因此，必须仔细观察儿童处于哪一种发展阶段，以提供与之相匹配的教学方式。这种生命阶段论或发展阶段论被认为是不可置疑的，只是因为它们关联到种族进化的观念。为了辩护或证明确实存在"生命阶段"，研究者只能求助于并不自然的种族进化史，尽管它浓缩在儿童的内部。

"理性"的概念，此时和一个世纪前的理解很不一致。现在作为一个经济学概念，之前作为一个道德范畴。而且，对于洛克、卢梭与赫尔巴特来说，理性还是区分儿童与成人的分水岭。通过多种学科，把儿童定位在缺少理性的层面上以进行适当干预。而且，儿童自己对于这种定位并没有发言权，否则就会被建立起来的科学规则排斥在外。儿童是有关理性的话语的产物，这种理性不是数学能力，而主要是内在的道德性格。

（三）儿童发展阶段与课程策略

儿童发展具体过程的研究，目的在于接下来决定如何对待儿童，如何组织儿童成长的环境。人类学派的儿童研究者如霍尔所开出的药方，遭到当时一些保守主义者的反对，最为突出的要数哈里斯和埃利奥特。他们反对的根本原因不仅在于心理学方面的分歧，更在于培养什么样的人这种目的论方面的差异。[①]对于儿童研究者来说，他们的目的是要依据理想类型或发展阶段来发展儿童，因为这些阶段表明了儿童的真实进化过程。

为什么要提供教育建议？如何提供教育建议？原因在于探寻儿童心灵中的理想类型；而为了实现这种理想类型，必须借助于某种目的性计划。赫尔巴特的教学技术就是道德性格理想类型的目的性计划在教育学上的实现。对于霍尔来说，理想类型的存在使得我们能够描述儿童，并规范儿童的理想学校。达成理想类型中的"理想"，不是通过赫尔巴特的呈现物（presentations）的选择与建构工作，相反，外部环境有可能会妨碍到理想类型的实现；霍尔意义上的发展，是一种遗传性的展开过程，适当的外部环境只能起到补充性的作用，而主要依赖于形态学上的理想类型。

赫尔巴特主义者认为儿童心灵和道德的发展是引导性展开的过程，对于心灵和发展的这种理解，就让他们觉得很有必要采用以儿童为中心的方法去组织课程内容，以区别于古典学科内容。如果心灵是历史性建构的，如果心灵的能力表现为整合的方法，那么就需要注意选择教学方法，以匹配个体自然展开的速率。因此，促进儿童发展的教育活动就应该遵循他们自然展开的规律，所应用的教育策略也必须适合不同年龄阶段心灵的整合方法。

霍尔认为，现代教育的首要任务是根据儿童发展各个阶段的不同需要

113

---

① 保守主义者如埃利奥特强调要复兴人文主义课程，以希腊语和拉丁语的学习为主要内容，主要针对社会中的精英阶层私立学校中的儿童。人类学派的儿童研究者如霍尔培养的是另一种类型的儿童或公民，即社会下层普通民众的子女，以免费的公立学校中的儿童为对象。二者之间对于儿童主体性定位的不同，成为他们争论持续的主要原因。

为他们提供有利的环境，并给予适当的帮助。霍尔根据儿童的发展把教育分成四个阶段。每一阶段都提供了合适的方法、学科内容和教师，教师的作用是保证儿童发展不受干扰，从而顺利进入到下一个进化阶段。

第一阶段是2—7岁的幼儿园教育。这一阶段的任务是注重儿童的身体发展。这一阶段的儿童适合进幼儿园，主要活动是游戏；幼儿园要有优美的环境，为儿童提供各种食物、玩具和书籍；幼儿园教师要了解儿童，具备丰富的知识。类似于上述的这种论述尽管没有错，但显然只揭示出冰山一角，这样做却有更为深层的社会原因。这一阶段的儿童喜欢活动，精力过剩。这对于霍尔来说，表明处于复演论早期的儿童，发展的素材尚未运行，还处于无序状态，所以儿童也显得无知，缺乏智力，但却富有无限的潜能（Hall，1904；引自Baker，2001，509—510）。为了发展这种智力和其他方面的能力，需要一种特殊的生活方式——乡村生活，对于儿童的全面发展来说，乡村生活是非常必要的。[①]正是乡村生活方式的追求，幼儿园、种族和拯救问题的出现才显得符合逻辑。所以，儿童的发展意味着智力的逐渐提升，而这种提升是通过进入一种特定的生活方式即田园般的乡村生活而实现的。乡村生活常为白人阶级所享有，所以，围绕智力的话语（借助于科学的观念）重建乡村白人的生活，无形中强化了将白人看作上等人的观念；而关于儿童无知的叙述，显然超越了生理学语言本身（Baker，2001，512—513）。

第二阶段是7—8岁过渡期儿童的教育。对于儿童研究者来说，这是一个重要的阶段，但也是一个模糊的阶段。儿童研究者认为，这一时期儿童"更精细的肌肉以及控制这些肌肉的神经中枢开始发展……对刺激的反应不再那么直接"（Dopp，1904；引自Baker，2001，521）。儿童在生理方

114

---

① 霍尔（1883）认为城市沦为堕落之城，因为城市居民的"混合型特征和流浪型性格"。当时城市的居住者从世界各地涌入到美国，他们因为移民身份或因为黑色皮肤而被看作与野蛮人无异。相反，儿童在乡间能知道牛奶的来源，欣赏大自然的风光。所以，霍尔认为城市是一种非自然的环境，唯有在乡村生活中生活，儿童才可能正常地生长。

面所发生的转变，在种族进化史上，对应于人类从使用自然工具转变到使用制造工具的时期。在种族复演的这一过渡阶段，它不能为教师提供精确的工作原则。在这一阶段，研究儿童的关键点在于，确认更多的过渡性特征，确保类似于赫尔巴特的多方面兴趣的发展，这样所提供的活动就不会妨碍今后迈进下一个阶段。原则上，教师的活动要保持在自然的工作内容之外，为儿童提供活动和素材，也就是保证儿童从使用自然工具过渡到使用制造工具。儿童在不同种类工具的使用方面过渡上的模糊性，导致了教师在教学决策方面的不确定性。

与其他阶段相比，过渡阶段在整个文化时期所占的空间显然最小（或说没有空间，鉴于其过渡特性），看似并不重要；然而，并不能将重要性与空间大小等同起来。正是因为对"最小"空间的过渡期的强调，才显示出儿童研究的核心旨趣[1]，论述儿童被建构出来的天性才具有主导性意义。天性构成了主要的框架，通过这种框架，儿童的发展得以展开并被赋予意义。如果已经断定出儿童的过渡阶段，过渡阶段提供了具体的规定性，那么教师只能应用这些规定性，辅助儿童发展。

第三阶段是8—12岁青少年时期的教育。这个时期对应在种族史上，即人类已经完全掌握工具使用的阶段，为庆祝这一点，儿童将迎来青春期。儿童学会质疑、批判等"严肃性"的工作，并产生了接受训练的渴望。儿童的情感快速发展，适应学习绘画、音乐、语言、读写等，还要注重道德和习惯[2]的培养。所以在这一阶段应该（首次）强调学校教育，尤其是游戏和运动。儿童研究者所倡导的学科内容学术性并不强，主要目的也不在于认知的发展。所以克里巴德（1986）曾认为，他们当时提倡的理

115

---

① 过渡阶段的存在，并非表明了文化时期理论的模糊性；相反却使儿童发展与种族进化之间的对应关系更为突出，并且凌驾于外部教师的作用之上。

② 与过渡期的模糊性不同，青少年时期身心的秩序性非常重要，因为这一阶段最具可塑性，适宜培养儿童的习惯。这一阶段培养的习惯，将会发展为成年期的直觉。

想的中学课程是反学术的，学科有英语、科学和活动课，但却不包括拉丁语、希腊语等。克里巴德其实并不理解霍尔的教育目标，头脑发达、身体健壮，身心和谐而又拥有男子汉气概的青少年，而非柔弱的天才，才是霍尔心目中的超人。

在Baker看来，霍尔建议通过游戏和运动，培养身心和谐的儿童行为本身，体现了儿童研究运动对群体和个体的卫生问题①的回应，对实现社会控制目标的具体化。教师通过指引儿童身体的活动，在儿童内在的推理能力与教师即时的（儿童）意志塑造之间建立起微妙的联系，教师的指引将促进儿童以后真正地思考（2001，527）。这种指引是通过快乐的原则（以游戏的方式）进行的，这不仅是因为游戏②中的快乐能激发儿童的兴趣和潜能，而且兴趣能够让教师的指导或威性更为有效。教师的权威并没有失去，只不过权威作用的方式不那么直接从而显得轻松愉快。

第四阶段是12—20岁青春期儿童的教育。这时儿童的生理和心理有了新的发展，表明已经抵达种族进化的比较高级的阶段。但在霍尔看来，青春期也是转捩点：要么能够完成这一阶段，变成完全意义上的人（类）；要么只能永远是儿童。③

在青春期阶段，教师在教学中应当遵循若干关键性原则。第一，削减（身体）训练，让儿童表达个性。第二，区分性别类型。第三，降低而不是提升考试的重要性。第四，改变对儿童动作的精确性要求，适当放宽行为的标准（Baker，2001，532）。因此，教师不再发挥儿童拯救者的角

116

---

① 工业化的作用，影响了工人的身体健康，所以家庭与学校就必须更加精心地照顾好儿童柔弱的身体，以面对今后可能的挑战。

② 19世纪末期，福禄贝尔的幼儿园运动也赋予游戏在儿童生活中的一种严肃的和深远的意义。他将游戏看作儿童道德形成的理想模型，儿童在游戏中学会如何与别人友好相处。

③ 在霍尔看来，儿童与成人有着质的区别。儿童是种族进化过程中的较低级阶段，而唯有超越动物期和野蛮期，儿童才能发展为真正意义上的人。所以霍尔认为，所有的儿童在青春期都面临着同样的问题：他们很想知道，自己是低于还是高于他们的同伴（Hall，1904.引自Baker，2001，531）。

色，现在具有了新的身份。而这种身份的转变①（甚至认为有些教师不合格），完全是将青春期看作是儿童发展过程中最危险而又最重要的阶段所致。正是因为青春期在儿童发展阶段中的极端重要性，才使得教师的身份问题变得模糊；而矛盾的是，教师身份又必须依赖于青春期儿童才能得以确认。②同时，儿童期的重要而又危险性的特征也使得家长（尤其是母亲）觉得有必要让儿童进入学校，并（或）接受儿童专家的在其发展过程中的干预（Hutton，1992.引自Baker，2001，534），于是就在个体生活的私人空间与公众结构之间进行调和以保持二者的一致。③其更深层次的意义在于，在对"更好的"教师和母亲的强调和确认过程中，排除掉了其他类型的教师和母亲。这在Baker看来，是一种涉及种族和性别的排斥和建构的双重问题（Baker，2001，534—543）。

儿童研究侧重于儿童历史的内在性。促进儿童发展的手段，只能在儿童发展的原因中寻找，在儿童自身内部所包含的对象中探寻，而这种探究目的在于拯救儿童。围绕固定的发展阶段来拯救儿童，儿童研究的这种做法在某些方面具有非凡意义。这种拯救的假设基于这种信念，即关于儿童特定形式的信息，能够将他们和整个民族从尚未开化的状态中解救出来。这与卢梭的思想截然相反：卢梭感叹市民社会如何远离了自然的未开化的状态，以及如何缓解这种负面影响；而霍尔关心的是文明如何能够尽可能积极前进和进化，以摆脱野蛮状态。儿童研究借助于心理学，目的就在于

---

① 对于赫尔巴特来说，私人教师是规则的给予者，是独立的专家，他们教育儿童不可能不合格不称职。而在儿童研究中，公立学校的教师不再能够充当规则的给予者，而是作为来自外部的规则的携带者和媒介。

② 教师被置于儿童发展的线性模型旁，自己却不是这一模型的"发现"者，他们只能循着这条线索组织自己的工作，以让自己的工作评价起来富有真正的"进步"意义。于是处于儿童与儿童发展专家的夹层之中的进步主义教师，自身的教学身份变得模糊，而这种模糊性最强烈地体现在他们对儿童的发展建议上。正是在儿童身上，尤其是在青春期儿童的发展上，教师才能确认其工作成效。因此青春期儿童的进步和发展，为教师建构身份认同感提供了永恒的框架；从更深层次而言，这也在文化时期论和教师身份之间建立起微妙的关系。

③ 这是福柯"治理术"思想的体现之一。将个体生活的私人领域纳入公众视野，从而对其进行引导和控制，使私人领域的发展趋向公众的目标。不过控制的方式变得隐晦而具有生产性，从而实现控制手段的利益最大化原则。

去理解文明——作为一种完美的人类状态——进化的理想进程，不是去重温过去的原始的昏暗画面，而是去远离它。

儿童发展阶段论提供了一个窗口，使得我们能够在科学地定义并提升儿童之后，运用针对性的教学策略去促进儿童的实现，保证写在儿童内/外部的符号成为真实。更深层次的逻辑假设是，让儿童重新经历种族进化的各个阶段，在身体和心灵上完成复演的任务。霍尔的儿童，在生物学上处于严格的发展阶段中，不可偏离轨道，也不可逾越某些阶段。

在儿童研究中，进步通常被阐释为以儿童为"中心"。文化时期理论是权力的效应，它是儿童研究的基本理论前提，对于儿童的解释都是以此为依据。通过文化时期理论，我们获得了关于种族和性别、天性、能力和内在性的科学观念以及理性和道德的观念等。多种话语的交叉作用，形成了关于儿童的新语言，并围绕这种语言重新创造了儿童。这种语言能够说出它所知道的儿童内容，并据此规范教育者和家长的角色，从而确保儿童新的存在。通过回溯这种已接受的儿童"真理"以及"真理"的生产过程，儿童研究可以理解为一种创造儿童的运动。

儿童研究的本质，体现为种族观念的实践，种族观念不仅范围被拓宽，而且意思也更为集中。Baker（2001）认为，在北美，对于儿童的说的方式和看的方式都已经深刻地反映着种族的观念。在这种论述条件下，儿童研究可视为将种族与天性建立起关联的一种实践。"重点要注意的是，儿童研究的实践是如何将儿童身上种族特性的测量和观察，作为它的核心任务。因为不能将儿童的天性与种族的特性分离开，所以，用于产生种族真理的技术，就被迁移来生产关于儿童天性的真理。"（Baker，2001，497）最终，儿童期和种族相互之间并不陌生，而是相互强化。由此看来，儿童研究不仅产生了它的研究对象，而且其本身乃是更大范围内的论述条件产生的对象。

上述复杂关系的维持（伦理），以及儿童研究致力于追求并宣称科学性（真理），不过是一种独特的权力翻译过程而已，它是权力由内而外（权力借助于知识去规约儿童：权力的自我生产）和由外而内（权力规范研究者和教师的行动去生产儿童：权力的自我保存）同时进行的双向过程。上述的分析所叙述的一些话语，表明了权力对于儿童的限制和儿童作为权力媒介的双重身份，它将儿童处境表述为宽泛权力关系的抽象物。关于儿童的一般性推论，心智模式、种族以及服务于这些概念的科学，按照某种权力理论被创编出来，这是对于权力的诠释方式。

当前对心理学中的发展主义进行批判，认为它没有权力前提，其实并非如此。只不过批判者并不承认它所依赖的是另一种形式的权力理论，所以认为发展心理学看起来好像基于客观的中立立场。显然我们要扩展权力理解的视域。20世纪中后期出现的福柯式权力观念，如权力作为效果（power-as-effect）和权力-知识的观念，可以用来分析心理学中儿童研究话语的标准化-差异化的效应；但这种理论却无法直接解释19世纪晚期发展心理学的形成所依据的权力类型。因此，我们需要新的权力理论，这种理论将能够分析如下对象：新的权力类型［文化时期论］将借助于儿童研究中的发展心理学来延续自己，并作为一种概念出现在心理学中，去解释儿童的内部性、关系和知识等。也就是说，这种权力能够利用发展心理学而维持自己并发挥解释儿童的作用，同时赋予发展心理学以科学的性格。总之，儿童发展心理学依赖于非常独特的权力观念，并作为一种科学而发挥作用，而这种科学在当前则受到了批判，因为它看似缺乏对权力的关注。实际上，发展心理学在维护权力的解释作用时，不仅让自身获得科学性，同时也能够经受住来自不同权力理论作用下的其他学科的批判。

儿童研究所依据的文化时期理论，可以认为对于儿童解释的这种转换，本身并不是一种更新、更先进的技术，也并不意味着能够更"真实地""凝视"儿童。这只不过是对儿童存在论的再组合，即按照一种新的"语法"，遵循一种新的规则，重新组织关于儿童的看得见的方面和看不

119

见的方面的界限，由此形成一种新的关于儿童的语言。①每一种语言都将选择性地产生一些新的对象（尽管不一定会"遮蔽"另一些更"真实的"对象）组成儿童的内在性，而这种内在性本质上属于论述性条件、关系和体系。

赫尔巴特的心灵观是牛顿式的（力量的物理学），而霍尔的心灵论则是达尔文式的（力量的生物学），但二者都将心灵视为人性的主要着眼点，并且都是笛卡尔理性主义的变体，忽视肉体而强调灵魂，不过他们有着文化上的差异性，分属于不同学术传统。

第三节　转换的论述空间

一、转换性的论述空间

从分析赫尔巴特和霍尔的儿童理论中我们能够发现，论述空间的不同，其中所产生的儿童面孔就会不一样。论述空间与儿童主体之间，表现为一种共构关系，这种关系主要体现为以下三点。

（一）先验主体的存在，让识别论述空间的转换成为可能，让舞动的儿童史成为可能

在历史中，我们借由先验主体的概念得以识别"断裂"和"主体在历史框架中的形成"、发现主体术语的变迁和"事件"的发生。这是考察话语形态转变之时所隐含的前提假设。历史的断裂与连续、儿童主体概念内涵的变化、儿童社会身份的变迁，都是在论述空间发生转换的条件下发生，并巩固着新产生的论述空间。正是借助于幽灵般存在的先验主体，我

---

① 部分人发明语法规则，并生产出儿童的语言，绝大多数的人仅仅是来配合运用和讲述这种语言，而语言的对象，则是儿童——语法发明者关注和利用的对象。

们才能够识别主体概念的变化及论述空间的转换；否则，任何对象都是新颖的、暂时的、无法识别的，历史也将失去记忆的线索。

先验主体用来鉴察和识别差异性和间断性。福柯的谱系学，即当前的历史，区别于传统历史就在于它没有常量，将间断性引入到我们的存在中。当前的历史，始于尼采的实效历史（effective history），实效史意味着已逝的过去对当下所产生的制约作用或影响。它与传统历史截然不同，后者依据超越的观点、自成封闭的系统，达成恒定的状态；而实效历史则从特定的视野出发，因时空变异而变动不居。传统史学首重起源，顺时而下，而福柯却把源起设于当前，倒果为因，逆行而上，其所拣择的过去，系于当前的状况，轻重、类别自然有所变化。由于沉淀在历史表层的事实经常间断，难于延续，所以习以为常的发展逻辑反而派不上用场，为此则需别出心裁，引出了考古学与系谱学的工作。那么，凭借什么得出人类存在方式的间断和难以为继？必须以超越性的非间断对象为判定的基础和依据。

当由纵向历史观之，先验主体不但确认论述空间的转换，而且还展示出了转换的轨迹，若将轨迹连接起来并标示出时间和空间，整个立体画面就是主体概念行进的舞蹈。儿童概念史的舞动，目的在于趋向于特定空间下的先验主体，所以需要不断根据新的空间而重新描摹出特定时空下儿童主体的内涵（儿童观）①。而不同时空下儿童众多的脸谱排列起来，就形成了教育历史长河中一条悠长的水草，随着河水的起伏而荡漾。当然，在既定的论述空间下，儿童的脸谱相对固定，因为主流的话语一般是唯一的，且儿童的化妆师（教师）也都受到几乎相似的规训。

需要注意的是，先验主体不是论述空间发生转变和主体概念差异的原因，它不可能有如此威力，而只是该"事件"发生的见证者和承受者。同

121

---

① 在我国当前的教育话语体系中，"核心素养"正是当前时空情境下对于儿童主体性即时、适然性的界定方式。核心素养的内涵勾勒出我们对理想儿童形象的期待，但这种期待具有历史性和时间性。时间性是人类历史断裂处的焊接点，借此我们识别历史的断裂与连续。

时，作为背负多种文化包袱的先验主体，预示着一种催化的潜力，但这种潜力又不足以赋予主体以独立的或个性化的能动性。

（二）论述空间形成儿童主体

在特定的论述空间中，儿童主体总是以一种具体的形态与面貌出现（如当前各国对于儿童核心素养内容的界定），并以其具体性为先验主体界定具体内涵。

这种具体性的获得即是论述空间形成儿童主体的过程。对于儿童主体而言，在特定的教育（论述）空间下，教育真理、教育权力关系和儿童主体等要素及其关系，决定着儿童的面貌和主体化的本质；同时，儿童借助于获得的具体性，巩固着论述空间效果的发挥。作为幽灵的先验主体，可以在特定的论述空间中承载某些内容，借此展现不同时空条件下主体的具体面貌。

主体在论述空间中得以成形，空间中的规则体系、社会结构等要素都制约着主体的形成特征。这些特征是与先验主体相对立的一面，是主体的具体、历史的形态。人的本质——假如人有本质的话——并不是一种与生俱来的、固定的、普遍性的东西，而是由许多历史偶然性的规范和准则塑造而成，而那些规范和准则，又是由每个人生于其中的风俗、习惯和制度所规定。所有的文化都为生活于该文化之中的人们灌输了与自身相应的思维方式、价值观念、行为规范和道德习俗。文化是典型的论述空间。

谱系学认为人的观念和行为是可塑的。福柯的生存美学就强调，面对权力的规训，个体应基于人的可塑性对自己进行改造，借此对抗权力的塑造。同时，每个人都是权力的代理者，这种权力不仅是压制性的，还是生产性的，它积极地产生新的话语，形成新的知识。作为主体的确能够在论述空间与权力关系中拥有作为权力代理者的自由，也可以因为权力的生产性而进行积极有效地抵制，但是本书将论证论述空间中的自由是关系型的，而且自由有时也会沦为自由的束缚。有效的权力抵制能够让我们获得暂时的解脱感，但抵制本身却是一种触摸边界的尝试，解脱后的主体未来的出路又向何处寻？

论述空间的功能，既包括真理的界定，也包括权力关系的生产和主体自身的作用。三者在舞动的过程中相互渗透，这既生产了主体，同时也限定了主体性的内涵。在论述空间中，儿童只能成为主体，只能承继某种主体性。

（三）论述空间继而消解儿童主体

论述空间的形成和转换根本上受权力关系的影响和制约。当由一种形态转换为另一种新的形态时，论述空间所建构的主体面貌，就犹如海滩上的人物沙画，当海水漫过时画面中的面孔就会消失。但这种消失并不意味着主体的不复存在，而是主体积极地向新的可能性空间的延伸，再一次由权力之手重新描绘。在论述空间中，儿童新的身份需要不断被质疑，如此反复以致无穷。在阅读教育史时常有这种体验，先验儿童主体逐渐失去熟悉性，变得陌生，随后新的儿童主体诞生了。

儿童作为论述空间中的节点，与空间中的其他节点相互联系并且相互定义。用以描述儿童的特定称谓其意义本身也会在论述空间中以一种不可预测的方式发生改变，所以，儿童的概念尽管在第一种意义上具有先验性，但在这里却失去了自己，作为一个固定节点的意义被打破，作为一个熟悉的概念的意义也变得陌生起来。最终，在论述空间中既发现了主体，同时又失去了主体，不同的时刻，主体在论述空间中既是一个可识别的节点，又在以某种方式消失着。主体在论述空间中作为一种转换性、间歇性出现与消失的节点的特征，根据历史中的时空概念可明显看出。

对于儿童主体来说，不同时期界定其术语的内涵差异很大。这一现象本身说明论述空间具有消解先验主体的效应。主体在论述空间中变得陌生甚至部分消失，但这种消失是积极的，它不是主体的缺位，而是主体向新的空间的打开，形成新的主体特征。这是从具体的历史角度说明主体的真

123

理性特征，它是理解主体的另一层面。

例如，对于什么是儿童"能力"的认识，在不同时期就存在着显著的差异。在19世纪末20世纪初的儿童研究中，儿童的心灵力量被看作是内在于心灵的有机结构之中，以一种整合性能力的形式存在，并能够随着时间的推进而逐渐展开，从而提升自己的能力，以贮存更多的不同种类的知识。

与在其之前的洛克、卢梭和赫尔巴特的儿童认识不同，儿童研究中的儿童的心灵力量，必须能够转变为可视性的现象；不是在儿童内部不同的官能之间转换，而是要将心灵力量转变到外部世界之中，具备参与社会活动的能力。换句话说，以整合结构和内部力量的形式的儿童能力（power），现在必须能够穿越内部性/外部性的界限，它必须返回到外部世界之中，也就是说，与日常活动联系起来。对"能力"确认的这些策略，在洛克、卢梭和赫尔巴特那里很难想象，因为他们更注重于儿童内在品性的培养，让他们具有绅士风度、自然精神和美好善意等个体性品质，尽管这些品质也会在生活中表现出来。确认能力的策略发生了变化，在此过程中，关于能力是什么以及心灵是什么的认识，也就发生了改变。

在儿童研究中，理性主要是一个道德范畴而不是经济范畴。与其说在儿童很小的时候对理性进行管理和教学是可能的，还不如说在其理性的自然展开过程中加以引导，因为它们会在适当的阶段表现出来。对于洛克、卢梭和赫尔巴特来说，称为（充分）理性的东西，是儿童期与成年期的分水岭；而儿童研究者认为，与其说儿童可以主动利用理性来界定自己的状态，还不如说他们在决定自己的未来是人类还是其他状态的时候，被动地受制于理性，将理性等同于"智力""知识""道德"和"自我控制"。儿童研究中的儿童，以及赫尔巴特道德意义上的儿童，都是理性（reason）话语的产物，这种理性不是指在数学方面可测试的能力，而主要指先天继承或后天形成的品德，理性是一种道德品质。

因此，主体与论述空间之间就表现为一种共构关系。从纵向连续的历史来看，先验主体的形成和消失与论述空间的转换之间，就呈现出一种永恒的舞动关系：论述空间的转换，不过是换了"权力之眼"，在新的地点，真理、权力与主体三者将以新的节奏舞动。考察主体与论述空间的目的，在于让主体的概念模糊起来，以持续进行对话。由于主体性的流动性和多样性，分析主体性的形成就不可能建构一种统一化的理论，而只能具体分析影响主体性的多种因素和它们对主体化的作用机制。儿童的概念或"身份"的产生，是不同"论述空间"中"一般性推论"作用的结果。当受权力支配（由"机制"作中介）的论述空间发生转换时，话语形态下的儿童的概念就会发生变化，体现着儿童真理的断裂。

上述赫尔巴特和霍尔的"儿童"概念及教育方式的变化历程，就体现了论述空间及其转换性特点。在特定时期和特定文化背景下，存在着一种占主导地位的论述话语（规则），它既规范着人们的思想和行为，规定着人们看待世界、他人和自我的方式和实践的方式，又通过这种规定与规范强化着自身的主导性特征。因此论述空间既是人们从事实践的条件，又是人们实践的结果。这种例子显示出，定义儿童的"规则本身是空洞的、暴力的和未定性的；它是非人格化的，可以被用作任何目的。历史上的成功者属于那些能够夺用这些规则的人，替换使用过它的人，伪装自己以滥用它，颠倒它的意义，更改前人赋予它的方向；通过控制这种复杂的机制，成功者将确定他们自己的规则，以战胜过去的规则使用者"（Foucault，1977，151）。

总之，权力通过制定规则的方式，将自己的意志体现在儿童的概念和解释中。而对儿童的解释又直接影响到对儿童的教学方式，教学方式又能够巩固和维持对儿童的解释乃至权力关系。这是一个方向。另一个方向，对儿童的一种新的解释即一种新的知识，将会变革实践和机构，影响新的权力结构以及新的权力辩护理由。儿童概念的出现，只是特定历史阶段中

125

的一个权力事件。"什么是儿童"并没有最终答案，教育中儿童的面孔是模糊的，而且还将继续模糊下去，它会随着论述空间的转换而变化。

儿童的概念与权力和教学之间，表现出一种永恒的舞动关系。三者之间的关系，就好比一种舞蹈，在论述空间的舞台上尽情地跳动。问题是：这种舞蹈由谁来设计编排？为什么要这样设计和编排？

二、教育中的真理政治

制约儿童概念产生的话语性实践，与权力和教学之间是什么关系？我们如何认识教育理论，以及教育理论对儿童主体性的限定性作用？知识与权力的关系是什么？儿童是否有本质？关于儿童的主导性话语或儿童真理，为什么会发生不断转变？这种转变的背后，起决定性作用的因素是什么？

本质而言，话语或真理转换的根源在于权力兴奋中心的转移和重新界定。教育空间中的儿童、道德或教育方式等概念，它们的"延续"并非如进步主义历史观所设想的那样，从野蛮到文明不断进化与发展的过程，而是某种力量关系的产物或事件。"对起源［origin］的分析必须要描绘这些力量之间以及这些力量与不利环境之间的互动和斗争。"（Foucault，1977，149）

第一，儿童是由不同的属性或特征所描述，但是这些属性或特征是彼此完全不同的一些东西。所以，在儿童面孔不断变换的背后，并不存在某种恒常性的对象，儿童并没有本质。如果说儿童是一种秘密，那么这种秘密绝不是一种不受时间影响的本质性的存在物，而是一种没有本质的对象物，或者说他们的本质是从性质不同的对象中以一种拼凑形式编造出来的（Foucault，1977，142）。性质相异的成分通过拼凑作用，便构成了儿童的特定内涵。

第二，与"拼凑说"紧密相连，但在概念上有所区别的是，在考察将儿童作为一种事件的生产过程中，必须引进偶然性这一范畴。从根本上说，儿童是一种偶然性的拼凑事件。儿童只可能是一种历史性的存在，本质而言是一种权力性存在。

教师为了引导或纠正儿童的行为，需要深入了解他们，于是需要对个体进行深入研究，产生关于儿童的科学知识。不管是直接了解，还是间接了解，结果都将是在教师的头脑中，建构一套解释儿童的系统知识。这即是教师将儿童客体化的过程，它旨在产生特定类型的知识，以说明特定类型的儿童。通过这些知识，教师或专家能够了解和预测儿童的行为，这是规训作用产生的关键性要素。尼采断言，基督教的上帝可能死了，但"他"被另一个上帝——科学所取代了，科学家是现代社会的牧师。儿童成为现代牧师眼中有待研究和理解的类型，一个需要被认识的对象。要想做出妥当的干预行为，必须将儿童定位在某一知识领域中，才有可能深入地理解他们。

127

因此，教师关于儿童客体化的知识——绝大多数是准知识——就成为权力运行的关键要素。权力与知识这两个概念之间，具有复杂的互惠互助关系，它们之间相互强化的运作方式，就成为规训权力的根本特征。对于福柯来说，知识与权力紧密相连，他用"权力—知识"一词来表征二者之间的互利关系。他曾评论道："权力生产知识，并且……权力与知识直接地包含彼此：没有［任何］权力关系［的确立］不是依赖形成与之相关的一个知识领域，也没有任何一种知识，不是依赖于并同时成为权力关系。"（Foucault，1977a，27）权力与知识事实上的不可分离性，产生了新的控制方式：人文科学知识的发展，微妙的规训技术的革新，和儿童主体的生产三者相互联结在一起，使得对个体的知识认识和政治生产聚合在一起，"身体奇点"越来越向作用于自己的权力效果的目的聚拢（Hook，2007，13）。将"身体奇点"与个体化类型的认知关联起来［客体化］，而这种认知同时将主体与权力效应的系统连接起来［主体化］，这是一个同时进行的过程。

与结构主义不同的是，论述空间考察概念的角度，更注重从纵向视角、从历时性的角度分析，探索同一概念在不同的论述空间下所具有的特点，以及论述空间转换之后概念所发生的内涵变迁过程。此其一。其二，论述空间追问自己的产生及转换的原因，从话语（已经超越语言）性实践和非话语性实践两个角度，最终揭示自身的命运由权力关系所摆布的现实。

因此，教育中的真理，与权力关系紧密结合在一起，表现出真理政治的特点。问题不在于说明没有任何关于儿童的知识不带有规训的意味，尽管这本身是一个正确命题；更应该指出的是，儿童知识中规训特性的突出地位和加速发展的态势。儿童知识并不局限于狭隘的纯粹的学术研究领域；它的发展必须看作是作为一种新的权力文化的一部分，目的在于大规模地生产出温顺的儿童主体（Hook，2007，15）。

关于儿童的话语是一种"话语结构（或构型）"（discursive formation）的产物，话语、空间、权力之间存在着密切关系。在特定话语空间中，为什么是固定人说话而不是任何人都可以发声？为什么多数对象要被凝视和聆听？谁在话语中发出指令？谁有权力和资格运用某种语言？他在哪一个空间（位置）说话？你又在哪一个空间（位置）说话？谁拥有权力之眼（eye of power）？福柯认为，我们的话语是"知识意志（或意愿）"（will to knowledge）和"权力意志（或意愿）"（will to power）交织而成的产物。各种不同话语的此消彼长，同一话语内部的争执、斗争，都充分显示权力关系的介入与干预的效应。

透过儿童史我们容易看到，儿童作为一个论述对象被利用的方式：各种类型的话语言说者，他们怀有不同的目的，将儿童的描述变为一种严肃的理论游戏。游戏规则的主要制定者，则是当时试图争夺并掌控权力的人，他们试图用概念或理论来辩护和调和与对手的权力关系。因此，儿童理论是一个权力运行的中介和争夺场所，为了获得权力，儿童理论的游戏者们不停地变换游戏规则，通过一次次地重新确认"什么是儿童"，最终让儿童更好地成为他们权力作用的缓冲点。

不管是道德意义上的儿童，还是科学意义上的儿童，他们都是被创造出来的适然对象。这种创造是通过各种关怀性（认为儿童存在某种问题）和治疗性（为了不同意义上的拯救儿童）技术的结合而发生，打通和超越了儿童的外部/内部之间的界限，并将内外部之间的互动作用，描述为历史性的、指向未来的、道德的或种族的。儿童的存在就为这些技术所命名、所操纵，并使之具体化，成为论述儿童的语言。利用这些技术并非仅仅试图传达儿童的每一种内/外部特征，并用心理学、医学和人类学等话语来解释和表述；本质上，恰恰是这些技术创造了要传达的内/外部特征。在每一种关于"儿童是什么"与"儿童如何发展"的神话背后，都是一系列围绕神话悄悄组织的活动，它们构成了学校教师的工作、心理治疗师的事务和家庭教师的责任，所有这些都旨在提供特定类型的教育性经验，形成特定身份的儿童主体。

儿童往往不可能拒绝参与而必须配合外部话语性实践对自身身份的建构。用医学、人类学、生理学、生物学和心理学的科学语言[①]来描述儿童的先天脆弱性，并将儿童看作道德性的存在，为弥补二者之间的落差，儿童研究者用缺少理性来表达儿童的局限性和可能性。于是他们描述出儿童发展的阶段，规定出"理想学校"的特性，界定了教师和课程内容的"更好的类型"，所有这些安排，目的都在于调节儿童的被认为缺乏理性的状态。道德主体意义上与儿童研究中的儿童，被同时代的成年人认为是"漂亮的"，无辜的和无知的，儿童是所有这些关系的总和，这些关系产生了一种具体的经验——童年。

129

---

① 这些科学构成了儿童概念"经验上的"事实，成为观察儿童的一副副眼镜，从不同的角度赋予儿童期以特殊的意义。

令人快慰的是，儿童自身不会也难以拒绝这种被界定的经验。福柯认为，将不同的话语赋予儿童的论述空间，是不可能遭到儿童挑战的，因为它们以科学的语言（科学意味着理性）为论述方式，自然会排斥掉试图挑战的"疯子"（试图挑战既定话语的"不正常者"）。论述空间尽管产生了不正常者，但不正常者的存在不但不会构成对论述话语的挑战，相反却使得这些话语看似更科学更富有理性，因为它也能产生出更多的"正常人"。所以，尽管在"儿童期"（童年）概念的产生过程中会出现争论、斗争或冲突，但由于论述空间的主宰性能力，它能够消除或压制异端（下文将分析如何利用异端），或是与之共存但自己仍起主导作用①，最终产生一种固态、统一化的本质。②所以，围绕对立着的轴心而建构出的关于儿童期的论述、儿童发展的描述与理想学校的规定，就不可能是关于儿童天性的价值无涉的叙事，而是在这些叙事中写入了论述空间背后的力量（即权力）的可能性和局限性。

论述空间让儿童得以成形并发挥作用，而决定并体现在论述空间中的，则是福柯意义上的"权力"的复杂效果，因此福柯认为，权力即效应。权力效应让我们意识到某种话语和实践的界限，该界限借助于多种学科话语的交叉作用，构成了儿童的"主体地位"（subject position）。论述儿童的多种话语具有规范性，例如教育者或家长在儿童教育中将发挥或能发挥的作用，并决定了儿童研究者们的研究内容与方式。规范通过建构出类型、知识和技术的各种形式，逐渐地转换成"真理"或天性，它表征着特定历史阶段中儿童的具体性特征——权力促使儿童主体化，并依赖于儿

130

---

① 现代性的主要特征之一就是二元对立，一方必须以与之相对的另一方来说明自己，如文明与野蛮，自由与奴役；或是划分等级，如白人、黄种人、黑人等类型，并以此赋予不同的价值判断。在这种情况下，二元或多元之间的对立，就并不必然地意味着相互排斥，而是相互依赖。

② 福柯在《疯狂与文明》中论述过"疯狂"是如何被建构成具有统一性的本质。尼采将哲学比喻为锤子，哲学工作就是用锤子敲打固化的、统一性的本质存在物，从而消除人们所认为的理所当然性，显现原本必然性概念的偶然性和随机性。这种方法便是谱系学。所以，福柯的"疯狂史"，可视为他对疯狂谱系学性分析的初步尝试。

童形成效应。依据这种具体性，就能够建构出适应儿童天性的课程，从而维持并强化儿童"真理"的有效性。学校知识，作为一种文化上的主题，叙述着儿童是谁，并且应该是谁。在确认正常儿童的同时，也在排除偏差的儿童。就这样，权力通过知识（或知识的规则，即真理）的筛选机制而实现了自己的分化功能。

是什么决定着论述空间及其转换？权力。当然这种作用在现代社会并不是直接的，而是通过与知识建立联盟，通过知识而发挥权力的效应。知识运行于"机制"中，并借助机制既物化自己，也物化了权力。在同一种文化中，知识型的断裂（话语性实践）与非话语性实践的连续，恰好表明了知识与权力之间的联盟关系。①儿童的概念如此，教育理论中的其他概念也同样如此。

从以上的分析中，我们可以得出权力与儿童真理之间的关系。第一，权力通过建立规则的方式，将自己物化在儿童的概念和身心中，转化为各种儿童观。这体现了真理形式的权力（通过规则）与儿童概念之间的关系。第二，将儿童概念具体化为各种评价方式和解释方式，并借助于学校教育和课程策略的形式保证儿童概念的实现。权力转化为多种儿童观，必然伴随发生多种类型的评价和解释，以反映和支持权力。第三，关于儿童的多种解释方式之间也会相互斗争，从而显示出儿童史的发展，是一系列解释的演进过程，是权力的不断转换过程。

131

三、未曾发生的儿童史

论述空间所形成的儿童概念，看似具有统一性和必然性，其实并非如此。被赋予"儿童期"概念表面上的统一性或本质，如果从其形成过程来

---

① 社会不是一种实体，而是一种活动，看似一种独立机构，实为一种关系网络。它要通过支配教育而繁衍自己，而所有已经形成的教育概念最初所依据的假设，莫不基于社会发展的方向，即使同意儿童入学，认可他们的"可教育性"，也只是为了把他们纳入教育话语的中心，对他们的身体进行问题化处理，以有利于更好的社会统治。

看，这种统一性或本质的幻觉将被打破。"真理"是被制造出来的，是对全部已在对象（或意象）中的一种选择性处理结果。"……意象加强了综合的主导作用，它们的组织力造成了一种认识结构，在这种结构中，症状最终能获得其重要价值，并被组织成可见的真理。"（福柯，1999，126）各种先在意象的整合力或组织力，形成了一致性与连贯性的论述空间。

所以，关键性问题在于：全部已在意象是什么？我们如何能接触到这全部的意象？意象如何被组织成认识结构的？认识结构又何以构成了真理？

（一）被压制的知识

权力与知识，从不同的观点来看，既可能互相辩护，也可能互相排斥。主体能够运用权力与知识之间的既相互蕴含又相互对立的关系，基于过去知识的碎片，建立起不同的甚至是全新的话语内容与权力结构。

知识在现代权力构成中起着重要的作用，不同种类的知识在权力的形成和生产过程中担负着不同的角色。生产性知识创造和巩固儿童品德的发展，坦白性知识赋予咨询师进入个体内部心理世界的权力。因为知识在现代权力运作中的重要性，很自然地，操作知识就成为抵制以知识为基础的权力形式的重要策略，知识可以成为潜在的权力抵制点。

"我们必须意识到这一复杂而不稳定的过程，即话语既可以是权力的手段，也可能是权力的障碍、抵制或对抗策略的起点。话语转达和生产权力，并强化着权力的效果；但也可以暗中破坏和暴露权力，使权力变得脆弱从而有可能阻止它。"（Foucault，1980a，101）话语与权力之间的关系并非单向的，话语不可能单向性地永久受权力所支配，我们通过改变话语，就能达到改变权力的目的。事实上，现实中运行的话语，经常是很多种不同的论述成分（discursive elements）所组成，在不同的情境中运行不同的策略，与权力发生着关系。

132

知识的生产、分类和筛选机制将知识的高尚和卑下、合法与非法区分开来。"被压制的知识"（subjugated knowledge）（Foucault，1980c，81），是指产生于社会秩序内官方或强势的社会形态所压制或"掩埋"的知识形态，这种知识地位卑下，被认为不符合公认的知识和科学标准。但这种知识却具有反叛（insurrection）效力，福柯区分出具有反叛效力的两种知识类型：

第一种是以前建构起来的渊博知识，现在遭受掩埋、隐藏、伪装、掩盖、删除，或为修正主义历史所重写（Foucault，1980c，82）。这种知识在发展过程中的冲突性和斗争性等表征断裂性的特征，已被功能主义或系统化思维强加的新秩序所遮掩，因此尽管它仍然存在于当前，但是却被功能主义或系统化理论乔装打扮，唯有通过批判性分析才能揭示它的真实面目。

第二种指地方性的、流行的乡土知识，被边缘化或被剥夺了运用的空间。它是一种天真的知识（naive knowledge），被知识等级打入底层，达不到认知或科学性所要求的水平，但这种知识同样具有批判权力结构的效力。与第一种知识类型差别很大，它尚未发展到可以用流畅、连贯的话语来表达的水平。

于是，存在两种类型的被压制知识："成熟的"历史知识或被掩埋的渊博知识，和"天真的"、地方性的、未发展的、处于知识等级底层的知识，这两种知识都具有权力斗争的功能。在恢复它们的本来面目时，我们能够重新发现斗争和冲突的历史，借以挑战权力/知识的体制和科学的话语（Foucault，1980c）。正是借助于这些被压制的知识，福柯认为可以发展出另类叙述，来挑战人们生活中主导性地位的话语。

在这两种类型的被压制知识中，福柯更为看重第二种，即天真知识谱系学。天真知识谱系学在目标上与历史谱系学相差不大，二者都是要动摇未经过批判而被接受的历史对象；天真知识谱系学更进一步，进而接着肯定由谱系学所揭示出的解放知识的地位。

解放知识的"解放"具有两种意义。首先，将那些知识碎片从统一话语的压制中释放出来。这是由历史学家为知识碎片所做的解放工作。其次，这些碎片也需要与统一话语脱离关系。这是知识碎片为我们所带来的解放。

正是因为天真知识碎片仍为碎片，为同一化的理论所忽视和未触碰，从而免遭总体化效果的影响，它们才"能够同理论化、统一化、形式化和科学化话语的强制作用进行抵制和斗争"（Foucault，1980c，85）。在天真知识谱系学中，没有被整合进任何权力/知识结构中的知识形式，具有打破权力与知识之间动力学的重要潜能。因此，我们应该积极地将知识碎片从统一性话语的压制状态中解放出来，边缘地位提升至权力允许范围内的将天真知识从其最高位置，以展示知识的全景与历史的全貌。

（二）被忽视的个体性

在《普通教育学》中，赫尔巴特思考了"教育的目的是单纯的还是多方面的"问题，他认为最严重的困难存在于教育目的面临的两个矛盾之间，即如何解决个性与多方面性之间、多方面性与道德的严格限制之间的矛盾。赫尔巴特为人们指出的路径是：通过多方面兴趣的教养来解决，他认为多方面的教养使人十分轻松愉快地转向任何一种新的活动与生活方式中去。个性越广泛地与多方面性融合在一起，个人也就越容易驾驭自己的性格。

在此，个体性和社会性构成了一对矛盾。为了发展社会性，需要培养儿童多方面的兴趣，拓宽经验的范围；但拓宽经验的范围势必会导致异质性经验的出现，而异质性正是赫尔巴特的教育学理论所要排斥的。于是，这就构成了一对矛盾。赫尔巴特是如何解决这一矛盾的呢？

赫尔巴特的教育学过多地强调了儿童品德的培养，注重儿童社会性格的完善，而较少顾及儿童个体性的发展。虽然赫尔巴特明确表明不应该排除个体性，因为它是道德教育的必要基础，但他仍认为个体性需要服从

（社会）性格的形成，与社会性格的形成方向应该保持一致。这样，他就将个体性放在了社会性之下，并为了社会性的发展而存在并获得存在的价值。而事实上，在赫尔巴特那里，儿童的个体性（individuality）与性格形成（character formation）之间，存在着比较明显的对立关系：有意识的社会性逐渐成为教师建构的对象，而无意识的个体性可能会干涉或限制统觉团的建构。于是，教师必须处理存在于社会性与个体性之间的对立与矛盾。

但是在生活情境中，个体性总是面临着多种异质性（heterogeneity）的刺激，他们必须与不同（difference）打交道，与矛盾（contradiction）共生存。同时，赫尔巴特表明，经验缺乏广度和宽度，将会导致儿童的性格缺陷，因为范围过窄不利于培养儿童多方面的兴趣。但是，如果经验的范围太宽，儿童必定又会遭遇异质性的刺激。

赫尔巴特并不喜欢矛盾，在理论上他试图将多种矛盾用形而上学的方式加以消解。但在实际的教育建议中，赫尔巴特主张个体性的否定性欲望需要由训育加以引导，以让社会性格的发展能够沿着道德的方向。尽管不同的人们应该专注于不同的事情，为不同的工作做好准备，尽管多方面的兴趣来自于不同的对象和事务，但是赫尔巴特仍认为，如果要想形成稳固的道德性格，个体性必须遵从于一种统一的理想。所以，异质性的刺激构成了一种挑战，在个体性和社会性之间存在着张力，但从深层角度来说，这是一种多元性和单一性之间的对立，这种矛盾的解决不可能依赖对单一性的追求，因为多元性在生活中更具有真实性，而只能通过并置多元性，利用多元性之间的对立，并给予主体适度的选择性空间，选择的标准就存在于对象之间的共性之中。

这种策略不是通过形成个体积极的欲望，去抑制消极的欲望，最终让儿童变成欲望的顺服者；恰恰相反，它将通过利用多种异质性的力量去发展儿童，利用矛盾的柔韧性对话者，角色教会儿童问题不在于解决矛盾，而是去学会与矛盾相处，甚至将矛盾转变为积极的对象。各种力量之间的相互作用类似于战争，产生的结果即是道德教育。

对于赫尔巴特来说，矛盾性是重要的——它是赫尔巴特形而上学的重要对象，因为矛盾性威胁到理性的统一而成为必须消除的对象。他追求的不是矛盾性，而是和谐性与统一性。必须让个体性遵从于范围较广的道德律令，以形成个体全面、和谐的积极欲望，去除先天继承的消极欲望，因为消极欲望将扰乱儿童多方面兴趣的发展，最终会摧毁道德的形成。

（三）桑代克的挑战

关于文化时期论对于教学的推论性意义，在当时的儿童研究中就存在着对立性观点。杜威对这种理论有所保留①，但霍尔对此却坚信不疑。到了1910年，在自然状态下观察到的关于儿童的文献资料被认为是不科学的。②对人类学派的儿童研究的指责越来越多，不过相对来说，这些批评还算温和的，因为批评的对象仅限于他们搜集儿童信息的方法，以及将这些信息应用于学校教育的方式；换句话说，批判的内容并没有触及儿童研究的根本前提（文化时期论、种族等级或智力与道德上的决定论），而只是调查研究儿童的方式。质疑研究方法和研究结论的应用方式，而不触及儿童研究的前提假设，人类学派的研究者当然能够轻松应付。但直到1901年桑代克实验结果的发表，这对人类学派的儿童研究才构成了致命的打击。

心理学家桑代克的实验，对儿童的天性提出了新的解释。他的实验结

---

① 关于文化时期理论的内部争论，杜威提出了三个问题：（1）种族进化与（个体）儿童发展之间的并行性是否准确真实？（2）从个体儿童的角度来看，文化时期论对于教学的意义是什么？（3）种族进化与儿童发展之间的对应关系，是否就意味着要把文化时期论变为教育中的基本原则？杜威并不怀疑对应关系这一事实，而只是去追问究竟应该将对应关系中的哪一个方面应用于教育：儿童发展的方面还是种族进化的方面（引用于Baker, 2001, 522—523）。尽管杜威并不完全赞同文化时期论，但由于他同样强调儿童中心，事实上他却强化了将这一理论作为研究儿童的基本准则。

② 人类学派的儿童研究一直遭受着批评，如认为它是一种狂热的行为；甚至也遭到过实验派研究者的批评，如加斯特罗和杜威就认为，观察儿童唯有采用实验方法和（或）借助于其他研究成熟的学科，才能称得上具有科学性。只是到了1900年以后，批评的声音越来越多。

果证明：可以运用刺激–反应的规律去改变儿童的天性。在人类理性的干
预下，能够让儿童的天性产生自我作用并发生改变，可以运用天性去改变
天性，而并不仅仅如霍尔所认为的只能去引导天性。霍尔认为，在影响儿
童发展的诸因素中，遗传第一，环境第二，教育等外部环境需要去迎合儿
童内在天性的成熟水平，而不要去过分地干预它。儿童天性中的不确定因
素是可以消除的，只是通过不干预的方式，等待它的自然展开。而桑代克
的实验心理学恰好颠覆了这种结论，他认为，可以通过设置特定的环境，
利用天性的规律（如刺激–反应），去除遗传天性中的不确定因素。将环
境看作更能影响儿童形成的因素，这种转向导致了对儿童内在性认识的变
化，使儿童的天性看起来比先前所假设的更容易被改变。

　　二者对于儿童天性认识上的分歧也反映在他们对于学校教育的态度
上。作为一位社会达尔文主义者，霍尔相信："社会变革是通过缓慢的演
进发展而来的。他不相信教育可以矫治社会疾病，因为，考虑到演进的进
程，教育不能逆转或加速人性的变化。教育所能做的是识别天才、'最好
的血统'，并给予他们更好的教育机会……遗传而不是环境是培养合格还
是不合格的人的决定性因素。"（坦纳，2005，117）霍尔信奉个人主义，
通过排除公立学校中的迟钝儿童，"识别出天才儿童，给他鼓励"，即"选
择适合教育的儿童"是霍尔的学校教育原则。而桑代克则会通过改变迟钝
儿童的行为，愿意在他们身上多花力气，即"创造适合儿童的教育"是桑
代克的学校教育原则。

　　尽管科学实验的明显转向（环境对于儿童天性的形成更为重要）并没
有在教育实践中产生直接的影响[①]，但是，正如Baker所说："在19世纪80

------

① 学术研究和政治活动毕竟是两个不同的领域，学术思想一般不会对社会实践产生直接性影响，除非它
被化身为意识形态。同时，当教育中的大多数实践者理解并认可某种理论后，他们就会在实践中有意无意地将
这种思想表现出来，尽管他们可能并没有意识到或并不情愿这样做，尽管他们所在的机构或许并不提倡某种理
论，但都无济于事。所以，不必强求某种教育或课程理论能够直接应用于实践，正如不用担心教师在理解了某
种理论后不能将这种理论应用于实践中一样。

137

年代，人类学派的儿童研究者借助于科学而宣称他们研究的独特性；在20世纪初，同样是企求于科学的热望却使他们研究的合法性逐步被削弱。"（2001，557）正如上层阶级不愿意参与和采用霍尔的儿童研究及其成果一样，霍尔也肯定不乐意接受桑代克的利用儿童的天性能够改变儿童天性的实验结论。正如前者将动摇社会结构一样，后者也必然会削弱文化时期理论的合法性和解释力。但这种事实并不能被简单地排斥或压抑掉，在适当的时机它总是会得到发展，正如在随后的教育改革中重视教育中的3R内容那样。在20世纪上半叶，尽管存在各种风格各异的主张和实验，但是进行课程研究的主流群体则是明显受到行为主义心理学深刻影响的学者。[①]

当把天真知识的碎片解放出来、发挥它们的潜能时，接着就会出现一个问题：当下占主导地位的权力关系，仍然允许这种被挖掘出来的知识具有某种自主形态吗？这些知识能够凭借以往的方式，继续独立于任何压制性关系之外吗？这些谱系学的知识碎片，会不会一经产生就面临着再度被殖民的危险？实际上，当下的统一性话语并非僵化到不能将这些碎片整合进自己的论述中的程度。因此，需要在统治性话语接触到这些碎片之前，就将它们整合进抵制的策略和话语中。但是福柯拒绝了这种倾向［自由不在于追求另一种"受压制"的生活，而在于去寻求不同的可能性］，因为它潜存着这种危险：当我们用这些新解放的知识碎片建构成一种统一的话语时，这种话语对于我们而言无异于一个新的陷阱。一旦这些无资格的碎片进入抵制策略，它们也就失去了作为"碎片"的特征，并进而失去了抵

---

① 在桑代克和华生的影响下，产生了与实验心理学联姻的社会效率运动，50—70年代的学校和学校课程就是这一联姻的结果。课程领域的主旋律是课程开发，其辉煌顶点是1949年泰勒《课程与教学的基本原理》一书的出版。这本薄薄的小册子是泰勒在芝加哥大学教授一门课时所使用的大纲，其意图正如他在引言中所申明的："帮助教育系的学生更全面地理解开发课程时所涉及的问题，熟悉一些解决这些基本问题时的原理和技术。"（转引自派纳，2003，144）菲利普·杰克逊（Phililp Jackson）把这本书比作课程的圣经（派纳，2003，20），因为它是对程序、社会管理，即是对课程作为制度文本感兴趣的传统课程领域的完美例子。但60年代泰勒原理在课程领域中确定无疑的地位得到了广泛质疑，人们意识到当初被认为是课程开发的一个理性方案，已经演变成了一个狭隘的行为主义概念原理，它把课程简化为只是它的目标和结果（派纳，2003，170）。

制的资格。如果碎片对抵制有用，那它们就必须在抵制策略中发挥作用，而这将很不幸地去除其独特性。

至少在某种意义上可以认为，产生这些以前不足信的知识的目标，不是要去保护它们，而是要"建立一种斗争性的历史知识，并策略性地利用这种知识"（Foucault，1980c，83）。这些地方性知识碎片要能发挥抵制作用，必须具备某种条件——总体战略：用来抵制现代权力/知识的策略，需要解放的知识碎片的支持；而解放的知识碎片唯有建立起与更广范围内的策略的联系，才能发挥效力。

这些挖掘出来的碎片，只有两种命运。最差的是，它们被主导性话语所吸纳。这些碎片一经流通，就被权力–知识结构所接受，吸纳成为自身的一部分。在碎片失去抵抗机会的同时，当前运作的统治形式因获得异质因素而变得更为强大。最好的是，抵制策略将碎片整合进自己的话语中。但在这种好的局面中，同样也面临着危险。抵制运动可能会取得成功，但在形成一种有效策略的过程中，抵制运动的知识就会变为一门新的学科，从而将之前解放的知识整合进来。

或许所有这些都证明"我们总有事可做"，总有需用我们的"超级和悲观的行动主义"去对抗的东西。我们能够解放尽可能多的碎片知识，但每一天我们都将做出这种"伦理—政治性选择"，即"决定哪种是主要危险"。

被压制的知识，具有从各种主导性关系中独立出来的特性，于是它们对统一性话语构成了严峻的挑战。但遗憾的是，如果要形成有效的对抗性策略，它的先前特性就必将丧失。一旦它们被整合进策略中，一旦它们帮助形成之前并不存在的"我们"，它们将不再独立于权力–知识的范围之外，而确实可能构成未来的"主要危险"的元素。看起来每一个新"儿童"的诞生，既产生了形成另一个"新"儿童的需要，同时又威胁了这一需要的实现。

（四）重新思考教育真理

教育真理具有情境化特征，它总是反映着特定的价值追求，所以教师要经常反思课程背后的价值意蕴，将儿童从特定的身份限制中解放出来，提升儿童的世界性品格。这就需要教师发挥"具体的知识分子"（specific intellectual）的角色，能够对"自己的问题"有深刻的认识，并在必要时做出合理的解释和说明，而不是做出预测或一般性的建议；并能够从历史和现实的关系中，发现当下的教育真理存在的条件和可能性，认识教育真理的被决定的性质和教育真理转变的可能性，进而为思考课程的"下一个真理"创造条件。教育真理是小说，但常具有真理性效果。

通过分析和比较赫尔巴特和霍尔两位理论家对于儿童的概念化，一个显而易见的事实是：儿童的概念既是断裂的又是连续的；儿童的新概念其实并不新，但却与之前的理解相差甚远；作为一系列事件，儿童概念的转换与过去、与自身既是连续的又是非连续的。儿童的概念如此，教育中其他的概念和理论亦然。为什么会呈现这种现象？答案就存在于论述空间内外。

关于某种对象的否定性评价可以被积极利用。话语的转变者可以用自己的、异于主导性的规则来进行话语游戏，从而将话语的否定意义转变为积极意义。而这种可能性的实现，在于主体心智本身的内涵和角色的多元性。话语可逆性的基础在于主体心智状态的可逆性或者说可"再评价"性，也就是说，主体心智状态具有多元性。主体心智状态可以发生反转或可以"再评价"，只有当建构的心智仅是整体心智中的一部分时才有可能，而反转和再评价的实现，不过是证明了这一点。社会对个体的塑造，绝不是在完全意义上，而只是部分地塑造对自己有用的方面。换句话说，每位个体身上都存在着多元的主体心智模式，"主体并不是一种固化的物质，而是一种存在的状态，而且这种状态主要不或经常不等同于它自身"。它等待着向新的存在状态迈进。

　　对主体认识的这种态度是颠覆性的。"如果社会（或自我）秩序是任意的，那么知识分子的角色便在于代表被排除者，无论被排除的是什么。福柯希望社会所需要的肌体——身体、个性、政治机构——是能够对被排除的与被边缘化的材料进行诱导、歪曲、重塑的肌体。"（Pinar，2007，169）"他对学校的兴趣并不在于所谓的隐蔽课程（他会说它是显然的，只不过没有说明），而在于那些乍一看起来无法想象的语言与关系的存在和可能性。它们可能包括思考性的而非计算性的、直觉的而非理性的、意象的而非概念性的语言与关系。福柯式的观点可能将艺术置于学校课程的核心——而非科学与数学。"（Pinar，2007，169）"当被排除的与边缘化的成分成为核心，构成当前政治现实的话语性形成便会倒转。"（Pinar，2007，169）但即便倒转会发生，它也不可能为我们带来真正的自由。接下来将会分析为什么会是这种命运。

141

第三章

权力主体：生产与抵制

现代教育权力的构成，主要有三个特点。第一，教育权力与知识的结盟。①知识是教育权力构成的核心要素之一，关于儿童的理性、品德、发展阶段等具体种类的知识，是教育权力功能发挥的重要凭借，正如第二章所显示的那样。

第二，教育权力成分的多样性。教育权力主体包括国家（地方、学校）主体、教师主体和学生（儿童）主体，每一主体所运用的权力策略不同，不同策略与理性的权力之间可能会产生摩擦甚至相互对抗，但同时各主体又总是聚合在一起，形成一种独特的教育权力结构，构成地方性的教育权力格局。

第三，教育权力的生产性。尽管存在多种权力成分，但它们的共同目标都指向儿童的生产②，指向儿童各方面能力的提升，尤其是其心灵能力。与其他权力形式相比，教育权力的生产性或教育性特征就更为明显。

---

① 教育权力与知识的联盟也即与真理的联盟，因为真理是生产知识的规则与机制。

② 这里的"共同目的"是指，在名义上和实践中学校教育以培养儿童为目标；但并非表明各主体的根本目的都指向儿童的培养。下文将会分析，不同主体的权力理性不同，追求的目的也就存在差异甚至对立。

当然，权力生产功能的发挥离不开知识，现代权力的典型特征就是借助于主体性和真理技术的微观物理学形式表达。

以上三种特征既是教育权力运行的条件，也是它的运行结果。这些特征是儿童成为权力主体的基本条件。上一章主要分析权力的真理型表达方式以及儿童成为真理主体的过程，权力通过控制主导性话语，借由知识而外化自己。这不仅提高了权力的效果，而且加深了其隐蔽性，最终确保权力以一种"润物细无声"的方式不断地界定与规范儿童。

本章主要分析权力对于儿童的直接性生产作用（尽管仍具隐蔽性），探索权力生产儿童的过程以及儿童在权力关系中的存在方式。谱系学方法将揭示权力与儿童之间的共构关系，儿童既是权力的效果，同时也是权力运行和存在的条件。他们在权力关系中不仅发挥了主动性，具有一定的自由，而且可以进行抵制，因为抵制内在于权力关系之中。这些特性都显示，新的权力形式与权力形式下的儿童主体，与批判教育学家们的认识存在着很大的差别，因为福柯的"规训"概念原本包含有主体的能动性和抵制要素，主体并非完全受制于权力作用，成为权力异化和压抑的对象。

读者在福柯的"权力与主体"的关系问题上通常会步入误区，尤其在理解其规训思想时，大多从被动基调、从主体完全受制于权力的角度去考察主体的形成，从而忽视了主体在权力关系中的能动性以及抵制的可能性。当然，这种误解与福柯自身思想的不断变换有关（正如第一章所论述的那样）。教育领域中"福柯思想"的应用，如批判教育学[①]也存在着同样的缺陷。实际上，主体在权力关系中并没有消沉，并没有完全成为权力控制的对象；相反，主体不但让权力关系成为可能，而且权力的运行需要主体的能动性与自由。主体既是权力生产的结果，也是权力成为可能的必要条件。

143

---

① 批判教育学的思想，来源于法兰克福学派。而近年在美国继续盛行的批判教育学派及其代表性人物如阿普尔（Michael Apple）、吉鲁（Henry Giroux）等，明显受到了福柯思想的影响（Cusset，2008；Pinar，2009b）；但他们在理解福柯的"权力与主体"思想时，存在着一定程度的误解。

第一节　权力的生产性

一、Fort/Da游戏：批判教育学的批判

权力，而不是知识，在教育中才是最重要的。

——Young，2008，94

（一）去/来游戏的解读

在《超越快乐原则》（1920）一书中，弗洛伊德讲了一个故事。他的孙子在一岁半还不大会说话的时候发明了一个游戏：经常丢出去一些东西，然后开心地叫着；接着再把东西拉回来，也发出开心的叫声，表现出一种兴趣和满足。例如他会拿着一个缠着线的木线轴，相当熟练地抓着线的一头，不断地扔过他小吊床的床沿，线轴扔进吊床底下不见了，然后他发出有意义的"哦—嗬"声；接着再把线轴用线从吊床底下拉出来，对线轴的出现发出"哒"的欢呼声。因此，这是个消失和再现的完整游戏，弗洛伊德和男孩的母亲能够据此推测他前后是在说"Fort"和"Da"（德语中的"去"和"来"）。

弗洛伊德努力推测儿童乐此游戏的动机。他认为，这种消失和再现的游戏让儿童不会因母亲的走开而手足无措。通过使手中的东西同样戏剧化地消失和再现，他把母亲离开这个痛苦的被动经验作为一种游戏来重复，而不管其令人不快的性质如何，他便身临其境地扮演了一个主动的角色。"在从经验的被动性向游戏的主动性的转变过程中，这个孩子把降临到他头上的那件令人不快的事情用在游戏伙伴的身上，于是便在这个替身上为自己报了仇。"[1]（弗洛伊德，1920）

---

[1] 弗洛伊德孙子的游戏，揭示了一种文化现象。他不仅是将其母亲再现为一种象征对象，更重要的是，他正在表征（与其母亲的）一种关系，并试图用概念去表达这种关系。所以母亲可能真正离开，但概念性关系仍可能存在于他的记忆或游戏中。在人类心理的发展中，语言的出现与此游戏十分类似。语言本起着象征性作用，人类使用文化领域中象征性的声音和词语，去表征或再现观点、事件和感情时，即是发挥语言的象征作用。这种象征作用也可能让人们去追溯过去，得以了解消失了的对象。

派纳认为，美国批判教育学家的意识形态批判，类似于这种"去/来"游戏（2009b，189—200）。那么，批判教育学家的"木线轴"是什么？他们是怎样将木线轴抛出"去"并拉回"来"的？他们为什么迷恋于这种游戏？这种游戏对于我们认识权力与儿童主体间的关系，特别是福柯的规训权力，有何启示？

批判教育学的基本思想来源于法兰克福学派。阿多诺和霍克海默认为，资本主义经济形式催生出工具理性，它支配着整个国家及其下位的权力系统。工具理性遍布于整个社会，渗透到社会的每一个毛孔。社会中的个体被看作手段而非目的；在强大而高效的技术工具不断发展的形势下，个体的处境岌岌可危，因为技术将人仅仅看作一种功能性存在。他们试图用一种迅猛发展的工具理性来解释现代社会的主要特征，分析的对象从较大的如国家官僚机构，到较小的如精神病院、学校、文化产业等（Horkheimer & Adorno，1987，转引自Ransom，1997，88—89）。

这种分析方式，首先鉴定出一种具体的政治理性类型——工具理性，从而将诸多性质不同的现象纳入单一的工具理性分析框架。这一做法在明显放大该框架所能分析范围的同时，对具体的权力理性又缺乏细致的描述。结果，他们既没有分析出我们社会中权力的不同类型，也没有论述这些不同类型的权力是如何与何时偶然性结合在一起的。同时，他们只看到工具理性对人的异化作用，而没能认识到新的权力形式的生产性功能。这种权力理解，根本上属于主权理论范畴。①

---

① 霍布斯预设国家有至高无上的主权，国家要有强制性凝聚力量，这就是霍布斯"利维坦"的核心力量。福柯认为，必须从"利维坦"的模式中解放出来，"必须在'利维坦'的模式以外，在法律的统治权和国家制度的领域之外研究权力。重要的是要从体制的技术和战术出发进行分析"（高宣扬，2005，175）。福柯还认为，在法律的、自由的政治权力的概念（建立在18世纪哲学的基础上）与马克思主义的概念（至少是目前流行的马克思主义概念）之间，存在着共同之处，这种共同点即权力理论中的经济主义。他指出："首先，与经济相比，权力是否始终处于从属的地位？权力的根本目的是为经济服务吗？它注定了要去实现、强化、维持和再生产与经济和经济的功能相吻合的关系吗？其次，权力是以商品为模式吗？它为我们所占有，获得，根据合同放弃、转让和重新获得，流通或取消吗？"（福柯，1997，224。转引自尹宗利，2010，31）这里，福柯批判了政治权力说和经济权力说，以下将分析他还批判了权力压抑说、权力扭曲知识说等传统的权力论调。

当前在美国教育领域兴起的意识形态批判及其理论，主要是指由英国引进的"新"教育社会学[①]和由法国引进的"法国理论"（后现代主义），本质仍属于法兰克福学派的精神。20年前，将课程本质理解为政治性的，就被贬为"激进的"，指责为自由主义的（Liston，Bowers，Strike）甚至反动的（Wexler）、喜好窥视的（Ellsworth）和缺少道德基础的（Beyer & Woods）（Pinar et al，1995，266），但"批判"教育学家对这些强烈的质疑一直持强硬的抵制态度。他们既不与批判者对话，也不进行自我批判，而是一味进行自身再生产作为抵制策略。在派纳看来，30多年来他们在学术上缺乏进步，总是重复相同对象，理解权力的态度仍然相当武断，对课程知识与权力之间关系的观点与30年前的认识大体相同。这些不足，也体现在批判教育学家对权力关系与主体的理解中。

针对批判教育学家对现实情况的不敏感，对自己旧有理论的热衷，派纳在考察现实的基础上，对权力特征作了新的概括：由于权力概念的广延性，它的内涵通融性很强，可适用于多种变化了的情境中。权力的形式与更大范围内的经济、意识形态和社会结构联系在一起，并随时间、空间和地点的变化而改变。他总结出权力随情境而改变的四种情况（2009b，189）：

第一，由于权力内涵的通融性，它很可能沦为一种空洞指示物，一种诱惑性概念，从而遮盖了历史与现实中比较具体的因果关系和连带现象。这也是福柯最初抛弃主权理论转而研究情境性和微观性的规训权力的根本动因。

第二，即使权力的核心（假设存在）保持原状，但若其"形式"发生转变，那么权力与教育之间的关系（如再生产）不也会发生变化吗？事实

---

① 美国的"新"教育社会学来源于英国（Dimitriadis et al，2006，1，2，4；Arnot，2006，19，22；Anyon，2006，38；Luke，2006，129），"简单地"（Anyon，2006，40）重复着权力的再生产和抵制的效果分析。

上，教育权力不但没有内核，而且其理性和行使主体都趋于多元化，最终权力与教育、权力与主体之间的关系，绝非简单的再生产。

第三，如果"权力"不仅指经济、政治与文化上的（如果也指，如符号学和精神上的），那么权力统治的手段——意识形态——是否也将重构？下文将分析，教育权力对于儿童的生产方式，依赖于新型"意识形态"。

第四，如果意识形态代表对现实的一种普遍性"误解"（Wexler，2007，47），那么意识形态批判者如何避免对自身和他人的误解？批判者不可能置身于权力之外，保持超越性价值中立的眼光，利用客观知识寻求教育、教师与学生的解放。有效的权力与意识形态批判，应基于对权力理性与自我的正确理解。

批判教育学家不仅对教育权力的新形式（问题一）、权力的新功能（问题二）以及新功能发挥的条件没能彻底把握（问题三），而且对主体在权力中的状态与抵制权力的方式也没能准确定位（问题四）。他们继续坚持单质统一的教育权力观，认可课程政策表达权力、课程是知识和社会的再生产、儿童主体的消逝等观点。在美国，新教育社会学家对于改变社会策略的选择以及后现代主义者对于身份政治学的热衷等现象，正是这些特征的典型体现。

接下来从权力的新功能与新功能发挥所需条件谈起，运用福柯的规训思想，在对批判教育学再生产理论批判的基础上，论述教育权力生产儿童主体的教育性功能以及生产过程所需要的儿童自由状态。

（二）"去"与再生产理论

批判教育学家不仅对权力形式的发展视而不见，将权力仍看作单一同质的物质力，而且对于权力与主体间关系的理解也消极狭隘。

"权力，而不是知识，在教育中才是重要的。"（Young，2008，94）扬意在表明，尽管权力和知识之间存在界限（这一点他们非常看重），但作为课程的知识是由权力所控制，本质上它不是（客观）知识，而是权力的表征，代表了当权者的利益（2008，26，29，164）。"所有的知识都是社会性的，（'新'或'批判'教育社会学）可以得出结论，即课程不过是当权者利益的反映。"（2008，94）

这种观点，对于批判教育学家来说，已是一个亘古不变的真理了。从"谁的知识最有价值"这一基本问题出发，他们心目中的"真理"还有：课程体现着知识生产者的利益，发挥着社会生产和再生产的功能；课程政策代表着当权者的利益，且总是遮盖着权力关系；从根本上说，学校是政治性机构，生产着社会中的不平等。总之，在他们看来，权力的作用就在于外部社会关系的生产和再生产。40年前将知识与权力联结起来，相对于课程发展早期人们将知识看作非政治性的概念来说，确实代表着重大的进步；而这种认识在今天可能意味着保守与消极，因为权力形式的变化已经或正在改变着"再生产"的现象。

全球化、电子媒体和经济是权力形式改变的显著例子（Weis，2006）。J. Anyon宣称，全球化造成了美国经济的改变，需要我们重新思考学校教育再生产社会阶级地位的假设，他指出了收入和阶级结构之间的剪刀差现象（2006，37）。鉴于权力形式发生了变化，Anyon认为意识形态与课程之间的再生产关系也发生了变化。其实早在1980年，Anyon就曾论证说"学校……有潜能进行非再生产"（2006，44）。

20世纪80年代批判教育学家从再生产理论到抵制理论的转变也非常明显（Pinar et al，1995，252）。"再生产"这一总体化概念就像一块海绵，将"抵制"也包含进来。意识到"再生产"概念的广延性，Carlson质疑道："我们如何有效地将意识形态文本从非意识形态文本中区分出来？"（2006，96）如果再生产是普遍性的，意识形态是总体化的，那么我们如何区分意识形态和对意识形态的批判呢？（Pinar，2009b，190）作为美国课程研究中意识形态批判的经典文本，阿普尔的《意识形态与课程》（现已发行第三版）"有点功能主义味道"（Whitty，2006，viii）；此外，它也缺少经验证据（Pinar et al，1995，266），包括需要支持"抵制"和"争论"的证据（Whitty，2006，ix）。Arnot指责"阿普尔过于强调严重决定论倾向的新马克思主义传统，和他信奉的自由主义政治学之间存在的矛盾，这一主题塑造了他接下来30年内的工作"（2006，24）。30年内重复同一主题，构成了阿普尔可能并非本意的另一种意义上的"再生产"（Pinar，2009b，190）。如果权力的物质形式发生了转变，阿普尔的"矛盾"如何才能持续？在再生产理论和它意于表达的事实之间，是否存在着一种完全的"脱离"？

阿普尔最近欲退出批判教育学阵营，可能他已意识到批判教育学无非是"对当前形势（不充分地）策略或战略分析"，沦为一种"不切实际的可能论调"（romantic possibilitarian rhetoric）（Apple，2009，8）。耐人寻味的是，他的这一批判当然也是针对其自身的。批判教育学家一味坚持的权力与社会的再生产，不过是表明他们失权后的一种焦虑心态。为了走出这种痛苦的被动性经验，他们主动将木线轴抛出"去"①，借以表达其所在阶级不安于现状的主动精神。

权力形式发生的改变，决定着它不再只是简单的再生产，因为权力对主体作用的同时，也是形成主体心智力量、建构主体性和能动性的过程，主体能够而且需要在权力关系中发挥能动作用。在这方面，福柯的微观权力分析具有重要的启示。

（三）规训权力与主体生产

关于权力对个体的功能，福柯首先批判了权力压抑论和权力斗争论。

---

① 对于批判教育学家而言，"木线轴"意味着法理学意义上的实体性权力，是可以占有或失去的类似商品的东西，主要在国家层面运行。它不同于在微观层面具体机构中运行的关系性权力，即福柯意义上的规训权力。派纳认为，批判教育学家在1968事件中丧失了本阶级的权力，犹如对于弗洛伊德孙子来说其母亲走开一样。为了表达失权后的焦虑感，他们就将"木线轴"抛出"去"，尽管这一举动对他们而言是一种暂时的痛苦的自虐行为（Pinar，2009b，189—200）。

他认为20世纪对权力的非经济分析中主要有两个有力的命题："一个说权力的机制是压抑。为简单起见，我想把这称作赖希命题。另一个命题认为权力关系的基础是势力的敌对行动。同样为方便起见，我把它称为尼采命题。"（1997，226）被称为"弗洛伊德主义的马克思主义"的赖希从压抑机制上分析权力，将权力视为一种压抑性力量，权力压抑自然、压抑本能、压抑个人也压抑阶级。尼采从势力（力量）关系上分析权力，将权力双方的角斗视为战争双方的斗争，最终是一方战胜另一方，结果仍然是一种力量对另一种力量的压抑（尹宗利，2010，31）。

福柯不满意赖希命题、尼采命题对权力的支配–压抑机制的解释，他力图从不同角度、不同层面来阐发权力。在《性史》第一卷中，福柯批判了"压抑假说"。该假说认为，"性经验"一直以来受到了各种权力形式的压制和破坏。压抑理论家们声称，要让我们基本的性活动获得释放，不要再受制于权力虚伪的约束，这样，人们在性活动或在其他领域就会获得自由（Foucault，1980a，131）。福柯否定了这一说法，因为规训起着生产性而非压制性作用，他用自己的"权力/知识"理论解释道：性经验，就像个体一样，是由权力创造出来的，并没有受到权力的压制。我们自身的一些特征，并没有受到权力的倾轧；恰恰相反，它是由权力关系创造出来的，不过现在我们不假思索地把它看作自身的基本特征罢了。

权力的功能除受其形式影响外，还由其运作机制所决定。在对权力机制的研究中，影响最大的莫过于福柯的规训分析。他用"规训"这一术语指称近代社会产生的一种特殊的权力技术与机制，规范化或标准化是其核心。福柯的权力研究不是深入权力内部探讨其动力机制，而是分析规训权力如何体现在各种机制中，例如审问、监视、管理的规则与效果；他的权力研究不是要分析权力的要素和结构，而是探究身体、姿势、对象、时间、空间等对权力的影响。福柯的权力研究多以空间为对象，研讨空间的位置、分类、分割以及时间与空间、空间与身体、空间与权力等之间的关系，大大拓宽了权力的研究领域，深化和细化了权力的研究内容，并引领了权力研究范式的革命性变化。总之，福柯的权力研究不是一种权力的理论，而是一种权力的解析，是权力形成的具体领域和其中的策略、手段（尹宗利，2010，32）。

二、权力的教育性：规训权力与儿童生产

个体是权力的效应；同时，正是因为某种程度上它是权力的效应，个体才可能成为权力的要素。权力建构出个体，同时个体成为权力的媒介。

——Foucault，1980c，98

现代主体的出现，对于福柯来说，可以从权力和自由的关系角度进行界定。权力的作用不只是强迫、压制、否决，也包括教导、生产甚至主体的自我掌控。顺从和掌控，才是规训权力的完整内涵。福柯认为，从根本上说，规训权力是生产性的或说创造性的，而且最好看作是对他人行动的调节作用。权力对他人的调节预先假设了他人的自由。在自由社会中，管理的政治理性依赖于个体的自由，"权力只作用于自由的主体，当且仅当他们是自由的"，只有当权力"以个体运用他们的自由为工作机理"（Foucault，2000）时才能最高效地运作。

151

所以，"权力关系若想名副其实，两种要素不可或缺：目中有人，充分确认'他者'[1]的存在，并将他人的行动始终作为自身的目的。同时，在面对权力关系时，需要他者有能力做出回答、反应和可能的创造"（Dreyfus & Rabinow，1983，220）。换言之，规训权力若要有效运行，必须将权力对象作为自己生产的目的，而且在生产过程中给予权力对象一定的自由。这是规训权力运行的必要条件，是其运行所需的新型"意识形态"。

---

① 此处的"他者"，指权力的所有作用对象，而非单指被排除者。

我们可以用课堂教学场景（作为教师"指挥"权力关系运行最常见、最典型的形式）来形象化说明这种关系：教师在上课时，必须密切注意班上的每一位同学，因为他们既是教育的对象，又是教育目的的落脚点。同时，教师还要留意学生在课堂中的表现，并会运用各种社会学或心理学技术，将他们的思维和行动引导到教学过程中来，培养学生的自主学习能力、激发其自由创造能力。所以，教师"指挥"课堂教学的行进，犹如指挥家指挥交响乐团的演奏。福柯曾用"管理"这一术语，来表明引导者指引他人行为的方式。

福柯关注于具体的、局部的、微小的权力，即"权力的细微形式"，这种形式的权力主要发生在工厂、军队、学校等空间中。不过，福柯的权力分析与批判并非指向机构本身，而是指向机构中权力的运作机制，因此，"理解权力的最好方式，是在其使用、运行和互动的过程中"（Hook，2007，77）。福柯驳斥了自由主义法理型（liberal juridical）的权力观念，而将权力理解为某种行使的而非拥有的东西；权力也不只是消极的、某人或某集团压制他人或他集团的东西，还可以是生产性的、积极性的，并包含抵制的一套复杂的策略（Besley，2002a），它通过多种据点渗透于社会空间（即社会身体）中。

学校中的教室是权力运作的秘密场所，教室中的每个角落都渗透着微观权力。通过行使制度化和规训性的"生命管理"，规训权力创造出顺从的、训练有素的"听话的身体"。福柯曾细致、清晰地揭示了存在于教育各环节中权力的运作方式，即通过创造特定的时空情境，将儿童（身体）置于其中，进行观察、规范与评价，接受能够达成标准的正常儿童，排斥不能达成标准的非正常儿童即"他者"（蔡慧敏，2008，110）。福柯关于教室中"规训技术"的论述集中反映了他的教育思想，他是一位"隐蔽的教育家"（马歇尔，2008，145）。接下来将分析教室空间中规训权力对儿童生产的具体过程，侧重于权力将个体"作为自身的目的"这一方面。

（一）空间、时间与身体

教育管理者认为，封闭的修道院模式是最佳的学校组织方法，按照等级归类是最好的"分布艺术"。福柯指出："在18世纪，开始用等级来规定人在教育制度中的地位分配形式，即学生在课堂、走廊、校园里的座次或位置，每个学生完成每项任务和考试后的名次；学生每周、每月、每年获得的名次，年龄组的序列；依据难度排成的科目序列。在这套强制性序列中，每个学生依照其年龄、成绩和表现有时处于某一等级，有时处于另一等级。"（福柯，转引自蔡慧敏，2008，110）

权力通过"分布技术"让教室中的空间发挥规训作用，通过空间分布权力形成儿童的身份。对教室空间的权力分配，通常采用以下技术：其一，使用封闭的空间、单元，用以维持秩序和监督学生。其二，单元定位或分割原则。每人都有自己的位置，每个位置都有一个人，以便监督评估和裁决个人。其三，个人化分割原则。学校根据不同的教学空间、阶段、特点，将空间进行用途上的分类，以建立有用空间。如学校分年级授课、分科教学，或按能力分智优班、启智班等。其四，等级排列艺术。让要素（人）在关系网络中分布、循环，排定等级中的"位置"，如学校中教室的位置、课堂中的座次、学生的名次等（尹宗利，2010，33）。

在此过程中，知识与权力相结合，产生一种具体的真实空间，用以培养儿童的规范性特征。每位个体有着他/她自己的地盘或功能区，功能区的规则是，利用教室设计好的空间来监管学生，并阻止他们"危险的沟通"。福柯认为"空间的这种设计，是小学教育中的一种重大技术革新"（1977，147），从而有可能超越传统师徒制的局限。在师徒制下，当某位学生与导师进行沟通时，其他学生常处于无所事事状态；而教室中的权力分布艺术却能让权力并行不悖，每位学生都能同时受到监管，从而实现了权力控制在时间上的连续性和空间上的弥漫性。

在时间管理方面，其一，制定时间表，如学校中的作息时间、课程

153

表等。其作用有三，即规定节奏、安排活动、调节重复周期。其二，规定动作的时间。动作被分解成各种因素，并被规定了方向、力度和时间。其三，肉体与姿势的最佳关联，以促进效率和速度。如"书写"要求学生掌握好握笔姿势、身体姿势与前倾度，还要注意身体与桌子之间的距离。其四，权力让肉体与对象紧密联结，身体、姿势、对象三者紧密联结，表现出一种细致的啮合关系。其五，彻底的使用。提取更有用的时段，使之有不同但有秩序的活动，以使时间运用更有效力和效率，使儿童习惯于又快又好地完成一项作业（尹宗利，2010，33）。

在身体控制方面，福柯为我们展示出这样的场景："保持笔直的身体，稍稍向左自然地侧身前倾，肘部放在桌上，只要不遮住视线，可以用手支着下颚。在桌下，左腿应比右腿稍微靠前，在身体与桌子之间应有二指宽的距离。这不仅是为了书写更灵活，而且没有比养成腹部压着桌子的习惯更有害健康的了。左臂肘部以下应放在桌子上，右臂应与身体保持三指宽的距离，与桌子保持五指左右的距离，放在桌子上时动作要轻。教师应安排好学生写字时的姿势，使之保持不变，当学生改变姿势时应用信号或其它方法予以纠正。"（福柯，转引自蔡慧敏，2008，110）

福柯运用这种细线条勾勒，将18世纪法国教室中的场景揭示得历历在目，把教室空间对学生身体的控制透视得淋漓尽致。奇怪的是，这些场景与今天教育实践中应用的教育方式仍然相当吻合。福柯总结道："规训从它所控制的身体中创造出四种个性，更确切地说是一种具有四种特点的个性：单元性（因为空间的分配）、有机性（通过活动的编码）、创生性（通过时间的积累）、组合性（通过力量的组合）。"（2003a，188）规训权力通过精心操纵儿童的肉体、姿势和行为来训练他们，制造出按照一定规范去行动的驯服的身体或个体。人的身体成为权力的目标和对象，权力为了将人造就成柔顺高效的社会身体，必须对单个的身体进行细微、持续、全面的控制。教室中权力的独特性就在于，它能够塑造儿童的行为，产生儿童的性格和习惯，生产儿童的品质特征。

（二）标准化的常用技术

规训权力对于空间、时间与身体的控制，目的在于将（儿童）身体置于权力化生产的流水线上。但何种产品才算合格？换言之，实现儿童标准化的机制是什么？这主要通过层级监视、规范化裁决与标准化评价的技术过程来实现。

福柯指出，边沁的全景敞视监狱（panopticism）是权力监视的典范，它既有监视的中心和汇集点，又有内在的高效的监视机制。监视无所不在却悄无声息，处于监视状态中的人会感到整个机构都起着监视作用。教室里同样存在这样的物理-心理监视机制，形成班级管理中微妙的"物理"权力，一种明确、有规则、有效率的监视关系。福柯认为，纪律的实施必须有一种借助监视而强制实行的机制，在这种机制中，监视的技术能够诱发出权力的效应（2003a，194）。

155

事实上，监视渗透在教室中的每一个环节。普遍情况下，教师会从优秀的学生中选任一批班干部，分别负责自己分内的工作。同时，他们又是一个分层管理、逐级监视的体系。每一级别的监视者，都能够监督和管理在他以下的所有对象，教师无疑站在了金字塔的塔尖，班长成为整个学生群体拥有最高权力的管理者，一种明确而又规则的监督关系被纳入教学实践的核心（于伟、戴军，2005，140），直至让监视对象变成监视者，实现每位监视对象的自我监视。福柯指出："只要有注视的目光就行了。一种监视的目光，每一个人在这种目光的压力下，都会逐渐自觉地变成自己的监视者。"（1997，158）这种监视权力的运作无须语言，从某种意义上讲它更为隐蔽，它放弃了语言的权威，放弃了给人以恫吓和表面化的刺激，代之以令人毛骨悚然的精神威逼（于伟、戴军，2005，140）。因此，温和隐蔽的运作机制使得监视的效果更深入、更持续但代价却更低。

观察将"可见性转变为权力的应用方式"，"将个体的个性特征编制进入文档",并且个体"处于文档技术的作用范围内……（最终）让每一个体都成为一种研究的'个案'"（Foucault，1977，187）。因此，权力在作用于个体的同时，产生着一种知识。这种知识在观察起始阶段是零散的、随机的，带有描述性特征；随着观察的逐步深入，将会在描述性知识基础上产生出一般性标准，这时描述性知识就成为一种规范性知识，用作评价儿童正常与否的依据和准则。所以，规范性知识此时行使着"真理"的角色，在教室中一系列的规章制度、评判标准、奖惩机制等，就是教育"真理"的运行方式。

层级监视与规范化裁决紧密配合。"学校建筑往往设计成一种训练机制……一种教学的机器"，实现着标准化评价的功能（Foucault，1977a，172）。福柯认为标准化过程就是一种"微观刑罚"，类似一个小型的法庭模式。在教室中，教师或管理者制定出一系列规章制度、评判标准，并通过运用惩罚、批评、肯定、奖励、训练、矫正等多种方式，促进儿童达成预定的标准。

规训系统的核心有一个小型处罚机制，处罚的理由是不规范，即不符合准则，偏离了准则。儿童的"错误"或"不规范"不仅包括轻微的违纪，还包括未能完成作业等，它几乎涉及儿童学习与生活的所有方面，如对时间的规定（有无迟到、早退），对活动的控制（是否全力以赴、是否积极参与），对行为的监督（能否遵守纪律、尊敬师长、乐于助人）等（于伟、戴军，2005，140—141）。标准化已被泛化在儿童的日常生活中，成为教学中的强制原则。据此可知，儿童的行为不是被压抑，而是被引导与管制，并通过一套与正常状态联系在一起的标准和价值来加以约束。这套标准逐渐形成一张弥散在教室中的权力网，权力的实施由此赋予一种肯定性和生产性意义。

处罚的目的在于矫正，在于缩小差距。当所有儿童都达到预定标准时，预定标准就要提升或在某方面进行强化，总之要表现出某种水平上的提高。因此在理解"标准化"这一概念时，也要留意其不断变动与提升的特征。

观察与监视儿童所产生的描述性知识，能够发展为规范性知识，用作教育中的"真理"去标准化生产儿童，发挥规范性知识的教育"伦理"功能，以界定儿童的品德、操行等方面的表现。

检查与考试，作为学校中最常使用的评价手段，其应用过程通常伴随对儿童思想和行为的价值判断。检查的目的在于追求规范化，并根据检查结果对儿童进行定性与分类。考试，特别是终结性考试，作为一种不断重复的权力仪式，不但能够评定儿童的学习成绩，而且能衡量儿童的社会发展水平（在我国，一些高风险、高附加值的升学考试，还具有决定学生命运的作用）。"考试型学校的时代标志着一种科学的教育学的开端"，但科学的教育学却非科学地生产了"差生""后进生"与"优等生""尖子生"等这些对个体价值判断的概念，形成了儿童在学校中决定其地位与认知的特定身份。

上述三种规训技术训练了儿童的身体，培养了儿童的心灵。通过对儿童的系统观察（监视），产生出关于个体的知识，用以规范与评价儿童，最终生产出具有特定身份的儿童个体。规训技术的系统论述是福柯的创造性成果，"只有福柯才率先让人意识到学科-规训是生产论述（discursion）的操控体系和主宰现代生活的种种操控策略与技术的更大组合"①（华勒斯坦，1999，13）。福柯将权力与知识进行联姻的根源，在此可见一斑。

157

---

① 英文中的discipline一词，既有"训导、训练"的意思，又有"学科、专业"的意思。两种内涵看似难以统一，但如果从福柯的微观权力角度进行理解，则会豁然开朗。一方面权力建构出备受规训同时又在自我规训着的人（福柯认为有三种，即冷静的科学家、有自觉和反省精神的诠释学奉行者以及身份暧昧的社会科学家）；另一方面在建构个体过程中，权力也生产出新的知识学科（它们涵盖从最软性的文科到最硬性的科学等各种范畴）。因此，"训导"与"学科"是同一规训过程的两个不同结果，它们内在于同一过程中，体现了福柯将权力与知识建立起关联的必要性。

（三）标准化的道德尺度

针对福柯的规训权力对于儿童生产的标准化后果，有学者建议教育应该反其道而行之，避免权力对于儿童的统一规范。他们认为应该尽量避免近现代教育中那些旨在规训的手段和技术，无论是建筑、教室布局还是从教师思想行为上都应该弃绝对学生的监视和控制，让学生自由生长。又如，每位儿童的个性特点、身心特征以及经验智力等都各不相同，实行统一的规范化标准只会扼杀学生的个性而泯灭其独特性，所以要尽可能实行个性化评价，这样才能实现学生的个性发展，避免个性堕入庸常化困境。还有人认为，频繁不断的考试只会把学生的宝贵时间和有限精力禁锢在考试的那几门课程上，影响了学生的全面发展。课程改革尽可能减少考试次数，并且一般不公布分数和名次以减轻学生的压力，从而实现学生全面自由的发展。

对规训生产儿童的理性进行批判本身无可厚非，而且也是部分正当的，但值得注意的是：第一，不能极端化思维。标准化固然不好，"尽可能个性化"就是最佳选择吗？第二，批判的出发点不能基于先验的人性论或人文主义的理念，规范化标准并没有"扼杀学生的个性"，因为学生的个性并非先天存在。福柯并不认同康德意义上或自由主义预设的先验主体，所以规训的生产行为无关乎对它们造成了损害，或对它们进行了压制（正如批判理论家所设想的那样）。我们不应该拒绝"权力/知识"建构儿童的行为（尽管我们需要批判它生产的标准化方式），不能抱怨"权力/知识"将儿童主体"创造"出来的事实。福柯并不承认权力的压抑功能，也没（明确）否定规训及规训机构的标准化功能，因为在他看来，规训因为生产出了熟练的技工、服从的军人以及温顺的学生而具有了某种积极效应。

在没有出现或很难出现更好的生产形式的前提下，一味否定规训其实并不明智。问题在于，个体是否愿意成为权力生产的特定对象，是否接受权力理性所定义的身份；换言之，规训遵守某一种标准生产儿童的这种道德性过错，却是我们应该加以批判的。规范化标准生产出了更多的"庸常化"特征，它以正常的身体观察结果作为科学事实来描述儿童，继而将正常的个体作为一种评价标准，从而使得所有儿童都是一副面孔。过度标准化具有巨大的否定作用，它消除了诸多个体的独特性，让他们变得温顺并具有生产力，最终成为社会的正常标准件。同时，这种生产还带有极强的隐蔽性。由于知识的介入使得所有的生产看似都是对个体的一种发展、启蒙①和祝福。由于生产过程中儿童自我意志的不在场，或将其意志引向特定方向（关系自由），或强化儿童对特定身份的认同（权力抵制），使得建构出的主体性成为儿童被迫接受的角色（对于具有一定自我意识的儿童来说）或没有经过自己确认的角色（对于尚不能自我反省的儿童来说），个体与自我的反思性关系在标准化过程中悲剧性地丧失。

第三，这种批判没有正确认识儿童主体在规训权力中的存在状态。权力对儿童的作用，同时也是形成儿童主体性的过程；权力关系对儿童的作用，本身也是形成儿童的心智力量和能动性的过程。Butler总结了权力与主体之间的关系张力："权力不仅仅作用于主体，而且，从一种转换性的意义来看，权力也生产出主体。作为条件，权力先于主体；然而，当权力为主体所利用、反而成为主体作用的现象和效果时，权力就会失去其优先性。"（1997，13）因此，儿童既是权力的效果，也是权力运行所必需的条件；同时，作为权力的一个成分他们还可以行使自己的能动性，对生产自己的权力进行抵制。所以，权力的塑造和自我的建构是同时发生的，主体在权力作用于自己之后和作用于自己之时就能够做出行动（Pinar，2009b，193）。Butler强调："主体自身是一个矛盾性舞台，在这个舞台上，主体既是作为先前权力的效果，同时也是能动性的可能性条件。"

---

① 福柯批判了人文主义者（包括自由主义者）主体性的发展是内在自我的实现过程的观点。规训权力的生产，并不是要去实现内在自我，而是权力在个体身上的实现。权力生产的方向并不是遵循人道主义的多种标准如个性、意识和自由等，而是权力的一种标准化的作用，生产性和驯顺性是规训的主要目标。

（1997，14—15）权力之于儿童的先在性是相对的，二者在教育空间中相互依赖，互为因果。权力既生产出主体，同时也生产出主体的自由状态和主体抵制的可能性。

总之，福柯研究的规训权力、规训技术以及权力与知识的关系等内容，是一种雏形的教育空间政治学、教育时间经济学或者教育社会生态学（华勒斯坦，1999，46）。福柯的权力微观物理学无论在理论上、学科上还是在实践上，都具有重大的意义和影响，因此他被称为一位"内敛的教育家"。

三、神奇的催眠术：规训权力与儿童自由

权力作用于主体，当且仅当他们是自由的。

——Foucault，引自Dreyfus & Rabinow，1983，222

权力关系的运行所需要的两种不可或缺的要素，即以权力对象为目的和给予权力对象一定的自由，是规训权力的新型"意识形态"。之所以称为新型的，是因为与传统意识形态相比，它有两个显著特性：第一，与否定和异化的作用不同，它以权力对象的建构和生产为目的；第二，与压抑和排斥的作用不同，它要发挥权力对象在权力关系中的积极作用。这两大特征，不仅提升了规训权力的作用效果，而且大大增强了其作用的隐蔽性。

"给予权力对象一定的自由"，到底是一种什么样的自由？这种自由的基础是什么？为什么福柯将其视为权力关系运行所必不可少的条件？

在回答这些问题之前，我们首先要把福柯的自由观[①]与康德的自由观区别开来。康德认为，人类个体本性上是自由的，自由的个体既是政治社会建立的先决条件，同时也是其根本目的。遵循从理性衍生出的规

---

① 此处的"自由"，特指权力对象在规训权力中的存在状态和选择能力。第四章中的"实践自由"，是指主体基于对权力关系的批判而实现的自我建构的能力与倾向，所以二者在作用对象与具体内容方面都存在很大的差异。为区别于后者，不妨称此处的自由为"关系自由"。

则，人类在政治社会中就可以表达自由的本性。与这种先验论的自由观不同，福柯认为，自由"与其说是一种本性的自由，不如说是一种'激奋性'（agonism），即（主体之间）相互激发同时又相互斗争的一种关系"（Dreyfus & Rabinow，1983，222）。他表明了关系型自由对于权力关系的意义："权力作用于主体，当且仅当他们是自由的。也就是说，个体或集体的主体，在决定行为、反应和态度的方式时，具有多种可能性选择。"权力关系本身需要自由，权力只能作用于自由的主体，主体的自由是权力运行必不可少的条件。问题的关键在于，这里的"可能性选择"是主体自由的主动选择，还是在他人诱导下的被动选择？

规训权力的运行需要并产生了日益分化的专家系统，他们运用补救性知识去引导个体；换言之，对于个体的处治和提升的权力，在规训环境下只可委托于拥有权威知识的专家。这种内在的权力机制在外部专家系统（即权力的代理人）的配合与支持下，生产出特定类型的个体。随着心理学及其相关的话语和实践（即"心"科学）的发展，心理治疗能够产生关于个体的知识，将个体变为自由、自主和具有能动性的现代自我。他们能够做出选择，在日常生活中能够为自我而生活，并可以成为自我叙述中的实践者。心理治疗中咨询权力的运行方式，恰恰体现了规训权力的运作特点。以下借助于心理治疗实践，换种角度，继续分析规训权力生产儿童主体的过程，侧重于从儿童自由的角度，论述儿童自由状态的本质及其对权力关系运行的必要性。

分析和研究心理治疗，在最初设计上并非直接源于福柯，目的也不仅仅在于应用或证实福柯的权力观念，当然更不是要追随福柯的方法论框架；而是尽可能暂时悬置福柯对于权力分析的先见，直面和分析心理治疗过程本身的特点。尽管如此，这种分析仍可以作为规训生产过程的一个典型例子，其典型性表现在以下三点：

第一，它运用福柯式的分析思路，而不是采用现有的其他权力理论来

161

解释，试图捕捉咨询过程中权力最细微的方面。咨询权力在微观层面以面对面的形式发生，用来疏导儿童紊乱的内部世界，将其导向"正常"的秩序与轨道，所以它是一种潜在的生产性力量；而且它作用的形式微小，在"神经末梢"上产生影响。事实上，也正是因为其运作机制的细微性，咨询权力才可能产生指引心灵的奇效。

第二，分析的开始意在考察权力如何从心理咨询师流向儿童，而接下来的分析将会发现，这种假设的咨询权力的流向并不是唯一的可能。我们要注意，福柯反对权力的压抑假说，否定由上至下的权力模型，因为它们都认为权力类似于物质力，只能是一个优势对象控制和约束一个弱势对象。而事实上，咨询过程中的权力流向绝非单一、由上至下的。

第三，透过分析将发现，心理咨询师的干预技能可以看作一种权力技术，心理咨询中的权力具有重要的工具价值。在分析过程中，我们将鉴别出一套独特的策略、机制和技术，用以触发儿童的有效行为。这种技术，福柯称之为"权力技术"，它是其治理术与生命技术的重要组成部分。作为心理治疗权力中的一个重要范畴，治疗师引导和鼓励来访者的言语表达，让来访者产生自告白的欲望。引导和促进治疗性谈话有多种方式，如鼓励性手势、支持性表情、肯定性语气和语词暗示等，它们可以帮助来访者叙述的深入，调控叙述的方向。

治疗师策略性地运用提问，可能是诸方式中最为突出的一种，因为提问很容易确定治疗问题的中心，通过运用不间断的关联问题序列以达到深入问询的目的，它特别有助于治疗师探察来访者的情绪波动、功能障碍症或潜在精神病。通过经典案例分析，我们会发现这样三种现象与结论。

（一）治疗师的提问产生而非发现来访者的问题

正如下例所反映的：

治疗师：你对当前的生活和自己的适应能力都非常满意吗？

患者：是的……

患者：不是。

治疗师：你母亲认为你必须接受治疗。我想知道为什么？

患者：我不知道。

治疗师：可能你会生气……如果你不需要治疗，她却把你送到这里？

患者：我并不生气。

治疗师：嗯。（停顿）但至少在某一点上，你并不十分开心。

患者：这个……（停顿）

治疗师：你对生活中的每一个方面中的每一点都满意吗？

患者：（停顿）不，当然不是。

治疗师：嗯，嗯。（停顿，表示疑问）

患者：是这样的，我并不经常出门，不经常，我并不与男孩一起出门……

（Wolberg，1977，463；引自Hook，2007，34）

这种提问技术表明，治疗师是去建构而不仅仅是发现患者所呈现的"问题"。在问题的建构过程中，治疗师非直接地询问方式常用来捕捉患者的情绪波动，强化"问题中心"。在探察诊断的信息时，治疗师很少会开门见山直接询问，而是会顺着来访者的已有倾向顺势向上，拐弯抹角地接近问题的核心。其他多种非直接方式，例如温和的聊天与逼人的询问、明显的问题与需要仔细研究的提问的并列使用也非常普遍。在这种情况下，我们其实很难确定精神治疗是一种问题发现的探察过程，还是一种"产生"某种待解决问题的方式。治疗师在与患者共同建构患者的治疗话语时，无疑发挥了积极的作用。

从研究中我们可以得出两条结论（Hook，2007，34）：第一，精神治疗的对话显然是"问题中心"的。作为治疗进一步深入的条件，对话需要建立一个真实的问题域，一个牢靠的治疗工作中心。第二，精神治疗师能够随心所欲地运用多种提问策略和操纵手段，促使患者重构对自身问题的理解。这两方面能力的结合，为治疗师的工作提供了广阔的建构空间。

（二）心理疗法的分析——倾听上的监视，谈话中的主体化

Hook分析了心理治疗过程中常用的两种技术——倾听和谈话，他认为二者对于主体的作用分别为：倾听上的监视和谈话中的主体化（2007，19—20）。这一结论可具体分析如下。

倾听，是心理治疗权力分析中鉴定出的第一个范畴。这可能多少有些意外，因为通常我们所看到和理解的"倾听"，明显是一种被动的、促进谈话深入下去的过程、一种必要的操作性事件。然而，分析研究的结果表明，治疗中的倾听可能需要被看作一种触发性行为，本质上是治疗师所执行的一种目的性和目标指向性的动作形式。治疗中的倾听发挥着检查的作用，用以注意、评价、监控，因此可以说是一种倾听上的监视，以引发并维持来访者的自我剖白（Hook，2007，19）。倾听行为不仅可以引发个体让步性的内部展示，而且还能够鼓励个体忏悔性的自我告白。如同医生凝视（gaze）病人，通过视觉分析（观察病人后产生病情的话语）将产生知识和干预的处方一样，精神治疗师始终警觉的耳朵也将带来关于来访者的一系列心理学知识和解释性话语，一种评价性或诊断性的智力框架（倾听产生了来访者的话语）。

心理治疗权力分析中的第二个范畴，是关于来访者的"治疗性的谈话"。从根本上说，来访者的这种治疗性谈话属于个人叙述（personal narrative），因为他们关注自我，常常以自我为中心，以问题为导向。在这种叙述中，患者既是叙述者（author），同时又是所叙述故事中的主角（protagonist），所以这种叙述方式的显著特征是高度地自我关注，以"我"作为叙述的基础与中心。因此，这种"谈话"的核心要素，就是为来访者提供了一种反思性态度，这种态度在诊疗开始时通常并不明朗，而不久就会明确与深刻。这种自我专注，从很多方面来说是治疗师"非积极性干预"的结果，治疗师有意舍弃某种谈话结构，而特别重视操纵来访者的主动性，从而能够大力鼓励和促进来访者自我关注的倾向。随着治疗过程的逐渐深入，治疗师将把自己的作用"降低"到最小限度，保持一种警觉性的观望态度[①]，策略性地将治疗性谈话转变为患者的治疗性独白。治疗师将重点放在发展来访者的主体性和反思性上，是所有分析方案的显著特征。患者的自我越来越成为治疗师关注的对象和干预的目标，成为治疗师的主要抓手，借此他们能够一再运用患者的能动性，运用患者自身的个人特权和责任去促成改变。

（三）自主治疗、自愿供述和自我评价

Hook（2001）的研究发现，心理治疗中权力的一个显著特征是，来访者常常预先将自己看作"患者"，并以患者的角色自觉采取行动。通常，来访者自己非常乐意自我指导，愿意提供明确的自我评价。考虑到并没有治疗师在场的指引和教导，来访者的这种先入为主的积极态度显得尤其令人费解。

治疗目标在于促使来访者的主体化，与此相连的有趣现象是，来访者发展出"自主治疗"的叙述方式，他们在治疗性谈话中看似承担着患者和治疗师的双重角色。治疗师的说话不仅内容特别，而且方式具有结构性和探究性。在以治疗师的身份说话时，患者以一种相对自主的方式，引导和促进自己完成探查性的"认识自我"的治疗性任务。尤其在治疗过程的最后阶段，患者的说话内容越来越具有"自主治疗"的意味。他们不仅能够执行自我倾听和自我评价的角色，而且还可以询问和质疑自己，探查自己的叙事内容，以达成更高层次上的自我认知。因此患者能够"自我作用"，能够让自己的告白方式在自我探求的问题指引下逐步深入，甚至提供自我评估、自我劝告和治疗行为的个人建议。

---

① "警觉"与"观望"之间看似矛盾，而实则一体两面：警觉是治疗师的状态，他们积极"倾听"患者或来访者的叙述；但这种警觉状态在患者看来却是观望的超然态度，在这种心理氛围中，患者才愿意打开自己心扉，治疗师才可能搜集到需要的真实信息。

在分析心理治疗时，最难理解的一种现象是：患者倾向于乐意供认自己的错误或有问题的行动或意向。这种奇特现象，或许可以看作是主体自主性的告白行为。通过对比心理治疗的谈话案例后发现，这种告白形式的"良心外化"，是有效治疗的标志性特征和关键性要素。患者供认自己不体面或潜在性的越轨行为，然后默默地将这些行为同当前的正常/反常、越轨/平常的社会标准对号入座。这种现象频繁出现，原因就在于患者一般会认为治疗性环境是一种评价的空间，是一个评价他们"正常性"的地方，即使这只是他们自我暗示性的想法。而且，患者的这种假设经常会使他们在接受心理治疗时产生焦虑，所以治疗师通常要花很大的力气，试图劝说患者不必如此。

心理治疗的环境和运作过程将产生"标准化评价"，在试图理解这种评价时，显然有必要超越治疗师外显的作用。精神治疗过程分析的结果并没有表明治疗师强迫或要求患者的告白行为，而只是暗示治疗师守护着常规的或社会政治中主导的价值观。随着分析的逐步深入，我们将清楚地发现这一事实，即治疗师的作用不仅明确体现在他们积极地做了什么，可能更为重要的是，还体现在他们没有做什么而促成事件的发生上。换句话说，在心理治疗的后期阶段，一种关键性假设是，治疗师的非判断性和非道德化的态度，将比明显的评判性态度更能引导出患者更多私人性、坦白性、秘密性或"严密守护"的资料。治疗师暂时悬置标准化或道德化的倾向，看来会诱导患者产生同样的态度。这就意味着，某种治疗功能（例如相对于一套规范价值来定位个体）的实现，可以由患者自主完成，原因恰恰在于治疗师在执行这种期待性功能时并不是直接明确的。尽管治疗师具有非直接或非主动的影响，患者自身的主动性在理解自我评价的程序时仍然是决定性的。这种研究的基本结论之一是，心理治疗的功能在于诱导出患者强大的动力以进行规范性的自我评价。评价过程的有效性，最终源于患者在治疗过程中的主动性，尽管这种主动性刚开始可能是心理治疗环境

的功能引发出来的。由此获得的第二个结论是，按照社会标准定位自我的
过程，很快变成心理治疗中患者自主的、自我执行的工作。

总之，咨询中的提问产生出问题，治疗中的倾听发挥"监视"效应，
来访者对治疗环境中的角色（即患者）的理解和期望，都会作用于来访者
自身，无时不暗示着他们去自我内化规范性的价值和标准。正如Dreyfus
和Rabinow（1983）所言，规训技术得以发展的途径是将本质上的政治性
问题（控制问题）进行转化从而移出政治话语领域，用价值中立的科学语
言，表述为各领域专家们所关注的技术性问题。将政治问题技术化、科学
化与价值中立化，柔化问题性质，一是规训技术本性隐匿后的表现，二是
高效运行的根源。在新的问题领域形成后，人文主义者的关注点集中在不
断改善问题处理的专业技术上，却容易忽略或遗忘规训权力在问题领域的
建构中所发挥的作用。我们可以将"人的技术"理解为一套独立的实用知
识和专业技术，一种专门技能和分析程序的学科组合。这种技术必然包括
它们自己的专业语汇（独特的身份编码和控制的语言），还有自己的问题
处理和分析体制。这些技术将继续为精英专家们所掌控，专家也仍然将寻
求技术在特定形式上的改变或提升作为自己明确的目标。正如福柯经常强
调的，这些技术的应用将增强人们的生产力，提高既定权力关系的效率和
效果。

视觉手段，并不是规训技术搜集信息的唯一形式。除了视觉上的
"凝视"（gaze）外，福柯还论述过言语方式的信息搜集功能（1980a，
2004），心理治疗技术便是如此。在言语技术中，心理学及其相关的"告
白文化"发挥着至关重要的作用。告白机制的基本逻辑是，个体说得越多
就越自由，所以，自白的动力常在于达成拯救与解放个体的目标。权力将
诱使个体说出他们的秘密，澄清他们的幻想、快感等一般难以进入的私人
内部领域。而个体的告白行为，俨然成为一种关键性的规训手段，一种私
密型的监视技术，"通过这种技术，最机密的观点和最私人的秘密，都将

167

转述为听觉内容，并提升至社会–医学的空间，成为规训主体化的策略"（Butchart，1997，107。引自Hook，2007，35）。

这种主体化的本质是自我主体化，因为这种告白含有个体的反身行为，个体自己可以将自身变成话语的对象。这种叙述性的主体化方式并不一定存在于敞视主义（panopticism）的监视机制中，所以它不同于前文所叙述的由他者观察而形成的关于自我话语的主体化方式。在这种规训权力中，说话的主体同时也是自身说话的主题即说话的对象与内容。[①]主体将自我变成话语的对象，这是主体化机制的关键要素。在心理治疗实践中，主体以话语形式描述自己，真实讲述自己是谁、在做什么，这是一种自我鉴定，同时也是一种主体化的实践（Rose，1998）。按照既定的身份形式，主体建构自我（主体化）；但建构自我的标准和原则却存在于权力的系列构想中，主体若要洞察自我、理解自我，就必须依赖于这些权力构想（自我鉴定）。

所以在心理治疗过程中，自我鉴定和主体化属于同一过程，互相交织在一起，说话的"我"与鉴定的我将合二为一（Rose，1998，96）。规训中的个体以反观方式自我意识和自我生产；而在变成自我叙述的目标主体时，个体必将依附于身份建构的权力机制、语言和标准，依赖于这些权力构想进行自我鉴定，不管是自主规训，还是治疗师引导下的规训。

权力关系生产的自由，本身并没有一种共同的特征，原因很简单——权力关系自身也不具有一般性特征，它总是与运作的情境密切相关。所以，权力关系及其对应的自由，二者的特性都不是固定不变的。运用于特定情境中的自由，总是与特定情境相关；自由的界定，不能离开其所运行的物质条件。自由不是一组权力，能够被详细规定；它是一系列选择，由

[①] 英文"subject"一词的意义本来模棱两可，正好可以用来说明此处主体的情形：除了作为正在说话的主体外，这一主体既受制于（subject to）他们自己的说话，同时也是他们谈话内容的主题（subject）。通过这种反身性循环，主体将自我变成话语的对象。

确定的社会环境为权力参与者所提供的或者说不得不提供的选择。

事实上，权力参与者在权力关系中的确做出过选择，但是由权力关系提供的选择（自由的实践方式）因为过于情境化或单面性从而受益的仍然是权力关系。试图创造这种封闭系统的社会制度通常采用两种策略，或者压制对其构成潜在威胁的那部分生活要素（如政治活动），或者试图将这些领域渗透自己的逻辑和目的（如艺术活动）。在学校的心理咨询实践中，后者的策略更为明显。基于上述权力运作的机理分析，心理咨询的工作方式是：儿童预先"同意"咨询师对自己施加影响，允许咨询师为"个体运用他们的自由"指明道路，为儿童运用他们的自由提供方法，教会儿童运用"自我的技术"（Foucault，1988b，18）以成为"心理健康的主体"。咨询环境中的儿童以及现代自我不仅能够自由选择，而且还不得不这样做，因为自我进入一种责任网络，他被强迫自由、做出选择和承担责任，即使选择的代价大到他/她无法承担，个体生命的历史，因而也成为生命时间内他们所作出并需负责的一系列累积性选择的产物。

在这种环境中，自我的自由及作为其核心要素的决策，定义着我们的感受性和主体性。我们需要意识到选择"不可能是单纯的，需要认清它是如何占据定义公共服务精神的中心地位的"（Besley，2006，56）。越来越多的决策，将混淆公共与个体之间的界限，公共服务的精神，正是建立在个体决策的意向性上。因此，从福柯的观点来看，"心理咨询必须从对自身的历史反思开始：回溯其作为一种规训技术和一种权力实践而具有的规训权力的地位，追寻它在正式和非正式的律法规则的网络中、在一套官僚性程序和技术的作用下而被体制化的方式"（Besley & Peters，2007，57）。心理咨询作为一种话语与实践，有它独特的知识体系、规训形式和多种技术，目的在于鼓励"来访者"成为主体；同时，心理咨询运用决策技术的管理体制，形成负责任的主体，让他们认识决策实践中的自由要素，发挥自由在培养道德、改变和雕琢自我等方面的作用。

告白的程序不仅拓展了规定的儿童身份和类型，积极促进儿童的主体化，而且还将巩固和提升专家的权威角色。正如福柯（1980a）所强调的，一个越来越普遍的事实是，只有通过专家的解释和调节，个体才能正确认识他们自己内部的真实性。在这种情势下，理解福柯精神的心理辅导教师，将能够发挥作为"具体知识分子"（specific intellectual）的角色，提供他们的专业知识，帮助学生质疑决策过程，历史化分析和理解决策的目的和意向，并将其作为一种美学实践的过程。在这种实践中，儿童负责任地进行决策，并根据决策时的指导思想进行自我的创造，重构与自我的关系，成为负责任、有创造性的决策主体，让决策的过程成为自我"实践自由"的过程。

心理咨询过程本身也提供了这种可能性。心理咨询中的权力关系对于个体的作用，必将超越持久的胁迫身体的方式，让个体真正决定去进入由特定权力关系所界定的游戏中。而一旦进入游戏场地，参与者并没有失去理性选择或拒绝的能力，尽管这通常是一种潜在能力。"没有不可摆脱或逃避的（权力）关系。"（Dreyfus & Rabinow，1983，235）能够作出这种全然的断定，原因就在于每一种权力关系的运行，都需要权力对象的乐意参与。自由内在于权力关系本身；而这种自由开创了改变或颠覆权力关系效果的可能性。

抵制的可能性就在于它与这种选择的关联。在一种稳定的权力关系中，一个人能够对另一个人的行为施加影响，产生预期的行为。正如我们生活中所见，教师好像知道某种程度上的专业身份，将在同事和学生中间产生特定的心理反应。但是尽管在这种相对固定的权力关系中，行为受到影响的个体仍然可能保留他的独立性。不过，对于权力的抵制并没有一般的原则或共同的标准，更不要说反抗所要采取的形式，原因也在于权力关系的情境性特征。而这种特征，却为批判教育学家们所忽（或无）视（或无视）。

第三章

权力主体：生产与抵制

第二节　权力的可抵制性

在教育活动中，教育者通常需要运用多种管理与教学手段，去面对各种类型的儿童。有些儿童性格温顺，容易服从管理；有些儿童调皮好动，很难接受教导，甚至会和教师发生冲突。从某种角度来说，教育是一门艺术。[①]这种隐喻并非要表明教育的美学特征，而是要突显教育对象的复杂性以及教师为此所需付出的努力。

现代教育更加重视儿童的自由意志，不过由此造成的困境也须予以注意。自由意志较强的儿童，对于教育影响时常会表露出抵制的态度，有些儿童即使面对外界压力，也不会完全顺服教师的意愿。教育对象的自由意志有时令教育艺术也招架不住。与雕塑家不同，教育者面对一种极不稳定的环境与对象，这些对象不但有可能抵制教育的塑造，而且还潜在地拒绝教育的影响，因为拒绝和抵制的可能性已经存在于他们的手中。

一、权力无本质：从内部关系出发

对于我们来说司空见惯的一些事物，经常是偶然和巧合的产物，其本身的历史既是随机的又是脆弱的。

——Foucault，1988，37

（一）虚幻的"木线轴"

批判教育学家将教育中的权力[②]看作单一、同质的、为某一阶级所

---

① 这里的"艺术"来源于福柯的"管理艺术"（art of governance）的观念。"管理艺术"旨在解决"如何管理"（how to govern）的问题，它通过操纵或引导人们的心理而实现权力的控制（Foucault，2007a，41-81）。

② "教育中的权力"（power in education）与"教育权力"（educational power）存在差别。前者范围更广，不仅包括宏观层面上的国家、地方和学校领导者（作为集体意义上的个人）对于教育的决策与执行能力，而且包括微观层面上教师的课程决策与执行能力，以及学生对课程的反应态度和回应能力。后者范围较为狭窄，特指微观层面上教师与学生在教室空间中所发生的作用关系。因此，后者是前者执行过程的一部分。

享有与操纵的物质力，一种与普世理性相连的统一体。课程沦为当权者的利益，学校的本质是政治性的，意识形态批判最终分裂为身份政治学（Young，2008，164），这些结论与现象，是他们以统一化方式理解权力的表征与必然结果。如果将权力看作物质性力量，他们肯定要为争取看似能够争取到的权力而战。批判教育学家这样理解尽管让权力显得诱人，但毕竟是梦幻泡影；不过，如同任意操控木线轴可以缓解儿童的焦虑，这样理解权力对于批判教育学家来说，也能够起到安慰的作用。

虚幻的木线轴，代表不了现实本身。考察教育与权力之间的关系，必须密切注意权力形式随时间、空间和地点的变化而发生的变化，因为权力显然与更大范围内的经济、意识形态和社会结构密切联系在一起。Dimitriadis等研究者列举了教育权力随着全球化、数字媒体和经济的发展而出现的新形式（Weis et al，2006，7）。Luke集中研究了全球化现象，论证全球化对于教师工作的意义（同上，123），他要求教学成为一种"世界性工作"，并引用"工艺"隐喻强调教师的学术自由，"教师有权选择和使用多种资源……而不是统一的现成品"（同上，124—126），"超越国家的学习"应该逐渐成为我们的专业义务（同上，138）。

批判教育学家没有看到教育中权力形式的新变化，也没认识到权力的多种异质类型及其之间的共存和相互作用，而是将所有的权力形式都统一纳入（虚幻的）"木线轴"的理性之下，既不区分教育权力在类型上的差别，也没有考虑到不同类型的权力之间是如何偶然性联合并共同作用的。

描述权力时，如果刻意突出其工具理性，强调其统一化效应，那么我们就陷入一种毫无根据的悲观主义或宿命论，因为如果将权力看作一种无孔不入的性质单一的渗透性力量，那么对其抵抗就难以奏效。事实上，悲观是不必要的，如果我们知道教育中的权力是如何形成以及如何运作的，那么我们就可以对它产生有效影响进而改变其作用效果。在解析现代教育中的权力构成方面，福柯的权力分析①为我们提供了深刻的洞见。

（二）福柯的权力分析

像尼采一样，福柯所理解的权力，并非一定分量的物质力，而是某种在每个活机体和每种人类社会中流动的能量流。这种能量流的无定形流动受着许多条条框框的限制，这些条框，除了不同类型的政治、社会和军事组织以外，还包括各种各样的行为方式、内省习惯和知识体系（Miller，1993，13）。因此，与将所有权力现象都纳入一种理性框架的批判教育学家不同，福柯从更为具体、更加微观的机构中②，去观察权力的"流动"及其受到的"限制"。

福柯微观权力分析的内容，主要包括以下两点：第一，权力没有结构，因此我们需要摒弃对于权力的任何"本体论强迫症"。没有实体意义上的权力，权力关系不会结合成一种可以明显区分的网络，或一套严格立场的集合，或可以有序控制的系列机构。定义并安放权力，承认权力有最终的立足点和辐射点，这种努力无非是对现代权力的化约性分析，"不能顾及在权力运作过程中发挥作用的多种现象"（Foucault，1980f，198）。

鉴于权力并非一定分量的物质力或物质力的规律性排列，而更类似于"一种能量流，以无定形的流动性流通过每一个活机体和社会集团"（Miller，1993，13），因此，我们所面对的问题与其说是描绘权力的外形（声称权力必有固定的形式或实体），不如说去鉴定权力的多种运作方式。"……权力不应被看作一种所有权，而应被视为一种战略；它的支配效应不应被归因于'占有'，而应归因于调度、计谋、策略、技术、动作"（福柯，2003，28）。我们有必要重新思考权力，把它看作一种运行的方

173

---

① 福柯没有权力"理论"（power theory）而只有权力"分析"（power analysis），因为在他看来，不管是现代宏观形式的治理术，还是微观层面的规训权力，都是思考"如何管理"的努力，而不是界定"权力是什么"的尝试。

② 福柯考察具体机构中的权力运作，目的不在于批判机构本身，而在于批判运作于其中的权力机制。

式而不是物质力的规律性呈现，最好"将权力理解为一个动词（一种活动或行为）而不是一个名词……我们应该将分析类型由权力作为所有权，替换为权力作为策略；用权力作为处置方式的思想，取代权力作为侵占行为的观念"（Hook，2007，78）。

教育权力的形式最好也要从"能量流"的角度理解，因为教育空间中的师生作用方式显然不再是（如果过去曾经是）主权型的权力形态。基于此，我们也不必追问教育权力的"本质"，而要去探讨它如何被施用的过程。"如何"的意义并不是教育权力如何呈现自身，而是它如何被权力主体所施用及其发挥的效果，即当教师对儿童产生作用或是儿童对教师产生作用时发生了什么并产生了什么样的效果等。

第二，权力种类多样，所以要理解权力内部系列成分的不规则和不可通约的形式，它们不可能结合为一个单元。权力可能分散存在于关系场中，进行双向生产作用，但没有一种成分能够代表权力的整体功能。权力，应该被看作一种"动态关系"，一种流动性力量，无人可以占有，无人可以"控制"。它"运行在无数节点之间，处于非平等且易变的互动性关系中"（Foucault，1977a，26）。个体并不能"控制"权力，至少是在单独个体或独享权力的意义上的确如此；当然，他们也不可能仅仅是供权力运用的无名节点。而正相反，个体既是权力的纽带，也是权力的产品与效果，是权力在促进个体主体化的过程中最具创造性的节点。

所以，权力绝不是单向的，而（至少）是双向的；个体既受制于权力（subject to power），同时又是权力的主体（subject of power），能够作用于权力[①]，权力是一种动态的、互动性力量。权力与个体的关系，妥切地表明了教育中的多种主体在权力关系中的真实地位。儿童不可能单独成为

[①] 我们不应该回避福柯对于权力分析的这一要素，尽管它可能会将我们引入到复杂的伦理困境，尤其是当我们处理的是极端不对等的权力关系时。福柯（1977a）坚信，所有的权力关系，不管是如何不平等或等级如何森严，都能从向上和向下两个方面产生和流通。此外，所有的权力关系，对权力双方都有限制性作用（Hook，2007，79）。

教育权力的中心，在教育中享有至高无上的地位；也不可能完全沦为教育权力塑造的对象，这些都已经在中外教育史上得到了证明。与儿童一样，教师和课程同样不可能绝对地"控制"教育权力。如果要保证教育空间中的教师、学生、课程三者之间的和谐关系，必须考虑到三者各自的特点及其相互配合关系。

权力双方或多方在权力关系中的相互作用模式必须整体看待，不能割裂为权力主动与权力受动的对立地位。为深刻认识权力主体间的相互关系，有必要将权力伦理问题与权力分析问题区分开来。我们可以将权力的伦理问题看作以形成实用的干预手段为目的，而将权力的分析问题看作试图尽可能广泛地描绘特定权力范围的多种方面。在很多情境中，我们确实能够发现为伦理所不能容忍的现象，人们遭受到极端不平等的权力关系的影响。作为一种批判工作，福柯的权力分析肯定会抨击这些权力。但值得注意的是，他的权力分析绝不是一种道义性工作，也不是将个体能动性的观念作为解释权力的全部范畴，尽管这一点极其重要（Hook，2007，79）。所以，任何一种试图从道德罪责的观点同情权力受害者的举动，如同任何一种妄想将个体看作权力代理的行为一样，都不是福柯权力分析的内容①，因为它将权力分析分裂为两个方面：自身没有权力、是权力的作用对象，和拥有权力、并控制权力作用的对象，并重复了权力的客体与主体的两极化区分的做法。我们需要理解权力流动中被动位和主动位之间的交互性，追溯权力生产中由上至下与由下至上的并列流向。

总之，权力是一种关系，权力关系可以看作处于流动的循环过程中，其中的个体在权力关系中不仅流动着，而且他们总是既处于服从地位同时又能够作用于权力。福柯主张："不要在它们（权力）中心……分析权力的

175

---

① 个体在权力关系中所受处境的道德维度，并不是福柯权力分析的关注对象，却是福柯后期伦理学工作的中心问题。鉴于并不存在先验主体的假设以及某种标榜为人文主义的情怀，福柯认为权力关系对个体的生产作用无可厚非；问题只在于主体自身如何看待这种生产结果，进而决定自己对权力关系、生产结果的态度。

规则和合法形式。相反，重要的是在权力的极限……那里它变成毛细血管的状态，在权力最地区性的、最局部的形式和制度中，抓住它并对它进行研究……"（1999b，26）教育权力的分析也应该从这里起步。

（三）教育权力的理性

教育空间中的权力，最重要最具创新性的特征是其情境性地使用方式。权力关系发生在教师与学生的交往中，发生在课堂教学的过程中，它不是或主要不是从上至下的长官意志的下达和执行，而是在具体环境中、具体对象间，上下同时双向发生的作用关系，是权力主体之间行为的相互影响过程。情境性地运行方式表明，教育空间中的权力没有固定的发生地点。同时，教育权力又由性质不同的权力形式偶然结合在一起，是一种动态的组合体，它的功能和重要性因为其内部组合形式的偶然性而受到限制，并因此可能招致儿童的有效抵制。教育权力的情境性和组合形式的多元性与偶然性表明，它并不像批判教育学家所认为的那般神秘和抽象。

首先，教育权力主体的多元性及性质的相异性，形成了斗争性的权力格局。教育中的权力主体包括国家、地方、学校，教师和学生。前三种主体行使的权力超越了个体层面，从性质上可以统称为国家权力；教师行使牧师权力[①]，而学生行使个体权力。每一种权力主体及权力理性都有自己的特质（历史、发展轨迹、技术与策略等），所以各种权力理性之间始终存在着张力关系。教育权力的运行，至少基于这三种不同理性权力的相互

---

① 福柯认为，牧师权力的起源可追溯至基督教的告白实践（Foucault，1980f，191），牧羊人和羊群的关系就是牧师权力的功能模型。牧师管理的对象很宽，既包括羊群的集体命运，也包括集体中的每一位成员；而且管理的内容也很多，如个体的生活、行为和思想。如果人们要想成功地进入来生，那么这些方面都应成为牧羊人关心的对象，所以牧羊人需要的关于每位个体的知识很多，既涉及个体生命的表面细节，又不断追踪个体心中的所思所想（Foucault，1988f，69），而且，牧羊人还有为获取这种知识的合法借口。为了获得这种内部知识，牧师需要引领他的管理对象深入自我审查，让他们的道德心受忏悔的指引，从而使牧师得以进入个体的内部世界，获取内部世界的知识。教师权力，可视为一种世俗化的牧师权力，不过教师不是要引导儿童进入来生，而是要配合国家权力实现教育目标，所以他们不仅需要了解每一位儿童以及每位儿童的每一个方面（所谓了解学生是教育教学的基础），而且也为这种全方位了解提供了合法的依据。

作用。①

第一，国家权力的集体化效应。教育中的国家权力主体，主要着眼于一个国家的整体利益，统筹与协调社会中的多种资源，以完成宏观层面上的集体化目标。原则上国家权力并不关心个体，除非将个体当作自己的潜在资源来看待时，而为了实现集体化效应，国家主体不得不关注个体，将自己的目标以教育政策和资金投入的方式投射到学校教师和儿童个体身上，并确保个体对于集体化目标的兑现。因此，国家权力必定要去选择和生产对自己有用的个体"方面"。这些方面，本文称之为主体性；生产主体性的过程，本文唤之为主体化。

第二，教师权力的个体化效应。教师权力最能体现教育规训权力的毛细血管特性。作为一种世俗化的牧师权力，教师权力的目的在于进入儿童的内部世界并获取相应的知识，它试图（尽管并不总能成功地）管理儿童在校的每一个"细节"，从行为到思维，根本目的和突出特征在于促使儿童的个体化。

教师权力着眼于儿童的需要（借以实现国家的意志），关注个体的心灵状态和灵魂的内部运动。教师权力的执行，"必须要认识个体的内在精神，探讨他们的灵魂，让他们揭示自己最深层次的秘密。它要取得关于个体道德的知识，然后就有能力去指引它"（Foucault，2000，214）。世俗的牧师，例如心理专家和学科教师，以儿童的精神顾问自居，要求儿童向他"敞开"（Foucault，1988，114），而这种"敞开"的要求因为与教育目标的勾连而具有了合法性。教师或专家为了纠正或引导儿童的行为，需要深入研究儿童，以产生关于儿童的科学知识，这即是将儿童客体化的过程。通过这些知识，教师或专家能够了解和预测儿童的行为，这是规训作

177

① 从广义而言，家庭也应视为教育权力的形式之一。家庭中的权力关系虽然属于主权类型，但作为一种独特的权力机构，家庭负责将其子女纳入学校的规训系统。家庭与学校的相互配合，既能促进学校规训权力的高效和发展，同时也能提升家庭与社会成员的素质与能力（Hook，2007，39—40）。因其仅作为学校规训权力的合作者，这里的分析暂不予考虑。

用产生的关键性要素。儿童成为有待研究和理解的类型，成为一个需要被认识的对象。学科教师或心理专家要想做出妥当的干预行为，必须首先将儿童定位在某一知识领域中，从而有可能进一步深入地理解他们。

教师了解儿童并引导他们的行为，目的在于带领儿童去经历体现国家意志的课程，体验课程的内部世界，实现儿童内部世界与课程内部世界之间的沟通与交流，最终达成"视域融合"，杜威的从儿童世界走向课程世界在此获得了新的意义。建立两个世界之间的关联，实现儿童心理逻辑与课程内容逻辑之间的调适与实质性的统一，目的在于通过一种高效而经济的方式实现国家意志的心理表达与完成。因此，教师权力与国家权力的性质相一致①；不同之处仅在于教师权力更为接近儿童，为了实现国家目的，他们必须走近与走进儿童的内部世界，必须把发展儿童作为自己的目的。教师必须既对国家负责，又对儿童负责，以对儿童负责的方式对国家负责。当教师权力与国家权力结合起来时，它就成为现代教育权力的核心要素。②

如何定位教师在教育实践中的角色？一些学者认为，教师是一位协调者，在国家和儿童之间进行反馈与调节。这种认识并没有错，但是还不够，因为它尚未触及教师的主体性。作为一种独立的权力理性代表者，他们能够利用自身的智慧与思考，在一定程度上改变对国家意志的理解与贯彻，不管这种改变是数量上的增加或减少，还是性质上的强化或颠覆。总之，国家权力对教师权力的依赖又具有潜在的危险性，教师的个体性特征必定会在儿童主体性上留下印记。

当然，教师权力的执行，经常处于国家权力的支配与监控之下，因为国家权力与教师权力在对待儿童的态度上几乎相反（前者原则上不关心个

---

① 当然，并不排除现实教育实践中存在着的某些不合作的教师，但他们常被批评为"不合格"或"不称职"而难逃被淘汰的命运。

② 这种观点，对于重新思考教育中抵制的策略与技术，将具有关键性意义。

体，除非当个体成为国家的潜在资源时），因此，教师权力理性的特殊性就在于，能够证明自己既能评估儿童的内部世界，同时也能将内部世界改造得与国家的预期方向相一致。

第三，儿童权力的自我发展效应。儿童的教育权力问题（课堂等微观层面）一直受到忽视，但却一直在发挥作用。他们具有自由意志，能够对课程内容与教育经验表明自己的态度，并可能采取一定的非预期行动。不过更多时候，他们权力施展的方向在教师权力的指引与诱导下，被引向国家的权力理性上。

引导的方式主要有两种。教师为了操控儿童的行为，需要深入了解与研究他们，以产生关于儿童的知识，这是教师将儿童客体化的过程。同时，利用生产出来的知识对儿童进行教育，塑造儿童的行为（并在此过程中产生出新知识），这是教师将儿童主体化的过程。实际上，这两种方式紧密结合在一起，体现出规训的显著性特征。

这种规训与儿童权力的目的并非始终一致。因为儿童权力的目的在于发展自身，现实中的发展方向尽管受到国家权力的控制，但这种事实的出现，主要是因为儿童未能掌握发展的自主权[①]，他们并没有反思"我是如何成为今天的我"这一问题；同时，这种控制也不是彻底性的，它与儿童自由之间并不矛盾，因为上文分析到，高效率控制依赖于儿童的自由参与。所以，当儿童具备了批判性思维能力时，国家权力与（儿童）个体权力之间的格局或许就会不一样。所以，儿童既是自己的目的，也是自身的手段。

教师权力与儿童权力之间也存在着复杂关系。在课程实施中，教师有可能行使自由，保持独立，使得儿童的经验课程与正式课程之间表现出目

179

[①] "教育以儿童为中心""教育是为了儿童的发展"等提法，本身是站在儿童之外的立场提出来的，结果，发展的真正对象，在发展的过程中倒没有发言权。所以，他们是"被"发展起来的，或说其主体性的发展是被选择的结果。

的上的偏差。强调教师的独立与自由，鼓励他们对文本进行创造，对课程进行创生，就有可能弱化国家意志与儿童主体性之间的关系。

其次，教育权力要素间的冲突性与结合的偶然性，促成了教育权力的流动。

教育空间中三种权力成分各有其独特的理性、目的与运作方式，所以，它们之间具有一定的冲突性，由它们所构成的教育空间并非性质单一或内部统一的单质空间，而是由多元理性的权力相互纠缠与抵制（Foucault，1988，28—29）而表现出的一种能量流，它促成了教育权力总体上的流动性。

教育权力的结构，由性质相异的三种权力–知识系统偶然联合而成。[①]"对于我们而言司空见惯的一些事物，却经常是偶然的和巧合的产物，其本身的历史既是随机的又是脆弱的。"（Foucault，1988，37）权力关系的随机性和脆弱性是因为它并不具有统一性而依赖于多种来源，而每一种来源都有其自身的理性、目标和方式（Foucault，1988，156；1980，80）。因此，三种理性的权力在目标和兴趣上并不总是协调一致，儿童与教师、教师与国家、国家与儿童各组权力主体之间可能会产生矛盾。在教育空间中，权力主体拥有的知识（不管是何种类型的知识）尽管会进入空间并成为空间的要素，但这并不意味着知识就会沦为空间的简单体现或必然产物。在由理性相异的权力所构成的空间中，儿童与教师的知识并不能认为仅仅是功能主义、绝对服从于整体策略的；而正相反，教师的知识及其主体性使得他并不一定成为国家整体策略的忠实支持者和信靠对象。同样，儿童的知识及其能动性也不一定使得他们将完全按照教师的意愿去接受规训，而是有可能与整体策略的方向发生不一致甚至产生冲突。

总之，教育权力关系是一种对话和参与式关系，是在回应、互动和抵

[①] 这种联合带来了教育权力深层次的危机，即教育空间中的权力无主体、有目的但目的不能预测的困境。

制的相互作用过程中发生的；同时，多元化的权力主体与多样化的权力类型进行偶然性结合，使得教育中的权力表现出明显的"关系性"特征。①很显然，这种"关系性"不是权力外部的一种假设，而是权力自身内部的一种事实，是多元关系内部的交织现象。三种性质相异的权力理性之间偶然性地结合，构成了教育空间中权力理性的独特机制，它让我们得出一个基本结论：教育空间中的权力关系是多种理性而并无本质。

　　三者之间的结合所形成的权力特质已经成为一种独特的历史对象，它对于教育而言尤其具有重要意义。这种分析的目的在于揭示，我们通常认为的统一化的教育权力，实际上是由权力的碎片所构成，而且这些碎片之间具有性质上的相异性。性质相异的权力要素之间，例如国家权力和教师权力，也可以密切结合，不能不说偶然性在其中发挥着重要作用。但正是这种偶然性地结合，与知识在现代权力运作中发挥巨大的作用从而可能成为权力抵制的策略类似，教师权力在对国家权力的抵制中也可能发挥着关键性作用。正是这种偶然性结合，使得对于权力的抵制，必然要摆脱批判教育学家们的方法，而要去探索新的抵制方式。

181

　　在分析权力的抵制过程时，必须抛弃批判教育学家所认为的权力运作是一个整体过程的观点。批判理论家们过时的假设与做法是，将国家权力视为一种统一的类型，将所有的权力种类都放在统一的权力理性之下，而没有具体区分现代教育中的各种权力类型上的多样与差别，更没有考虑到不同类型的权力之间是如何偶然地联合起来并共同作用的。这种认识显然否定了国家、教师和儿童三种主体和三种权力理性在性质上的差异性。而正是承认和利用这种差异性，分析它们各自在自己的活动领域内的作用机制，才是权力抵制的正确思维（Foucault，2000，209）。权力理性的这种特质，不但让我们否定了教育中的权力批判变得不可能的消极结论，恰恰

---

　　① 关系性表现在权力关系中的多种要素之间，主体之间、主体和机构之间以及权力的结果和意图之间。

相反，正是这些特质既能帮助我们形成有效的抵制策略，同时也提供了评判抵制策略是否有效的依据。

权力批判不但必要，而且可能。首先，我们可以考虑如何发挥教师的独立性和利用儿童的自由能力，因为教师和儿童是课程权力运行的载体，可以利用他们的作用而改变既定的教育权力格局。其次，批判可以从分析儿童的主体性开始，因为权力的运行以儿童为目的[①]，权力生产出的儿童主体性在性质上就与权力具有本质上的一致性。

二、儿童的抵制：以主体性为对象

阻碍我们前进的抵制性力量，来源于我们个人历史中的深层结构。

——Sartre，1981，110

（一）"来"与批判教育学家的抵制方式

批判教育学家出于自我安慰而进行的权力抵制，相当于Fort/Da游戏中的"来"；而他们手中的"线"，则是他们希冀和信任的"客观知识"。这种批判方式，在手段与内容两个方面，都存在误区。

在批判的手段上，他们将抵制的成功寄托在权力关系外部的客观知识上，而不是通过权力关系本身来进行。"权力，而不是知识，在教育中才是重要的"（Young，2008，94），这表明了扬极为重视知识与权力之间的分野。[②]这种观念，成为批判教育学家的标志性风格。批判教育学家普遍认为，"知识"与"权力"界限分明，"权力"对人的异化和压抑可以凭借"客观知识"而予以消除，知识将使个体获得自由：通过知识限制权力的运行，或是通过"告诉"（发挥自己作为冷静观察家的角色）儿童与教师

---

① 权力的运行以儿童为目的，与国家权力的集体化效果的理性并不矛盾。权力运行中以儿童为目的的目的，在于实现集体化效果，而非在于儿童目的本身，二者之间是手段与目的的关系。但这种关系却为权力的抵制提供了灵感和有效手段。

② 正是因为扬坚持"知识与权力之间存在着区别"的认识，所以他才主张"将知识带回来"（Young，2008），言外之意是要赶走"在教育中占据主导地位"的权力。

权力的本质，二者都是借助于客观知识来对抗教育中的权力。扬认为，知识行为不可沦为知识的生产者与传播者的利益性活动，他写作《将知识带回来》（2008）一书，希望通过将知识带回来，从而将权力赶出去（或带回来自己的权力）。

如何保证知识的"客观性"？扬认为，知识的社会性是其客观性不可或缺的基础（2008，30）。而派纳认为，如果社会性是主导性的，主体性是边缘性的，个体的能动性就将大受限制（2009b）；只有当主体性和社会性都能得到确认，认识到二者相互渗透、互相构成，主体才能（单独或与他人联合）采取政治性行动（2009b，193）。所以，扬等持客观知识论的批判教育学家也不可能承认主体性与社会性之间具有内在的一致性或共构关系。福柯否定了将权力与知识对立起来的观点，他指出，权力与知识不是一种简单的敌对关系，而是一种新型的合作关系，"我们应该承认，权力产生知识，权力与知识是直接相互蕴含的"，所以，批判教育学家所声称的客观知识其实并不存在。知识作为权力的重要构成因素，对于个体的建构具有深远影响，描述个体的知识，从根本上塑造了他们。如果将知识视为客观中立的，那么知识塑造个体的方式仍将视而不见，而这种信念，不过是为了利用自己知识生产主体寻找合法性理由（如果认定知识客观性表征其合法性的话）。

批判教育学家利用"客观知识"进行抵制，将抵制定位于自身外部，与自身主体性相脱离，他们没有看到权力对主体的生产功能，也不会认可权力与主体之间的共构关系。由于在权力形式（见"权力无本质"一节）与权力机制（见"规训权力与儿童生产""规训权力与儿童自由"两节）两方面的失明，批判教育学的研究不仅政治上失效，而且几十年来一直重复着他们认为很新潮的社会再生产与抵制理论。结果，真正从事着（理论）"再生产"的，莫过于他们自身。

在批判的内容上，批判教育学家指向于实体性权力而非自身的主体性，他们以一种"无身份"的旁观者姿态出现在批判活动中。①这种看似无来头的批评家，结果成为意识形态批判中的"他者"——自身"能动性"的另一种作用方式。尽管声称无来头，但其主体性并未真正走开或消失，而是返回乔装打扮成冷静的、无所不知的观察家，犹如一只高空盘旋的雄鹰，时刻俯视和观望着脚下的世界以伺机而动。他们立足于权力关系外部（在权力之外进行抵制是顺从的一种延迟形式），以一种冷静的心态、颇具洞察力的眼光，默默地注视着"社会再生产"的权力关系，伺机利用"客观"知识进行抵制。

实际上，与主体性的脱离是他们抵制失败的根本原因。批判教育学家摆出的以自我超越的身份打量权力再生产社会现实的姿态，是一种十足的自恋行为，自我超越只能产生强烈的自恋主义（Grande，2004，322）。自恋主义让批判教育学家认为自己不受任何权力关系的束缚；正是这种自恋，导致他们对教育现实的失明、对新型权力关系的麻木，结果他们只会玩弄"社会再生产"和"抵制"这两个概念，进行着自己未曾觉察到的"自身的再生产"（Pinar，2009b，194）。

冷静观察家自我超越型的身份定位，不仅导致其抵制在政治上的不成功，而且也让自己无法认识到现代权力已经超越压抑或异化而具有新的主体性生产的功能。如果在意识形态批判中批判者隐藏了自身的主体性，那么就会隐藏生产出那种主体性的权力形式。上文已经指出，权力关系要想有效生产，必须将个体作为自己的真正目的。②正如福柯所说，权力关系运行不可或缺的要素之一就是，"充分确认'他者'（即权力

184

①　批判教育学家并非真的"无身份"，而是他们看不到自己为权力关系所建构的事实，根本原因在于他们一味坚持权力的压抑与异化作用，忽视了权力生产主体的功能与主体在生产中的能动性作用。

②　权力关系有效运行的另一要素是，"当且仅当个体是自由的"，因此鼓励儿童充分利用权力运行所赋予的自由，也可以调节权力对自身的作用关系。主体的行动不可能在权力之外进行，而必然通过权力，"因此，抵制看来就是权力的效果、权力的一部分，是权力的自我颠覆"（Butler，1997，93）。主体能够对权力进行抵制，因为抵制是权力关系的一部分。主体的能动性与抵制，既是权力关系的要素，也是权力关系的结果。

的作用对象）的存在，并将他人的行动始终作为自身的目的"，结果就是儿童主体性的内涵与权力关系的目的之间具有内在本质上的一致性。换句话说，因为教育权力确认了儿童在教育中的存在，并将其作为自身生产的对象与目的，所以作为权力关系的对象与结果的儿童身心就被写满了权力的密码。因此，有效的权力批判必须从主体性入手，从对儿童内部主体性的解码开始，而不必（事实上也不可能）在儿童身体之外去寻找抵制的可能性。当儿童开始思考自身主体性的构成时，抵制就已开始；当儿童揭示出权力关系对自己的作用方式，并决定自己对这些作用要素的态度时，抵制就已成功。所以，权力的成功抵制内在于权力关系的运行之中。

现在，我们总结一下批判教育学的主要观点，以建构新的批判方式。

第一，强调权力对于知识和社会身份的再生产，没有认清在个体"外部"权力形式所发生的变化，仍局限于30多年前的生产和再生产概念；也没有认清权力对主体性的生产功能及其在个体内部的运行机制，忽视了个体在权力关系中的能动性。

第二，意识到自己理论的悲观情绪后，将"抵制"融入"再生产"概念中，试图从权力关系外部，寻找对抗社会权力和阶层再生产的武器。抵制的路径有二：诉诸外部的"客观"知识，试图将客观知识引入课程内容之中；对儿童受到的压抑状态进行反抗，并为争取自身权力、排除受压制的状态而努力。于是，教育和社会中的权力抵制运动，最后发展为诉诸客观知识，争取权力、摆脱受压制状态的身份政治学现象。

第三，强迫性复现症。派纳认为，批判教育学的一个显著事实是，它们的批判不仅在政治上失效（有效性是它们自己强加的判断标准），而且强迫性地复现相同的概念（再生产和抵制）。40年前，批判教育学正是以这两个概念作为其诞生的标志，但再生产理论总是将相同的东西看作是"新的"；现在抵制也可能变得毫无意义，"教室已经失去作为批判干预和辩护调研场所的能力"（Arnot，2006，30）。尽管如此，还有一些批判学家骄傲地宣称没有任何改变，"社会再生产和抵制理论继续启发批判教育社会学的分析"（Torres，2006，52）。

批判教育学家为什么故步自封？在派纳看来，他们的强迫性复现症试图用幻想代替现实。在"去/来"游戏中，儿童能够通过控制得到的对象而弥补失去的东西：木线轴代表母亲，他通过控制木线轴，就能决定虚拟母亲的消失和再现。批判教育学家的批判与儿童的"去/来"游戏具有相关性，表现在他们自我安慰的方式上：两者都是通过将一件失去了的东西（儿童的母亲，批判教育学家的权力），寄托在另一件他们能够控制的替换物（儿童的木线轴，批判教育学家的虚幻的"权力"①与"意识形态"）上（Pinar，2009b，195）。在这种替代性的想象中，能动性是不存在的，它化为了口头上的重复（再生产）与呐喊（抵制）。

如果坚持批判教育学家对权力的认识，我们将看不到权力的起源与其运作过程中存在的非一致性特征。这种认识方式，势必对于政治理性的抵制定位在权力运作过程之外，或者从个体权利的角度去反抗权力的压制。不管是以何种方式，都将达不到抵制的预期目的。仅仅意识到权力在外部的生产和再生产还远远不够，我们还必须确认我们的内部力量，识别这种由权力生产出来的并可思考如何抵制自己和他人的能力。批判教育学家恰恰忽视了具有自我批判能力的主体性，他们强调社会再生产，强调社会结构对于个体的塑造作用，从而将主体性从社会结构中脱离出来。将主体性与社会结构相分离，让主体性成为社会结构的自然产物和附带现象，这就剥夺了主体性的能动性品格，于是个体能动性和社会结构就类似两颗独立的卫星，围绕批判教育学家旋转。批判教育学家的任务就在于思考如何去

186

---

① 当然，在两者的类比中有一点是不同的：对于儿童来说，木线轴所代表的母亲是真实的；可对于批判教育学家而言，木线轴所代表的实体权力却是虚幻的，因为其形式已经发生了新的变化。所以此处的权力加了引号。或许，在这种长期的替换游戏中，这些"玩具"能够为批判教育学家们提供安慰。

抵制他们自己所编造的现实。

因此，"批判"教育学近年来没有任何新观点，也没有知识的累积或学术上的发展（Pinar，2007），仅有的就是再生产理论。他们将现实中权力的运行情况寄托在一种想象性领域，在此领域中权力关系失去了具体性和历史性，一味重弹再生产和抵制的老调，对历史现实的具体反映也就不可能是实际的本来模样。因为不能认识到自己所描述的现实的幻想性，批判教育学家就与历史事实本身相脱离。沉浸在自己所编造的虚幻中，他们就忍不住重复玩弄再生产和抵制这两只轮子，在这样做时，他们就为自己设定了"一个不容置疑的身份地位，以进行攻击权力的排斥作用和权力的遮蔽事实，就像批判学家们自身能够对权力的效果免疫一样"（Benjamin，1998，103）。阿普尔对批判教育学的批判也表明了这一点："批判教育学家经常谈论的对象，并不能妥善地应对现实情况"（2009，8）。我们所需要的，恰恰是面对现实的能力。

抛弃旧的思维桎梏后，我们才能引进新的分析视角；唯有认清现实教育中权力的新形式与新功能，我们才能进行正确的权力批判。

187

（二）儿童的权力批判：从分析主体性出发

教育空间中权力运行的根本目的在于，通过国家权力和教师权力的联合生产儿童的主体性，以达到国家权力的目的。所以，对于教育权力的抵制应该结合两个方面进行，即权力形式的多样性和权力运作的生产性，或者说权力的斗争性和权力的心智式表达模式的特征。权力抵制的行动不能建立在权力维护的原则上，也不能放弃理性主义的努力，而应该从历史与现实的角度，从认识教育权力的偶然性构成和生产性作用入手。

首先，教育中权力的偶然性构成，是教育空间中权力运行的真正基础。国家权力、教师权力和儿童权力，构成了现代教育权力中最基本的两极①；而学校或教室，正是联结并承载这两极的一种教育性"地点"。我们可以课程为例来说明教育空间的特性。课程的规定主要由国家统一做出，尽管当前我国实行三级课程管理体制，容许地方课程、学校课程进入学生课表，但国家课程在总课时中仍占最大的比重，高达88%～90%。②课程体现国家的意志，并规定着学校教师的行为。国家意志要想通过课程圆满达成，必须依赖于教师；随着课程实施要求的提高，对教师（再）教育也越来越重视，希望通过提高教师素质，促进课程中的意志成为儿童的思维方式和行动风格。而为了达成这一目的，教师在实施课程过程中就需要关怀儿童的身体和心理上的各种需求，了解每个儿童的内部世界，从而在国家意志与个体思维之间建立起必要的联结。在这方面，教师权力与国家权力是一致的、互补的。另一方面，正如上文所指出，教师权力和国家权力的理性并不一致，甚至可以说具有某种意义上的矛盾性。于是，这两种相互补充而又相互矛盾的要素构成了教育空间，教育权力正是运行在这样一种既互补又矛盾着的空间中。

作为矛盾性的教育空间，并不是说教育空间能够消解任何形式的抵制，而是说对于针对个体或者针对国家的抵制，教育空间都能明确有效地调和、适应和吸纳，因为这一空间是由相互补充的矛盾性要素构成的，所以，从外部的任何直接针对国家或个体的抵制行为，都是不可能成功的。教育空间中权力理性的必然追求是，既要产生儿童的个体化效果，同时也要实现总体化效果，而且，总体化效果最终必须通过个体化效果而实现。因此，很容易得出这样一个重要结论："对于个体及其兴趣的抵制，与对于

---

① 在考察教育空间中权力的偶然性与矛盾性构成时，兹将学生权力与教师权力并为权力的一极，将国家权力作为另一极。因为前两者的权力理性在于实现个体化效应，学生的自我发展效应是教师权力个体化效应的重要内容。于是在面对集体化效应的国家权力时可将它们合并，作为教育空间中权力的一极；而国家权力的理性在于集体化效应，于是与前者形成了对立或矛盾，它构成了教育空间中权力的另一极。但学生权力与教师权力的联合是暂时性的，这将在下文中详述。

② "在义务教育阶段，将10%～12%的课时量给予了地方课程和校本课程的开发与实施，从而形成了国家课程、地方课程和学校课程三级课程并行的层次结构。"（朱慕菊，2002，22）

政治理性的直接抵制，同样有效。"（Foucault，1988f，84）所以，要获得解放，除了抵制总体化效果外，更要从教育权力理性之根的个体化效果入手。

其次，教育空间中两种权力形式的偶然性结合，是抵制真正具有激进性和批判性的先决条件；而进行个体化效果的批判，将个体化效果作为抵制的基本内容，才能够达成权力批判的根本目的。因此，现在的问题是，个体化效果是什么，或权力抵制的根本内容是什么？答案是儿童的主体性。这是由以下原因决定的。

第一，作为权力关系的一部分，抵制内在于权力关系之中，它是权力的自我颠覆过程。

权力关系的运行，需要自上而下和自下而上两个方向同时进行，它依赖于儿童能动性的发挥，需要儿童的（关系型）自由来维持；但权力关系在唤起儿童主动性的同时，也激发了儿童的抵制，他们能够在权力关系中抵制自我和他人。因此，儿童的抵制是权力的效果，正如福柯所言，抵制是权力运行的必然伴随物。抵制内在于权力关系之中，在权力关系和抵制之间存在着紧密关系。因为抵制是权力关系运行的必要条件，所以个体化效果的分析和批判，就能够"有效"达到权力抵制的目的。

儿童的批判不可能"脱离"权力关系，而必须"通过"权力关系、在权力关系之中才具有可能性。正如上文所分析，抵制不是从权力关系的外部去对抗"权力"，好像权力具有集中性、同质性的坚固内核；抵制是在权力关系内部所形成的一种"能量"与关系，用来分散和打破权力的稳定性；抵制不是反对权力的外部斗争，而是权力关系内部的双向运动，既是对他人产生作用，也是对自己产生作用。抵制类似于战争，作用和反作用总是紧密相连。因此，当作为权力关系基础的儿童个体发生变化时，权力关系就随之发生变化；当每位儿童都发生变化时，整座权力关系的大厦就将发生坍塌，抵制目的自然就会实现。

第二，权力关系以儿童主体性的形成为运行目的。权力关系的有效运作，需要发挥儿童的主动性，而这种主动性是儿童主体性的外化形式。

权力关系让儿童成为自己的效果，但体现权力效果和影响的儿童的主体性也在此过程中形成，所以，权力关系作用于儿童，即是发展儿童心智、形成儿童主体性的过程。在权力关系和儿童主体之间，儿童一方面受权力关系的作用而完成主体化，另一方面在主体化之后与同时也能够进行自我的创造。

作为教育空间中的儿童，本身是多种权力关系的综合体。儿童既是权力的效果，同时也是权力的媒介。儿童主体本身是一个"模棱两可"的"阵地"，在此阵地上，儿童既是先于他的权力（在一种相对、一次性的意义上）的效果，同时又是自身能动性和权力关系运行的可能条件。

第三，由于权力关系以生产主体性为目的，所以在主体性与权力关系之间具有实质上的一致性，主体性分析就成为权力批判的机制与内容。

对权力的抵制不能仅从主体外部单独进行，还要（甚至更要）从理解主体性的内容入手，从理解主体化的过程开始，考察主体性与社会和历史的关系，理解个体接受意识形态和形成意识形态的复杂性，意识到自我"经验的历史性"（当然，实现这些过程需要借助于特殊的方法[①]），借以对自身主体化过程进行主观意义上的重建，从理论上进行重新阐释。

"在政治性思维中，要辨别出对主体的建构有害的因素……与其着意于主体化本身，不如聚焦于去分离和外化已经属于主体自身的东西。"[②]（Benjamin，1998，99）权力批判就是将权力塑造出的那部分自我，即"已经属于主体自身的东西"分离并予以澄清，然后再作处理（要么清除，要么保持，要么强化）。权力关系批判中的批判家即儿童，作为一个个体，是"不同时期建构出的（主体）能动性和（社会）结构的融合点"

---

① 第四章将论述作为儿童认识自我的自传研究方法，这里主要分析权力抵制从理解主体性入手的原因。

② 在笔者看来（套用原作者的句式），与其说二者中后者更为重要，不如说二者是同一个过程。

（Smith，1988，22）。"他者存在于我之中"，表明主体性具有社会性内容；而且"我也存在于他者之中"，表明意识形态、社会性和主体性三者间具有不可分割的、纵横交错的关系。巴赫金的对话主义同样强调自我与他者的密切关系，在强调主体性的社会性特征、主体性和社会性之间的密切关系这一点上，笔者认同他的对话主义。①教育权力生产出的儿童的内在力量——主体性，有着重要的社会性内涵，意识形态、社会性和主体性，三者错综复杂地融合在儿童主体的心智中。儿童的主体性是权力关系的产物，所以它为理解权力关系的性质提供了有效的途径与窗口。权力关系与主体性的相互建构，既是抵制的出发点，也是抵制的重要内容。

　　抵制应该从主体性的内部出发，而不只是从主体的"外部"甚至从"客观"的社会性知识出发，这种权力批判思路就消解了长久以来存在于社会学理论中关于个体能动性与社会结构之间、主体性的个体性与社会性之间二元对立的观点，因为在主体性与社会性之间，在主体的思维习惯与社会倾向之间具有必然的一致性关系②，我们借助于主体性去经历历史和社会，同时历史和社会必须借助于主体性而表达。

　　个体的无意识的自动化力量，往往是主体心智结构中最具分量、最核心的部分，它不易被察觉但对决定主体的意识活动却极为有效。这种效果正是规训权力希冀的目的和根本特征。所以，在抵制权力关系、分析主体性内容的同时，也要考察主体自身在理解权力关系，以及这些关系与其自我关联时的认识"机制"（即批判者自身的立场）。批判者必须意识到进行批判活动中的自己，是"我"在进行批判，而不能以一种冷静的、居高临下的观察家的身份，在权力关系外部（认为自己能够摆脱权力关系的

191

----

　　① 在分析主体性的获得机制、强调主体在自我建构中的能动性方面，笔者对巴赫金的对话主义理论有所保留。

　　② 本书论述的儿童思维习惯或心理特征，除非特别指出，一般是指在意识层面而不涉及无意识层面。社会化正常的个体，一般很少生活在自己的无意识世界中；否则，社会排除机制会将其界定为"他者"而不容许其正常化存在。

限制和作用）、俯视权力关系的运行，成为权力批判中的"他者"（对于批判教育学家来说，这种行为本身类似于一种无意识）。同儿童（他们的解救对象）一样，批判学家也是权力关系的产物，这不应成为他们所逃避或羞于面对的；恰恰相反，意识到批判家即"我"自己存在的权力关系特性，是有效进行批判工作的前提。

自我超越倾向、自恋主义和盲目态度正是批判教育学家的意识形态批判在政治上失效的原因，因为从根本上而言，他们自身是权力关系的产物，他们与权力的共谋关系，本身也是权力关系的效应之一，实际上的"他者"也是由权力关系生产出来的，只是他们没有意识到或意识到了却加以否认。由于批判者自身也是由权力关系生产出来，故正确的批判思路应该从自我主体性的分析入手。

第四，权力批判从主体性的理解出发，需要将自我主体性的内容讲述出来形成话语，因为斗争主要是通过话语方式进行。

权力关系通过话语与语言而成形。所有的存在都是语言，都是话语。世界是语言；反过来也是如此。在与原来身份斗争的过程中，福柯认为，理论与实践并不需要划分界限。派纳同样指出："理论就是实践。政治是各种话语（世界观、世界表征）之间的权力斗争，因此话语上的斗争不可避免地具有政治性。"（Pinar，2007，160）

讲述当前自我主体性的内容，这种行为本身意味着一种解放，成为一种精神上的解脱——醒悟的结果都会造成内心的革命。如果自我意识与无意识显示得够深，如果这种显示起到了解放作用，它就会以一种新的方式来重新调整我们与他人所有经历的关系。对于个体来说，醒悟为变革之始，而教育的目的全在于让受教育者醒悟。如何讲述自我主体性的内容从而深刻认识自我，是下一章自传理论所要探讨的内容。

总之，权力关系批判的关键在于，以自我反思的形式去理解个体自我的意识形态主体化、社会定位以及历史时期三者之间的相互促进关系

（Pinar，2009b，196）。这样的理解能够让儿童在理解并讲述自我和社会建构的具体特性时，促进他们进行自我和社会的重建。

国家权力与教师权力两种权力理性的结合，以及两种权力形式对于儿童的生产性作用，使得教育中的权力运行在一个既具有（目的）统一性又具有（理性）矛盾性的空间中。这一空间看似威力无比，但并非坚不可摧，而是具有斗争性和脆弱性。正是教育空间的这种二重性，使得教育权力的运行既有目的的深刻性，又有批判的可能性。而权力批判必须"从内部入手"，以主体性的内容为分析的对象。这种批判，既不同于批判教育学家"冷静的观察者"的呐喊，也不同于人文主义者"自我的超越"，而是从儿童主体性的内部出发，揭示主体性与社会性、能动性与社会结构之间的不可分割、内在融合于主体自身的复杂关系。所以，教育权力的批判不仅要意识到权力通过儿童主体进行着外部的生产和再生产，同时也要意识到儿童主体内部心智的力量，意识到主体所具有的抵制自我和他人的能动性。儿童作为批判家，自身是多因素的统一体。权力抵制的内容不应该仅仅限于对课程内容领域和儿童受到的权力压抑状态，而更应该深入分析儿童经历着的实践和存在的条件。

1976年，派纳在《审判》一文中，利用对卡夫卡的小说《审判》中的人物约瑟夫·K的分析，他指出：我们现代人与约瑟夫·K一样，处于被捕状态，被困在某个地方。这种被捕是政治的、心理的和形而上学的。对于个体而言，重要的是要理解自己存在于历史的和传记的情境中。所以，我们要逃脱被捕的状态；而被捕的状态——主体性——既是逃脱的起点，也是逃脱的内容；通过将被捕情境中的状态"讲述"出来，我们就可以达到逃脱的目的。但与某种对象做斗争，就难以彻底摆脱这种对象对自己的某种影响。权力关系允许抵制起作用，从而强化了权力关系的界限；抵制不可能从根本上跨越这些界限，相反，却使这些界限更加明晰。进一步说，逃脱行为本身并不意味着产生明确的出路。于是，一个同样重要甚至更为重要的问题摆在面前：逃脱以后我们该往何处去？

三、有意向无动因：回溯性描述法

（权力）目标是可识别的，但情况常常是这样：并没有人去创造这些目标。

——Foucault，1980a/1978a，95

我们暂且把逃脱与出路的问题放一放（第四章继续），转而分析以上论述中看似"矛盾"的几个方面：（1）如果教育权力是关系性的，那么为何又要做出国家权力与教师权力之间的两极区分？（2）如果儿童在权力关系中可以行使自由甚至进行抵制，那么规训权力如何实现生产儿童主体性的功能？（3）联系以上两个"矛盾"，如果教育空间中权力的构成是偶然的，那么如何能概括规训权力具有生产性特征（通过知识）的认识？

福柯在进行权力分析时，也在进行权力的批判。在论述规训权力的主体生产作用时，他先批判了人文主义观点。[1]福柯指出，规训权力的生产并不是要去实现内在自我，或展开先天结构，而是权力效应在个体身上的实现与具体化。权力生产个体的方向实际上并未遵循人道主义的多种标准如个性、意识或自由等，而是权力对于个体的一种标准化运用。规训的主要目标在于既要提升个体的生产性，又要培养个体的驯顺性。

除人文主义的权力观外，福柯还批判了权力有结构或有本质的观点。权力的结构或本质批判是指，规训并不像主权（sovereignty）那样存在着权力的起点，类似于一种物质力；规训权力是一种关系形式的无数节点之间的相互作用，类似于一种能量流在多元主体之间流动和产生作用。权力作用于主体，同时也是形成主体、发挥主体能动性的过程；而且，权力关

---

[1] 人文主义权力生产观认为，个体主体性的形成是个体内部先天生理结构的自然展开过程，外部环境（如教育的功用）在于提供适当的条件，去促成内在自我展开的顺利进行。

系中的所有节点都将（受到）产生权力的作用，同时受到权力的反作用。所以，规训权力的生产方式和运行方式较为特殊，福柯的权力批判为我们理解这种特殊性提供了很好的视角。

如果对于权力的人文主义批判和结构或本质批判还算容易理解的话，那么福柯的权力动因的批判则颇令人费解。权力的无动因特点，加上下文论述的权力的意向性特征，才是把握规训权力主体生产过程的核心之所在。为什么说规训权力的运行没有动因？如果没有动因，它为何又能表现出一种意向性？

（一）修改模式与无动因的教育权力

福柯建议我们避免去审问权力执行者①的目标和意向。他认为，权力既不可化约为假定动因②的行为，也不可化约为他们的意图，我们需要拒绝这种将权力人格化的做法，因为权力本是对力量的实体性安排（即将身体安置于权力空间中，得以让权力物化在身体之上），而权力人格化行为对此却视而不见；而且它还容易滑入权力起源正确或错误的道德话语的纠纷中（Hook，2007，81）。我们需要在"权力的真实且富有成效的实践中"（Foucault，1980c，97）去研究它的意图，如果其意图确实存在的话。

为什么权力没有动因？因为权力的关系型特质将权力空间中的两极化界限和区分全部清除，最终权力空间中的权力类似于一种能量流，并没有一位单独的作用者可以完全操纵它。福柯优先考虑的是权力的关系形式，因此重点要注意，权力的关系分析并没有产生两极化的现象，如权力的主体-客体，甚至更糟糕的如权力-主体，或有权者-无权者等相对独立与分离的范畴。当然这并非表明从不应该作以上的区分，或这种区分将自

195

---

① 权力执行者类似于一位交响乐演奏的指挥家。我们当然能事先知道指挥家设想的演奏效果，但是这种设想的效果和实际的演奏效果，经常是两个不同的概念和内容，尽管指挥家尽力让后者趋向前者，但无论如何，二者不可能合一。教育中权力的运行效果与此相类似，所以福柯建议不要去审问权力执行者（最初）的目标和意图，因为相对于权力产生的实际效应而言，它不具有根本性的参考价值。

② 假定动因（putative agents）本身是一种假定性说法，因为这种假定仅仅是假定的，实不得已而为之。

动瓦解；而事实上，这种暂时性区分对分析问题经常很有帮助，特别是当思考抵制可能性的时候。而问题在于强调，权力在最佳运作时，权力的流动——类似电荷流过电路——最好被看作一种修改模式（或变换模型）（Hook，2007，81—82），并不能被分离成独立的几个部分或一系列元件。很明显，这种用关系形式追溯权力的方法，正是希望避免"权力"与"主体"两种类型之间的严格界线。换言之，权力的关系性特征促使我们应该从动态功能的角度去理解权力的运作，"福柯避免将权力分离为原子式的成分，而将我们的注意力引向分析权力所带来的改变，分析由于权力的运作所带来的影响、改变、形成的不同和启动的对象"（Hook，2007，82）。福柯要求我们专注于在持续的主体化过程中权力是如何运作的，致力于研究改变主体的认识、行为和与自我关系的那种连续而不间断的多种过程。

福柯对于权力的关系性理解以及基于这种理解所得出的"权力无主体"的结论，对于我们思考教育中的师生关系提供了很好的思路。教育理论界关于教育过程中应然的师生关系多有争论，而且观点丰富，先后有主体-客体、主导-主体与双主体或交互主体说等。而事实上，课堂空间中教育权力的运行并不能简单化约为某一种或两种主体的作用。当然，当我们将实然的关系网络化约为虚构的某一种或两种权力的据点时，我们容易确定教育权力的起源与控制中心，但作为控制中心的"动因只是权力指涉的最终形式，而并不是权力运行的一般手段"（Foucault，1980c，92）。因此，它不能准确地描述教师与儿童在权力空间中的交互状态与"修改"或"变换"最初的教育或课程目标的过程与结果。从根本上说，主客体、主导主体或双主体型的师生关系论证，在分析教室空间中的师生权力时，仍然坚持主权型的权力论，它反映了特定主体对于实体性权力的幻想，并试图将其物化在现实的课堂教学中，以体验教育专制的快感。尽管不予承认和强调，但师生权力的关系特性却一直存在，而且这种关系特性对应与要求的，则是民主型师生关系的确立，它甚至不是"平等中的首席"，因为即使是"首席"也面临着不断被修改意志的可能性。

与此类似，在论及心理咨询专家和儿童主体之间的规训关系时，福柯认为我们应该避免简单地询问谁有权去认识，谁被迫保持无知，而是尽力去"发现权力关系的运作过程中所暗含着的修改模式"（Foucault, 1980c，99）。教育权力的配置及知识的运用不应被看作归权力的假定动因所有，福柯建议我们应该专注于他所谓的"变换模型"，这一模型既产生同时又控制权力的运行过程。

（二）没有战略家的战略：教育权力的意向性

这里就出现了一个悖论：尽管权力关系无主体，不能认为它具有根本性的动因，然而它仍然表现出意向性。通常的情况是，权力运作中的逻辑十分清楚，正如权力的最终目标经常清晰可辨一样，而尽管并无任何个人刻意去制定这些目标（联系上文教育权力无动因的论述）。于是，福柯关于权力特性的最具争议性的说法之一是，尽管并不存在一个基本的或正规的作用者或战略家，但是权力的实施仍然具有意向性和战略性。权力没有战略家，但却表现出战略性，如何理解权力的这一特性？

"没有战略家的战略"，在逻辑上看似不可能，但这种事实却可以用上述精神治疗的案例加以理解，特别是在对于患者症状的鉴定过程中，它显示出对于来访者（儿童）症状的鉴定带有某种意向性，但却不能分离出一位有意识、理性的意向性的创造者来。精神治疗的目标并不在于定位症状背后的确定的"患者"，事实上这是不可能的，原因就在于权力运行中的修改模式或变换模型，在于治疗师与患者在治疗过程中对"患者"特征的不断修改与变换。精神治疗师，或说战略家，他最初的意向和战略（即他原初的目标或权力）常常在与患者的互动过程中被裁切和限制，并不具有原初的内在一致性。当然，这并非表明内在的一致性并不存在，但却是通过足够复杂的变换模型才得以创造与表现出来。治疗师的意图和战略必然会受到患者反应的影响，对患者病况的鉴定和病因的说明，还有相应的症状性治疗，更多地是由患者和治疗师共同协商——变换模型的核心——才能决定。

与此类似，尽管教师看似预先设定好了教学目标，而实际所能达到的目标，或者说儿童所能体验和感受到的教学目标，与预设的目标之间总会存在着距离。教师与儿童不得不在双方权力的交互状态中修改与变换自己彼此原初的设想，哪怕它们看上去很美。所以，最终所实现的目标既不在教师的预设范围内，也不在儿童的能动性领域中，而是存在于二者共同建构出的某一空间中，而且与二者原初的目标都不相同，所以，看似"并没有任何个人刻意去制定这些目标"。

福柯并没有彻底否定个体的能动性和意向性，相反，正是因为权力"双方"能动性的作用和意向性的彰显，才使得权力具有"没有战略家的战略"性特征。而事实上，福柯认为，权力关系中的主体并非不知道他们在做什么，一般情况下，他们确实知道自己为什么要做他们在做的事情；而只是不知道他们在做的意味着什么，这样做将会产生什么样的后果（Foucault，引自Dreyfus & Rabinow，1983，187）。换句话说，权力中的主体都可以在其中活动并产生效果，类似于某种权力的动因；但是他们却不可能独自支配与主导权力的理性，掌控更大范围内权力的秩序，尽管他们的活动是其中的一部分（Hook，2007，83）。

当然，这也不是要表明权力的无意识性，或将权力分析化约为修改模式或变换模型；而是要指出权力运行中这一模式的价值，以及它对于理解权力效果所具有的决定性意义。

（三）回溯性描述方式：看上去很美

教育空间中权力的起源具有偶然性，因为不同理性的权力联合在一起，并没有固定的本质；而且权力成分的多样性允许权力双方或多方最初的目标受到修改与变换。所以，教育权力对儿童的生产看似也存在偶然性，因为在特定情况下，由哪一种权力来生产儿童预先并不能确定。这种过程又好似无意识的、目的不明确的行动。总之，规训权力生产儿童具有过程中的偶然性。

同时，知识是教育权力构成的关键要素，权力生产必将依赖对儿童的认识并生产着儿童的知识，知识与权力在主体性生产实践中复杂地相互作用。而知识或真理对儿童的规约具有决定性（见第二章），一定时期内只有一种儿童话语占据主导地位。主导型话语将排斥或压制其他的话语，从而保证自身预定目的的实现。在此过程中权力生产看似存在着一种能动性，通过消灭他者而保存自我。总之，规训权力生产儿童具有理论上的决定性。

于是，在儿童生产过程中的偶然性和理论上的决定性之间看似存在着"矛盾"，而且似乎不可调和。那么如何正确认识权力的偶然性生产和知识的必然性规约、无意识的自发性与有意识的能动性之间的"矛盾"？

其实，我们不应该从单一的角度来认识所谓的"矛盾"，而必须从双方在实践中的运行状态来分析。对儿童进行理论上的规约而具有的决定性，只为国家主体与教师主体所拥有，也就是说，它只能以一种外在于儿童的理论形态而存在，述说着儿童应该具有什么样的身份或拥有什么样的主体性。因此，怀揣着对于儿童理论规约的教师，他们的有意识策略只能在局部范围、针对具体问题而发生效力，而要走近儿童、实现儿童的个体化效应（借以实现国家的集体化效应）、达到较大范围内的策略效果，教师的有意识策略就只能通过与儿童权力进行策略性结合，方可提升他们在周围环境中的地位。但是一旦发生结合，正如上文所分析的，教师就将失去其独立性与目标的预定性。

教室中的规训权力，当然试图去采用理性的计划，去实现预定的目标，这也就解释了为什么每门课程都规定课程目标、每一位教师都预设教学目的。在这个层面上可以说，教师的策略或说权力执行是有明确意识的。但是，尽管课程目标规定得再详细，教学目的设定得再清楚，预先设想的策略都不可能全面考虑不断变化的儿童反应，因为儿童本身代表着权力关系，而且是来自不同层面。因此，教师权力的运行条件，永远不可能充分预测，"教育是一门艺术"。从这种角度而言，偶然性又是权力运行的主要因素。

教育空间中多种权力意志的交互作用结果，便构成权力关系运行的独特风景画。显而易见，这幅画不可能如国画般那样天衣无缝逼真地反映原物，而只能如印象画这样朦胧模糊而又有所暗示。总之，教育中的权力关系在一定时空中只能具有一般性效果，而并不能产生全部的预期。正如福柯所言，权力关系的"逻辑最为清楚不过了：目标是可识别的，但却常常是这样，即并没有人去创造这些目标"（Foucault，1980a，95）。"并没有人去创造这些目标"，表明最终的教育结果（或古德莱德意义上的经验课程）并不能事先预定，同时也表明这种结果是在教学过程中"创造"出来的，最终才具有"可识别"的特征。这也就是说，权力关系存在着目的，尽管与预定的目的并非完全一致；但却没有主体，或说主体因多元化而消失了各自的声音。教学犹如一场冒险行动，尽管可以有意准备好多种策略，但却无法掌控结局。

但是，如果偶然性在权力关系中具有如此大的影响，那么如何能够获得教育权力运作时的印象画？福柯解释道，策略性、目的性的权力构成这种描述方式，主要是一种回顾性的说法（Ransom，1997，91）。其实，如对儿童概念的认识一样，对于教育权力的描述，也只能采用回溯的方式；否则，"那个故事太完美而不可能真实"（Foucault，1980f，209）。所有过于完美的事物，或许都是不太现实的。

第三节　矛盾的权力空间

教育中权力的生产性及其抵制过程，归根结底类似于自由主义的解放模式，因为抵制是以理解自身主体性为基础，它必须理解权力在主体身上产生的某种后天"本质"，并进而用话语表述出来，以达到理解自我、抵制权力的目的。而解放模式的实践，本身是由教育权力的理性以及权力空间的矛盾性所决定的。

一、经济型生产：教育中的治理术

与柏拉图认为的身体是灵魂的监狱相反，福柯认为，灵魂成为身体的牢狱。

——题记

（一）身体、规训与心灵效应

教育权力的生产性和可抵制性，正如权力关系的无结构性和多种类性之间的关系一样，是密不可分、互相结合在一起的。这种紧密结合着的关系，导致儿童难以建立与自我的正确关系（儿童与自我的关系，将是下一章论述的重点）。这种关系之所以难以建立，本质上是由权力生产的特性所决定的：灵魂是身体的监狱。

身体成为规训权力的关注对象，它是规训的首要兴奋点，规训只有在身体上才能大做文章，至少在规训的早期阶段如此。当然，不是像主权那样去摧残身体，规训是投资身体使其具有生产力。身体作为一个关注点，将接受一系列生成性的干预、控制和塑造，进而在工作时能够产生最大利益。福柯多次强调身体对于规训权力的重要性，他认为"人类身体艺术的诞生之日，即为规训权力诞生的历史之时"（Foucault，1977a，137）。

强调身体对于规训权力的极端重要性具有多重意义，因为规训权力不可能摆脱对于物质性的依赖而只去关注表征、语言或话语，尽管后者是它的运行机制。因此，福柯的规训分析并不能归入（后）结构主义①理念之中，"他始终坚持认为我们要意识到权力运作机制的物质性或身体性，与从该机制中产生的表征或论述性话语之间的复杂关系"（Hook，2007，22）。任何政治性控制架构的终极形式，最终都着眼于身体。权力关系应用的身体性特征，成为福柯权力分析的聚焦点。

规训对于身体的关注，目的在于增强身体的生产本领。规训对个体身体的干预，本质上为一种净化、矫正或治疗行为，每一种矫正行为都等同于对身体的一次投资，并期待产生收益；每一种改善措施都将提升主体相应的驯顺性和生产力，且驯服和能力总是同时被生产出来。

身体作为规训权力的目标，重要意义不只在于生产温驯而有能力的个体；将权力作用回溯至身体层面，其更深远的意义在于"创造一种更为长久的心灵效应"（Hook，2007，22）。从身体的角度考察规训权力，关键原因在于需要将不同主体的身体据点，与独特的主体化效应建立起关联。换句话说，我们需要通过主体的身体，去考察依赖于身体之上的主体化效果。正如之前所强调的，因为身体已经"主观化"了，主体的功能已经固化在身体上；因为身体已经受过心理学化和标准化处理……个体才得以出现，从而能够说话，掌握话语，并试图发明科学（Foucault，2006b，56）。权力利用身体，将目的灌注在身体之上。当身体主观化过程顺利完成，具有主体的功能后，权力意义上的个体才能真正诞生。

因此容易理解，在一系列针对身体的程序和操作的背后，存在着一种对于个体定位和主体化的机制。福柯看似过度专注于权力控制的物质性（即身体）的倾向，必须在形成主体的立场与心理效应的背景中加以

---

① （后）结构主义解构性、语言学和符号学式的分析，倾向于关注对象的指称、意义和文本等非物质性特征。

理解。规训中的身体被固定在时间、空间和实践的体制中，接受训练、教育、改善和治疗。身体是权力的表层组织，这种组织必须结合与自身有关的心灵效应而加以理解（具身主体性）。一方面，心灵效应是权力作用于身体的建构结果，它促使主体自我管理，遵循标准，目的在于接下来主体能够自我再生产；另一方面，心灵效应必须依赖于身体而得以建构，是"身体的功能"，是处于规训关系中身体的效果。所以，身体与心灵效应错综复杂地结合在一起。

我们必须正确认识规训权力的双重焦点，正确理解这两种要素之间的复杂关系。心灵的"心理学效应"依赖于某种定位，没有哪一种"心灵效应"不是定位于具体空间和时间中的身体据点中，或能够脱离具体的生产标准与监视程序；规训性改善项目需要物质据点作为其审查和作用的对象。相应地，规训必须占有心灵，必须产生一系列持续性"主体效应"，否则，它对身体的干预效果将转瞬即逝而非永久存在，在权力离开身体之后主体化效应就将终止。在主体化过程中将发生类似学习的事件，学习的效果将写入主体的个性心理中，作为个体的一种自动的、自我实践的模式或称个体身份；同时，这种效果还是个体的自我意识和观察的机制，它运用一系列指向身体的程序，调用个体的注意力，并将二者在一个更高的层面加以整合。这一层面既不能单独视为孤立的身体事件，也不能简单看作心灵的活动。从身体表面的经验中，从某种重复性的学习中，产生出个体的"心灵效应"。这种过程既与弗洛伊德自我的起源不同，又与现象学中主体的存在殊异。这种主体的起源总是来自身体性经验，它是作为对身体表面的物质感受和反应的结果，所以它的形成既不是自身内部特性的展开，也不是先于外在经验而存在，而是对外在经验的感受和作用的结果，身体性经验生成了特定的主体性。正如福柯认为的，规训权力返回身体产生了一种"盈余的力量"①，这种盈余的力量，让心灵的观念②和心灵的经验得以诞生（Foucault，1977a，29）。

所以，个体的心灵不但真实存在，而且这种心灵是生产出来的③，它是由权力基于身体、成于身体并且为了身体的方式而生产。这便是心灵的历史生成论。这种真实的心灵，不是一种实体性的物质，而是一种机制的效应，它的作用方式表征着某种类型的权力和特定形式的知识；而且在心灵生成的机制中，权力关系将产生知识体系，知识将扩展和强化权力的效果（Foucault，1977a，29）。"心灵"至少身兼两职：作为一种反思性存在，它们能够对自己进行观察、调节和判断；同时作为一种对象化存在，它是权力-知识的永恒的不断深化的产物（Hook，2007，24）。所以，正是这一"心灵"，福柯声称——与柏拉图的信念刚好相反——现在成为身体的牢狱。

（二）治理术与权力经济学

治理术（governmentality），是福柯创造的词语，是他思想中的核心概念之一。不同时期，福柯对它的定义和使用方式不同，但概括而言，福柯的治理术指的是治理的理性，它包括两方面内涵，即治理的实践或方式，与对治理的反思。所以，治理术不仅仅是一种实践方法，而且还是一种认识论。

作为一种实践方法，它意味着治理、管理的艺术（arts of governance），

---

① 福柯着重指出，规训权力不可称作一种"政治解剖学"（德勒兹，1988），功能仅仅是对身体的操控。他用"心灵"这一术语试图表明：在规训的主体化方式作用于身体时，将产生这种剩余的"主体效应"。

② 这里的"心灵"可看作一个参考性观念，多种概念和分析领域建立在此概念之上，如自己（self）、心智（psyche）、自我（ego）、人格（personality）、个人主体性（personal subjectivity）和意识（consciousness）等都位列其中。围绕这种以多种方式（再）论述的"心灵"概念，人文主义者建立起科学的干预技术和话语以及道德诉求（Foucault，1977a，30）。

③ 在这一点上，赫尔巴特与福柯的观点是一致的，但生产的机制并不相同。赫尔巴特的心灵生产论，详见第二章第二节第一点。

它要回答"如何治理"（how of government）①的开放式问题，由此出现
两个问题：这种艺术的价值追求是什么？它是如何达成这一追求的？

　　治理术这一词语，本身伴随着自由主义的发展而提出，表明对个人的
监管、管理和治理（Foucault，1979；1991）。对于福柯来说，治理术意味
着统计、规划、政策、战略、反思和策略等复杂对象，目的在于塑造个体
的行为，"对行为进行引导"，通过作用于他人的行为而达到特定的目的。
这些目的不仅包括控制、征服、规训、标准化，也包括让他们变得更加智
慧、聪明、快乐、善良、健康、自尊、有力量等（Rose，1998，12）。

　　这也就是说，治理术的目的不仅仅表现在控制的消极方面，而且也表
现在它的积极方面，让社会更加和谐，让个人更有生产性，从而在自我的
管理与国家的管理之间建立起实质性联结，发挥自由主体的能动性作用，
并将主体的能动性牵引至国家管理的轨道上来，从而确保自我的管理与国
家的管理在根本方向上的一致性。福柯"治理术"观念的重大意义在于，
它将个体的政治性形成问题，同个体的自由问题联系了起来，从而使得自
我的管理与国家的管理巧妙地结合在一起。

　　这种结合必然会产生经济效益，而事实上，将"经济"的观念引入到
政治性实践中，是建立"治理的艺术"的关键环节。这一具体做法不仅包
括主权理论的实践，还包括规训机构中社会控制的各种形式以及知识在管
理艺术中的运用。但相对而言，福柯更注重个体或群体的行为是如何被利
用知识而加以引导和利用的。因此，他更关注于具体机构中的微观权力机
制，即规训形式的权力。正如上一章和本章所论述的，权力能够产生真理
和某种话语（通常以知识的形式），个体或群体将知识吸收内化后，权力
就可以达到引导人们行为的目的。这就会带来更为有效的社会控制形式和
更为经济的社会管理成本，因为知识能够让个体管理他们自己。

205

----

　　① Ransom（1997）认为，government与governance这两个单词，在福柯思想中的意思很近，没有本质差
别，本书认同之。

　　这种权力的使用方式，常用来分析新自由主义：权力去中心化，其中的成员能够积极地自我管理。因为个体将充分发挥其自身能动性，因此需要从"内部"来约束他们。治理术的典型形式之一，就是利用某种形式的知识；对于新自由主义（市场机制占主导、限制国家行为的一种治理术）而言，产生并加以利用的知识，允许主体自身进行自我管理或自我改正。因此问题在于：这是一种什么性质的能动性？什么意义上的自由？如何理解知识与这种自由的关系？

　　隐匿性和自主性，是规训权力最为显著的两个特点。规训权力的运行，需要隐藏自己，让自己处于不可见的形态。尽管它将主体暴露在持续性监视的条件下，而其自身的运作机制和程序却是不可见的。上文分析到，规训努力将全景监视作为它的生产和控制进程中的重要组成部分，目的在于精确观察和收集关于个体的信息，进而系统化为知识，并在个体间加以对比，将知识变成真理或标准，变成评价或界定身份的伦理依据。由于规训权力的隐匿性，其运行过程就不存在二元对立现象，这使得它"有可能彻底地控制个体的身体、动作、时间和行为"（Foucault，2006b，46），从而保证了权力的生产目的与儿童主体性的品质之间具有高度的内在一致性。

　　规训的隐匿性将促使它达成生产儿童个体的目的，而它所赋予个体的自由的存在方式，更提升了生产的内在效度。规训需要权力关系中的儿童发挥自主性，这是它自身特殊的运行方式（笔者将其称为规训的新型意识形态）。尽管权力的运作是隐秘的，但是儿童必须能意识到权力的可见性，因此，对权力的这种自我意识让儿童"自身承担起权力约束的责任"（Foucault，1977a，187）。儿童在权力关系中的自主与选择、自由与能动性，既是规训权力运行的需要，更是对儿童进入社会生活领域前主体性运作的预演与测试，以实现儿童自我的管理与国家的管理在根本方向上的吻合。

吻合上的成功，才能证明儿童心灵效应的意义。作为儿童心灵效应内容的自主选择、能动性发挥，也自然具有了社会性特征。因此，更为根本的问题是：不在于你有没有自由，而在于你拥有的是什么样的自由。

新自由主义范式的教育政策，通过强化道德调节，发挥儿童自身的作用。规训，作为治理术的一种，它对儿童的生产性作用，依赖于儿童的身体但却不止于身体，而是身体的"主观化"，指向于儿童的心灵。作为心灵效应主要内容的儿童的自主与选择、能动性与自由，这些逐渐被看作教育的主要目标；而这些目标的实现，主要依赖于生产、指引儿童与发挥儿童能动性的方式，而不是通过折磨肉体产生疼痛的方式。于是治理术强调人性化管理，它通过生产知识，实现儿童的客体化（第二章），进而对儿童的心灵或灵魂进行准心理学的解释、引导与生产，进而实现儿童的主体化（第三章）[①]，并在实现主体化的过程中生产儿童客体化所需要的知识与真理。所有这些都为权力在程序和逻辑方面的变革开辟了道路（Hook，2007，13），并为实现自我管理与国家管理的统一奠定了基础。

在此应该强调的是，对于福柯来说，权力的人性化努力与其说是用来建立一套更加公平的体制，不如说是创造一门更好的权力惩罚经济学。权力的人性化努力目的不是惩罚得更少，而是惩罚得更好；在促进其作用更为有效、效果更为持久的同时，保证权力在政治和经济两方面的代价最小化。因此福柯认为，尽管治理术披着人文主义的外衣，但却"使得权力更为深入地渗透进社会肌体中"（Foucault，1977a，82）。不过，这种外衣将继续证明它对于规训程序的蔓延来说所具有的必不可少的装饰性角色（Hook，2007，13）。治理术的每一种特殊技术，都将人的原则和价值作

---

① 儿童的主体化与儿童的客体化，是同一过程，因为知识与权力紧密相连。在此作一划分，只是想着重强调主体化机制的不同方面而已。第四章中儿童伦理化的自我建构，也包含主体化与客体化两个过程，不同于第二、三章之处在于，儿童能够自我生产真理（即自我个体化）、自我实现主体化，尽管他们不可能彻底摆脱权力的影响。

为其治理的指导思想。正是基于某种令人敬畏的道德和伦理基础，规训权力才能够逐渐展开多种治疗、纠正和惩罚性的操作实践。

二、矛盾性空间：自由悖论与抵制困境

真正的任务是去批判机构中的工作机制，它们看起来既政治中立又相对独立；以这种方式批判，就可以揭示出一直隐藏于工作机制中的政治性暴力，进而去攻击这种暴力。

——Foucault，2006a，65

（一）"必须自由"

上文谈到作为一种实践方法的治理术，它要回答"如何治理"的开放性问题，接下来将论述作为一种认识论的治理术。与回答问题不同，它要对上述问题的回答进行反思，以体现治理术作为一种"术"的理性批判精神。

对于福柯来说，批判是"一种美德"，一种个体的气质，它是批判者对待事物的一种态度。遗憾的是，这一态度经常被遗忘，于是产生一种有趣的现象：治理对象可能并不理解他们的选择与自由的本质；他们认为的理所当然的生活方式其实并不自然！

这种"自然"的态度是养成的。一方面，我们通常根据自己不假思索的"真理"（关于我们是谁，应该选择什么样的生活方式，如何实现、用什么方式和实现最终为达到什么目的）去对待自己和他人；另一方面，我们管理和作用于自我与他人的方式如果不经过反思，又会在一定程度上强化先前的认识，巩固已有的（自我）"真理"。如果儿童学会质疑当前的行动、做出的选择以及运用的自由，他们将会发现：在教育空间中，他们不仅仅"选择自由"，而且是"必须自由"，以"必须自由"的方式去理解和展开他们的生活。

由于多种理性相异的权力在现代社会中的联盟，它几乎让权力的抵

制变得不可能①，福柯曾将现代社会比喻为"恶魔"（Foucault，1988，71）。当我们思考教育中的权力时，或许没有如此夸张，但教育空间中三种不同理性的权力的结合、教育权力个体化效应和集体化效应的联盟，对于按大体方向建构儿童的主体性，却已足够；对于应对教育过程中儿童的可能性抵制，则绰绰有余。②

　　一方面，国家需要清点并操纵它最重要的资源之一——儿童；而另一方面，国家要达成这一目的，它就必须运用教师权力，通过教师权力的方法和技术去认识和引导儿童的精神生活。当然，教师权力的运行也需要儿童权力的配合。在这种情况下，儿童只能积极地参与（自由的形式）或特殊地参与（抵制的形式）到国家和教师的权力意志中，成为二者的作用对象。

　　国家权力与教师权力的结盟，从消极方面来说，可能会导致教育权力理性的脆弱性和不确定性；但从积极方面来说，这种结盟对于儿童的生产而言，却具有无与伦比的高效性和稳定性。这种稳定与高效，使得儿童在权力关系中"必须自由"，使得他们在权力关系中的抵制也可能成为权力对（儿童）自身建构的巩固性因素。为什么会如此？以下将从自由的悖论和抵制的困境两个方面作具体分析。

（二）儿童自由的悖论

　　教师在儿童主体化中的作用比较独特：一，教师与儿童的关系最为密切，在儿童主体化过程中的地位最为特殊；二、若教师权力与国家权力进行联合，教师提供的主观性经验的性质就与国家的权力意志相一致，而儿童往往对此却不会反思。

　　以上两个方面将让教师或心理专家可以以国家的姿态对儿童说话。在

---

　　①"几乎"一词表明了两层意思。第一，现代社会中的权力关系类型多样，理性各异，盘根错节，纵横交错在一起，所以很难理出头绪，不容易对其进行抵制。第二，尽管如此，权力的抵制仍然是可能的，在教育空间中也是如此。教育中的具体抵制方式，详见第三章第二节。

　　②"大体"方向而不是预定方向，"应对"抵制而不是"取消"抵制，说明了儿童权力在教育权力格局中的地位及儿童的自由与抵制的潜力。

儿童与教师的交互性情境中，如果外部的某种权威（教师或心理专家等）悄悄地挪用了儿童自我建构的机会，这将意味着外部权威部分地占有了儿童的生产权。之所以说是部分而非全部，因为如果儿童知道作用于自己的外部力量的来源和性质，如果他们能够对外部力量进行鉴别和评价、接受或排斥，那么儿童仍然拥有自我建构的自由。

但在教育空间中，教师或心理专家对于儿童的发展具有越来越自由、越来越重要的控制权。他们为儿童提供教育性经验或发展性建议，并让儿童借由这种经验或建议确认自己，形成特定的身份。同时，他们为儿童提供的各种主观性经验，能够让儿童相信这些经验就是他们自己的，是儿童自己通过学习与思考获得的，而不是别人强加的。于是，儿童从教师或专家那里所获得的所有经验，可能都不会怀疑和反思，更不会去考虑经验的性质以及经验与自我的关系。最终，在儿童丧失掉另一部分的发展控制权后，外部权威就完全地占有了儿童的发展权。

这种发展权的全部占有，源于教师权力表面上的相对独立性，与事实上的其与国家权力的紧密结合性。教师在行使权力、培养儿童处理自己与更大范围的社会结构的关系时，看似扮演着一种独立的角色，承担着类似不受外界影响的客观的专家身份。界定儿童是什么以及儿童与社会的正当关系，是从专家个体的角度做出的，而且做出这种决定的权利被认为归专家所独有。正是因为儿童对于专家身份的特殊期许，以及专家在儿童心目中的特殊地位，他们在面对心理专家时才可能"敞开"自己；在遭遇认知与思想上的困惑时，才会主动向教师请教；在决定自己的发展方向时，才勇于将控制权交于专家。①

而事实上，教师权力与国家权力的联盟，使得教师不可能以一种独立的姿态，出现在与儿童打交道的场所中。他们提供给儿童的主观性经验，

---

① 更一般的情况是，儿童可能根本不会去思考自己的发展问题；在他们心目中，教师就是真理，真理往往具有至高无上的地位，是不容置疑的，是需要崇拜的。

显然是在传达国家本身的意志，尽管教师能让儿童相信这是源自自己的。通过这两种方式，教师（或专家）几乎完全控制了儿童生产的权力。

而且这种控制性生产是在儿童的密切配合下实现的。正如上文所分析，儿童的自由状态是权力生产的充要条件。因此，我们就需要进一步考察儿童在专家的引导下所拥有的自主发展的自由到底是什么性质。为了说明这一点，不妨先考察一下发展历程和使用方式与"自由"极其类似的一个概念——性经验[①]，来说明教育权力中儿童"自由"的使用性质。

在《性史》第一卷（Foucault，1980a）中，福柯为我们提供了围绕性经验的主体化技术的变迁。在古希腊时代，性经验与欲望、快感一起，成为生存艺术或生存美学的重要组成部分。到了基督教时期，对于性经验的态度发生了极大的变化。西方文化通常假设：身体及身体的欲望（即性或性经验），可以揭示自我的真实。[②]如果某人讲述自己性经验方面的"真实"，那么他深层次的真实也就自然呈现，他就能过上一种真实的生活，接触到最真实的自我。于是，福柯在本书中就考察了欲望、快感和性经验这三个概念，是如何成为今天建构自我的话语而被利用的。这些话语既是关于我们性经验的"真实"，同时也是关于我们自身的"真实"。于是，古希腊时代作为生存艺术组成部分的这三种观念，现在却成为主体化的知识–权力的创建机制。

一方面，限制性经验；另一方面，强烈地引诱人们说出关于性经验的真实，于是，这种矛盾性的组合就成为西方文化的一种普遍性特征。福柯在这本书中集中研究了这种组合或联结的历史，考察了如何要求个体根

211

[①] 英文单词为sexuality。对此词的译法多有不同，有译为"性"，有译为"性经验"等。笔者倾向于"性经验"的译法，因为福柯关于"sexuality"的三卷本主要论及的是与sexuality有关的权力话语与实践（第1卷），以及伦理学方面的问题（第2、3卷），而并非直接地谈论性本身。

[②] 在宗教中，一般需要忏悔的原罪，大多等同于性道德。因此，宗教上的忏悔就立即成为管理宗教信仰者生活的主要技术，让信仰者坦白自己关于性的想法和行为的"真实"情况。"性"的这种利用方式，表现在弗洛伊德性压抑的观念中，也体现在福柯《性史》的三卷本中。

据被禁止的对象来理解他们自己，揭示了个体真实与禁欲主义之间的关系（Foucault, 1988b）。

教育中儿童"自由"的应用，经历了从限制性行为到变成话语的曲折过程。从自由作为教育中的一个"禁忌"（传统教育实践主要是一种纪律和管束的实践，儿童自由的空间被强制压缩到一个最小的限度，详见本书第二章第二节），到自由被教育实践所利用，变为一个可以研究和应用的话语和实践领域。这种转变发生的背景和原理，正如福柯在《性史》第一卷中所揭示的人们对性经验的态度是一样的。这种自由及其应用时所产生的主观性经验，本质也正成为儿童主体化过程中的知识-权力的机制。与性经验不同之处在于，自由还必须被儿童所利用，以保证权力的高效运行和儿童的自主特性。"必须自由"能够为儿童带来"生存美学"吗？

（三）儿童抵制的困境

教师或心理专家不但可以以国家的姿态对儿童说话，而且还可以以国家的形象出现；不过他是将自己扮演为国家的对立者，从而也在儿童需要和国家需要之间建立起表面上的对立。

看似表面上的对立，实际上确实是一种对立，因为教师权力（致力于个体化效应）与国家权力（致力于集体化效应）的理性之间本来存在着矛盾。但问题在于，这种对立却为教育权力所利用。本来，教师权力和国家权力的理性之不同，儿童可以借助于教师权力去对抗国家权力；但却因为二者的结合，结果使得二者实为两面一体，在实践中两副面孔却表征着相同的实体。教师本来处于儿童个体需要和国家需要之间的持续矛盾中，但是他与国家权力的结合，使得这种矛盾要么隐藏起来，要么变成儿童需要和他们自身（指教师）之间的矛盾。所以，儿童在权力反抗中不可能求助于处于联盟中的教师；儿童在教育空间中试图摆脱权力的作用，求助于教师权力很难成功。

很难成功的原因在于，教师往往缺乏独立性，不能在课程设计中真正运用自己的主体性，最终导致教育空间中的权力主体尽管多样，但是权力的总体目标却相对一致。从教育目的而言，多种形式的主体行使一种权力，即将课程中的意志以有效方式传递给儿童。教师在实施课程时，很难拥有自己的独立性，也很少能够依据自己的需要，创造性地开发体现自身主体性的课程来。所以，由他们对儿童做出界定并论证儿童与社会之间的适切关系，本质上乃是国家意志的个体化表达，教师只不过充当有效的代理而已。因此，利用教师的知识进行权力的批判活动很难成功，除非教师拥有了自己的独立性。

但独立性是不易获得的。在教育空间中，的确存在着不同的甚至是相互对立的话语，例如在教师话语和国家话语之间，或儿童话语与国家话语之间，但从长远来看，教师话语和儿童话语的形成与发展，必然会进入国家话语的总体策略。这是两种具有抵制潜能的话语的基本事实，也是其存在的一般性条件。所以，所有抵制的事实都不会从根本上影响到三者所产生的总体整合性的功能；或者说，尽管话语之间会相互对立，但在对立的情况下仍然可能产生整合性的功能。

有时，正是三者之间的不同或相互对立，才使得对儿童的生产性作用能够有效和全面地实现。例如心理辅导老师，对于儿童内部世界的深切关怀会促使儿童向他们敞开自己，这就便于接下来教师个体意志（代表着国家意志）的实现。

总之，儿童若借助于教师对权力关系进行抵制是不可能成功的，除非教师真正具有学术上的独立和人格上的自主。同时这也提醒儿童，权力的抵制必将主要依赖于自己，从分析自身主体性的内容开始，如分析自由选择、能动性与自主性的使用方式等。在多样化复杂性的权力空间中，多种不同类型的经验同时作用于儿童，形成儿童主体性的丰富内容，所以唯有分析自我的主体性，不断反思形成自我的经验，儿童才可能走向成熟。

（四）儿童何以"成熟"？

现代学校教育主张培养儿童的独立性、自主性，但是教育中的多元权力理性却使儿童的培养结果离本来目标渐行渐远，儿童在教育过程中很难成熟起来。这里的"成熟"是指，儿童有能力参与决定塑造自己的力量，包括拥有形成什么样主体性的权力。儿童是一个形成中的暂存物而不是一个既定性的事实，他代表一种不断向上生长着的力量而不是始终保持原状的固化物。因此，一个必然的结论是，儿童有必要学会去创造自己，成为一种超越性的存在。

实现这种超越性的存在，儿童需要"成熟"的品质，其中最主要的是创造性和个体性。创造性是一种不断否定当前的力量，从而进入新的存在形式；而个体性则表明自己的存在和创造并不是简单地模仿他人，而是要成为自己。创造为儿童的超越性存在提供了动力，而独特则为创造与超越提供了方向。

达到"成熟"所必备的这两种品质，虽然是我国学校教育的重要目标，但在一定程度上却并没有成为必然的事实。而且，鉴于当前教育权力的特征，这种事实上的不可能也是一种必然。

"成熟"的真正内涵在于，它是一种个体与自我的复杂关系，儿童需要对来自外部的各种经验进行鉴别和确认、接受或排斥。这种关系对于个体而言十分必要，因为个体的形成既不是外界力量纯粹的直接的对象化，也不是自己心智深处某种先天品质的自然展开，而是自我与外界环境交互作用的结果。当儿童能够部分地控制进入自己心灵的外部经验时，他们也就部分地具有了生产自身主体性的能力，离成熟也就近了一步。

三、策略性自主：教育自主的新范式

对于个体而言，创造与获得社会可容许和接受的存在形式，方是自由的真正精神。

——题记

教育权力中的自由和抵制，可以用"解放模式"来加以阐释。这里隐蔽的自我或内在的本质，就是权力关系作用的结果，它们是后天形成的。对于儿童的抵制而言，权力的结果正是他们欲发现的对象，通过理解权力关系生成的、属于自己的本质性东西，儿童的抵制才成为可能。不过，权力关系中的自由和抵制，只是表明儿童对于某种身份的意识和自觉，它只能发生在教育权力空间中，仍然是在权力关系允许和认可的范围内进行，最终，自由和抵制只不过是让儿童更加清楚地认识了自我。

上文已谈到，问题不在于是否获得"自由"，而在于获得什么样的自由。所有的教育，不管什么形式，目的都在于培养心灵；所有的教师，不管教授什么，都是灵魂的工程师。培养心灵，或做灵魂的工程师本身并没有什么特别与崇高；真正特别与伟大之处在于，教师能够为儿童个体的自主决定与自我发展进行启蒙。个体需要自主的精神，这种精神的要义在于，它是一种品质，一种策略，或说个体的一种气质；而不是一种应该或可以争取到的主体状态，正如（教育中的）自由主义者所认为的那样。这种自主，笔者称之为策略性自主，它或许应该成为教育中儿童自主的另一种方式。

福柯对于"自主"概念的阐释，对于理解"策略性自主"很有帮助，特别是他对于康德意义上的个体自主和自由教育中的理性自主的批判，成为笔者构建"策略性自主"概念的思想来源。

（一）康德意义上的个体自主是否可能？

福柯从概念本身出发，认为"自主"（autonomy）这一概念最早起源于希腊语"autos"（自我，个人或自身）和"noms"（规则，统治个体或者自我的法则或标准）。它最初应用于政治语境中，后来经由柏拉图应用到个体身上；而康德是第一位真正意义上将自主的概念应用到个人身上的思想家，最终把这一概念从政治性认识转变为一个伦理学概念（李珊珊，2008，170）。

康德认为，个体是理性的人，具有自主的潜能。个体自主的实现，依赖于按照普遍的道德律令进行自我立法，并遵照执行。因此，自主的个体既是自我律令的服从者，同时也是它的制定者。成为自主个体的关键就在于，能够不受影响地设定自我的道德律令。问题在于，这种假设是否可能？

根据上文分析，个体是由权力生产出来的，权力将身体置于特定的时空条件下，以产生心灵效应。所以，个体的思考和行为，根本无法摆脱那些权力的法则或意志；所谓的独立思考和自由行动，至多不过是在权力允许范围内触摸权力界限的尝试，因此，它们仍然属于权力对个体的建构活动。在权力关系中，福柯否认有任何自主性的个体。自主性并非人性中先验的一部分，而是一种社会和个体建构的产物。

（二）自由教育中的理性自主是否可能？

福柯在批判康德意义上的个体自主概念时，他也对自由教育中一贯倡导的培养儿童理性自主的教育目的论提出了质疑。

这种教育目的论认为，教育可以使儿童摆脱权威获得自由。通过培养他们理性的自主，儿童得以掌控自己的生活，并独立于他人而获得自由（Marshall，1996）。因此问题在于，作为教育目的的"理性的自主"，其建立的标准和培养的方式是什么？在这方面，福柯让我们认识到自由教育的理性自主概念，在建立的依据和培养过程两方面都是可质疑的。

首先，在任何情境下，确定"理性自主"的内容，必须诉诸一种评价标准，而这种标准"在任何社会、历史条件下都不会是绝对中立的，它必然服务于某一特定的阶级、文化、种族乃至性别"（Alexander，2007.引自李姗姗，2008，170）。因此，教育中将儿童理性方面的能力引向某种"自主"方向的努力，本质莫过于沿着特定的身份轨道去建构儿童的主体性；这一努力过程非但不能自主，而且身份的建构必将依附于特定的"阶级、文化、种族乃至性别"。最终，理性自主中的"自主"，就充当了建构特定身份——"理性"内容——的新型"意识形态"。

其次，把培养理性自主作为教育目的，本身需要在培养期限内将儿童看作不理性、不自主的不成熟对象为代价，因此，需要对儿童施以更多的约束，直到有一天他们变得理性、自主，能够"摆脱权威"而获得自由。所以，实现目的的手段就与教育目的本身相违背。

因此，福柯式思维认为，自由主义学者培养儿童理性自主的教育目的观，在根本指向与实践方式上都存在着欺骗性与悖论性。任何借助于人文主义精神，应用令人望而生畏的道德概念的别有他图的话语与实践，都需要接受谱系学化分析。

（三）策略性自主：教育自主的新范式

个体自主与理性自主在理论假设与实践方式上的困境，要求我们不得不转换关于"自主"的表述性语言，以及采用新的思维方式去达成教育空间中儿童自主的精神气质。

要达成这一理想其实并不容易，现实中可能遭遇诸多困境。对于当前教育空间中的儿童来说，自主选择与自由行动的机会相对有限，因为他们必须沿着课程中的思维方式去思考、去行动。当前我国的课程内容，很难彻底摆脱工具理性的束缚；具体的课程实践，也很难背离中高考的旨归。教育过程沦为单调乏味的考试准备过程，教师和儿童过分沉溺在追求分数的热潮中。教育丧失了应有的人文关怀与生命提升的功能，个体在教育过程中也逐渐变得麻木，听任于外界力量的摆布而遗忘了自己的存在。新课程改革允许儿童"自由"选修课程或从事研究性学习，但选修课程的范围仍局限在特定的法定框架内，而研究性学习的资源与时空条件也仍然受到较大的限制。由于缺乏自我决定的自由权，儿童的选择在性质和对象上都出现了异化。

儿童需要从这种状态中（即使是部分地）解放或摆脱出来，进而自由地践行他们的伦理观。但是问题在于：我们有摆脱控制、获得自由的可能吗？是不是像Miller所认为的那样，"权力关系无法摆脱，除非死亡，死亡是一个人可以得到的唯一的特赦形式"（1993，14）？如果这种态度过于悲观，那么我们应该采取何种"真实"的态度？

通过上面对于个体自主与理性自主的批判以及对现实中儿童自主的分析，我们也许会认为，儿童只能局限在特定的社会历史条件下进行建构，无法脱离具体理论的限制和权力的制约等。而事实上，福柯对各种类型的"自主"观点进行批判的根本原因，就在于让我们认识到当前的权力-知识体系与结构是如何规约与塑造我们的，认识到它们对于我们当前的存在状态所产生的影响和所设定的限制。

为了更深刻地揭露我们社会性存在的局限性，福柯（1997a）比较了两种不同的自我解脱模型，即解放（liberation）和自由（freedom）。他认为，后者的外延远比前者宽广，当一个国家或民族已经获得一定的独立性，建立起政治社会后，自由就接着成为历史的必然要求了。对于福柯而言，解放是远远不够的，我们还要有创造的自由。自由的实践并不排除解放，但更重要的意义在于，它让个体和社会有能力界定"可容许和接受的存在或政治社会的形式"（Foucault，1997a，283）。换句话说，对于个体而言，创造与获得社会"可容许和接受的存在"形式，方是自由的真正精神；而唯有意识到自由精神可贵的个体，他们才能认识到自身存在的界限！

如何获得这种自由？福柯在后期研究中将视角转向对自由的探求，最终诉诸"关怀自我"这一实现个体自由的方式（Marshall，1996；Paras，2006）。他认为，当个体真正关注自我需要什么的时候，才能认识自我，并进而在对自我需求的进一步鉴定中认清自我。当个体关注自我真正需要什么的时候，他就会对自身的存在不断反思，就会认识到自己在社会中所受到的各种权力、话语和知识等的建构作用，以及它们对自我的存在与自由的限定，从而个体可能为自己的解放和创造提供了认识上的前提。

218

将获得自由建立在自我关怀的基础上，而自我关怀又需要通过自我认识来达成，这既是福柯关于个体获得自由的便捷路径，又是他对于自由、伦理与真理三者之间关系的认识。[①]遗憾的是，自柏拉图以后，自我认识服务于自我关怀的层级关系发生了颠倒，人们关注于认识自我，寻求真理（通常意义而非福柯意义上），从而逐渐遗忘了自己，最终自己同其他对象一样，不过是认识的对象之一。"正是由于近代以来我们忽视了这种关怀自我的技术，而以认识自我这种自我技术的异化来取代，由于急于获得自我认识，使我们在不知不觉中被社会性地建构了。"（李珊珊，2008，171—172）福柯认为，我们需要重塑关怀自我之于认识自我的优先地位，自由的追求必在关怀自我中寻找，它以认识自我为基础。

派纳认为，在"我是谁（Who am I？）"这个问题之前应该是"我是谁的（Whose am I？）"，这就是说，是谁在什么条件下以什么方式影响了我的行为、思想和感受？如果主体性的多数或所有部分实际上是被外界制约的，那么"我"怎样才能发现我实际上是谁呢？"我"怎样才能把这个发现的过程、这个逐渐形成的自我意识概念，能够与别人交流呢？[②]（Pinar，1975c，387）。派纳认为，个体主体性的内容或方面显然不止于"谁的"的影响内容（例如，他比较关注于无意识部分）；但对他而言同样显明的是，"谁的"的影响内容是主体性中极为重要甚至是决定性的部分。

以自我关怀为核心，反思构成自己的经验，进而达到自我认识并获得自由，在此过程中，儿童也许应该抵制真理对自己的规约，反对权力对自己的生产，但反对的原因与其说是它们将儿童生产出来，不如说是它们生产方式的标准化和欺骗性；它们的生产过程和生产理性，才是儿童真正批

219

---

① 关于这三者间关系的深入探讨，将是本书第四章的主要内容。

② 派纳发展的自传方法就是对这些问题在教育领域中的回答。

判与反思的对象。[①]

但同样值得注意的是，自我关怀的目的，不在于要成为什么，而在于不要成为什么。有研究者在分析当前学校教育的工具理性后指出："我们在教育中应该重视并提升（教育的）审美价值，在培养道德品行、知识传授、训练技艺的同时，更要全面地完善健全人格的培养，使学生达到一种审美的存在。"（李珊珊，2008，172）试问，健全人格的标准如何确定？而"审美的存在"又是一种怎样的状态？教育中人文主义的情怀并不会必然产生富有人文精神的个体，而历史上、现实中，人们对于这些抽象概念的理解又是千差万别，甚至性质相对的实践又可归属于同一种人文精神。"别问我是谁，也别要求我一成不变"（福柯语），对特定身份的坚持就是疏忽对自己的关怀，流放对社会的改造。[②]

总之，福柯认为，自我认识作为自我关怀的要素，目的在于确定个体当前的生存处境。自我关怀基于自我认识，目的在于将自己从特定身份中解放出来，因为自我的真实需要总是具有超越性。同时，自我关怀是福柯伦理思想的重要内容，它的目的在于实现个体的自由，而自由意味着去创造与获得社会"可容许和接受的存在"形式，在于不断地超越自己，开发新的生存之境。因此，关于主体性的个体自由问题，比要求仅仅从某种奴役身份中解脱出来更为重要，这也就解释了为什么福柯希冀将自由理解为伦理的本体论条件，特别是当自由以一种审慎睿智的反思形式出现的时候。

福柯认为，我们可以比自己所认为的更为自由。而自由的前提或许就在于，基于对生成自己的各种建构性力量及其关系的成熟判断（自我认识），以达到对自身真实需求的关切（自我关怀），并在此基础上，去创造社会可容忍与接受的存在形式（实现个体自由）。

---

① 具体原因，详见本书第三章第一节第二部分。

② 关于这一问题的深入分析，详见本书第五章第二节第一部分中关于"存在先于论述"的论述。

以上三个方面的内容，就是策略性自主的核心，这种自主的形式立于儿童、成于儿童并为了儿童，在自我解放的基础上去自我创造。它既不是来源于个体先天的内在秉性，也不是诞生在社会力量的外在塑造中，因为这种理论假定和实践方式已经违背了自主的精神；而是产生于个体对自我的关怀过程中，并扎根于现实的社会关系中，但它却不是与社会关系的联姻，而是要与之保持适当的距离。借由这种距离构造出的空间，孕育出儿童的策略性自主。教育的话语与实践，为儿童建构这种空间提供了最适宜的条件。

因此，接下来的问题是，在由距离所形成的（教育）空间①中，儿童是如何实现自我认识、自我关怀以及自我创造的？本书将论证，通过派纳的自传方法认识自我，以实现对各种建构性力量的成熟判断，进而进行福柯意义上的自我关怀与自我创造——作为策略性自主的内容。

221

---

① 本书中的"教育空间"概念有三层内涵：第一，作为实体意义上的空间，如学校建筑、教室、图书馆等。第二，概念隐喻意义上的空间，如由真理、权力、伦理和时间四要素所形成的思维话语空间，是本书分析的最主要内容。第三，个体的心理空间，表现在个体对于以上两种空间中的经验进行反应时的立场。三种空间都能产生特定性质的经验，但前两种空间形成的经验必须经过第三种空间的主动或被动接纳与反应，方可成为构建主体性的因素的现实性。

第四章
伦理主体：认识与创造

　　第二、三章主要从生产儿童主体性的体系化和能量化的力量入手，分析了教育真理、教育权力关系对于主体性形成的作用方式。以这两种方式生产的儿童主体，他们的存在方式是非自觉的，也就是说，这种存在是非个人性经验的产物，在此过程中易造成儿童的个性与自我的丧失，而成为标准化的一般对象，因为儿童自身不能在自身的建构过程中积极地发挥作用，他们的自由意志在自我实现中得不到体现。福柯式思维（康德也是）认为，主体对生产自身力量的反思与操纵，是个体走向成熟的必要条件。

　　同时，体系化与能量化的知识与经验如果要想得到儿童个体的真正确认和内化，同样需要儿童对于它们的深入反思，也就是说，如果构成儿童主体性的力量对儿童的日常生活有实际意义，它们就必须返回到个体领域，让儿童对这些力量能够明确地体认，有意识地接受和领悟它们，这样才有可能去尊重它们，在内心深处与它们发生实质性关联。这是体系化与能量化的经验走向成熟的必要条件。

　　所以，不管是对于儿童个体的发展来说，还是对于生产儿童主体性的多种力量而言，儿童主体自身对建构自身力量的自觉与体认，既是深化与巩固儿童主体性的必要机制，也是儿童进一步超越既定的身份界限、创造想象中的伦理型自我的前提与基础；它将让儿童自身在理解自我的基础上，去伦理性地创造自我。这种认识与创造、创造与再创造（超越）的活动，在福柯看来即是主体形成的"自我的技术"，目的在于形成伦理型主体。

福柯"自我的技术"是他的主体建构四大技术之一种，这一技术主要处理主体与自我的关系，因此它包含了自由与自我创造的要素。福柯认为，主体能够建立和发展与自我的关系，可以进行自我反思、自我认知、自我检视，自我破译，目的在于寻求某种期待性的转变。本章主要从儿童主体与自我的关系出发，分析儿童基于自我认识与自我关怀，以实现期待性转变的可能性和必要性，进而将自己形成和发展成为世界性的主体性。

223

第一节　儿童考古：创造的基础

福柯继承了将伦理与真理建立起关联的传统，认为伦理型自我创造必须首先基于对自我的深刻理解，自我关怀必须以自我认识为基础。将认识论与伦理观建立起关联的做法，同样也体现在课程研究中的自传方法中，自传的意义即在于通过超越时间与超越概念的范畴来认识自我，以达成对自我的重构。采用自传的方法，实现对儿童的福柯意义上的考古，是本节将要分析的内容。

一、真理型伦理：关怀型自我认识

只有通过瓦解错误的自我，才能揭示被掩藏的真实的自我。

——派纳，2007，167

尽管笔者对派纳"真实的自我"与"错误的自我"概念持保留态

度①，但对这种通过"瓦解"继而"揭示"（对于笔者来说，即通过"认识"继而"创造"）的思路还是很认同的。换句话说，我们只有通过认识旧我，才能重建新我，因为新我就存在于旧我之中。对于儿童主体来说，实现期待性的改变，也必须基于对先前自我主体身份的认识，特别是对于"我现在是谁"这一问题的回答。那么，该如何回答这一问题呢？

（一）主体性困境与福柯式解答

上文论述到，教育真理、教育权力关系对于个体的建构过程本质上是被动的（尽管在权力关系中存有关系型自由），因为儿童的自我意志并未参与其中。教育真理从认识上界定儿童，并围绕这种话语上的界定而决策课程规划、教学和评价，确保儿童主体性的形成在概念所界定的范围内。权力关系规范着儿童的行动，儿童所拥有的关系型自由，目的也在于促进权力关系对于主体性的形成。两者结合起来，这就意味着儿童主体性的形成，是通过教育真理的界定，通过教育权力关系的调节而完成。这种意义上的主体性，是一种具象主体性（embodied subjectivity）。

作为个体社会化的过程和产物的具象主体性，存在着一定的局限性。"我们遇到了许多这样的问题，即主体性变得从属于某种规范性的准则，凝固为僵硬的结构，或缺乏向与自己不同方面流动的能力（弗拉克斯，1994，13）。这就使得主体性局限于某一种"规范性规则"而变得僵硬与固化，它使得主体性面临一种危险，即让主体性等同于同一性的身份，让主体变成"单向度的人"。"单向度的人"肯定不是教育所期待的，它与我国"全面发展的人"的教育目标存在着明显的矛盾。

与此类似的矛盾也是福柯所不能忍受的。在《伦理、主体性与真理》（1997a）文集中，他关于真理、伦理与自由三者之间关系的论述，就是试图解决这一矛盾。Rabinow（1997）将福柯的论述，归纳为以下六种假设。

---

① 请见下文中论述的自传方法。

假设一：伦理是自由的实践，"自由是伦理的存在论条件，但伦理是自由所认定并采用的形式"（Foucault，1997a，xxv）。

假设二：伦理是一种实践或生活方式；对于福柯而言，伦理就是要赋予"自由以气质的形式"（Foucault，1997a，xxv）。

假设三：主体"不是一实体，而是一形式，而且这种形式主要不或经常不等同于其自身"（Foucault，1997a，xxv）。

假设四：为了确定主体的形式，重点将转移到这些形式的历史性构成上，以及这些形式与"真理游戏"的关系上。

假设五："关怀自我需要认识自我。""关怀自我就是要让自我掌握一定的真理"，因此，"伦理与真理游戏紧密相连"（1997a，xxv）。

鉴于这些假设，"个体必将得出这种结论：'逃脱真理控制'的唯一方法，就是以不同的方式玩（真理）游戏"。

假设六："哲学和政治学的关系是永久而且根本性的"（Foucault，1997a）。

在福柯看来，自由与伦理密切相关：伦理实践即自由实践，伦理是自由所必然采取的形式；伦理实践的根本特征就是自由的气质；而主体的自由状态与气质，也必然体现在伦理实践中，自由也必须是伦理性自由。同时，伦理与"真理游戏"之间也密不可分：伦理性自我关怀，必将通过认识自我而实现，重点分析构成主体形式的历史性因素。而认识自我的目的在于关怀自我，进入自由的存在方式。所以，真理、伦理与自由三者之间的关系，不可分割地统一在主体的创造与超越的自我形成过程中，可以用"真理－伦理－自由"表示三者之间的双向流动关系。

同时，上述假设还表明，创造新的自我或"逃脱真理控制"的唯一方法，是以另一种方式去玩（真理）游戏，以不同的眼光重新审视从前的自我。这是一种哲学精神或批判气质，目的在于检视建构自己的各种经验（自传是其中检视的方法之一），从而形成新的身份，创造新的主体性品格；而主体性的改变将具有重要的政治和社会意义，所以，"哲学和政治学的关系是永久而且根本性的"。

（二）自我认识服务于自我关怀

将伦理与真理建立起关联的传统源远流长，福柯不过是强化了这一关联。他曾解释到，在古代西方有两种主要的伦理原则：认识自己和关怀自己，且关怀自己是认识自己的目的。在前苏格拉底时期，自我关怀是人们的核心问题。如何实现自我关怀？必须进行伦理型实践，以为人处世的最高道德准则为行动依据。怎样才能建立道德准则？什么样的行为举止和生活态度才是对人对已有益的？他们只能通过自我认识去寻求真理，在对自我的真理性认识中建立起道德标准和伦理规范。当时的标准与规范，通常是以一种准则（precept）的形式宣布（avowal），描述人们"应该"如何行动。总之，在前苏格拉底时期，"追求学问和真理"只是"关怀自己"的一个核心要素和必要途径，认识自己的意义仅在于改变自己，改善自己的道德生活。福柯认为，通过自我掌控（self-mastery），审查进入心灵世界的外部事物，既是一种伦理方式，也是一种求知精神。这与当时的哲学为人生服务、哲学是一种生活方式的认识是一致的。

在柏拉图及早期基督教期间，关怀自我和认识自我的层级关系发生了颠倒，后者逐渐掩盖并取代前者而占据主导地位。认识自我不再从属于关怀自我；相反，认识自我、探求真理才是哲学的最高追求。不管是柏拉图哲学还是基督教哲学，首要目的都是认识内在于自我的"理念"，或外界的"上帝"（通过认识自我而认识上帝）。如何能够接近理念、领悟上帝的教诲？这就需要人们采取特殊的生活方式，如禁欲、苦修或忏悔等行为，认为这是通向真理的必然代价。而关怀自我，尤其对于早期基督教而言，则是人们所鄙视的；因为在他们看来，人们只有通过自我克制或自我放弃（self-renunciation），才能更彻底地认识上帝与世界，真正地拥有自我。

"认识自己"是柏拉图所钟爱的认识原则，这一原则随着笛卡尔和启蒙时期强调思考的主体（"我思故我在"）而成为认识论的第一前提（Foucault，1988b，22）。至此以后，认识自我的主导地位在西方现代文化传统中得以延续，人们的认识活动和伦理实践分道扬镳。福柯认为，"认识自己"这一冷峻的根本性原则深深地影响着今天的道德理论，因为我们倾向于在相当消极的意义上，将"关怀自我"看作是某种不道德的、自恋、自私或逃避原则的举动。

于是，在追求真理性知识的目的上，人类的认识与实践本末倒置：追求知识不是为了关怀自己，却是为了无止境地认识自己和认识自然界的活动本身。认识自己原本是为了关怀自己，但人类在追求知识的过程中遗忘了对自我的关怀，他们为知识本身（或其他意图）而不是为了关怀自我去追求知识，其结果必然可能导致知识的误用，并给人类的共同命运造成危机。福柯认为，我们需要重新摆正关怀自我和认识自我的优先顺序，从对单纯的认知兴趣转变到对自我的终极关怀。不是不倡导追求知识，而是建议追求善的知识，追求对自我与人类有价值的知识。赫尔巴特的教育性教学原则，在今天的现实生活中同样具有振聋发聩的意义。在设计课程内容时，必须让儿童清楚知识本身的内在价值，明确知识的审美意义以及知识对儿童建构的作用，并不能仅仅停留于"知识是什么"这一认识的浅表层面上。

从伦理的角度出发追求真理，并最终回归伦理，这是福柯"真理-伦理-自由"关系中的第一层释意，也是"真理型伦理"的主要内涵。儿童伦理型实践，根据上述福柯的假设，也就意味着儿童自由的实践，他们能够在识别和确认当前身份的基础上，积极地创造新的自我。这种伦理型实践的创造前提，如上文所述，正是儿童基于对自身形成的认识，对当前自身主体性的深入分析。

（三）关怀型自我认识的内容

关怀和认识自我的内容当然有很多，福柯认为主要包括以下三个要素

227

（转引自Ransom，1997，155—156）：第一，它意味着审查进入个体的心灵或灵魂中的各种事物。不管是真理、知识，还是他人的操纵和指引；不论是意识层面的，还是无意识层面的；不管是过去的记忆、现在的感受，还是未来的想象等，都应成为审查的主要内容。这些内容也应成为认识自我的主要对象。

第二，个体必须确保自我的形成，是在个体的控制之下、是个体有意选择的存在方式。这表明自我建构中的儿童，必须建立自己的伦理标准，并依据这种标准而决定行为选择。伦理标准的确立，既可以来源于对过去历史的分析，也可以从对未来的展望中获得灵感。总之，跨越时间维度，或说一种超时间性的范畴，是儿童主体建立自我伦理观的必要因素之一。

第三，个体应善于洞察和评判相同活动领域中其他的生活样式。这就为儿童建立伦理标准提供了超概念性的范畴。通过比较自己以及自己与他人之间不同的身份标识，如自我与他人，甚至包括虚拟与真实身份的对比，为儿童的自由创造提供最大的可能性空间。

总之，儿童必须能够审查从外部进入（自我内部）的影响因素，根据自己选择的标准塑造自己，并培养一种审美能力去欣赏和评价其他类型的生活艺术，否则便称不上会"认识"自己，更谈不上"关怀"自己。这些既是儿童的目的性行为，同时也是他们的自愿性行为；儿童不但能够自定行为的规则，而且还试图改变自己。

但这种改变既不是儿童内在天性在新环境中的自然展开，也不是其被压抑的身份在新背景中的再度复苏。我们既不需要人性的内容来为我们引路，也不必等到社会关系的整体改变之后才能重塑自由。我们需要做的，是询问"我们是谁？当前时代的特性是什么"，从而理解形成自己的多种力量。一定程度上改变这些力量，便是再形成主体性的根本路径。本质上说，它是一种创造，它基于超时间和超概念的因素，而走向新的未来。

尽管是创造，但却基于现实。福柯（1997a）在1984年的采访中，解释了他对于主体性与真理之间关系认识的转变。在他早期的认识中，他将主体与"真理游戏"的关系，要么从强制性实践的角度理解，要么从理论-科学话语的角度理解。①在他晚期的作品中，他打破了这种思路，不再将真理游戏理解为一种强迫性实践，而是看作一种自我形成的伦理型实践，从而"个体能够自我作用，以努力提升和改变自己，达成某种存在方式"（Foucault，1997a，282）。这是否表明：儿童的伦理型实践就完全脱离了强制性实践？

正如后文将要分析的，其实并不能这么认为。相反，它只是一种新的与现代权力打交道的方式，一场权力标准化与自我伦理型建构之间的角逐游戏。换句话说，伦理型身份建构与权力/知识型身份建构之间既有差别，又有联系，因为儿童建构身份的独特性和独立性，仅仅是在相对意义而不可能是在全部意义上，伦理性自我建构仍然表征着政治性力量。

229

二、儿童的自传：讲述你的故事

某种程度上，我一直想让我的著作成为我自传的一部分。我的著作一直都是关于我对于疯狂、监狱和性的私人问题……我每一部作品都是我自己传记的一部分。

——福柯②

自传……是自我形成、转变、学习与忘却的任务。

——派纳

（一）自传方法论的两种思路

儿童伦理型的自我建构，起点在于认识自我。然而，认识自我，又是

---

① 前者如精神病学或监狱，后者如在《词与物》（1973）中对于财富、语言和生物的分析。

② 自传对于福柯来说，既是一种写作风格，也是一种生活方式，这对于我们处理和协调主体性与世界之间的关系，提供了重要的启示意义，因为他为我们解决如何去认识、理解和反过来协调自身与世界中的权力关系，开创了新的可能方式。或许我们应该实现主体性的丰富性与个性化，让自我在主体性的个体性与社会性之间，保持必要的张力。

件多么困难的事!

在课程研究领域,派纳提出了自传方法,目的在于让学生理解自我,并寻求期待性的改变(Pinar,1975;1994;2004;派纳,2006)。与福柯的假设相一致,派纳也认为理解自我,特别是自我当下的处境,确认形成自我的各种内外部因素,是改变自我的必要前提。个体可以而且有必要对自己复杂的心灵状况进行深入审慎的理解,这就可以"产生更加准确以及最终更加全面的社会的或教育的观察,并且对于研究者本人来说,可能会带来心灵上和教育上有益的结果"(Pinar,1975c,385)。因此可以认为,派纳的自传方法,可以作为福柯"自我的技术"中认识自我的重要方式,二者目的都在于从个体的角度,将自我"内在的真实"(Foucault,1997a,281)讲述出来。只有通过对"内在的真实"的关注,才能达到自我关怀。接下来的问题在于,什么是儿童"内在的真实"?福柯和派纳对于儿童"内在的真实"的认识相一致吗?

派纳曾经问到,存在一个真实的自我吗?(2007,157)[①]这里他认为:"个性是社会性的表达与构成;它与自我既整合又分离。"个性与自我既整合又分离,自我的"真实性与非真实性的问题便处于这一整合与分离的运动中"。"如果个性与自我相分离,代表了自我的否定、歪曲或其他形式的变体,那么我们便可以说自我(个性)是不真实的。……相反,行为表

---

① 从派纳后期的思想来看,当时他的这一问题就显得蹊跷,因为"用荣格的话来说,这一概念大致相当于灵魂的宗教概念"(Pinar,2007,157)。在当时的派纳看来,这一问题的答案是肯定的,存在着"真实的自我",但却遭到压抑与异化,所以自传分析的目的在于将压抑的部分解放出来,从而让压抑的主体成为"真实的自我"。这种思路主要受到福柯思想的影响(特别是《疯狂与文明》中关于边缘群体的成因分析),但对福柯的这种理解存在着明显的偏颇。区别于宗教神圣性或政治压抑性的自我概念,派纳近年来更倾向于分析世俗的世间性(worldliness)或世界主义的(cosmopolitanism)主体性概念(Pinar,2009a;2009b)。这种新思路与最近出版的福柯后期作品的观点相一致,即权力不仅具有压抑功能,更重要的还在于其生产性功能。"真实的自我"尽管存在,但却是历史性的,它始终处于不断地变化过程中。据此推测,派纳可能会将上述问题修改为:存在一个什么样的"真实的自我"?唯有如此,自传才能真正在历史、现在和未来的三度空间中超时间性地穿梭,主体才能真正在自我与他人、虚拟与真实中超概念性地创造。为尊重历史,本书在分析派纳的自传思想时,仍然坚持他先前的认识(尽管他现在对于"自我"的概念有了新的解读),所以本书有必要对自传作出部分新的解释。

现出与自我相统一的流畅性与平和性的人可称之为真实的。"这里，他并没有明确回答是否存在真实的自我，但他接下来的分析却试图表明，自传的目的在于达成自我的"流畅性与平和性"的特征。通过深入挖掘历史，我们获知自身身份的选择与排除机制，通过将我们之所"是"与之所"不是"进行比较，从而为过渡到所"不是"的压抑部分打通了道路，进而实现"真实的我"。

在福柯看来，与"所'不是'"部分的联合带有危险性和局限性，因为它所坚持的同它所反对的遵循同一逻辑：都是将二元论中的一方升格为主导，另一方压制为附属；都是承认我们的先验存在。①其实，主导与附属中的任一部分，都不比另一部分更为真实②，我们的存在方式并不局限于在主导与"他者"之间进行二元选择。

解决二元论问题的出路在于跳出二元论，而跳出二元论的可能性仍然存在于对二元论的理解中。上文分析指出，福柯认为并不存在先验的或压抑的自我；如果存在"真实的自我"，那也只能是历史的"真实"，因为自我是话语论述和社会实践的产物。自我的"真实"，表明我们"认识自己"的必要性和可能性；而"历史"的真实，则意味着我们的方法必将是

231

---

① 主体先验存在论的一种形象表达即是（海德格尔意义上）"回家论"。王红宇认为，女性的旅途首先应该是一个向内的过程，在这个过程中寻找失去了的声音和无形的东西的踪迹。在某种程度上，这是一个回家的旅途，是为了归还被压制、被排斥、被异化的东西（Wang, 2004, 5）。尽管笔者承认"向内的过程"的价值，但并不认为我们先验地存在着"失去了"的和待"归还"的东西，也并不认为有"家"可归。福柯式思维强调，任何本质性的或先验论的"自我"都不存在，个体是话语推论和权力生产（笔者还要加上伦理建构）的结果。

② 主体压抑论者常常强调要通过确认被压抑的部分而解放主体，如"揭示教育经验中未被意识、处于压抑状态的部分……是要确认有哪些部分被压抑了，哪些没有被言说。当遭受压抑的部分逐渐显明，并且压抑的原因和方式明了的时候，人便能够清楚自己的位置。这个过程只能通过回溯个人受教育的历史以及展望未来来实现"（陈雨亭，2006，49）。与其说确认被压抑部分，不如说关注主体的形成过程与方式，这不仅是因为并非所有的主体都是通过压抑而产生，还因为主体的形成过程是自我认识（包括自传方法）的核心任务。

从儿童主体的"地方"（place）①出发，以一种个性化、情境性、具体性的方式，去考察儿童。自传，就是这样的一种方法论，但其目的却不在于揭示压抑部分以凸显先验存在，而在于揭示我们存在的历史性和偶然性，并以此为基础去创造新的可能性存在。

（二）自我指涉与权力缓冲点

自传主要分析的，是由社会关系构成的儿童主体性的有意识或个体性部分，而不是或主要不是其无意识内容或前个人性方面。②主体性的个人特点与社会特点，意识领域与无意识领域之间的对立，在此不是问题③；重要的是分析家庭与学校等这些形成儿童主体性的社会因素，考虑性别、政治、民族等话语对于儿童主体性建构的内涵，揭示这些复杂的事实对于重构儿童主体性所具有的蕴意，根本目标是要认识到："我"被界定成什么样的人？接下来"我"对这种界定该作出如何反应？

要实现这两种目标其实并不容易，因为它与主体的自我意识紧密联系在一起。首先，主体性的多面性将可能带来儿童在确认自我时的混乱。对于学校中的儿童来说，学校所运用的"学习者"模式与他们在家庭中所形成的"子女"认同感相冲突（Pinar，1975a，359—383）④。赫尔巴特的儿童在5—6岁之前主要由父母养育，通过创设统一化的环境，形成儿童的品德。但在此之后，为了弥补家庭教育经验的局限性，雇佣家庭教师就成为

232

---

① 课程研究中"地方"（place）概念的引入，被派纳列为他对课程研究领域七大贡献之一。这一概念意在表明，课程问题的研究要体现出情境性特征，在每一个"地方"，都具有特殊的景观，移步换景。若忽视这一特征，研究者的视线就容易模糊不清；结果，研究的不是问题，而是对问题的抽象描述。

② 弗洛伊德（1917）认为，在婴儿期与儿童期所发生的一切一直保存着，尽管有些不为己知，但却总是存在着。经验的这些积累，沉积的多种层次——社会的、私人的各种各样的形式与类别——便构成了大写的自我（Self），在自我之中存在着（小写的）自我（ego）、超我与本我。对荣格而言，大写的自我中的无意识领域或个体的无意识过程是前个人性的，即同时是集体的（如在群种中）和个体的（派纳，2006，158）。

③ 从第三章的权力抵制分析可以看出，儿童主体的个体性与社会性之间尽管理论上存在独立，但在实际中却是一致的，这也是从内部抵制成功的关键原因。意识领域与无意识领域，在接下来的"自由联想"分析中将会发现，二者之间也具有流动性，无意识可以进入意识而被主体觉察到。

④ 同时，正如第三章所分析的，学校还处于儿童的个体需要和社会需要之间的矛盾中，但是学校却隐藏了这种冲突，假装它不存在。

必需。家庭教师与儿童的关系显然不同于父母与儿童的关系，新的角色的介入将为儿童带来不同的身份意识。新入园（学）的儿童常会适应不良，产生角色转换方面的困难，也是自我确认混乱的表现之一。在当下中国，独生子女在家庭中的行为和态度，与他们在学校中的表现和自我认识，表现出明显的差异。在儿童主体身份的转变或交叉过程中，作为个体往往会产生认识上的矛盾与冲突。生活情境的变化，交往对象的不同，所建立起来的身份也就多样化，对于儿童的心理历程和自我意识就会产生影响。

其次，自我意识可能会强化主体对某一身份的认同。新殖民主义认为，被殖民者参与了殖民化过程，促进了自身的殖民化。这表现在他们的自我评估（或自我认知）与殖民者的期许相一致，他们愿意用殖民者所期待的眼光来认识自己，自我定位。一旦殖民者控制的眼光从他们身上移开，他们就会产生心理上的不安，难以忍受新的角色。被殖民者缺乏的正是对自身身份构成历史的正确认识，他们所需要的正是设立标准并以此为依据建构和维持新身份所需要的意识和实践。被殖民者对殖民身份的认同，显然是与他们缺乏自我意识或错误的自我意识联系在一起的。

传统道德教育观认为，儿童品德的形成仅仅依靠掌握道德知识，理解道德规则还不够，儿童还必须从内心接受这些知识与规则，并以此作为行为的规范，"知-情-意-行"是这种传统的道德教育模型的理想表达。但在福柯（尼采也是）看来，这种只祈求主体对特定规范的接受和执行，而不必追问道德规范合法性的做法，无异于剥夺主体的自我意识，让他们成为既定规则的忠实执行者。而事实上，每一种道德规范，在尼采看来，都犹如一扇矮门，所有的人走进社会都要从此矮门经过。我们难道不需要时常审问一下这扇门的历史，重新评量一下它的高度吗？

作为学校中的"他者"——差生，一般都存在着性质或程度不同的心理问题。在入学的早期被老师或专家贴上发展迟缓或品德不良等的标签后，他们很容易成为标签的俘虏，以差生看待自己，甚至要求自己。期望效应（或自证预言效应）就此发生。他们很可能会一直生活在"他者"的阴影中而始终看不到"真实的自我"。

尽管存在上述两方面原因，但这并非表明创造"真实的自我"的知识是不可能的，它只是体现出由于儿童身份的多样性和儿童对特定身份的认同而造成的儿童自我认识的复杂性和偏向性，以及儿童发现"真实的自我"所可能具有的政治、认识论与教育学的意义。这一工作将通过与自我保持适当距离，促使自我对自身进行政治文化批判——自传——而成为可能。

被殖民者（儿童的隐喻）需要反问自己：我该如何去理解和批判权力将我变成的样子？进而去确认：我是否能够去建构区别于他人自我的"我的"自我？这应该成为儿童自我认识的核心问题。但如何去回答这两个问题？思路在于正确处理权力塑造的身份和自我描述的身份两者间的关系。前者形成的身份，可以成为我们批判的标签；转而依据自身对于世界和自我的理解，尽力去形成自我，描述的身份或接受新的对象方式——自我指涉的能力。

自我意识的目的，即在培养儿童自我指涉的能力，让他们有可能在两个自我之间保持一定的距离，即反思的自我（或"我的"自我）与权力建构的自我（尽管是根本性的）。这体现了福柯在其思想前、后期对于"主体"分析的理论发生了转变，早期他倾向于真理主体与权力主体，而后期则倾向于伦理主体。与福柯研究者的一般看法不同，笔者认为，并不能说福柯早期的分析模型没有涉及主体，其实只是分析侧重的方面不同。福柯理论范式发生的转变，不是从忽视主体转向面对主体，而是从集中论述强加于主体的外部因素，转向同时考虑个体在权力运行中的关键缓冲点的角色。

接下来将通过自传方法，分析主体的缓冲角色，详细探讨儿童主体如何通过处理"他人的"自我，让儿童在理解这个自我的基础上，去形成"我的"自我，进而去进行伦理意义的生活，实现实践型自由。

234

（三）自传方法的具体过程

这里的自传或传记，内涵比文学中作为一种写作风格的意义更为宽泛。[①]它暂时超越作为一种文学类型，而成为一种意识形式，具有重要的功能。

首先，它能够深入挖掘个体的生活史，揭示"真实自我"的界限，开创形成新我的可能。自传既是自我的一种表达方式，也是一种交流行为，在这种交流中，我们以公开或与他人对话的方式，或通过自我考古的方法，检查（曾经）进入自己心灵的各种事物，分析这些力量对自我认识的影响，理解当前之我的思想和行为（即主体性的具体化）的根源。作为一种批判性实践活动，自传通过创造儿童自己的叙述，回溯并反思过去的行为和决定，重新评价过去之于自己的意义，自传就成为他们继续生长的动因。

自我理解不是退回到自我中心，也不是一种自恋主义，而是努力发现教育中的真理及权力关系对于儿童个体的传记意义。透过对传记情境的理解，我们可以为儿童伦理型自我的建构打开一个新的空间。

其次，自传能够将个体的生活与整个社会的政治环境结合起来，借以理解权力的运作及其对于主体身份的控制。派纳认为，"通过它（自传方法），研究者、教师和学生以能够引起自我转变的方式来研究学校知识、生活史和主观意义之间的关系"（Pinar，2008，498），从而理解儿童在学校中的生活本质和学校在儿童生活中的作用。[②]借助于考察儿童、教师、课程及其之间的关系，儿童就能够理解自身主体性所具有的历史、社

---

① 自传不局限于文学上的写作风格，但写作本身却可能成为自传的技术。写作让个体能够更加认真地检视和自律，因此可以强化并改变个体看待自己的方式，促进自我理解和自我掌控。

② 陈雨亭对自传方法的特征作了很好的归纳，她认为自传不是文学意义上的自传，不是精神分析意义上的自我反思，也不是宗教意义上的忏悔，尽管它从这些学科中得到了启发。它的目的是理解个体在学校中的生活本质和学校在一个人生活中的作用。因此，自传同时也是一种生活态度，即一种不断关注自我形成本质的心向。它不同于当代主流的社会科学研究方法，用这种方法产生的不是可以重复、可以验证、可以推广的客观知识，而是一种个体的知识，是一种植根于具体而不是抽象中的知识（陈雨亭，2006，2）。

会和文化特征,认识"我是谁",并思考"我可能是谁"。

福柯自身在这两方面都为我们树立了完美的例子。正如节首的引文所显示,他的个人观念与哲学思想缠绕在一起不可分割,他的批判工作为我们解决如何去认识、理解和反过来协调儿童的主体性和儿童世界中的权力关系,开创了可资借鉴的范例。

派纳认为,我们是谁总是与别人是谁,还有我们曾经是谁以及我们想成为谁相关(Pinar,1994,243)。那么,对于儿童来说,他们生命中的"别人"是谁?他们的"曾经"和"想成为"的对象分别又是什么?这三者之间有什么关系?三者又是如何(再)形成儿童当前的主体性的?接下来将借助于派纳的自传理论分析这些问题。作为一种研究方法与"自我的技术",自传就是以研究个体生活史的方式,致力于将儿童的过去、现在和未来,自我与他者的范畴整合起来,在认识自我的基础上去创造个体的未来。

派纳将自传分为四个阶段:回溯—前进—分析—综合[1](缩写为RPAS),四个阶段既可以同时应用,也可以只应用其中的一部分;每一阶段都有各自不同的侧重点。

1. 回溯(regressive)

回溯是为了更好地理解现在,回答"我是谁"、是什么促成了现在的我之类的问题。我们的现在总是与过去的经验有关,如果没有对过去经验的深刻理解,我们就无法深刻地理解现在。派纳发展的悬置[2]和自由联想两种方法就是致力于从内部深层次地理解构成个体的经验。可是,何谓过

---

① 英文单词分别对应于regressive-progressive-analytical-synthetical。

② 为什么需要悬置?因为在我们的成长过程中,我们已经与我们的公共自我,与我们的"角色"认同了,这样的我们已经成为海德格尔所谓的自然自我。自然自我会用日常世界的态度来看待生活,也就是用自然主义的态度来看待生活。这种自然主义态度受到伴随我们成长的各种理论、信念、偏见等文化因素的影响,往往会产生思维抑制,这些思维抑制会导致工具性和他者导向性思维,常常起到维持现状、压制潜意识的作用。如果不加以悬置,个体就会想当然地看待其周遭经验,就不可能发现前概念的经验,更不可能起到把自己从经验世界中解放出来的作用(陈雨亭,2006,39)。

去的经验？派纳认为，回溯是"对描述即时的、前概念的体验感兴趣，然后运用'距离化'和'悬置'的现象学过程去进行描述"（派纳，2003，433）。"即时的、前概念的体验"是现象学术语，这种体验如果能为个体"去进行描述"，就说明它已经不是"前概念"性质。同时，对能够"描述"出来的"前概念的体验感兴趣"，本身说明了对一种先验状态的迷恋。

与派纳的认识不同，笔者认为回溯的意义并不在于去揭示主体的某种先验状态，而在于对形成主体的历史经验进行分析，揭示其形成的偶然性和具体性。历史经验本身或许包括派纳意义上的"前概念体验"（潜意识和集体无意识），但前者包含的内容比后者更为广泛和深刻。对回溯目的的定位不同，相应的悬置和自由联想策略的作用和意义也将发生改变。[①]

与派纳式悬置的理解不同[②]，本书认为悬置即先暂时性摆脱想当然的

237

----

① 本书不打算对派纳的"回溯"与整个自传机制（Pinar，1975；1994；2004）作过多的分析，因为那不是本书的任务；因此在借鉴派纳分析的基础上，笔者直接论述自传的各个阶段在认识儿童主体性方面的创新性使用方式。

② 陈雨亭认为，悬置体现了现象学方法的无立场性和无倾向性……不假定任何东西。她引用胡塞尔的思想："现象学的对象即事物本身，只有在直观中才显露，而这种直观必须是纯粹直接的，即摆脱一切理论和意欲的附加与假设。"陈认为，用现象学的态度来达到本质直观的先决条件是"悬置"，"悬置实际上是态度的改变。哲学家通过悬置一无所失，自然世界仍然存在，精神世界也仍然存在，但他却由此获得了一种新的经验方式、思维方式和理论方式，可以在世界之上来观察世界，获得了真正的自由。通过悬置，世界成了为我的世界，成为现象。她通过派纳论述到，过去以一种让人难以察觉的方式遮蔽了现在，因此要确定我们现在的位置在哪里，处在什么时刻，就必须把过去悬置起来，只有这样才能看到平时看不到的东西，看到被视为理所当然的东西，然后我们才能把自己从过去中解脱出来（陈雨亭，2006，63）。这是包括陈在内的许多主体遮蔽论者对于"悬置"的理解方式，但笔者认为这种假设本身存在着问题，此种做法也未必能够带来真正的解脱。因为"无立场性和无倾向性"本身就是一种立场和倾向，"不假定任何东西"本身就是一种假定。若"摆脱一切理论和意欲的附加与假设"，只能让我们变得弱智而不能理解事物，更不能理解自身，所以"通过悬置"并非"一无所失"，尽管"自然世界仍然存在，精神世界也仍然存在"，但个体所获得的不是"一种新的经验方式、思维方式和理论方式，可以在世界之上来观察世界，获得了真正的自由"，而是对世界与自身的无知与无知而导致的自恃，"世界成了为我的世界"只是一种自恋主义的表现。我们并不能抛弃"理论"或"附加与假设"以实现"无立场和无倾向性"；相反，为了认识与创造自己，我们必须利用、分析和理解它们，以澄清我们"自然的态度"是如何"不自然地"形成的。这种"悬置"的理解本身带有谱系学的精神，它不仅仅从个体内部寻找现在身份的原因，而且还从外部社会情境中探寻主体性的形成因素，分析主体性的形成历史，进而把握自我存在的界限和再创造的可能限度。

儿童身份及相关的概念世界，用一种反思的方法来探究蕴涵在儿童教育经验中的意义。在保守的学校情境中，儿童（包括家长和教师也类似）非常容易认同他们的角色，接受当时的教育专家所提供的解释，将自己的注意力放在外部对于自身的话语论述中，尤其在家长的配合下，儿童容易成为既定理论的忠实实践者，而很少能够倾听自己内部的声音，反思一下我到底是否愿意成为别人论述中的我。儿童所遇到的这种情况，派纳称之为"压制、潜意识、角色认同的行为，理智和心理的被捕"。因此，儿童的多数反应是习惯性的，而"习惯是表面的，是公共的、外部的，其力量或许积极地与潜意识有相互关系，并且被过去所捕获。于是现在变成了源自过去的表演，变成了过去的事件、情境和人物在现在之上的叠加。习惯性回应的复杂性构成了现在的个性，它的可预测性是它的习惯性，是它的潜意识，是它的过去性"（Pinar，1994，22）。儿童"活生生的经验"就成为"习惯"的附属品和支配的对象。悬置，就是打破这种附属和支配的情形，它让儿童暂时逃离公共的"习惯"，并在"活生生的经验"的刺激下，开始追问公共"习惯"形成的过程和原因。①

假设在20世纪初期，接受霍尔的发展阶段论的儿童，很可能按照各个阶段的特征对照和比较自己的发展现状，观察自己的发展现实是否和阶段论特征相一致。如果二者类似，他们才会安心，因为自己的发展符合科学研究的结论，表明自己的生物学特征在复演种族特征方面的成功。在此过程中，派纳认为，儿童丢掉了自己的内心体验，压抑掉了自己发展过程中所出现的可能异于霍尔发展阶段论的"活生生的经验"。而学会使用

---

① 回溯阶段的目的就是通过重新进入过去，抓住个人自己过去的瞬间，发现自己所不曾注意、不曾意识到而实际上却对现在有重要影响的过去。这个过去既受个人自己独特的成长经历的影响，也受弥漫着的集体无意识的影响。如果没有一种专门的方法来回溯并反思这些影响的话，它们往往就被埋藏在人意识的深处，无法变成人理解现在以及面向未来的有机因素。派纳期望通过回溯来提供一种研究过去的教育经验对现在影响的方法。在回溯的总体目的上，笔者认同派纳的看法，即考察过去之于现在的影响。但在什么造成影响现在、如何影响以及影响性质的问题上，彼此的认识产生了分歧，如下文接着所论述的。

悬置方法（作为自传的方法）的儿童，并不会削足适履式地与公共的"习惯"——霍尔的发展阶段论——去匹配与比照，而是先将阶段论置于一旁，寻找自己在不自觉地匹配与对照过程中所压抑掉的与阶段论不一致的特征——潜意识和集体无意识，并对其进行研究，从而解放了"真实的自我"。运用福柯式思维的儿童可能会向内求索被压抑掉的部分，但他更倾向于思考：为什么在这个时期出现霍尔的阶段论观点，并用这种观点来表征我等儿童的发展过程？他提出这种思想的社会背景是什么，我是这种背景中的因素吗？有没有其他的理论也可用来描述我的发展？这两种或多种理论之间相互矛盾吗？

在仔细查考这些问题后，福柯式思维的儿童可能会得出这种结论：霍尔原来是时代代言人，他的儿童发展阶段论间接影射着种族发展论和种族至上主义。作为个体的我，只不过是这一思想的承载点和媒介，我没有必要完全依据这一理论去决定我自己的行为和态度。为了兼听则明，我还要认真思考下桑代克关于我们发展的理论构想，因为它构成了对霍尔儿童发展论的挑战。但正如我不会完全信服霍尔的理论一样，我也不可能完全采用桑代克的理论观照自己。事实上，最妥当的做法是，在理解两种发展理论矛盾性的基础上，我要去反思作为个体的我的发展到底是怎么回事。幸运的是，他们的理论为我打开了两扇窗户，但从哪个窗户观看以及是否思考第三扇窗户，最终还是取决于我自己。

上述福柯式儿童的独白，就体现了自传中"悬置"技术的应用方式。儿童将凝视聚焦于自己的内部经验，"把反思性注意的目光投注到已经成为过去的经验整体的某一部分上……自我经过这种凝视或者反思性注意，便通过意向性运作把意义创造出来；因此，意义存在于自我对其意识流之某一部分所持的态度之中，各种特殊经验的意义都是由相应的注意活动构造的"（霍桂桓，1995，369）。意向性运作，即悬置的根本机制，其根本目的在于，重新审视过去的经验对于当前主体身份的建构意义，主体需要在理解建构意义的过程中表明自己对经验的态度。

这种态度在不同的情境下并不总是一致的。因为意义是由主体对经验的注意活动而产生的，而主体的注意活动在不同的时刻会发生各种变化和修正，因此同一种经验也会显示出不同的意义，这些不同的意义构成了一个相对于原初的经验统一体而言的更高一级的意义统一体，然后自我把各种意义统一体集结成一种意义脉络，成为主体的新的经验图式（霍桂桓，1995，370）。这种新的经验图式，或者说主体新的自我意识，才是自传的核心目的，因为它是在重新评估建构自我的过去经验的基础上产生的，它的诞生，标志着儿童主体对自我身份的一种自觉。不管是积极地接受目前的自己（强化当前身份）、默认目前的身份，还是拒斥当前的身份，这一意义统一体至少让儿童在这三者之间初步具备了自我选择的能力。

因此，"自传可以作为一种扩大、占据与建构中介空间的方法。通过拓展记忆的边缘，更多地挖掘那些被'忘记的'、受压抑的与被否定的成分，自传扩展中介空间"（Pinar，2007，172—173）。这个过程具有重要意义，它让儿童通过回溯历史而实现"认识自己"，并确定了"关怀自我"的方向。这种方向将在接下来的"前进"阶段逐渐明晰。

2. 前进（progressive）

自传是一种反思和想象相结合的研究方法。如果说回溯阶段是通过反思将过去拉回到现在，那么前进阶段则是主体借助于想象把对未来的身份期待先行呈现于现在之中，从而实现自传在过去和未来与现在的"即时和集中的际遇中同时发现和建构教育经验的意义"，借此实现儿童主体性的超时间性特征。

前进阶段的技术主要是想象[①]；回溯凝视过去，而前进则展望未来，所以，在这一阶段儿童侧重于构思想象中的身份或充满期待的角色。儿童

[①] 本书第四章第二节第二点中的"虚拟与现实"，即可看作是自传中的"前进"策略，因为它同样指向未来，拓宽主体性存在的可能领域。

表达自己对未来的幻想和渴望，其内容通常是个体感知到的在现实生活中缺乏或特别渴望的状态，以此表达个体理想中的应然状态，诸如我可以是谁、我将会居住在什么地方、我渴望拥有什么样的外部关系等。所以，想象是一种接生的途径，通过它我们"接生还没有出生的东西"（陈雨亭，2006，85）。儿童思维活跃，对于未来通常有很多的自我期许，所以他们在表达对未来的自我定位时，并非全部的愿望都符合理性标准和客观实际。但派纳认为，理性的意义在此需要暂时搁置，因为它的介入将会中断想象的进行和深入程度。只要儿童表达的是自己所热切而真实向往的，都应该受到重视，因为真实的想象本身在某种程度上也表达着现实，反映着儿童内心的特点和对未来自我的先行确认。对未来的想象——在儿童身上确实存在——必定会反映在儿童现时的生活中，表现在他们的行为和自我认识中。

在某种意义上，和过去一样，未来也是现在。前进阶段的要义在于：第一，对想象的确认能够澄清儿童对自我和现在的感觉，更进一步认识自己。想象未来并进行记录的做法能提高我们关于未来的直觉以及对现在的更深刻地洞察。第二，与回溯结合在一起，想象打通了过去、未来和现在的通道，我们借之可以进入"一个新的体验空间"，在此空间中，儿童通过分析与综合而进行自我改变。

3. 分析（analytical）

分析阶段的主要任务是将过去、现在和未来三种不同的自我意象相并置，目的在于揭示过去、现在和将来之间的联系。分析首先面对的是现在，因此也需要描述现在的传记，描述的范围大致限制在所研究的主体性的特定方面。下一步就是研究所得到的关于儿童的过去、未来和现在的三幅图画，把写出来的关于三幅图画的描述仔细研读，然后给不同的经验分类，尝试进行分析。在仔细分析三幅肖像之后，把它们并置在一起，尝试回答"未来如何存在于过去之中，过去如何存在于未来之中，以及现在如何存在于过去与未来之中"三种之间的复杂、多维的相互关系（派纳，2006，20）。

4. 综合（synthetical）

通过以上三个阶段的作用，儿童能够对界定自我的各种因素有较为清晰的认识，他们明白了自己存在的具身性（embodiedness）特征。在具体性这面镜子前，儿童可以追问这样的问题，正如派纳所介绍的那样：现在对于我的意义是什么？我能够通过它们而进入"一个新的、更高层次的存在"吗？

主体性的具身性是主体对自我进行概念重建的基础，个体能够依据对三幅肖像的并置与分析，完成自我意识上的概念格式塔的转变。这种向内的转向就是个体自我意识的改变（与回溯阶段意识的改变相类似）。派纳认为，自我意识的改变将具有革命性意义，因为他相信："行为之源的转变意味着行为本身的改变。于是实践（praxis）就被改变了。"（Pinar，1975b，412—413）儿童自我意识与实践方式的改变，正是其主体性重构后的显著标志。

儿童自我的现实①，通过自传方法得以创造。儿童回溯历史，能够发现在历史中吸引他们的某种类型的经验，即他们所珍视的真理。这种真理只为他们所拥有，别人无法靠近，但需要在每次论述与定义儿童身份时显现出来。于是，这就造成了儿童自我现实中的真理，与当前现实中的真理之间内在地不对等。而且，由于这种真理不是根据证据而是凭借经验得来的，两种真理之间内在不对等的局面将不会消除。儿童以新的自我标榜的身份从事实践，将他们的过去转变为一种新的经验类型，于是关于他们的一种新的真理（爆发性的而不是对话性的），就会在他们的存在中表现出来。这种过程就是，儿童从自己过去的历史中创造出一种新的经验，而这

① 存在着两种现实，即儿童自我的现实与当前的现实，两者之间通常并不一致。此即下文中所要分析的福柯"创造主义者"的自由观。

种新经验将重构儿童主体性。

从上述分析可知，自传RPAS的展开顺序，既以时间为逻辑，又围绕主体性的不同方面为分析对象。换句话说，自传过程"在本质上是时间的和概念的"，自传的目标是"形成一种超越时间和超越概念①的发展观"。"从一个角度来说，这种方法是自觉地将时间概念化，从另一个角度说，它是通过时间来观察被概念化的事物。"（派纳，2006，11—12）自传中"被概念化的事物"就是本书中儿童的主体性，"超越概念"表明所考察的儿童主体性并不局限于过去、现在和未来的任一维度中，而是在三者所形成的"际遇之维"中进行。而"际遇之维"，显然是"超越时间"的。

自传中的"时间"不是物理学意义上的物体运动距离与速度的关系，而是现象学意义上的内在时间意识，它表明的是时间与概念之间的复杂关系，"被概念化的事物只能通过在时间中所发生的事情来观察"。被概念化的事物——儿童的主体性，是时间变量的函数，主体性的形成过程必须在时间之流中展开，但主体性在时间中的形成过程并非匀速的或直线型的，而可能是非连续螺旋式的。相对于主体性的形成而言，"时间意识就如一条河流，现在并不是孤立地出现，而是过去（以持留的形式）流进现在，现在（以前瞻的方式）流向未来"，过去与未来都同时体现在现在这一时间点上，现在时间点上的主体性就具有了过去、现在和未来的三度景深。

三度景深同时呈现于一点，既能让儿童从多个维度更深刻地认识自我，同时又能保证儿童自我认识的统一性，从而为实现自我改变提供了必

243

---

① "超越时间""超越概念"的英文单词为transtemporal、transconceptual。trans-（=across）的词根有"跨越、横穿"之意，所以"超越时间""超越概念"想表达的是过去、现在和未来三者之间，以及三者之中的各主体性之间的交融和际遇。"超"并非意味着在时间或主体性之外，而是要横穿三者，在三者之内，但却高于其中的任何一个单独要素。

要的条件。派纳借用现象学的时间概念①来探索人的"传记的现在",目的就在于将自传作为一种方法,本质上帮助人们理解过去和未来如何以潜意识的方式影响了他们的现在,理解他们的行为之源。在理解了过去和未来如何影响自己的现在之后,人就能够走出当前的情境,因为派纳认为行为之源的转变意味着行为本身的转变,于是实践就被转变了。因此,在超时间概念和主体性之间就存在着复杂的关系,探索二者之间的关系,"我们或许能够揭示它们与自我、自我的演化和教育之间的关系"(派纳,2006,12)。

超越时间为超越概念——儿童主体性——的分析提供了必要的空间。在自传的回溯阶段,儿童要对"自己是谁"进行历史追诉;在前进阶段,他要对"自己是谁"进行未来展望;而在分析和综合阶段,在确认现在的"自己是谁"基础上,将三者统一起来。所以,各个阶段都需要儿童对自己的身份进行自我认识:儿童到底是如何做到的?为什么说自传中的儿童主体性是超越概念的?

儿童对身份的历史追诉,很大程度上依赖于他们的回忆;对身份的未来展望,则主要依赖于虚构;而确认现在的身份,则必须通过解释。那么,儿童的记忆可靠吗?虚构是否具有可行性?解释的合法性存于何处?

记忆与虚构具有同质性。儿童的记忆本身就是虚构(成人亦然),因为记忆受到注意选择和记忆倾向的高度影响,它是儿童重新建构起来的诠释。"记忆决不会出自偶然:个人从他接受的多的不可计数的印象中选出来记忆的,只有那些他觉得对他的处境有重要性的东西。因此,他的记忆

① 派纳自传方法的回溯和前进阶段的自由联想颇似意识流小说的写作技巧,尤其是意识流小说中表现出来的时间感。意识流小说家们普遍认为,人的关于过去的意识会随时浮现出来与现在的意识交织在一起,对未来的幻想和渴望也会交织在现在中,因此,人的时间感会得到重新组织,最终形成一种柏格森所谓的心理时间。在派纳看来,自传研究者可以从当前任意引起自己兴趣的事件出发,用自由联想的方法进入过去和未来,这样,过去和未来就同时交织在现在中,通过分析和综合,人就应该能够更好地理解接近潜意识的内容,从而能够在内心营造一个自由心灵空间。这个自由空间是对抗僵化反动的现实的革命性力量(详见陈雨亭,2006,59)。

代表了他的'生活故事'；他反复地用这个故事来警告自己或安慰自己，使自己集中精力于自己的目标，并按照过去的经验或者行为模式来应付未来"（阿德勒，2003，54）。所以，记忆尽管是虚构，但也表达了对于儿童来说具有"重要性"的"生活故事"。自传研究中所揭示的过去，并非"过去"的真实再现，而是处于现在中的儿童对过去进行加工和变形。儿童对于过去的叙事方式，甚至是挑选这些事件而不是那些事件本身，就已经反映了自己的心理意义建构的方式。

虚构也是记忆，并也反映着现实。儿童的虚构通常以一种"变异"的方式来反映现实，它是儿童基于对过去的记忆和现在的情境而作出的对现实的特殊反应。换句话说，变异也是儿童过去的真实情况经过岁月之后的曲折反应。如果儿童能对自己对未来的虚构或变异反应进行诊释，他们就有可能发现他们与社会之间的某些张力以及他们在历史架构中的抵制和顺应情况。

因此，但尽管所指涉的方向不同。记忆与虚构都在某种程度上表征着儿童的主体性，同为儿童对自身主体性的一种确认。方向不同的主体性，都能在儿童对当前自我的解释中融合和沟通，最终形成一种基于现实但却超越过去、现在和未来的一种主体性品格——超越概念性，并能产生儿童自我意识的确认或再形成，以产生主体性有效的改变。

三、镜子的背后：儿童的真实与其他

如果人不能发展一种基于自身生活史的批判性理解能力，那么就会"被尘封在一种线性—理性的模式里，不可能看到运动和再生的可能性。"

——Pinar，1994，42

（一）发现"真实的自我"

Pinar认为，"逐渐成年是一个把自己丧失到角色中，丧失到一个人与人之间、政治、经济影响的复杂结构中的过程"（1994，131）；而

Appiah论述到，"创造一种生活……就是要去解释历史已经赋予你的东西"
（2005，163）。自传方法的目的，就在于将自我的"创造"同个体的"成年"史联系起来。

历史所赋予的东西，很难明确地价值判断其好或不好，正如波德莱尔所说"你没有权利鄙视当前"；但另一方面，当前也未必是历史发展的最高阶段。不过，个体很难作出判断并不意味着不能作出判断，也并非意味着个体一定要去顺从与接受历史所赋予的一切，对历史的馈赠不能表明自己的态度。

个体是在"泛化的他人"①影响下形成统一的自我的，"自我……本质上是一种社会结构，并且产生于社会经验"（米德，2008，125），所以，学会反思，学会自我考古，是主体走向福柯意义上的"成熟"所必备的能力。否则，我们一旦接受了社会上占主导地位的行为模式，这些行为模式所体现的价值理想就会产生出一个内在的评判者，它按照群体习惯进行称赞或谴责个体（默里·斯坦因，1998，30）。"如果不经过深刻地批判性反思，这个自我就极有可能成为一个心理上和社会上发育迟缓的人，成为维持现状的那些力量的共谋"（陈雨亭，2006，8；2009，23）。因此，我们常常就变成了现状的维护者。通过自传，主体可以相对深刻地意识到自己的"出身"，检视自己与社会力量的特定关系——共谋、不自觉地角色认同或是拒斥现在的身份，进而能够从理智和心理上的被捕状态中走出来，从"他人的自我"困境中去创造"我的自我"，走向"成熟"，走向"真实的自我"。

（二）走向真实自我的两种路径

对于什么是"真实的自我"及"真实的自我"的特征，存在两种不同的意见。派纳认为，通过自传，我们能够挖掘被压抑的部分（被塑造部分

---

① "泛化的他人"是米德的一个重要概念，它是指个体参与其中的有组织的共同体或社会群体。社会正是以泛化他人的形式，让个体卷入其中，并塑造着个体的行为。

的对立面）和无意识材料（通过梦、幻想等），并能够将此"出身"与当前现状以及未来整合起来①——即海德格尔意义上的"回家"，并认为"回家"的过程，能够解决自我的真实性问题（2007，160）。通过与现实保持一定的距离以及悬置自然主义的态度，能够发现自我的"真实声音"，能够在心理上进行政治和文化批判，这一过程具有政治以及认识论与教育学的意义（Pinar，2007，159）。派纳说："自传是一种致力于把人从政治的、文化的和经济的影响下解放出来的方法。"（1994，108）"使用这种方法（即自传）能够帮助融化，如果你愿意，理智的受阻碍或僵化的区域，并允许理智的运动……这个运动发生在个体生活史的情境中；当它发生的时候它就是教育经验。在这个意义上，我们研究课程在教育经验中的作用。"（1994，90—91）通过自传，个体自身就可以检视自己在社会政治生活的种种弊端中的共谋角色；借助自传，实现理智在受阻或僵化区域之间的流动，自我就可以"回家"。

247

　　而对于福柯来说，并"没有一个可以返回的家"。他认为，重构自我的可能性并不存在于排除与压抑之境内，因为这种做法仍然遵循二元论思维，只不过变换了侧重的方面。本质上，二元论中的任何一方都不比另一方更为真实或符合人性。

　　没有可以返回的家，根本原因在于并不存在先验论意义上的"真实的自我"。福柯研究了主体在机构中的形成过程，他认为，监狱、精神病院以及学校，在生产出正常人的同时，扼杀了其他的非正常人。但是，这两种类型的人在福柯看来，都不能代表"真实的自我"，因为根本不存在一个先验的"真实的自我"，所以，它也就不可能为机构的"规训"与"惩罚"所遮盖或歪曲。相反，在权力的生产方式中，或许存在压抑与遮盖主体的因素，但其主要功能还是生产主体，生产主体的现实与关于主体的真理。主体是由

_____

① 这种过程，就是海德格尔意义上带着乡愁去寻找家园，即怀旧地"回家"；但"这只是一种可能性"，"对许多人来说，回家意味着走得远远的"（Pinar，2007，159）。

机构生产出来的，尽管是以出现了非正常人为代价（参见本书第三章）。

不存在"真实的自我"，也就不存在"可以返回的家"。如果说对于海德格尔来说，"回家"能够找到最真实的自我，那么对于福柯而言，唯有通过流浪才能体会到最真实的存在。"一个人所曾经成为的与现在正是的个人总是'包含'着他所没有成为的与现在不是的成分。一个人曾被拒绝与压制的方面，与其自觉接受与整合的方面对界定或可能界定自我发挥着同样彻底的作用。"（Pinar，2007，168；1994，212）这是心理分析的基本逻辑。对于福柯而言，建构新的自我可能也需要通过与边缘化群体相认同而得到解决，即所谓的疯人、穷困的人——各种处境不利的群体——这是心理分析的出发点和核心假设，但却不是福柯建构主体的全部内容，因为在他看来，相对于拒绝与压制来说，权力的主要功能还在于其生产性，权力的生产并不指向先验的人性的丰盈与完善，而是将个体的生产与自己的目标相匹配。

在福柯看来，我们迫切需要做的，莫过于认识自我，揭示自我建构的偶然性和脆弱性，在由谱系学化理解所开创的空地上，个体自主地选择与创造新的生存方式。而在这方面，派纳的自传方法为我们提供了认识自我的很好范例，但福柯式思维需要对其核心假设进行修正，因为我们能够重新找回我们自己分离的碎片并重新合并他们；但在找回分离的碎片时，切不可只留恋于被抑制的一方，否则就将继续陷入二元论思维之中。正确的态度是，利用并超越"被抑制"的"他者"，甚至是虚拟与现实之间的关系，最大程度上扩展主体性的社会方面，形成世界性的主体性。[①]自传既揭示了主体性的个体性与社会性两个方面不可分割的联系，同时也为强化二者之间的联系提供了可能。

（三）自我意识改变的社会意义

个体性与社会性统一于主体内部。自我既是一个独一无二的个体，同

[①] 世界性的主体性，英文对应于cosmopolitan subjectivity，这是后文第三节所论述的内容。

时又是由地位、性别、种族、阶级和文化所定义的社会存在物，在个体身上同时存在这两种密不可分的要素。人从来都不是绝对意义上的个人，或许说人是一个单数的普遍性更为合适。主体的个体性和社会性之间的统一关系，为我们寻求社会性主体与个体性主体①的改变（就寻求改变的角度而言，二者是一致的）提供了方向，即改变必须从主体性开始。

通过自传而产生的自我"真实"尽管是个体性的，注重真实与自我的关系，但自我的真实却具有社会性内涵，能够反映生产自我的社会体系性或结构性的力量。因此，"我即世界"在此有了新的意义。

改变主体的自我意识是改变主体性的核心。派纳的自传方法鼓励儿童对自身的教育经历进行分析，在儿童对过去进行回溯、对未来进行想象，然后在与现在的传记情境进行并置分析的过程中，儿童重构过去的教育经验，重新界定自我的社会性与个体性之间的通道，并可能改变对当前自我身份的认识。这既是一个对教育经验进行文本分析的过程，又是儿童对自我的个体性和社会性方面进行检视的过程。②在此过程中，儿童积极地对教育经验施加影响并重新评价，协调"社会的自我"与"我的自我"之间的关系，确立或改变自我意识，从而超越那个局限性的、被要求成为的历史的和沉淀的"自我"，拒绝成为特定权力关系的同谋，进而成为私人的、自主的自己，重建自身的个体性。

重建个体性是重建公共领域的基础。要想重建公共领域，我们必须首先重构个人领域，从每一个个体开始。与边缘化社会群体相认同，或者超越社会选择与排除的二元机制而创造新的身份，都可以在自我心理内

---

① 社会性主体与个体性主体、主体的个体性与主体的社会性这两组概念，差异非常明显。社会性主体通常高于单个个体，它是单个个体的集合，例如小组、社团、政党甚至国家等，是一个超个体的概念。个体性主体是指单个的个体，是一个独立的个人，它既是构成社会性主体的元素，自身又包含个体性和社会性两种特征。主体的个体性和社会性统一于主体内部，表明主体性是在个体与社会的共同作用下形成的，所以，二者之间存在着既对立又统一的关系。

② 派纳主要借鉴了以下几个精神分析的核心概念，即自由联想、抗拒以及无意识、前意识和意识的问题。

部进行，表现出"自我建构"所隐含的思想与行动的政治性内涵。派纳（2007）认为，尽管在社会群体与个体心理内部要素之间并不存在一一对应关系，前者的苦难也无法与后者的压抑相提并论；尽管在本体论上二者具有不可比性，"我们仍然承认政治行动能够而且应该在个体性格结构内部进行，并且跨越性格类型或群体"（2007，160）。社会性终将通过个人的主观性而起作用，客观领域的诸种现实必将以各种形式反映在主观性中方才有效，所以，外部的改变也必须从主体的内部开始。社会秩序根本上的重建，必须从改变主体的内部心理结构开始，需要主体基于自身的历史并最终超越自身的历史，逃脱过去的心理习惯和思维定式。

历史和社会借助于主体性而表达，所以改变社会性主体必须从改变个体性主体——重建主体性开始，必须"从内部入手"；同时，我们正是借助于主体性，才能经历和理解历史和社会。所以一个必然的结论是：改变主体性具有重要的社会意义。个体自我意识的改变，则个体的社会性也必将随之改变。

自传是促成个体自我意识改变的重要方法，它是自我与自我、自我与他人以及自我与客体之间关系的反思形式，这种形式允许研究者不断对构成自己的经验进行重构。自传是个体对自己的历史以及生活史的重构，重构不仅改变了主体对自己的态度，而且还明确了主体与社会之间的关系。"通过自传，自我与他人可以将最小化的心理自我与公共的政治领域重新联系起来。"（Pinar，2007，174）自传为把私人语言译成公共语言提供了一个模式，于是，私人的和公共的意义得以重新符号化；它能够帮助我们理论分析主观性和社会性之间、个体内部的政治和公共领域的社会结构之间的关系（Pinar，2004a，57）。"自我对个性形成的参与，自我建构意象所提议的所有过程和可能性，每时每刻都是一种政治选择。某些冲动获得许可得到表达，取得适当的地位；其他冲动则不能。"（Pinar，2007，168）所以，在个人领域与公共世界之间存在着通道（Grumet，1988；

Miller，1982，1983），个体性与社会性不可分割地联系在一起，在个体身上体现着重要的社会信息，通过理解自己，借以理解世界；通过改变自己，借以改变对世界的认识；理解自己是理解世界的必要前提，改变自己是改变世界的必要基础。主体性与社会性之间的共构关系以及自我意识的能动性，决定了"认识自己"在寻求社会与自我改变中的首要性，而"认识自己"则必须"从内部入手"借助于（自传）方法。

自传的目的在于认识自我以及认识自我所带来的改变。"真实的自我"并非先验存在，而是在理解自身构成基础上的再创造，因此自我的真实仅是一种历史性真实。儿童认识自我的目的在于确立自我意识，进而去审视决定自我形成的各种力量，确保它们对于自我的作用方式在个体的监督之下进行。儿童自我意识的确立，是其行为改变的前提，"行为之源的转变意味着行为本身的改变，于是实践就被改变了"（Pinar，1975b，412）。自我意识的改变具有重要的社会意义，我们借助于主体性去经历历史和社会，同时历史和社会必须借助于主体性来表达。

对于教育研究者而言，其自身传记问题的特征形成了他们特定的理智兴趣和研究视域，而这些传记问题又是由这两者所叙写与塑造的（Pinar，1994，148）。如果研究者有意识地提升对自己的理智兴趣和传记情境的意识，那么这种意识就会引起兴趣和情境的转变，也许从此就能够改变自己的外部导向习惯（陈雨亭，2006，8）。研究者运用自传方法，同样能够提升他们对自我生活经验的反思性批判能力，在重构自我与理智兴趣、自我与研究对象的关系方面，也就发挥重要作用。

但传统的教育研究者仅仅寄居在社会的表层，只对政治社会现实做出表面回应，不能深入理解特定教育现象的历史谱系（如理解儿童的内部世界），尤其缺乏对由自身生活史造就的、对特定问题的习惯性认识的反思能力，导致他们的思维习惯决定了他们的问题解决方法，他们的过去预测了他们的未来，难以从理智和心理的俘获中逃逸，于是，教育领域中经常复现时髦的旧问题。

教育研究的目的在于生产哈贝马斯意义上的解放性知识，这种解放首先要求研究者的自我解放，重构自我的主体性。他们需要从自己的生活史中暂时解脱出来，从对自我的怀旧中逃逸。逃逸并非与过去决裂，而是去批判性反思现在的自我与过去以及未来的关系。可以认为，自传为研究者的解放以及教育研究的解放提供了重要的方法。

现代的教学，是世俗性的自我（生成的）技术，儿童的自我管理和自我检视在其中占据重要地位。在教学文化中，儿童学习讲述关于自己的真实，我们可以考察他们讲述的方式，并去思考为何这些真实讲述的话语，对于他们叙述的创造和自我的重构具有核心地位。

第二节　生存美学：超越的过程

上文分析到，因为主体性与社会性之间的统一关系，所以我们改变社会性可以从改变主体性开始，从而主体性的改变就有了社会性意义。现实的情况是，社会结构常常生产出特定的主体性，以服务于自身的存在和功能（正如第三章所分析的那样）。但是，与一致性相反，它们之间还存在着对立性关系。在福柯看来，正是因为主体性与社会性之间的不一致性，主体了解自我和认识自我才显得必要，伦理型的自我建构以及对自由的创造才显得更为迫切。

一、伦理型自由：创造型自我关怀

自由是伦理的存在论条件，而伦理是自由所认定并采用的形式。

——Foucault, 1997a, xxv

（一）认识自我后的创造自我

儿童主体的伦理性自我建构，包括两方面内容：第一，认识自我。反思教育真理、教育中的权力关系（以教育经验的形式）对儿童个体的作用机制和形成作用，从而确认"他者的自我"生产的逻辑。在这方面，自传是儿童自我认识的重要方法，通过将时间并置、主体性形式并置，儿童基于对自我的考古，确立或改变对于自身的态度——自我意识。

第二，将自我建构为自己真理中的主体。质疑规约自己的教育真理，批判生产自我的教育权力，儿童得以理解建构自己的技术过程。但理解技术过程仅仅是建构自我、获得自由的基本前提。他们必须在理解的基础上依据特定的原则，建构起自己的真理观，并依据这种真理去自由、负责任地建构自我。

因此，儿童依据自己的真理自我创造，还必须依赖于其他的技术。这种需求反映在教育中的问题就是："我对已经塑造成的我应该做些什么？换言之，认知者与认知对象的关系是什么？"（Pinar，2007，160）自传的目的在于理解自我身份的建构；生存美学紧随其后，即建立自我真理，实现自我创造。正如派纳所说："自我知识与真实性尽管重要……它们只是为进一步探讨下述问题提供准备：基于这一自我知识我们应采取什么态度与行动？"（2007，160）分析应采取的"态度与行动"，就是伦理型自由的主要内容。

伦理型自由是福柯的重要命题之一，他认为自由是伦理的存在论条件，而伦理是自由所认定并采用的形式。[①]自由采用伦理的形式，意味着儿童主体的自由创造，必须符合自己的伦理标准；而伦理标准的建立又依赖于自我认识，所以自我创造、自我关怀与自我认识三者之间密切关联。

253

---

① 福柯的伦理观念来源于Pierre Hadot的灵修（spiritual exercises）思想，特别是他的关于自我与其自身之间关系的四个方面的论述（Paras，2006，124—148）。

（二）自我创造基于个体真理

对于如何建立伦理标准，实现自我的伦理型建构，存在着不同的看法。派纳认为，一个人所曾经成为的与现在正是的总是"包含"所没有成为的与现在不是的；一个人曾被拒绝与压制的方面与一个人自觉接受与整合的方面对界定或可能界定自我发挥着同等的作用（1994，212）。"自传是自我的建构，建构一个随我们阅读、写作、说话与倾听的过程而进行创作的自我……自我在世界之中得到实现。即便是真实的与已知的，我们也无法确信它就是我们所知道的自我，因为它总是在运动之中，随时间的演变而变化，部分地由它所不在的地点、所不出现的时刻、所不是的特点所界定。迎接破晓的自我是不断扩展的自我，不仅容纳所向往的也容纳所惧怕的和所抵制的。"（Pinar，2007，175）"所不在的地点、所不出现的时刻、所不是的特点"——对应着主体已在的地点、出现的时刻、所是的特点——这是派纳的自传思想在自我建构方面所提示的方向。在权力的选择与排斥、提升与压抑、中心与边缘化方面，自传将通过揭示一方而确定出身份的建构原则——向另一方倾斜。

这种策略，正如上文所分析的，在特定情形下福柯可能会同意，但绝不是他伦理思想的全部内容，"致力于被排除的事业"绝非福柯工作的全部。首先，尽管他批判过生产现代主体的各式机构如学校、医院等，但由于并不存在"真实的自我"，所以这种批判并非基于机构对于人性或"真实的自我"的压抑；其次，与其说机构压抑、排斥或边缘化主体，所以我们需要解放、挖掘或提升他们，倒不如说机构生产了他们。即便确实存在着压抑等方面，它也是机构的生产效果和特殊的利用方式。

Pinar认为："教育机构的语言的监督功能在于永久性地压制被排除的群体与不同的可能性。福柯似乎致力于被排除的事业，暗示他们的斗争保证人类的可能性得以开拓。"（2007，168）结合上述分析可知，他的分析既对也不对："致力于被排除的事业"确实是福柯工作的一部分，他通过研究边缘群体，得以洞见现代真理和权力关系的理性与逻辑，从而能够重新定位边缘群体，消解人们对于真理建制的神秘和膜拜；但他批判工作的目的不是肯定一方否定另一方（否则，他的工作性质就与他所批判的类似），而在于通过历史化分析某种历史现象，达到对特定对象的谱系学化认识，进而再去决定自己的态度（或抵制或无改变或强化已有观点）和进一步行动的方向，最终实现对自己的忠诚。

所以，福柯拒斥这种先验论的主体本质及其伦理观（自由观），转而建立起自己的"创造主义者"方式的伦理观（自由观）。这一思想，具体体现在他对于古希腊时代"讲真话"（parrhesia）实践的研究中，这一研究表明了他对于自由、伦理与真理之间关系的深刻洞见。

福柯（2001a）认为，在权力对象（power artifact，如主体性、权力机构或某种理论等权力运作的机制或结果）的周围，存在着一种主导性的权力-真理场，这种场通过在自身内部建立各种规则，尽力维护自身不被外力破坏。在这种主导场中，存在着一套游戏规则，并上演着各种虚假的游戏。而且，这种游戏有着丰厚的奖品，游戏的参与者还能获得晋升的机会。所有这些，都仅仅发生在特定的自由空间中。因此，这种局限性空间中的主体，拥有自己的真理与自由。

这种"自我-真理-自由"的关系可以持续，除非游戏的规则不被打破。如果把这种游戏所依赖的缄默性规则公之于众，游戏场就会被破坏，游戏规则同时也就失去其效用。而能够充当破坏者的个体或群体，他（们）与自身的关系必然依赖于与主导性游戏规则所不同的另一套规则、另一种新的"自我-真理-自由"。他们相信自己的真理，并愿意为了自己的真理而宁愿承担可能的风险，但目的却在于表达他（们）的自由，因为在主导性的规则被破坏之后，就有可能创造出新的自由空间来。这里的"真理"表示个体真理。它的魅力不在于符合事实本身，而在于个体对它的信仰，个体对它的忠诚，以及它对于个体存在的重要性，所以它表明的是个体存在的真实性，可以看作是福柯的伦理范畴。个体为了获得自由，为了拥有真实的存在感，尽力在自我和真理之间建立起一种私人关系，这种关系超越了主导性话语而具有高度的个体性意义。

总之，与他的权力批判一样，福柯的伦理型自我建构并没有固定的标准，对于如何创造自我，纯粹是个体的事情。他的工作，目的在于提供一些分析工具，而接下来的过伦理生活或创自由之路，必然由个体自我来完成，任何人都不能推脱对自我的责任。因此，接下来的问题是：个体如何去建立自我的真理以实现自我的关怀与自由？

（三）个体真理的社会性意蕴

在分析这一问题之前，先要澄清福柯对于伦理性自我建构的基本内容。他曾在作品中多次提到（Foucault，1984；1997a），自我关怀与社会性参与不但不冲突，而且还能够相互促进。这一观点包含两层意思。

第一，在个体层面，自我是关系型的自我，自我关怀既意味着自我要悦纳他者（Other）或不同（difference），又表明自我必然是由它们所构成。所以，交互主体性（intersubjectivity，又译"主体间性"）是自我的核心特征与题中应有之意，而那种认为主体需要从主体性走向主体间性的说法对福柯而言显然是多余的。

第二，在社会层面，自我关怀属于社会建构的一部分，两者在目的上是一致的。自我关怀本质上是自我规训，只不过标准掌握在自己手中。现代权力作用形式的复杂和隐蔽性，能够将"自我的技术"与整体社会程序相连结，将个体的自由创造整编为整个社会机构高效运行的重要组成部分。所以，自我关怀与参与社会并不矛盾，它的目的在于个体能够更好地融入社会，并善待他人。[①]据此看来，那种认为关怀自我即个体遗世独立或犬儒主义的做法，也是不可取的。

---

① 福柯认为自我关怀是一种包容性的行为，它内在地包含了关怀他人；关怀他人后来逐渐成为一种明显的伦理。但同时，也不能将关怀他人放在关怀自我之前。

自我关怀何以可能？或者说，儿童如何能够借由自我真理而走向自由？福柯式思维认为，答案必将在儿童主体的心智结构中寻找，因为它是自我建构的基础。通过自传，儿童将发现"社会的自我"的建构，本质上依赖于社会性真理（教育真理或教育权力关系）与自我的作用而产生的经验，如果对作用于自己的社会性真理能够具有自我意识，分辨其作用方式，一定程度上就掌握了产生自我的主动权。

这是一种转被动性生产为自主性生产的过程，但尚不够彻底，因为它只能在既定的刺激与经验中进行挑选，而没有选或不选的自由。他们可以更进一步，自主地为自己创造符合自己标准的经验刺激，从自我与他者的对比中，从现实与虚拟的比较中，从对未来的想象中去挖掘自己需要的、符合自己价值的经验方式，在主导性价值与自我选择的价值之间，在被动生产与主动创造之间进行角逐与调适。在这个过程中，儿童主体的心智将在新的刺激下产生新的自我意识和行动模式，形成新的主体性品格，它表明其他的经验形式形成新的主体性永远是可能的。这种实践不是任何意义上的"内在"自我的展开，而是向未知领域的进发，这是主体性建构时区别于体系化和能量化空间的另一空间：伦理型自由。接下来将分析儿童在创造新的"自我-真理-自由"关系的两种方式，作为两种开放性空间，它们对于儿童主体而言，既是一种自由的实践，又是一种伦理方面的考验。

257

二、虚拟与现实：假作真时真亦假

非线性的、瞬息的意象文化的发展，侵蚀了自我与公共领域（以及其中的所有事物包括人类）之间升华的关系。

——派纳，2007，161

（一）技术遮蔽论的批判

意象文化的发展主要依赖于信息技术，信息技术在个体身份的建构方面可能产生负面作用，这种担忧一直存在，主要原因是认为技术具有遮蔽作用。

在现代技术型社会中，事物的空间秩序遭到破坏，事物之间远近的距离感似乎不复存在。我们借助于技术，能够打破以前因距离而产生的疏远，"接触到"遥不可及的对象。但随着距离感一块消失的，还有海德格尔意义上的技术的揭露或显明功能，代之以技术越来越严重地遮蔽着事物。现代技术用事物的图像或表征代替了事物本身，在技术的架构内"再"现着事物。一定程度上可以说，对事物的表征就是将它们从其本源地（locatedness）中抽离出来。因此，事物本身被隐藏了起来，我们所能"遇到的"，仅仅是它的去情境化的符号与代码。

从事物本身到事物表征，从本源地到脱离原位，技术对待事物的表征方式，带来了诸多长期的和严重的后果。"技术在遮蔽人和对象的本源性时，也遮蔽了人和对象的本性。因此，技术让我们误解了我们自身的存在以及我们与之打交道的对象的存在特性。在这方面，只要技术将我们从本源地移除，擦去任何的本源意义，技术也将遮蔽我们自身的道德——作为与我们存在的本源特性紧密相连的道德。"（Malpas，2000，226—227）去情境化遮蔽了本源性，进而遮蔽了人和对象的本性，甚至也遮蔽了道德，遮蔽了"自我与公共领域之间升华的关系"。

上述担忧存在的前提是，人和对象存在着某种固定的本性，通过传统的技术显明方式，我们能够逐渐发现和接近本性，进而认识人和对象。现代技术的问题在于，它将世界消减为供人消费的资源，最终这个世界向我们隐蔽了起来，因为显明发生的可能性仅仅存在于事物存在或栖居于世界中（而不是被遮蔽于世界中），只有这样，事物才可能向我们全面展示其在世界中的本源性特征。

福柯式思维当然不会同意这种假设，现代技术的问题并不在于它剥夺了事物存在于世界中的可能性，或葬送了世界显明的可能性。[1]因为在福

---

① 我们不可能强求技术对人与对象的完美揭示和显现，正如我们不能保证人与对象的本质单一性一样；我们也没必要认为人与对象之于技术的至尊地位，正如我们不能否定技术可以作为经验对象的事实一样。

柯看来，人与对象并没有特定的本性，所以显明或遮蔽都是不存在的。对象本来就是以话语论述或被表征的方式存在，某种程度上可以说，对象的话语即是对象本身。我们可以推测，个体与对象之间的关系，和个体与对象的表征之间的关系，在海德格尔看来构成了两种不同类型的经验，而在福柯看来，两者之间在特定历史时段内本来就是一回事，具有认识论上的一致性。技术表征，作为话语论述之一种，从都是对事物的表征而言，二者之间是相似的；个体与对象的关系，和个体与对象的技术表征的关系，因此也具有认识论上的一致性。

　　同时，对人与对象的技术表征又具有自己的独特性，即"抽离本源性"或"非具身性"（disembodiedness）。一般性的话语论述总是借助于背景的丰富性，致力于更全面、更立体地叙述人或对象，并反过来运用人或对象的具体性特征去还原复杂的社会情境（正如第二章中儿童概念的考察所显示的那样）；而对象的技术表征则是抽离了本源性，将对象的描述与对象发生的情境相对地脱离，所以它既表现对象，同时也超越了对象，对对象的技术（艺术）加工就更强更自由。因此，技术表征的非具身特征自然就与主体的伦理与自由问题联系在了一起；主体技术性认知方式身体的非在场性，对主体既是一种自由，也是一种伦理上的考验，正如下文中的虚拟空间对于儿童主体性建构的分析中所显示的那样。

　　（二）虚拟技术与超越性存在

　　虚拟技术，与现实的真理与权力关系一样，也是儿童自我建构的方式。虚拟技术致力于提供超越时空的经验，让儿童得以建构自己的意义世界的基础上，形成并强化自身主体性内涵。它的使用，需要儿童的积极配合和主动参与，所以从主体化的角度而言，既属于福柯意义上的控制技术，又属于自我技术（1988b）。两种技术的协同作用，不断地调和着儿童主体性的个体性与社会性特征。虚拟世界和多元文化所依赖的信息技术，同时属于福柯意义上的符号技术、控制技术和自我技术，这三种技术

259

相互联系、相互重叠并互相强化，对于儿童主体性的形成，重要意义不言自明。

在现实生活中，儿童总是以一定的身份与他人进行交往；而且，他们交往的方式也受限于特定的时空范围和条件。如儿童在教室内上课、在社区内与人交谈、在博物馆参观文物等，这些活动总是发生在现实的时间和空间范围内，同时他们所交往的对象都表现出特定的、我们可以从外部识别的特征，如性别、身高、肤色或思维观念等。根据不同的场景，面对不同的对象，儿童表现出相应的态度和行为，因为他们在确认交往对象的同时，也在内心中无意识地确认着"我是谁"，从而表现出符合课堂纪律、交往礼仪、规章制度等要求的适当行为来，也就是说，外部的道德他律对儿童的行为产生着影响。

现代科技的发展，一定程度上打破了儿童上述交往的界限与约束（当然只是部分性的），尤其是虚拟技术的出现，极大地拓展了儿童的生活空间。虚拟技术让儿童的观察范围和观察能力都有了扩大和提升，不管是宏观微观、过去未来，都能够借助于虚拟技术在儿童面前展开。同时，这一技术也扩展了儿童与他人交往的方式，出现了许多新的交往工具，如短信、博客、微博、微信等，以及群体聚居的部落——各种虚拟社区，如BBS、群空间、讨论区等。认识与交往方式的提升与改变，将为儿童提供独特的新经验。

首先，在虚拟环境中，儿童与他人之间的交往是一种符号式交往，这种交往方式的一个典型特征，就是儿童"身体的隐退"，以及伴随"身体的隐退"而出现的儿童社会身份的隐退。虚拟环境中儿童的身份绝非清楚明白、简单易现的，因为它超越了身体的限制，儿童个体的特征如年龄、性别、性倾向、肤色兴趣和能力等特征都因为身体的不在场而得不到体现。最终，标记"儿童是谁"的身份不再是儿童的实体而是由儿童的信息所构成，儿童的真实身份便在这种替换过程中掩盖掉了。

　　真实身份被掩盖，并非意味着儿童的身份不存在了；恰恰相反，正是因为儿童可以暂时性地"遗忘"或"摆脱"过去的身份，从而为他们尝试和体验其他的身份提供了可能性。实际上，在虚拟空间中儿童的身份是存在的但不明确，不明确是因为一位儿童可以以不同的身份和面貌出现。这种多重的、去具身化的虚拟身份，为他们体验另一种身份感提供了方便。这种情形类似于"角色扮演"或"换位思考"，它有利于丰富儿童对不同情境中身份的理解和感受力，从而能够丰富儿童的主体性品格。

　　其次，由于儿童身体的隐退，变成了"隐身人"，虚拟环境中的儿童就可以暂时抛却权力关系在他们身上所写入的印记，进而去创造自我的伦理，体验自由。没有了身份的约束，进入虚拟现实中的儿童就能够感受到一种前所未有的轻松，因为既定的规则不再起作用，在现实社会中所必须遵循的伦理标准，在虚拟社区中变成一种自主决定的行为。尽管约束力不强的儿童很可能会"为所欲为"，但这只是一种消极的担忧（尽管可能会出现）。虚拟环境中既定规则失效的积极意义在于，儿童能够确立自我的伦理原则[①]，以认定的真理为基础，为追求特定的自由而建立自我的伦理，即形成上文中所分析的"自我-真理-自由"的关系。所以，以"隐身人"的身份在网上自由冲浪的儿童，他们既有可能创造和表现出不同种类的虚拟身份，同时又能够暂时性地摆脱现实社会中诸多关系的束缚，设定出符合自我真理和自由原则的伦理标准，并在虚拟空间中践行。

　　这两种情况，正好与现实世界中的情形形成了鲜明的对比。在实体世界中，儿童表现出多种符号和线索，我们借此很容易确定出他的身份；由于存在特定的身份期待，儿童必须表现出合社会性的适然行为来。而在虚拟世界中，虚拟的身份能够允许儿童构建自我的伦理标准并践行之。于

261

　　[①] 尽管"为所欲为"也属于儿童的自我伦理原则，但我们担忧的主要原因在于它是一种反社会的倾向。因此，如果教育得力，这种担忧便不会存在；如果教育不得力，这种担忧在其他场合（不只是在虚拟空间中）也会发生。

是，在虚拟与现实、虚拟身份与现实身份、社会规则与自我伦理之间，就形成了一种紧张的关系，二者之间存在着持久性的张力，儿童在现实实践与虚拟实践的交织互动中实现主体性的跃迁与主体自我的解放和超越。实际上，虚拟身份与社会（真实）身份一直相互交织，从自传的角度可以看出，儿童的自我建构需要利用虚拟身份（即前进阶段的自由联想）的现实性。我们经历着真实的自己，而在经历的同时也在构想与创造着自己。虚拟身份发生在真实身份之中，二者在个体生命中既相统一又相对立。

所以，虚拟技术能够为儿童重构主体性，提供超越时间和超越地域性的教育经验。现实体验总是受到特定时空的限制，儿童的观察、研究、与他人相处等活动，显然受制时空的约束，所以接触到的经验范围相对有限。而在虚拟环境中，儿童能够突破时空限制，可以根据自己意愿和需要自由选择时空及相关经验。而且，儿童对经验的反应方式也发生很大变化。在现实情境中，儿童对经验的作用方式往往是应答式的，教育情境（如课堂学习、与人交往、教育评价、标准化考试等）规定了儿童的应对方式，大大限制了儿童主体性的内涵。而在虚拟环境中，儿童可以感受多种经验类型，每一种新鲜经验都能够在某种程度上拓宽儿童主体性的领地。

总之，相对于现实情境的共时性、地方性和价值性经验，虚拟技术能够为儿童带来超越时空性和开放性的资源。儿童作为开放境遇中的创造者，拥有足够的时间和手段为实现自己可能性的存在方式开辟道路，使自己能够在一个现实与幻想相统一的世界中诗意地栖息（章铸，吴志坚，2001，12）。虚拟技术在一定程度上突破了时空、条件的局限，拓展了儿童实践的自由度，为儿童体验另一种存在方式提供了可能。

在虚拟空间中体验另一种自己，需要特殊的策略。福柯式思维认为，语言策略与"迷失的诱惑"，对于个体体验另一个自我来说，具有重要意义，因为二者都能够给个体带来程度不同的"极限体验"。

泰勒认为，"我们是靠表达而发现生活意义的。现代人已敏锐地了解到我们的意义多么依赖于我们自己的表达力……发现生活意义依赖于构造适当的富有意义的表达"（2001，25）。新的生活之境的开辟，很大程度上取决于我们对生活的（再）表达能力。与此相似，当儿童转变自我、形成新的主体性时，他们必须首先要明确我该如何论述或界定一个新的自我。福柯强调指出，我们利用生活于其中的权力-知识网络，考察和凝视自己，将自己识别为特定的客体。所以，一旦我们归属于一种生活形式，我们就必须不断地通过话语叙述来重构自我。而要重构自我，就必须首先超越现存语言的局限，创造新的话语，以表达超越现有的思想和实践的意义。

话语具有行动性功能。儿童有必要界定新的自我，并建立起自己的真理；他们需要讲述关于自我的真理，并围绕真理的论述进行自我的建构。通过这种论述方式，并结合自我建构的技术，儿童就能够将自己变成"我的自我"。福柯式思维认为，没有预定的应然的生活方式，只是按照一种特定的（自我）准则去生活，所以每当提出一个新的概念，就可能意味着引进了一种新的生活方式。"我的愿望在于通过提供知识，让有兴趣的学生能够直面'自己潜意识的幻想'，从而'拥有'他（她）们的'逃离'与'愿望'（alienation and desire）。"（Pinar，2009，38）对于儿童来说，他们的"逃离"可以始于虚拟技术，而他们的"愿望"或可以成于虚拟技术。

学习方式作为儿童在学校中的生存方式，它们的每一次根本性变革，都意味着儿童在学校生活中存在方式的变化。目前的课程与教学，正在不断提升学生的自主、合作与探究性学习能力。派纳认为，"否认教师与学生的解释或将其置于边缘地位的课程，或者促使自我瓦解在学科材料之中（如典型的顺从的教师与学生，他们拥有百科全书式的记忆但没有自己的观点），或者促使自我向自身退转成为孤立隔离的学生，虽然自我（ego）是完整的——如果不是过度决意与凝固的话——但不能也不愿与材料相融合从而掌握材料"（2007，165）。课程可能具有的教育功能，包

263

括为自我建构提供材料的课程概念化，与虚拟身份的创造和现实故事的讲述是无法分开的。

"我的自我"同时也是"社会的我"。派纳认为，通过这种方式所建构起来的主体性具有"自我的力量"和"丰富的内涵"，它能够让个体摆脱常规的束缚，并创造一种新的语言。这种语言（的对象）可能是有限的，因为它只是个体自己的语言；但它却能够表达出一个我们都可以分享的真理（2007，35）。"通过主体性的独特性，（社会性的）普遍性就可以揭示和建立起来。"（Pinar，2009，44）所以，儿童在虚拟情境中的自我创造，与在现实体系中的社会建构是一致的。

语言策略发生在儿童对未来自我的真理论述中；与之不同，"迷失的诱惑"则出现在真实身份与虚拟身份之间"模棱两可"的情境中。

多数研究者认为（傅智勇，2001，143—148；陈胜云，2001，36—38），网络环境容易造成儿童主体的迷失。由于在网络环境中虚拟实践的沉浸性，所以会导致一些人在网上产生虚无缥缈的虚幻感，模糊了虚拟与现实之间的界限，甚至在线下仍然对"网上生活"回味和迷恋不已。当其迫不及待地希望把网络上的生存体验带到现实中来的时候，才发现虚拟和现实的强烈冲突。倘若人们不能在现实和虚拟之间进行及时、合理的角色转换，心理问题就会产生。

此外，网络生活还会带来伦理方面的困境（李一，2010，39—40）。由于身体的不在场和网络空间的虚拟性，使上网主体容易产生"无人在场"的责任分散心理，不自觉地放松对自己的道德约束，自律性减弱。更有甚者有意将网络空间视为道德真空，做一些"在现实当中不敢做的事情"并引爆一系列在现实中隐而不显的道德伦理问题，甚至触犯法律。因此，在网络环境中存在着严重的诚信危机和道德失范问题。

上述所批判的主体迷失和道德失范这两种现象，在当前社会现实中确实存在，我们不能轻视；但迷失论与失范论的假设是，儿童主体性的恒定性以及道德原则的普适性。唯有如此，我们才能认定儿童会"迷失"，道德会"失范"。鉴于福柯式思维的历史性和具体性特征，它显然不会接受这种认识；不但不会接受，它还可能看出其中积极的意义：儿童正是借助于这种迷失，才能在封闭的生活中体验到与现实的疏离（sense of alienation）；正是在由暂时的道德失范所开辟的空地上，儿童的伦理性自我建构才有了新的方向。

主体自身在虚拟空间中的"迷失"，将导致儿童存在的不安全感，并会产生儿童身份认同的危机。但正是这种不安全感或危机感，才会促使儿童思考自我到底是谁、可能是谁，才可能规划未来方向，从而为他们形成另一种身份创造了契机。于是，当儿童沉浸在身体缺场、身份隐匿的虚拟环境中，迷失在自我识别、自我认同的危机中时，他们得以进入一种与现实感知完全不同的知觉和幻觉合一的感知状态中，这种状态能够让儿童暂时性忘却现实生活世界，去经历另一种亦真亦幻的自我存在。因此，儿童没有必要惮于迷失，甚至需要在虚拟技术中主动去经历迷失。他们迷失的只是旧我，得到的可能是整个世界。唯有经历迷失，儿童方能找到出路，从而为虚构与创造自我提供认知上的准备。

虚拟世界是基于自由浮动式的控制过程，而不是固定的管理过程，而且是没有主导控制性权力的。教室外的信息化水平往往比教室内的要高，信息技术娴熟的儿童，所接触到的信息种类较为多样，信息来源的多渠道有可能让信息质量的差异较为悬殊。同时，教室外没有教师的权力调控，儿童自行决定接受何种信息（除非限制某些内容），因此解构了教师的权威（基于自己拥有的知识与信息）。虚拟世界的控制，多属于网络道德的问题，儿童在此能得到较多的选择自由。在多元文化空间中，儿童领略到其他的生活样式，他们有机会知道对于世界和自身，还可以作出另一种不同的认知。虽然说网络道德和文化禁忌都是对儿童在异托邦中的一种限制，但恰恰是这种限制，是需要向他们打开的让他们认识世界的另一扇窗口。

总之，在虚拟实践中，儿童能够基于新的经验类型，在建构"非现实的真实世界"基础上，重构与深化主体性的广度和深度。儿童主体置身于一个新的关系实在的虚拟情境中，人与虚拟世界的关系已不是简单的主客体互动作用，正如现实的教学活动所体现的那样；而是一个意义世界符号化的建构过程（章铸，吴志坚，2001，9）。虚拟技术在相当程度上打破了现实的物质界限，儿童在它的帮助下得以超越现实，观念或实践地建构自己的"非现实的真实世界"，他们在虚拟情境中的创造能力大为提升，从而有可能形成并强化新的主体性。儿童生活的现实世界，更多是作为一个参与者，儿童对社会的建构程度远比不上社会对儿童的塑造程度广泛和深刻。但在虚拟实践中，儿童可以根据对自我新的身份设定进行大胆建构，能动地创造自己；并能够根据自己的需要，不断对创造自己的虚拟场景进行重构，以符合自己新的身份。所以，虚拟技术让儿童深入体验自身心智和感觉的复杂性与巨大潜能提供了条件，为儿童展现、发展并扩充自身主体性的内容、感受主体性的独特性和实践性，提供了最为广阔和便捷的空间。

（二）极限体验的真实与虚幻

就建构主体性的角度而言，"虚拟"并不等同于"虚假"或是"虚无"，"虚拟"依旧是一种存在，是一种真实（李一，2010，37）。同时，由于有了儿童行为活动的介入和参与，虚拟空间成为一种"社会文化存在物"，是一种新型的社会文化。正是因为虚拟技术的真实性，儿童才能进行自我建构；正是因为虚拟技术的虚拟性，它才为儿童的自我建构提供了无限的可能性和开放性，在经历"极限体验"的情境中去创造自我。根据福柯的观点（来源于尼采），自我是虚构而成的，是一种艺术的创造；我们永远面临着再创造的任务，而规划和建构自我的方式便是讲述以前的故事（自传），创造未来的神话。福柯对于"真实"（truth）概念本身提出了质疑，这暗示着他自己的所有历史研究，从某种意义上说都是"虚构"

之作；但是，虚构往往比历史和现实更为真实与深刻。

　　某种程度而言，现实也是一种虚拟物，"每个'当下'的事物状态其实都是特定概念所具有虚拟性的具体化"①（德勒兹，2006，170），只不过具体化的各种形态得到了最大多数人的认同。同时，虚拟也是一种真实（或"当下"），甚至个体的虚构比其现实更为真实，更具开放性。虚拟与现实之间并非界限分明，互相排斥，而是具有本来的相通性，我们可以而且有必要生活在两种性质相通的空间中。而正如现实所发生的，这种情况正在发生并不断得到加强。

　　技术性认知方式所形成的经验特征，当然也存在某些问题。现代技术虽然表面上看似容易驾驭，但它却日益倾向于将人类框定为资源，改变着人类经验的性质，并将人类经验消减为再现性质的表征。现代技术将我们的感知能力窄化在去感觉对象并与感觉对象互动的狭小领域中，而不需要我们身临其境，充分运用身体的多种感官。网络，作为一种框定人的技术，既包含有拯救的力量，但又意味着某种风险。如果我们允许技术超越身体的限制，那我们也将允许它抽象化我们的心情、我们的文化定位和归属感以及我们的有限性和脆弱性。这种特征可以构成我们新的语言和文化身份，也可以形成我们所赋予生活的意义。而一旦将身体抛在脑后，我们将屈从于我们文化中的虚无主义，屈从于这种开始于柏拉图主义并由基督教重演的文化冲动，过于强调心理的想象性作用，却没有顾及身体与心灵的同步性，没有身体在场的学习，终究是有缺陷的。

　　而最为关键的还不是学习效能的高低上，更应该深入思考的是，学生

267

————————

　　① 德勒兹思想中的"虚拟"，与本书中的"虚拟"，指涉的对象并不相同。德勒兹认为，所有事物都可以剖分为虚拟与当下两个部分，粗略而言，当下指涉一切事物的目前状态，即我们在每一瞬间所感受的知觉或经验，而虚拟则是促使当下出现的能量。对德勒兹而言，这两者都是真实的（德勒兹，2006，171）。由此可见，德氏的"虚拟"是事物内部的要素，而本书中的"虚拟"则是在事物外部、与真实事物相对的非实体性对象，是对德氏事物"当下"性的部分超越；但它同样具有德氏事物的"当下"性（为主体带来主观经验上的真实）和"虚拟"性（促成当下出现的能量）。

在学习时所经历着的实践和存在的空间条件。因为在网络这种政治性较强的空间中，全球化、身体和身份政治学问题，以不可预见的新颖方式纠缠在一起；空间和身体、学生和教师、学习和教学的场所和地点问题，与学习有着密切的关系，因为这些观念也决定着学生的身份定位问题：当身体不在场的情况下，儿童如何处理和定位自己的身份？同时，新的信息和通信技术可能会滋长个人主义，因为应用电脑或手机总体上是一种孤立的行为，一般并不需要他人的在场，他们所交往的也是虚拟同伴。新的信息技术例如发信息，作为一种新的通信技术对于儿童（相对于成人）尤其具有吸引力，几乎成为他们的一门新的语言，自身具有新的代码和编写规则。

所以，信息化时代儿童自我建构的身份是不稳固、容易变换的，因为他们接触的信息世界千变万化，从而导致他们在自我认知方面先后容易迷失和混淆。在全球化、大众传媒、信息技术等的影响下，儿童的身份必将受到影响与发生改变，他们一方面能够积极建构自己新的身份，但另一方面又面临持续地身份迷失或认知失调状态。这是信息社会对他们的祝福，是虚拟现实带来喜忧参半的命运。

三、自我与他者：本是同根生

承认他者的他性，既体现出一种集体的关联，又具有一种个体的意义。

——贝克，2008，55

（一）主导性话语旨在形成一种身份

当前，我国新课程改革的理论和实践，因仍处于课程开发范式下，存在着隐而不显的总体化效应（totalizing effect）。国家在界定年轻一代的教育目标时，通常会参阅政治学、哲学、社会学、心理学等多种学科关于"好"公民的话语论述，以期界定、进而培养和造就符合理想人格的儿童个体。①我国目前新课程改革的理论，参考和借鉴了后现代主义等许多新潮思想和理念，也旨在形成具有时代精神的儿童。但在实际话语实践中，在教学论、教育政策和教育社会学的理论中，"儿童"仍被当作一个普世概念来运用。在谈论儿童时，总体化效应的概念将会否定任何意义上的差异性或者多种身份，如性别、家庭背景、成长经历、（非）智力因素等方面，特别是当我们仍然坚持现代意义上的主体性概念时，这种总体化效应在观念上就更加不可避免。

在课程实践领域，教师的教学活动也很难顾及不同类型的儿童之间在经验方面的差别，较少能够结合儿童自身的个性化经验，站在儿童的"地方"去分析儿童到底需要什么。教学研究多是在一般层面上，论述儿童与课程实施中的操作性问题与技术性解决方式。所以，结合问题情境的研究，体现儿童发展的差异性和多重社会性实践，在教育领域急需加强。②

教育理论与实践的总体化效应，必将带来一种后果：单一化的儿童身份——这是现代学校教育的一般性特征。

从文化流动的观点来看，现代意义上的教育理论旨在形成稳定的国家认同感，继续宣扬占主导地位、具有支配性的意识和文化形态，而形成单一的儿童身份，是形成国家认同感的重要前提。课程或教育研究的文化功能在于，用不同学科的话语来协助和促进儿童的社会化和意识形态化过程，为所有的儿童创造一种统一、牢固的国家认同感，这一认同感必然具

---

① 当前，教育领域中的一个炙手可热的话题就是我国学生发展的"核心素养"，这是对我国教育体系所要培养"什么样的人"的一种全面、系统、精细化的论述。这种论述是在国家层面，对各级各类学生的统一要求，显然，也是对他们主体性核心内容的界定。

② 从主体性建构的角度而言，笔者认为教育或教学不应成为既定规范的执行过程，而要为儿童创造新经验，让儿童寻求对教育性经验的重构和反思，获得对自我和世界的理解。虽然部分既定规范也承认变化和儿童的动因，但阶段式、体系化的模型终因缺乏文化基因的支持和生活经验的渗透而显得过于抽象，这种宏大叙事失去了作为理论本身的实践关怀的温度。理论应该关怀实践，而不是指导实践。关怀的方式不应该是工具理性的程序规范，而是要解释实践的过程和影响实践的因素，让实践者理解实践的过程，知道如何运用现有资源去自行、创造性地解决问题。唯有如此，教学才能为儿童带来新鲜经验，并能鼓励儿童在自我建构方面的能动性。

有强烈的目的性、陈规性从而才具有可靠性。用尼采的话来说，致力于文化适应与政治社会化的课程是人类权力意志的形而上的表现。从这一角度而言，"课程体现出人类试图从混沌中创造秩序、从神秘中创造知识的傲慢"（派纳，2007，163）。为了确保这一身份形成的隐蔽性，他们便采用方便于达到目的的多种学科解释，赋予儿童特定的学科话语特性。

从而，这些学科话语具有很强的总体化效应，因为它们本质上旨在论述"儿童"是谁，"儿童"应该是谁，以及谁不符合"儿童"标准（Popkewitz，2008，xiv）等规范，于是，作为儿童心理学化和社会学化后的话语，已经形成了一种标准，一种思维定式，或是一种普适性的儿童发展模型，在教学和教育话语中正得到广泛应用（Besley，2006）。尽管在后现代主义者看来，这些心理学和社会学等主导性话语中对于"儿童"理论化建构的诸多假设和"真理"已经过时，但现实需要压倒一切理论与思想上的先进性。

（二）"他者"致力于民主型主体性

为了塑造儿童单一的身份，教师试图控制主导性的学科话语和教学实践；但他们不可能也没有能力控制儿童全部的生活空间。事实上，新的生存环境为儿童提供了多方面的信息渠道，它为儿童所提供的经验，不论是在类型的丰富性，还是在价值的多元化水平方面，都远远超过教师所提供的部分。这一事实为教师带来了挑战，但却为儿童经历"他者"，并自主建构自我开辟了自由天地（实际上，自我与他者是相互建构的，这从第二章知识的选择和第三章权力的生产中可以看出）。

在当前的多元文化时代，不同的文化形态充斥着世界的每一角落，各种主流或非主流的价值观，让儿童应接不暇，时常面临价值观崩溃与重建的局面。与教室中的空间不同，儿童借助于信息技术能够驰骋于不同的文化世界之间和之中，他们可以浏览海量文本，获取不同经验。当他们在建构自己的身份时，这些文本就自然成为他们定义自己的因素和参考的依据

（Luke，2000）。这种"文本"形式多样，包括文本的、视听的，还有儿童能够操纵的，他人甚至与互动与对话的，如他们使用短信、微博、微信技术来发布信息。每一种技术都将带来不同的经验，而每一种经验都成为儿童建构自我的独特方式。

于是，有专家开始担忧，他们认为信息技术发展不平衡，有些国家有意识操纵信息的流通，造成一些事实上的信息霸权；尽管信息的传播打破了国家和地域的界限，但事实上信息的内容仍然带有地域性特征，它反映的是一定国家或地区的文化传统、社会价值观和社会制度；多元化的信息缺乏道德价值的整合，儿童容易处于一种道德上的分裂、冲突和无序的状态；儿童缺乏独立判断能力，他们在接受多元文化、感受不同价值观的同时，难以在多元文化空间中自我定位，容易被可能冲突的价值观所迷惑。在种种担忧中，最为突出的莫过于以下两点。

第一，因为文化环境的变化而导致儿童身份的迷失或破坏。"迷失"意味着多种文化缺乏价值性整合，儿童在认知上产生了分裂、冲突，从而迷失了身份；或者随着新出现的文化杂合现象（cultural hybridty），很多儿童干脆将自己定位为文化或种族上的混合体，拥有着多种身份（或称为混合身份或全球身份）。"破坏"表明全球化在加速文化的接触、联姻和杂合性文化发展的同时，往往会破坏当地人们的民族身份认同感（Besley，2003a）。显然，身份的迷失论或破坏论都是从"自我"的角度论述的，在多元文化环境中，这是儿童主体性建构之一端。

另一端需要从"他者"的角度论述。所以（此为第二点），相对于自我的文化及自我的身份建构来说，他者文化及他者身份起着干扰性作用。"干扰"不仅表现在外来信息可能的霸权与价值误导，而且也体现在他者身份与我的"不同"方面。

以上两种担忧，本质在于认识多元文化情境中身份建构中的"自我"与"他者"问题；如果自我的身份是确定的，那么他者文化和他者身份势

271

必会产生干扰与冲击。但是，如果认同与尊重他者，那么他者就可能为自我主体性的建构，打开了新的空间。

"他者"是谁？"他者"的存在对于儿童认识"自我"有何意义？

对于儿童来说，"他者"不仅指涉多元文化环境造就的与自己身份不同的对象，而且也包括同一文化情境中被排除的、不符合标准的个体。因此，承认"他者"的存在，正是儿童对自我特定身份的认同与强化，更易突显自我的差异性与独特性。换个角度，"我"也可能成为"他者"，或"他者"其实是另一个"我"。如果能够处理好"我"与他者的关系，那么对于维持并丰富儿童主体性的内涵，将具有重要意义。

福柯式思维认为，主体是历史情境中个体与环境的产物，是文化（对象的核心参考点①）的产物。所以，"他者"的存在，本身代表着不同的（个体）文化。自我与他者同作为个体，只因生活于不同的文化背景中，就表现出如此大的差别，因此，如果文化环境发生变化，主体可能就会成为相对于当下"自我"的"他者"。

思考建构"他者"的话语与实践，对于儿童的意义并不在于为他们提供解决自身问题的方法，告诉儿童为了建构自我应该去做什么以及怎么做——事实上这一想法很荒谬，因为他者始终与自我保持张力关系，没有他者就没有自我；同时，他者对于自我来说，也不一定意味着更高更真实的存在——"他者"的意义在于，它为儿童提供了一个例子，这个例子显示：在形成身份的文化上，自我与他者之间存在着区别或差异（difference），或者说对于自我的建构而言，至少还存在着另外一种文化上的可能性。如果儿童将"他者"与自身的经历相比较，他们也许就会怀疑：我们自己的特性，例如建构起来的主体性，是不是一个偶然性的历史事件？根本就不存在着必然性？与人性，或者人类学中的任何必然性并没

---

① 通过指出某一对象的核心参考点的可转换性，从而得出结论：该对象的核心参考点是历史性的、相对的，这一思想是福柯比较谱系学的主要内容。

有本质性关系？进而可能会进一步思考，他们今天所面对的身份建构"问题"所具有的偶然性和历史性特征，并可能动摇今天主宰着他们的伦理与自由观念。在清除了这些思维上的局限、扫除认识上的束缚之后，新的创造空间就会在儿童面前打开。在这块空地上，他们可以拥抱不同类型的文化，选择不一样的生活方式。

这种思考过程不仅使得儿童对于自我的关系发生了变化，更重要的还在于，它让儿童走出自我中心，识别并体认到"他者"的存在，而"承认他者的他性，既体现出一种集体的关联，又具有一种个体的意义"（贝克，2008，55）。也就是说，儿童对于多元文化中的"他者"，既要平等相处，又要作为相异的伙伴来对待。

"平等"是指儿童需要承认差异、尊重他者，尊重多元文化和个体的特定身份，能够包容和理解自我与他者之间的差异。事实上，正是因为差异的存在，个体才能容易确认自己；正是由于不同生产出的不同，个体的身份才具有了合法性。我们尊重他者，实际上是尊重自己，自己存在于"他者"之中。承认差异意味着将打破身份之间等级化的支配–从属关系，确立并承认普世的规范（贝克，2008，57），最终以同等对待和尊重他者的行动，抛弃自我与他人的二元对立。

273

对于学校情境中儿童存在的"不同"和身份的"差异"，目前教学论的态度主要有两种：第一，强调差异，各自为政，导致教学文化中的巴尔干化。身份政治学现象在教育和学校课程中都有过体现。第二，尊重差异，保持宽容，淡化地方性的伦理身份，促进文化上的接触和联姻，并发展多元文化融合性的伦理性社区。显然，第二种态度较为理想，但无疑应该成为教学论在处理身份的同一性和他者性之间关系时值得努力追求的尝试。

如果说"平等"是求同，那么"相异"则是存异，也即否定非此即彼的信条，而是坚持亦此亦彼的原则（贝克，2008，58），将他者既视为平等又作为相异的伙伴来对待。正是由于这种相异性，从而为个体的自我建构提供了新的图景。

在当前的后现代全球化时代，许多儿童能够通过与他者的关系，去建构自己的身份。多元文化空间，为他们接触不同文化身份的人提供了条件。在与他者接触的过程中，儿童能够将"他者"身份与自己身份进行对比，包括理解在文化、权力、政治、性别、阶级、价值观和思想等方面的差异，揭示自己和他者存在的特征及其文化背景上的差异。这些可能为儿童再建构自己的身份提供方向性的参考。实际上，"他者"的范围在后现代时代也在不断地扩大其内容，儿童身份甚至和时尚也逐渐混搭在一起，他们的自我形成正明显受到潮流、广告、音乐、名人效应、动漫游戏和视频网站的影响（Besley & Peters，2007，117），青少年的自我形成呈现出国际化的风格。

长久生活于同一种性质相同的文化中，个体所形成的身份很可能会单一化、同质化，这样，他们只能接受到与自己文化频率相近的世界的声音，感受到与自身身份相一致的世界图景。世界的丰富性、文化的多元性，统统都消失在对特定角色的单一化认同中，不管这种认同是主动的还是被动的。因此，在全球化背景下，我们要珍视由信息技术所带来的文化上的多元性，尊重所有的文化类型；同时，充分利用多元文化的独特性，将其作为重新认识自我、思考另一种存在方式的背景和参照。这样做，首先要求教师对多元文化保持一种宽容的态度，教师要妥当选用课程资源，为儿童呈现一种广阔与平衡的文化视野，从而挑战对"优势"或"弱势"文化的先前假设，为理解全球化身份创造一种开放的心理氛围。同时，教师还要将这种认识移出教室之外，在社会中寻找教育教学资源，并将它们带入到课程中，重新认识和评价主导性文化的特征。

当生存环境逐渐走向多元与开放，所接受到的信息和价值突破自我心理上的界限时，儿童自我建构的身份必将发生相应改变——不管我们是否愿意面对，这都是一个必然的事实。当儿童与"他者"相遇的时候，也正是开始走向宽容与理解的时候，是他们心智不断成熟和心态不断开放的契机，因为在此过程中，他们既体验到了自我存在的条件，也感受到了自我存在的可能境域，为建立新的民主型的主体性提供了条件。

（三）"他者"与自我构成间性空间

当儿童与"他者"相遇时，对自我意味着什么？

通常的回答是，教师要创建道德价值相统一的生存环境，为儿童提供价值整合的文化空间；或者提升儿童的道德决策能力，让他们有能力去抵御多元文化的价值冲突而不至于陷入身份迷失的境地。

控制外部环境或统一内部心理，对于培养开放性的主体身份而言，都欠妥当，因为两种做法的最终结果，都将儿童的主体性限定在特定的文化角落里，儿童在此可以低吟徘徊，甚至揽镜自照，但他看到的永远是自己，甚至由于视觉疲劳连自己也难以真正发现。自恋主义的必然结果是，自己眼中他者的消失，差异的消失，以及进步的消失。儿童应该从孤独式的徘徊中走出来，参与到集体式的舞蹈中。舞蹈中的儿童，将获得关系型的身份或民主型的主体性。

关系型的身份意味着，个体承认与"他者"多方面的不同，同时个体的形成和发展又依赖于"他者"。个体文化的杂合过程，涉及自我和他者之间的协调，从空间和时间的角度，自我和他者二者之间相互渗透、接纳和互连，在自我个体性文化作为先决条件的基础上，在自我与他者的公共空间中形成关系型的身份。后现代的理论化强调儿童身份建构中文化作用的双向过程（Besley & Peters，2007，118）：首先，借助于全球化背景中的"他者"，将其作为一种独特的文化类型；其次，发挥儿童自身的能动性，最终将形成一种介于"他者"和"自我"之间的一种间性文化身份。这种身份的特点就在于它的不断流动性特征，总是处于由"他者"和"自身"所形成的合力的方向运动。

这种运动的结果，便构成了儿童自我与他者之间存在的一体化形式。

这种形式对于发展二者之间的良好关系，提供了一种新的认同概念（贝克，2008，60）。这种认同概念的主要内涵是：

第一，自我与他者构成了间性的文化空间，通过二者在间性空间中的运动，一种跨越界线的共同生活变得可能并得到肯定，不至于排除他者性和差异性。基于共同生活所产生的"同一性"和"一体化"，或者说基于后者所产生的前者，却不再是以一些人对于他者的霸权或多数人对于少数人的专政为条件，而可能同时体现"一些人"与"他者"共同的文化，并尊重他们的独立性身份。这种做法，是形成儿童关系型身份或民主型主体性的根本性前提。

第二，承认自我与他者，但却不能将其中的任何一方绝对化，因为虚假自我体系的发展或身份政治学现象，都是建构民主型主体性所应该避免的。当儿童通过模仿把自我丧失于他者之中，或自我导向变为他者导向，都将造成儿童自我的丧失，自我成为他者的外化，自我存在仅是虚假自我体系的发展等现象。同样需要避免的还有身份政治学的命运。当我们确认和尊重儿童自我或他者的身份时，确实能够挑战教育中各种中心主义的做法，它要求接受、确认和包含之前受排除或未被顾及的知识，确保包容性和全面性。但在强调主体在社会性方面的异质性的同时，也不能演变为"巴尔干化的身份政治学领域"（Cusset，2008，157）。绝对化的思维方式，与民主精神是相背离的。

民主型主体性将拒斥自我与他者的二元论，它坚持亦此亦彼的原则，尽力"寻找一条使自我与他者都能得到普遍容忍的途径"，在这种寻找中，它将"立足于普遍适用的并对所有人有约束力的规范"，"立足于人类平等的普适性规范"（贝克，2008，56），以便调节与他者的交往。假如缺少这种规范，民主型主体性就会蜕变为后现代的分离主义，或陷入后现代地方主义的泥潭。

因此，更为复杂的问题在于：能否建立产生民主型主体性所需要的普适性规范？如果可能，如何建立？如果不可能，那么我们该根据什么去生产民主型主体性？

除上文中的贝克外，Popkewitz（2008）也认为培养民主型主体性需要并能够建立普遍性规范。他认为，能够识别并尊重"他者"的主体，他们能够运用自己的真理或理性，最终站在局限的与狭隘的身份之上或之外，从而摆脱各种野蛮和偏狭；而摆脱的标准在于"统一的超验性的人性价值"，这种普世价值旨在形成"历史中的公民"①（2008，xiv）。建立普遍性的规范，是"人类权力意志的形而上的表现"（尼采语），必然包含了选择与排斥的过程，所以，在建立这种规范之前，必先建立选择与排斥的规范……如此进行，以致无穷。而且，在建立统一的超验性的人性价值或人类平等的普适性规范时，必然会部分排斥掉"他者"及其独特的文化，这又与建立自我与他者的一体化以及民主型主体性本身的目的相违背。而事实上，在建立一体化的过程中，需要他者的差异性来作为其稳定剂和诱发剂。他者的多样性，不论是在语言方式还是生活方式上的多样性，"首先都应被理解为一种永不枯竭的源泉，即产生主体自我意识的一种源泉，而不应视为一体化的障碍"（贝克，2008），更不能成为建立一体化过程中被选择或被排除的对象。民主型的主体性，不但是一个一体化的主体性，而且也是一个存在差异的主体性。因此，试图建立一体化的普适性标准，看来与其原初目的相违背，我们必须放弃这一努力。

不过，Popkewitz要求摆脱"局限与狭隘的身份"，对于我们建构民主型主体性来说，具有重要的启示意义，尽管笔者不同意"摆脱"意味着要"站在局限的与狭隘的身份之上或之外"。福柯式思维认为，通过与"他者"接触，我们能够摆脱自身的"局限与狭隘"，但摆脱的目的却不在于

<hr>

① 借用人文主义思想中的宏伟观念，为历史情境中的教育或其他具体性目标辩护，宏伟观念常常需要被历史化解读和处理而失去了人文主义的情怀，往往也被用作比较、区分和排除"他者"。事实上，Popkewitz就将一种人文主义思想（世界主义），作为历史性探索社会排除与社会接纳这一关联问题的一种策略（2008）。

建立普适性的规范，因为显然它毕竟是一种规范；摆脱的目的就在于摆脱自身，即拒绝我们之所是，我们对于"他者"所能期待的，只有这么多。

通过接触"他者"及其所属的文化，儿童得以认识自己形成的历史性和偶然性，认识自己还拥有着其他的存在方式。当前的多元文化环境，既为儿童了解自己主体性的相对性提供了一面镜子，同时又为他们自主地建构自我搭建了一座平台。在与"他者"的复杂关系中，儿童需要承认和尊重他者，认识到自我与他者的既平等又相异的特征，承认他者及其差异性，是因为自身也将由他者和差异性所形成，从而与他者建立一种间性关系。在这种关系中，儿童经过自主选择形成关系型自我，或称民主型主体性。这种通过运用与他者的关系形成自我、建构身份的伦理性方式，正是福柯"自我的技术"的核心体现（Foucault，1997a）。基于"虚拟"和"他者"的概念，强调"儿童"作为一种社会-文化的建构物，反映了福柯的"生存美学"思想以及他的"将个人生活创造为艺术品"的理念。

建构儿童的民主型主体性，要求他们从地方主义和偏狭观念中走出来，去迎接他者（作为自我的一部分），与他者建立一体化空间。在此空间中，不可能存在普适性规范，否则必须以牺牲部分"他者性"为代价。另一方面，对儿童"走出来"的角色期待，必定预先承认他是"理性的人"。但儿童是"被建构"出来的，学校教育和教学在其中发挥着关键性作用，所以儿童的理性首先是一种有限理性，一种价值理性，离真正的"理性的人"之间还有着很大的距离。所以，他们需要借助于自传方法，分析自身存在（假定存在）的有限理性和价值理性，才能摆正与理性的有限性和价值性之间的关系——这是建立民主型主体性在心理上的必要准备。所以，自我关怀与自我认识密不可分。

第三节　异域空间：主体性的乌托邦?

本节继续分析儿童主体（性）不是一种实体，而是一种形式，而且这种形式主要不或经常不等同于其自身。因为不同的空间能够提供不同的经验，进而产生主体性的不同方面，所以，当儿童获得不同类型的经验时，其主体性的内容就会逐渐丰富与扩大，甚至发生突变。同时，鉴于自由与伦理、伦理与真理游戏之间的关系，本节将分析以另一种形式来开展真理游戏，从而进行自我的伦理型创造，开辟自我教育的新空间。

一、世界主义：普世的主体性[①]

民族主义……是迈向世界主义的阶梯，而世界主义则是民族主义的前景。

——陈玉明，2004，9

（一）间性空间：自我与他者

上文分析到儿童需要走出自我，去迎接他者，从而在自我与他者所构建的间性空间中认识自我，批判以前狭隘的自我身份，并可能扩充主体性内容。通过批判，旨在培养儿童的内在辩证能力，即在自我与他者之间周旋并进而超越自身的能力。

关于内在辩证能力，派纳认为"对立的思想或力量或个体以这种方式相遇，即允许每一个为了两者的转变而放弃自己，以达到一个充满希望的、更全面、不那么狭隘的观点（1994，117）。这种内在辩证的态度，非常类似于王红宇所提出的"第三空间"：置于冲突双方的相互转化之中，

---

① "普世的主体性"，英文单词为cosmopolitan subjectivity。也有译为"世界主义的主体性"。

但是却并不假定他们必须完全接触。在这样的空间里，冲突不仅被承认并接受，而且被推动进行运动以催生新的自我层面的产生，因此它也成为一个在多样化中并且通过多样化来创造某人自己的主体性的地方。作为这些动力的结果，冲突不是被消解，而是被转化了。第三空间的建立依赖于倾听来自陌生人的呼唤，这些陌生人的呼唤不仅仅是来自异于我们的他者，而且还来自于我们自己内部隐藏的呼喊（Wang，2004，9—15，转引自陈雨亭，2010，58）。因此在课程研究中，最为重要的是把陌生人的"地方"变成一个有创造力的空间，以维持自我和他者的转变。

由自我和他者，或自我与自己内部所形成的间性空间，确实具有转变主体性的能力，不断推动个体由自我空间的单一性向间性空间的关系性过渡和跨越。但是，这种转变所发生的方向是需要反思的，因为相互对立着的双方具有本质上的内在一致性，二者之间本来就相互依赖而存在，现在不过是确认了这一点。间性空间尽管能够促动个体主体性的改变，但改变的方向却仅仅限制在特定的轨道上，而不可能偏离由矛盾着的双方所预先建构好的全部可能性。这种不自由状态，是因为二者本来就作为一种既定事实而存在；即使并不局限于二者之中的任何一方，即便停留在二者之间的中间状态上，它所展示出的主体性的可能性仍然局限于预定的间性空间之内；而对于此空间之外的更广阔的部分，自我与他者都不可能接触到，因此，间性空间仍然存在着某种局限性。正如自我空间存在局限性故而我们需要从自我中走出一样，我们也需要从间性空间中再度走出来。

从"他者"中走出，从间性空间中走出，除其本身局限性的原因外，还因为"任何引向主导的努力都仅仅为建立新的排除系统提供机会"（Megill，1985，239）。所以，对于接受对象与排除对象中的任何一方，模棱两可的态度在此才是可取的。[1]采取两可的态度目的不在于偏向二元

---

[1] 从这一点来看，派纳将主体性的多个方面并置、以确认自己真实身份的做法，还是不究竟的，因为它尚未能够达到质疑或去除主体身份的效果。

论中的任何一方，而在于揭示现存秩序的任意性和排除性，进而超越二元论，进行自主抉择。在教育空间中，自主抉择的目的在于对建构儿童的现存秩序提出挑战，批判它的偶然性与历史性，而不是去创建新的或自称有解放潜能的新秩序。

如何实现这种批判与超越？我们需要一种对现存秩序进行解构的工具，一种用于分析自我与他者"话语性生产"的分析性武器。这种工具或武器，在福柯看来，就是一种批判性的气质（ethos），也是他伦理观和自由观的核心精神。藉由批判的气质与精神，我们能够为主体性内容的丰富进一步打开新的空间：世间性空间与普世（或世界主义）的主体性。

（二）世间性空间：自我与异者

从他者中走出，表明自我与被排除者的联合是暂时性的。联合只能是暂时性的，否则它仍将限制儿童主体性的领域，而批判精神则为走出这种限制提供了必要的工具。批判的目的在于不断地否定儿童身份之所是，揭示主体性形成过程的偶然性、历史性及其形成中所受的限制，从而培养出理想的即世界主义意义上的主体性[①]，它是民主社会的心理基础，其培养主要借助于由自我与异者所形成的世间性空间。

为了更好地说明世间性空间的特征，现将上文论述到的三种空间作一对比。

第一种：自我空间，其中自我是自我，他者是他者。自我是话语选择与实践建构的产物，在此过程中，排除了性质与自我不同的其他对象，即

---

① 世界主义（cosmopolitanism）的概念有着非常古老的内涵，它的源头可以追溯到古希腊的犬儒主义和斯多噶学派。在启蒙运动的哲学中，它表达启蒙精神对于世界公民的期望，希望全世界的人们能够超越地方性狭隘关切，实现全人类的理想价值。在当代的全球化讨论中，它作为一个与市场秩序力量和民族国家相对立的概念，又被人们"重新发现"（贝克，2008，54）。陈志明认为，cosmopolitanism这一词语不仅表达国际化或参与多元文化的经验，它还是一种超越民族、宗教和国家的态度。它不排除个人对民族、宗教和国家的认同，但却否定民族主义和国家主义。基于这种理解，他认为将该词语翻译为"普世精神"或"普世论"，比"世界主义"或"世界性"更能体现原意（在他看来，后者仅强调世界性，未能表达出跨本民族、跨本宗教和跨本国家的精神）（陈志明，2009，108）。实际上，其他译者在翻译为"世界主义"或"世界性"时，也暗含了跨越性的特征。鉴于"世界主义"这一译法的普遍性，本书也采用之。

所谓的他者。所以,二者相依而生,互为存在的条件但又相互独立。

第二种:间性空间,其中自我走向他者(Other),与他者联合,最终自我与他者都将发生改变,但改变的方向已经预先存在于二者辩证性的关系之中。

改变的方向如果局限于二元论中的他者,则相当于建立了新的排除系统;如果局限于二元论所建构的空间中,而非停驻于其中的任何一元上,则间性空间本身的局限性相当于建立了新的排除系统。

第三种:世间性空间,它超越了由自我和他者建构的间性空间,而与更广范围内的、不同于自我与他者的异者(alterity)相联合,从发展主体性的间性关系到世间性关系,接纳和包容多元论,主体性逐渐走向世界性。

本质而言,世间性空间属于间性空间,也是强调主体性的关系特性;但重要区别在于,这种关系是否具有开放性。相对于间性空间的局限性而言,世间性空间不存在任何意义上的排除系统,它接纳并取消现存世界上的一切独立与二元现象(Wang,2004,20)。超越性是世间性空间的根本特性,个体既超越自我,又超越他者,不断地接纳异者,逐步走向世界主义意义上的主体性。

同时,世界主义主体性的形成,类似于间性主体性的形成;但不同之处在于,与自我联合的对象不是"内在于我"之中的他者,而是存在于我之外,是个体生命中的异者。唯有不断地接触异者,生命才有可能发生异变。这也是福柯哲学思想的核心精神。[①]

(三)普世主体性的形成

普世主体性的形成,主要借助于情境主体性的理论化过程,通过不断地重构个体(本书中的儿童)与异者以及与自我的关系而完成。

首先,在处理与异者的关系时,关键在于识别自我与异者之间的共同

---

① 关于福柯哲学精神的探讨,详见本书第五章第二节第三点。

点。具体而言，当儿童与异者共处时，他们能够尊重异者的价值观。儿童民主精神意味着他们能够宽容并接受"移民"，能够将他们的价值观带进新创造的"社区"中，而并不要求达成文化上的统一性，也不去消除他们的本土文化。因此，"共同点识别，作为民主的基本思想，就成为社会伦理的来源和表达"（Addams，1902，11）。儿童在实践中身体力行，需要在内心中认同和接纳异者的文化。"如果我们蔑视身边的朋友，有意识地限制同特定类型的、值得尊重的人们交往，我们不仅极大地限制了自己的生活领域，而且也限制了我们的伦理范围。"（Addams，1902，10）普世主体性主要的伦理原则，就是宽容的心态。

果如是，社会各阶层的人们就能够开始相互理解。教育是促进理解的重要一环，或许可以借助于教育，促进不同层面的人更珍惜宽容、理解和尊重的力量。普世主体性意味着接纳并尊重每一位儿童，这种情怀体现在教育上就是全纳教育。当然，普世主体性更需要不同阶层的人们展开合作，以改进不公正的社会条件。民主的实践依赖于同异于自己的人进行合作，并要向他们学习。具备世界主义主体性的人是"（能够）不断地理解各种类型的人和这些人的多种多样的经验"（Knight，2005，402），并善于利用这些经验，进而认识自己、认识身边的人，并同他们一道，为更好的社会图景而努力。

其次，在处理与自我的关系时，普世主体性要求个体不断地改造自己。民主精神，既是自我外部的实践，同时也是自我内部的过程。如果儿童想要向他人学习，他就需要打开自己的心灵，准备好随时接受新的思想。同时，儿童服务于他人也依赖于自我的提升。

在此过程中，最为核心的环节是，个体需要暂时性地疏离自己、放逐自我，试图去理解与自己不同的异者，或者说自我的其他存在方式，以进行主观经验上的重建。主观经验上的持续性重建是政治上行动和社会重建的必要前提，更是普世主体性的真正意蕴和必然要求。

从普世主体性的形成过程来看，它并非情境主体性的对立面，相反它必须以后者为前提，即不能抛弃情境性的主体性，而是从内部将其普世化。正是在这种意义上，本书谈论的是一种植根于情境的世界主义主体性。

将情境性和普世性视为两个相对独立的层面，或想象为两种彼此排斥的原则，是完全错误的；恰恰相反，普世性应当作为情境的集合体来理解、来扩展，并在经验上赋予普世性以具体的内容（贝克，2008）。因此，普世性既为个体的主体性带来变化，同时也保留了部分传统与现状。如此看来，普世性不但应当将不同的情境性特征统一起来，而且还必须平衡与各种情境打交道的方式。如果普世性的确拥有将各种同异者与他者交往的方式综合起来，并加以平衡的能力，那么，它便可以称为反思的普世性。[①]

在课程研究领域，与此相关的一个重要问题是，在推进课程研究国际化进程中，如何处理好"超越国家的研究"与"通过国家的研究"之间的关系？课程研究国际化的目的在于获得超越国家局限性的眼光；但这种都将超越必须是以通过学习各个国家为条件和方式，因为每一个国家的历史和文化提供一种独特的情境，只有通过这种情境，课程研究的国际化眼光才能得以建立，研究者的普世主体性才能得以形成（Pinar，2003；2009b，196）。[②]

正是因为与情境主体性之间的联系，所以这种普世主体性不同于康德意义上的世界主义主体性。两者之间的差异在于：普世主体性及其所赖以建立的世界主义教育，都具有现世性（worldliness）特征（Pinar，

---

① 这里关于普世性主体性与情境性主体性二者关系的论述，受到贝克关于世界主义的欧洲与民族的欧洲两者之间关系论述的启发。详见［德］乌尔里希·贝克著，章国锋 译.什么是世界主义？马克思主义与现实（双月刊）.2008（2）：54–57.

② 我国课程研究的"国际视野、本土行动"也可以，在这种意义上加以理解。

2009a），都是关注当下的"这个"世界，而不是超越于当下的基于普遍人性的超验世界中的超越主体性。

因为儿童能够与不同空间中的主体交往，因为主体性对经验的开放性，因此对于主体性的（再）形成而言，首要的使命是"去经历，而不是停留"①。个体不仅去经历"他者"形成内在辩证能力，而且进一步去经历"异者"，以走向普世主体性。因为主体性具有开放性，当我们理解了自己的成因后，就可以尝试一种新的方式来生活。在改变或抛弃旧有的主体化成因时，去接纳、吸收甚至创造主体性的其他建构方式，为形成新的主体性创造条件，提供契机，逐步走向世界意义上的主体性——这是教育学的最高理想和最终追求。

二、实践自由：新的真理游戏

285

我们与自身之间的关系绝不可一成不变，而必须不断地分化、创造与革新。

——Foucault，1997a，166

从文化实践的历史来看，主体为其生命赋予形式，是通过追求自由而实现，而自由的实现则围绕着对（自我）真理的关切。于是，自由将伦理化的自我建构与（自我）真理联系了起来。福柯认为，"关怀自我需要认识自我"，"关怀自我就是要让自我掌握一定的真理"，因此，"伦理与真理游戏紧密相连"（1997a，xxv）。

自我真理的游戏具有一整套程序性原理和规则，一般情况下制约着主体的认识与实践；除非当主体知道如何以另一种规则来进行真理游戏时，他才有可能逃脱真理（或权力）的控制，换句话说，"'逃脱真理控制'的唯一方法，就是以不同的方式玩（真理）游戏"。

---

① 英文为"to experience with..., not engage in..."。笔者认为，英文表达能传神描绘出对于个体与之对应的主体性形成趋势的期待，以及形成方法的暗示。所以，它含有伦理诉求以及建构方法两方面的内容。

儿童如何寻找进行真理游戏的"不同方式",进而可能逃脱教育真理与权力的控制,进行伦理性的自我创造?笔者认为,儿童首先需要批判生产自己的真理机制,进而利用这种机制去创造属于自己的真理游戏,最终获得实践自由。

儿童自我的建构,从他与客体(自我与真理的关系)以及与他人(自我与权力的关系)的关联性结合的角度而言,是通过排除机制而实现的。排除的过程,同时也是一个选择的过程,选择的对象依赖于排除的对象而存在。

如果一味地否定建构主体时所排除的对象(他者),那么代价将是接受的自我的"静止与受困"。同时,如果一味地"拖延排除,而不要予以毁坏"被排除的对象,那么,"在拖延中,边缘化的成分得以生存。它们存活下来,便有助于维持已经得到接受的成分的生存"(Pinar,2007,168)。

同理,如果一味地沉溺在自我与他者的间性关系中,那么代价将是建构的自我陷入内在辩证性的关系之中,而无法具有超越间性关系、探求其他生存之境的能力。如果不能超越当前的情境主体性,无法重构自我内部的经验,那么在某一区域内适应良好的个体,当超越此一情境时,他们可能就会无所适从。

不管是自我的"静止与受困"、自我的"维持"还是自我的"无所适从",作为确保主体性恒常与稳定的方式,是通过处理"自我"与"他者"、"自我"与"异者"的关系而完成,要么否定要么拖延要么不予理会,在操纵"他者"与"异者"的过程中,"自我"得以建构起持久的单一性身份。于是,"他者"与"异者",既是自我的基础,也是自我的界限。如果我们坚持当前儿童身份的唯一性与合理性,继续否定、拖延他者或不理会异者,那么我们便消灭了用以预示儿童未来的"内部话语"(Pinar,2007,168),因为这一未来既存在于历史与现实之中,又必须否定历史与现实的独断与稳定。

超越那个受限制的、被要求成为的历史的和沉淀的"自我"，拒绝成为特定权力关系的同谋，成为私人的、自主的自己，这个克服的过程需要"从内部入手"（Pinar，2004，22）。儿童必须对主体性进行自我反思性的阐释，因为历史和现实借助于主体性而表达；同时借助于主体性，我们去经历历史和现实。

否定历史与现实，仍然可以借助于操纵"他者"或"异者"而实现，这时，他者与异者就是预示儿童未来的"内部话语"，也是儿童自我创造与实践自由的"内部话语"。通过创造性地引入"他者"（虚拟身份），应用"他者"（多元文化中的他者），"相遇"异者（生命异变的因素），将与他者、异者的引入与相遇作为体验自由、创造真理的一种方式。在改变真理游戏的基础上，儿童将获得创造自我的实践自由。

287

（一）与他者联合

相对于教室中话语空间的封闭性和确定性而言，虚拟世界和多元文化空间具有高度的开放性和不确定性。教室外部的信息化水平更高，信息的价值更趋多元；虚拟社区允许个体以不同的身份出现，个体能够在其中体会多种角色。价值的多元化和身份的模糊性能够为儿童提供"不同"的经验，体验异域风情，产生新的真理，最终超越预定的身份。

正是因为异域空间的开放性和不确定性，所以它才可能为儿童个体的身份带来分裂和模棱两可的效应。一般看法认为，分裂和两可的困境容易让儿童产生心理上的冲突和认同上的迷失，威胁到一致的、明确的身份意识和自我定位。本质而言，主体性的这两种困境，都是因为缺乏自我意识的变易性（或流动性）所致：分裂的主体性（在多元文化环境中可能会出现）是因为先前的身份过于牢固和部分化，导致当遇到新的身份时，不能将其接纳进来；而两可的主体性（在虚拟环境中可能会出现）则表明先前的身份过于支离破碎、断断续续，所以当新的身份出现时，不能将其整合进来。这两种情形，结果都将导致自我意识流动性的暂时性失败，因为它无法将遇到的所有经验协调统一成为一种有益的形式。分裂和两可的主体性都存在着共同的难处：两者都无法同时体验到主体性相互区别、差异着的方方面面及相互联系——所有方面之间是如何互相作用、相互重叠交叉的，它们是如何彼此相互决定的等等（弗拉克斯，1994，14—15）。而正是这种困难、分裂与两可的效应，为儿童产生新的真理认识，进行另一种形式的实践带来了契机；为儿童去经历新的身份，体验新的主体性提供了条件。

分裂效应既是先前主体性过于牢固的表现，反过来，同时也是对其的一种摧毁；同理，两可效应既是先前主体性过于破碎的表征，反过来，同时也是对其的一种再整合。两种效应都将促使儿童不会再像以前那样看待自己，因为他至少经历了另一种不同的主体性。即使暂时不能完全接纳他者，即使目前不能充分实现与他者的整合，但儿童的自我意识很可能会发生改变，自我的身份认同也将与以前不同。在派纳看来，自我意识的改变具有革命性意义，因为他相信，"行为之源的转变意味着行为本身的改变，于是实践（praxis）就被改变了"（Pinar，1975b，412—413）。儿童的自我意识与相应实践的改变，是其主体性重构的"行为之源"，也是其主体性重构后的显著标志，从而有可能充分利用"他者"以获得主观过程的多样性。

同时，Pinar（2009a）认为，主体性的分裂与两可的效应是可以逐步消除的。他认为这两种主体性效应，首先是社会实践和权力作用的结果，是身份政治学的目标。通过建造局部的集体主义和追求同一性，将一部分主体囿于权力设定的范围，从而让他们意识到自己与权力设定者之间的"不同"，并要顺从和接受这种不同。而且，这种身份政治自身具有自我繁殖的功能，也就是说，具有特定身份的群体，能够在代际间完成身份的自我复制，因此在此过程中"不同"也将被复制。这种被制造出来的"不同"，正是阻塞主体性形式流动性和变易性的重要根源。阻塞在于形成"不同"，生产"他者"。

如何去除阻塞的作用？派纳强调，对于主体性不同形式的分析和比较会有助于对其某些政治后果的理解。他建议采用"并置"（juxtaposing）策略，将主体生活中的抽象和具体、集体和个体、历史和传记、政治和艺术、公共服务和个体激情相并列，即将个体的社会方面和个体方面相并列，将个体的生活空间与更大的社会范围建立起关联，通过世界主义教育形成世界主义的主体性（200x）。

在经历"他者"过程中所发生的改变，并不局限于儿童的自我意识；同时，儿童与决定其形成的社会机制，尤其是与教育权力之间的关系，也在悄然发生转变。这两方面的改变，都让儿童有可能偏离以前的真理游戏规则。

这一改变，首先体现在网络空间中。研究者认为，网络的出现重塑了"主体"，使主体表现出"去中心化"等特征，消解了建立在现代性基础之上的人的主体性（孙乃龙，2009）。网络改变了人际沟通模式和个体的社会化过程，重塑了个体和组织之间的关系，个人对组织的依赖几乎完全消失，个人和组织同样有力，甚至更为有力（童星、罗军，2001）。个体拥有权力，在网络世界中能够发挥自主性进行自我的意义构建，儿童自我意义的追寻、理性化的构建自我，与网络世界的价值理性相一致，所以，我们需要从新的视角来理解"个人和社会"的关系命题（魏晨，2006；2007）。

与教育权力联系最为密切的，则要数"媒介权力"（media power）的概念。这一概念从信息占有与权力产生的微观机制出发，考察个体依赖于信息技术主动获得的社会信息资源，与他们进而所掌握的媒介权力之间的关系（何双秋、魏晨，2006）。换句话说，儿童能够借助于自主获得的教育信息或知识而拥有媒介权力，依据这种权力，能够摆脱对教师的绝对依顺，从而消减教师对自己的塑造作用。

在教育情境中，教师的教育权力很大程度上是由教师掌握的教育信息或者课程知识所决定。①教师"闻道在先"而且知识广博，所以容易成为真理的化身被受到尊崇；而且，教师掌握的知识越多（数量上）、越新（时间上），他们所拥有的威性就越大。在常规的学校教育中，由年长的教师充当媒介，他们提供儿童需要的知识，所以对于儿童来说，他们就象征着权力，而且只能从权力处学习固定的知识。但在网络环境中，充当知识媒介的不再是教师，而是各种信息技术，这种技术所提供的知识或信息及其所更新的速度，都远远大于作为传统媒介的教师。而且，儿童并不局限于向年长者学习，个体之间也可以相互学习、互相影响。他们不再需要完全依从于教师而获得知识，结果将是教师对于儿童的权威将部分消解，教育的权力转向了儿童自身或者他们的合作者。

290

同时，在对知识的解释上，课程知识需要专业教师的传授和阐释，以实现其作为合法性知识的角色②，所以教师借助于对知识的解释力而获得了对于儿童的控制权。但是，在网络环境中，儿童可以自主查阅资料，获得对课程的个体化理解；或者通过注册进入专业性学习社区或通过网络互助学习的形式获得对特定知识的理解和掌握。最终，他们不再完全依赖于特定的教师来获取合法性知识。这样，教师凭借对知识的解释角色而获得的学科权威性，同样有可能在学生面前逐渐丧失。儿童或其同伴，成为法

---

① 当然，教师的权威角色不单单是通过作为知识或信息的媒介得以建立，但在传统的教育情境中，教师作为知识传授者的角色定位，的确是其威性建立的基础，而这种威性基础在信息社会中却遭到了极大的消解。

② "合法性知识"的概念本身，就暗含了权力的要素。就课程知识而言，知识的合法性需要通过特定人员如教师的专业性解释，以成为一种规律性的、统一的和标准化的理解方式。这样一种统一是知识获得合法身份从而具有权力效应的基础，其实质是知识背后的文化价值观念，要求为大多数人所认同和共享。

定文本的解释者。[①]

　　总之，虚拟世界和多元文化所依赖的信息技术，同时属于福柯意义上的符号技术、控制技术和自我技术。这三种技术相互联系、相互重叠并且互相强化，通过创造性地引入"他者"、应用"他者"，从而为儿童改变以前的真理游戏的规则，建立新的自我真理，并走向新的存在形式提供了异域空间。在此空间中，他者成为自我的一部分，自我在他者中主体性内容得以扩展。

　　新的技术将鼓励儿童积极参与到后现代的文化世界中，并在其中自主地建构自己。现代技术对于儿童有着强大的诱惑力，出现了一些传统心理学理论无法解释的现象，例如很多儿童，在尚未学会所谓的"基础"内容之前，就已经能够熟练运用网络来帮助他们生活。因此，教育家的责任，显然不能再停留于重复儿童发展的阶段性或成熟的层级，而应该着力培养儿童现在所需要的批判素养，包括分析世界的能力、批判网络文本的能力以及理解自我与二者关系的能力。

291

　　结束我们自恋的隔绝状态，从当前的困境中走出来，去迎接"他者"，在这样做的过程中，我们也许就能提升自己，改观当前的状况，寻找通向未来的道路。这种通过操纵他者、与他者建立联盟进而实现改变真理的游戏规则的思路，让我们站在了可能的、被排除的和受压抑的立场上[②]，正如福柯所曾经做过的那样。"如果现实根本上是话语性的，那么现实也可以话语性地得以转变。"（Pinar，2007，168）正是本着这种信念，

---

　　① 以上两种情况试图说明，在网络空间中儿童与他们的学习同伴能够逃脱控制他们的外部力量，通过获得的媒介权力可以消解作用于自己的塑造权力。不过，这种逃脱与消解只能是暂时性的、局部性的，因为最后必须接受"把关特权"——标准化考试的规范与检验。标准化考试类似于网络环境中的"辟谣"行为，二者本质上都是一种知识的霸权，只不过这种霸权依赖的不是信息的发布权，而是信息的（最终）解释权。经过辟谣，受众可能会统一认识；而标准化考试尽管形式上能达到预期的统一性，但在儿童心灵内部未必能保证同样的统一性。教育是一种过程、一种经验，并不能以终结性结论作为评价的标准，儿童在此过程中的所有经历和感受，都会沉积在主体性的内容中。

　　② 支持边缘群体或与他者结盟，不是因为他们内在的价值或优越性，而只是因为他们的边缘性或他者性。

我们通过与"他者"进行比较,以话语的方式呈现出建构儿童现存秩序的任意性、它所含有的排除性,以及重建现存秩序的可能性。

但是,正如福柯所暗示的,与"他者"的联盟是暂时性的,并不是自我关怀与实践自由的全部内容。我们不仅需要从自我中走出,也需要从他者中走出,去经历异者,以进一步扩充主体性的内容。

(二)与异者相遇

我们为什么要促成儿童(与我们自身)主体性的开放?我们为什么要鼓励儿童(与我们自身)的自我建构与自我关怀?在所有这些讨论中,是否存在着某种终极意义上的关怀?在回答这些问题前,先听听福柯对相关问题的认识。

福柯对哲学的任务进行了重新界定。他将自己的哲学界定为实践哲学,以区别于传统意义上的探求真理的哲学。[①]他在《性经验史》第一卷中说道:"当今的哲学(我指的是哲学活动),如果不是关于它本身的批判性的思考,又该是什么呢?而且,如果这种哲学仍只在乎证明人们已知的事物有理,而不在乎去弄清楚怎样和在什么限度内有可能用异样的方式思考,它又能是什么?"

因此他认为,哲学的意义在于对自我的改变,哲学对于我们生活于其中的世界的任务,在于试图努力去"改变个人的想法甚至个人本身"(Foucault,1988,255)。这是他对于哲学功能的根本理解,也是他对于自己生活态度的基本定位。福柯曾祈求"不要问我是谁,也别强求我保持原样"。他是这么说的,他也是这么做的,因此他的思想在不同的阶段总是差异很大,甚至"前后矛盾";他的著作似乎并没有一条清晰可辨的线索,他的批判思想更没有一个基本的参考框架。他为什么要这么做?原因就在于他将写作看作为自己提供不同的经验,进而改变自己。或许在他看

---

① 即通常意义上的符合客观事物的认识,而非福柯思想体系中作为知识规则的真理。

来，一生只坚持一种思想或坚持某几个不变的观点并没有多大意义；坚持改变，尝试新的体验，这是他生命哲学的第一个原则。

他是如何做到"为自己提供不同的经验"的？答案便是他的第二个原则：自我流浪。流浪的原意在于离开自己的家，到另一个事先还不知道的地方去，甚至这一地方是否存在也未可知。因此，这是一种冒险行为；这既是一种身体上的远足，也是一次次思想上的自我疏离。对于福柯而言，追求思想上的冒险（行为上也是），经历极限体验，目的都在于离开以前的自己，搞清楚是否可能以另一种不同的方式存在与思考。他喜欢"流浪"，与其说流浪创造了新事物，不如说只有通过偏离以前的自我，以一种新的角度重新审视自己，我们的认识才能变得有一点点不同。而只有当我们变得与原来的自己至少有一点点不同的时候，我们才能见遇原来的自己。因此，本质上而言，这是一种通过流浪自己，最终实现关怀自己。哲学在此同样发挥着反思的作用，将我们推向认识的边缘，并击破思维的界限，让我们以不同的方式去思考。

293

对于喜爱询问"这一做法是否有价值"的现代人来说，流浪的意义自然不存在，或许还会酿成大错，得不偿失。如果我们仔细思考什么是错误以及错误的价值的话，或许问题并不像看起来的那么简单与确定。福柯认为，错误本身就在人类发展史中世袭着，而且，错误观念具有政治性价值（第三个原则）。当作为社会基因的个体发生突变时，生产和再生产权力关系的整个DNA长链就将发生改变，于是，整个社会的整体面貌也就改变了。福柯认为，这种突变可以用来近似描述人类存在的大体情况。

哲学的全部目的，就在于促成这种突变。"实践中的哲学"目的就在于促成个体脱离先入之见，去寻找其他的规则。替换和转变思维方式、改变接受的价值观以及去思考新的对象、做新的事情、变成另外一种人，这即是福柯哲学的使命（如果他承认有所谓"福柯哲学"的话）。这种哲学积蓄力量，将生命描述为"编码和解码的游戏"，从而打开可能性空间，进行试错性行动。

福柯倾向于认为，"如今，目标不在于发现我们是什么，而是去拒绝我们是什么"（Dreyfus & Rabinow，1983，216）。如果我们拒绝我们是什么，我们将会提升内在于生命中的异变性力量，改变内在于自我中的真理的规则，进而以新的规则（或没有规则）去思考，以新的风格去行事。

鼓励这种异变有两点原因。第一，偏离本身将打通一条道路，通向那些新的秘密、可能的自由和创造，它们将把我们引入一个未知方向，并为生命注入活力。第二，在此过程中产生的我们"存在"上的裂缝，将可用作生命的标记，让我们能够对比性反思大体上我们是谁。自我认识和自我转变以某种方式结合在一起，需要并值得我们艺术性和创造性地去对待。

（三）实践自由

联系上文中福柯的实践哲学以及"与异者相遇"的过程与意义，笔者认为，儿童在其发展过程中，同样需要在不同阶段偏离以前的自己，产生不同的认识，进行新的伦理性自我建构，目的在于以另一种方式去思考，去经历，去形成普世的主体性——这即是儿童实践自由的内涵。

实践自由与（新）自由主义教育理论中的自主性和权利的观念并不相同，它是一种气质，一种实践方式，而不是等待被赋予或能够被赋予的对象或状态。同时，福柯避免谈论儿童发展的最终目的，例如人性或自我实现等，否认身份的本质性或单一性；他批判生产主体性的话语机制，要求个体去自我创造，希望个体向未知地带旅行，向尚不存在的领地进发，这是福柯的自我伦理学内涵。

因此，福柯意义上的实践自由，主要是指儿童不断地与自身主体性的决裂。他希望儿童具有批判精神（他视批判为美德），目的在于不断地将自我变成其他的对象（Miller，1993），形成新的主体性，从事不同的实践。于是福柯的自由观、伦理观就与政治思想联系在了一起，自我关怀需要个体首先与自身形成一种政治性关系（Wang，2004，36）。

我们需要对福柯意义上的个体实践自由与社会结构的关系作出重点分析。有研究者认为："他（福柯）的自我建构理论把自我看做是一种艺术品，个人、他人、社会可以对其任意进行改写，在其中忽视了意志所具有的能动性。[①]尽管在对自我建构理论揭示后，提出了关注自我的技术，但这种关注自我的技术也并非是反抗的一种有效形式，仅仅以对自我的关注来对抗那种对人进行建构的权力/知识是远远不够的。"（李珊珊，2008，173）首先，福柯关注自我的技术与"权力/知识"的技术一样，本是其主体形成理论或主体化理论中的一维，而不是对于权力/知识的"反抗"或"对抗"。其次，"反抗"、"对抗"的思路是不正确的，因为权力并非实体，而是一种能量流。[②]所以，第三，"有效"的消解真理、权力关系等社会结构对个体的作用，只能通过基于自我理解的自我创造，在认识形成主体性的多种因素之后，个体去创造自我的真理，进行伦理型实践，从而进入新的主体性形式。这不是对既定社会结构的"反抗"，相反，社会结构存在于个人主体性内容中；当主体的自我意识发生改变，所谓的"社会结构"就会相应发生变化。

因此，福柯要求批判或抵制"标准化"个体的社会建构，不应仅仅被看作是对个体现状的否定，而更是一种"创造性地自我建构"，通过挑战当前的处境，或质疑社会控制的形式。以这种方式，儿童得以超越标准化

295

---

① 这句话至少存在着四个方面的问题：第一，原作者指称的福柯的"自我建构理论"，实为福柯思想前期主体形成理论，是指个体在真理、权力的作用下（其中也有个体的作用因素）变为主体过程的分析。对于福柯来说，"自我建构理论"特指其思想后期"生存美学""生存艺术"意义上的主体自我的主体化理论。第二，"把自我看做是一件艺术品"用在此处不当。在其思想后期，福柯用"艺术品"的隐喻希望主体自身能够将生命提升为一件艺术品，所以他要求个体要积极进行伦理性自我创造；而不能用来描述福柯早期思想中权力对个体的任意塑造方式。即使规训权力能够塑造个体，也不是任意进行的。因此，第三，"个人、他人、社会可以对其任意进行改写"过度强调了权力对个体的作用。第四，"在其中忽视了意志所具有的能动性"，福柯并没有忽视权力关系中个体的能动性，相反，他认为权力的运行必须依赖于自由的个体，个体能够对权力发生抵制作用。上述四种性质相似的理解，原因在于：一、混淆了福柯思想前、后期对于主体形成的不同解释；二、误解了福柯对于微观权力作用机制的分析。

② 关于权力结构的分析，详见本书的第三章第二节第一点。

或被控制的命运，并进而积极地重构自己的主体性，不断地重塑自我。因此，福柯秉持与强调的是对"自由"（freedom）的一种具体实践，而不是对"解放"（liberation）的一种抽象诉求（Ransom，1997）。

在论述儿童个体的实践自由时，我们还需要正确认识这种自由的社会特性问题。有研究者认为，"福柯的这种自我关注的技术容易陷入一种个人主义的泥沼中，仅仅关注个体，忽视个体在社会中的意义，简单地倡导一种唯心式的个人化修行，从而如何来看待个人与社会的关系呢？集体的友爱又该被置于何种位置？"（李珊珊，2008，173）这种认识没有顾及福柯实践自由的发生过程。如上所述，个体要想建立一种新的游戏规则，他需要走出自我，与他者相遇，甚至去经历异者。而在相遇他者与经历异者的过程中，最为关键是经历自我，即自我主体性的改变。可以认为，如果自我不发生改变，以上所有的经历都是无意义的。所以，当自我关怀发生的时候，绝不是个人主义式的个人化修行，而是对于他者与自我关系的一种认知和再确认，甚至需要远离以前的自己，以不同于自己以前的思维方式去思考。所以，关怀自我的实践，作为实践自由的内容之一，个体不仅不会陷入"个人主义的泥沼"，而且还将不断地丰富自身主体性的内容，逐步进入普世的主体性。正如福柯所说，关怀他人是关怀自我的必要内容和重要策略。

最后，还要将个体自由的实践与解放模式的实践区分开来。儿童个体伦理型的自我创造，不是解放模式的实践，而是自由的实践。传统意义上左翼的解放模式，与福柯意义上的实践自由，二者之间具有根本性的区别。前者假设，在个体内部存在一个隐蔽的、内在的、本质性的自我，但由于受到阻抑机制的作用而被隐藏、异化或监禁。解放的过程就是将"真实的"自我从它奴役或压抑状态中释放出来。与之相反，福柯对本体论问题进行了历史化处理，他认为并不存有本质而只有不断地生成与创造。同时对于福柯来说，解放性的实践还远不够彻底，并限制了我们所可能达到的自由高度，我们需要拓展主体的实践领域。尽管自由的概念并不排除解放，但在内涵上比解放更为宽广。

儿童的实践自由，需要不断地走出自我，进入他者，经历异者，进而可能以另一种方式经历自己。儿童在个体内部设定自我真理，并围绕这一真理进行伦理型的自我建构。同时，实践自由也需要他们不断地对自我真理进行反思，对自我主体性进行再造。这种不断批判的态度——福柯实践哲学的精神——是儿童践行实践自由，从而走向普世主体性的关键因素。

三、异域空间：界限与越界

生如远行。不惧陌路，才能看到更多风景。

——无名氏

儿童的实践自由总是发生在特定空间中，如儿童的自我（心理）空间、间性空间与世间性空间。一方面，不同的空间为他们的实践自由提供了基础和方向，并保证了实践自由的现世性而非超越性的特征；另一方面，儿童的实践自由也为巩固和发展这些空间的内容提供了条件。以下主要分析这三种空间对于儿童个体实践自由的作用方式，从而凸显在儿童自我（心理）空间之外存在的异域空间——间性空间与世间性空间，对于触摸儿童主体性的界限以及超越这些界限所可能具有的价值和意义。

（一）自我空间

单一意义上的儿童个体，主要生存在自我空间中。这一空间中的真理、权力关系和伦理等要素，规定了儿童主体性的内容。自我空间往往反映了儿童个体之外更广阔的社会内容如话语、权力等；而且，这些内容要想对儿童产生心理效应，最终都必须以影响儿童自我（心理）空间的方式进行。

儿童个体的实践自由是从理解自我开始的，未来存在于对过去的重新解释中。自我空间就为儿童对自我的理解提供了一个地点（place），在这一地点上，儿童能够清查自身主体性生产的多种作用因素，在解析自己所坚持的自我真理的性质后，儿童才能去创造自己的真理游戏。

批判生产自己的真理机制，正如上文所分析的，可以通过自传来完成。自我的有意识部分"严格地限制其能同化的信息，正像它限制它可以外化的东西（一样）"。幸运的是，个体的无意识部分与其有意识部分并不一致，"这样一个自我（有意识部分）总是被围攻，在某种意义上总是被'谴责'"；它被捕了（Pinar，1994，38）。这个被捕的有意识的自我寻求与他人认同，与自己的角色认同，总是用理智来过滤自己的经验；这样一个自我很容易受到发生在公共和私人领域的事件的伤害。那么，如何协调自我的有意识部分和无意识部分，从而疏通自我的个体部分与社会部分之间的通路？自传方法。

自传方法通过特定的技术手段（RPAS），目的在于实现利用儿童个体的无意识，去释放"被捕了"的意识，通过让释放了的意识去讲述关于儿童的故事，研究者能够在一定程度上了解儿童何以成为今天的他们，包括他们的思想、行为、情感、倾向性等各种能够标识主体性的内容。

故事讲述的逻辑，即是生产儿童的真理机制。发现真理机制的目的，不在于全盘否定或推倒重来——事实上是不可能的，也不是对个体历史的一种消极态度，而是让儿童发现，生产自己的真理机制的偶然性、历史性和排除性。采用这种谱系学态度，目的在于让儿童能够有选择的空间，有运用策略性自主的可能，甚至有实践自由的机会。也就是说，儿童理解自我的目的，在于可能以自己选定的方式去生活，去改变，走出原来的自我空间，去成为"我的自我"。

承认自我空间中的单一意义上的儿童个体，只是为了分析的方便，而事实上并不存在单一的个体，个体总是处于与他人①的关系之中。通过自

①"他人"不同于"他者"，除包含"他者"外，"他人"还包括与自我并没有对立关系的个体，因此它的范围要更广。

传揭示出生产自我的真理机制后，儿童就可能去创造自我的真理游戏。他们可以借助于与他者联盟，而最重要的还是要与异者相遇，进而超越间性关系走向普世主体性。因此，成为"我的自我"，即儿童的实践自由有两种方式，这两种方式分别诞生在间性空间和世间性空间中。

（二）间性空间

间性空间一直存在，但却不常被主导话语所承认，因为权力关系对主体的生产是选择性的，被排斥的一元就成了所谓的"他者"。基于此，我们可以得出两点结论：一、自我与他者"本是同根生"，我们唯有借助于他者，才能更好地理解我们自己，并丰富主体性的内容。间性空间既可作为自我认识的方式，也为个体的进一步创造提供了一种方向。二、如果我们继续否定或拖延他者，那么被选择的个体的主体性就将继续处于停滞或静止状态，这显然有悖于儿童实践自由的精神。

299

教师应该引导儿童学会间性思维，即在自我与他者之间，能够从他者的角度去思考自己身份和反思自我认识。教师要留意儿童在教室之外的学习方式，特别是通过网络的学习，在鼓励他们体验多元文化，尊重多种价值观的同时，更要注意他们在自我认识方面所发生的改变，关注他们建构主体性的方式，从而让儿童在理解他者的过程中，培养儿童的宽容精神和开放思维，让他们不断地走出自我，在自我与他者的关系中，获得对世界与自我的（再）认识。

（三）世间性空间

福柯认为，与他者的联合只能是暂时性的，因为它仍然存在着某种局限性。为了以另一种不同的方式思维，儿童有必要超越他者而走向普世主体性。普世主体性要求儿童不断地去经历，经历不同的经验，并基于对经验的反思而改变自我的认识，产生新的自我真理，以进行伦理型的自我创造。

在学校教育中，教师应该带领儿童积极地进入艺术化的生存方式，鼓励儿童的求新求异思维，打破常规，以尝试新的存在体验。在教学过程中，教师要关注儿童建构自我的方式，而不是单单地教授传统的学术性课程。要鼓励儿童不断地进行尝试，并尊重尝试中错误的价值。当然，在儿童自我建构的过程中，也要教会他们如何关怀他人，因为关怀他人内在于关怀自我的过程中。

学校和教师在关心传统学术话语对于儿童身份定位的同时，还需要留意儿童在现时代中建构自我的方式。学校和教师必须关注校园外面的世界，让儿童去研究那些影响他们、而且他们最为关心的问题，特别是一些与他们自己有着密切相关的问题。将学校的范围扩展至社会，将社会性内容作为学校教育的内容，打通主体性的个体性和社会性方面，教会儿童明智地处理个体与社会之间的关系。

（四）界限、越界与创造

去经历"他者"，目的在于形成儿童的内在辩证能力；去经历"异者"，旨在让儿童逐步走向普世主体性，从而就能在触摸自己存在的界限后，具备超越主体性界限的能力，不断去创造自己。于是，"他者"的生存境遇，"异者"的存在方式，既是构建"自我"的异域空间，又是主体性发展的必要方向。

福柯的伦理观与美学观，在社会层面批判个体的归顺，在个体层面批判本质化的自我，从而开创了个体自我创造的政治学，即以"另一种方式"去观察、去思考、去生活，而分化、创造与革新，就是主观性与社会性重构之后的标志。在福柯看来，自由意味着批判或抵制社会对个体的控制，对主体性生产的掌控。福柯的自我存在论认为，自由需要越界，逾越历史的局限性，从而主体能够创造与生产新的可能的存在形式。因此，福柯的自由观点总是情境性、实践性的，而不是抽象的、普世的或理论上的。

儿童自我建构形象可能意味着一个固定的计划，一种稳定的认同感，但在福柯看来，通常不必如此。自我建构的过程是一个真实身份与虚拟身份、自我与"他者"、自我与异者之间相互作用的过程，它并不认同存在着某种持久的或带有边界的主体性。尽管某一种身份在特定时空下的确隐含着固定性，但是再建构的计划却永远存在着，从而身份也就总是可以改变的。"事实上，一个计划或一个现存的结构是一种创造的行为，一个尼采意义上的美学事件。所计划的和所建构的可以被解构"，"在自我的建构中两种时刻——建构与解构——都存在，也许不是同时的，但都存在。自觉地培养建构还是解构取决于现存结构的特点"。（Pinar，2007，165）福柯式的自我旨在挑战而不是计划，自我的建构既需要建构，也需要解构，有时二者同时进行。在派纳看来，只有通过解构，自我的重构才能开始，重构一种并非凝固的、心理上或社会上并非过于固定的自我，能够根据不断调整的现实、未来与过去的观点感知与加工新信息。

301

自我描述或自我归属并不等同于人文主义简单的叙事结构，后者以行动者为中心，往往会忽视结构主义关于"作者"功能的定位。"自我描述是一种复杂机制，常含有叙述元素。叙述元素的全部或部分功能，已经先行存在于宏大的社会背景中，或者甚至存在于多种角色的分配中，存在于我们利用的说话和行动的机会中。"（Besley & Peters，2007，48）尽管如此，我们仍然可以发挥主体的能动性作用，在不同于体系化或能量化的空间中去积极地创造自我。但福柯的自我关怀，仍然不可能完全脱离权力的范围，它只是一种新的与现代权力打交道的方式。即使进入新的角色，新的危险仍将存在，我们将不得不重新面对危险，因此需要永恒的批判精神。

异域空间，作为儿童主体（性）形成的特殊空间，尽管可能是虚拟的，或本身内部理性相互冲突，但它却是真实的，并对儿童产生着重要的影响。所以，它并不是主体性的乌有之乡，而是儿童主体性形成的现实之境。对于具有自主精神与超越能力的儿童个体来说，这一空间势必成为他们未来主体性的进军之地。

"生如远行。不惧陌路，才能看到更多的风景。"生命的过程，就是一个体验的过程，用身体、用心灵去不断尝试与经历以前未曾尝试与经历过的对象（自我生命中的"他者"和"异者"），逐渐拓宽生命的河沿，让自己的生命之河流得大气而又安静，容得下任何形状的沙砾。

第五章
结语：选择与超越

文化应当为人类而存在，而非人类应当为某种文化而存在。本章主要总结第二、三、四章的内容，重点论证儿童主体性对于教育性经验的开放性品格。

通过谱系学方法，我们既触摸到我们存在的界限，同时也识别出我们存在的可能性。通过前述章节，我们知道主体性既是由经验所构造，同时又保持着对经验的开放性。这里的"经验"，意味着主体化的三种方式，即教育知识（领域）、教育过程中的一系列规则和个体与自我的关系。通过这些方式，儿童个体成为主体。而一旦我们知道这三种方式在教育领域中的作用机制，我们就有可能改变或重新生产儿童的主体性。通过提供新的价值负载的经验，改变主体的真理性认识和存在方式，并形成新的主体性，发挥儿童在生活中的实践性自由，进而去重构自我、服务社会。主体性的这种"先于论述"的品格，既为教育性经验的存在提供了有力的辩护，更要求我们不断去经历、去体验（to experience with...），以培养世界意义上的主体性。

第一节　开放的主体性

自我或主体不是一种实体，它是一种形式，并且这种形式主要不或经常不等同于它自己。

——福柯，1997a，XXV

我们对于儿童总是有着特定的角色期待，儿童已经成为我们（教育政策制定者、教育研究者、学科专家、教师直至儿童自己）心目中的真理对象、权力对象和伦理对象；我们接纳符合特定标准的儿童，而将不合标准的儿童识别为"他者"而加以排斥。于是，儿童成为话语的产物，而特定的话语规约着我们对于儿童的认知与实践。在话语面前，儿童成为被规制的对象和话语的忠实实践者。这种现象，成为现代学校教育的基本逻辑，也是儿童发展理论的本质性揭示。

显然，话语的论述远远不能概括儿童自身的全部特征，也不能表明儿童自我创造的可能性。我们需要认识到话语的产生特点及其实践机制，进而最大可能地去超越特定的界限，转而面对儿童存在本身，让儿童存在的全部特性尽可能进入我们论述的范围，以扩充儿童存在的广度和深度，去不断地经历不同的自我。

先于论述的主体性，这一观点是想表明主体性处于形成的过程中，对经验始终保持着开放性。为什么说主体性具有开放性？这是本部分要论述的中心话题。

一、儿童身份的选择性

教育空间形成儿童的主体性，并非是在全部意义而是在选择意义上进行的；一定时期内儿童主体化的结果，只是当时权力选择的一种方案，所以培养其他形式的主体性永远是可能的。关于儿童的知识是"真理机制"选择的结果，由知识限定（通过"教育真理"来表达）的儿童主体性，为权力关系所认可、培养和备用的。权力关系选择并实现对自己有用的儿童"方面"而放弃或否定另一些方面，权力对儿童主体化的调控过程，本质是一种选择过程，主体性是教育权力选择的结果。儿童主体性本具有多重维度，如子女、学生、公民、网民等不同身份，这些身份（主体性的情境化表现）之间并无主次之分，随情境彼此转换并一直处于形成过程中，这也从另一角度证实主体性存在维度的多重和再形成的可能。

尼采认为，所有知识的形成都是一种选择的过程，因此知识的生产者必然会无视或舍弃世界的广阔领域，以便提出一幅对自己既有用又可控的"世界"图景（Nietzsche，1969，35）。没有任何知识可能是全面的；事实上，知识的性质绝不可能是全面的。"学者、理论家、知识分子相信他们能够凭借信息的挖掘、富有想象力的解释以及令人信服的争辩而获得特权知识。对尼采而言这种信念是一个幻觉。过着'思想性生活'的学术界人士与其他人同样是挣扎着为'存在的伤口'涂抹香膏的男性与女性。"（派纳，2007，163）赫尔巴特发展而成的统觉论，霍尔所信奉的文化时期论等，都是这一幻觉的不同表述，他们都在玩着不同类型的"去/来"游戏。同理，社会对人的安置方式，也不应只看作它在表达对人性的某些基本特征的尊重；而正相反，它们试图通过操纵社会与环境、以及社会成员之间的互动方式，以最大限度地促进自己的存在与发展。由此推论，社会绝不可能控制、支配或创造出其成员的所有冲动、欲望和需要，而只能在一定程度上生产和操纵其中对自己最有利的部分。

权力的功能在于其创造性，而不仅仅是压制性。并不像自由主义学者所认为的那样，社会约束、遮蔽了人的基本特性，唯有移除这些限制，我们才能获得自由。这种论调，经常映射着一种过度的决定论以及对社会变革的悲观态度。如果我们确实是由福柯所描述的规训权力形成的结果，那么我们对权力的抵制如何可能？批判理论家对这一问题大伤脑筋，他们认为需要某种抵抗的标准，这些标准存在于当前社会结构之中或之外，能够用来对抗现存的占统治地位的社会形式。为此，他们历尽艰辛去寻找，而寻找的动力就在于他们的这一假设：如果某种更好、更真实从而也更人性的人类本质在当前或将来找不到的话，那么对权力的批判工作也就不可能了。事实上，一些著名的批判理论家，确实得出过这样的结论，如阿多诺就认为抵制的前景是惨淡的，批判的思想沦落为用否定的辩证法去评论最新的堕落局面。

其实大可不必如此。我们应该摆脱这种观念，即认为由权力建构的个体也就是被权力所决定的个体。个体并不是由权力/知识机制所全部建构；个体是生产出来的，但却不是被彻底决定了的，以至于唯有通过革命手段提供的巨大震荡才有可能改变。正如福柯所指出的，"某种类似主体的东西"尽管存在，但其存在的"形式却绝非决定了的"。

返回到尼采关于知识性质和社会现实建构的观念，我们很容易得出结论：个体由一定的社会关系所生产①，权力生产出不同类型的个体，他们作为社会的成员，承担着不同的社会角色，执行着适合自身特性的功能。但是，这种生产总是一种选择性行为，社会权力并不会"创造"个体的所有方面，也没有一种生产艺术能够全面实现这一点。事实上，从一定意义上说，"创造"一词都属误用，因为在尼采看来，与其说是"创造"个体，不过说是"塑造"个体，从他们众多的能动性、紧张（状态）、直觉和潜力中选取部分加以培养，以造就有生产性的、对社会有用的主体。在这种塑造过程中，个体的一部分就将剩在一旁、归于下位，或者弃之不顾。因此，在某种意义上个体的确是被生产出来的，但这并不意味着他本质上是主导权力的不可更改的创造物。个体中没有被社会注意到的大多数"方面"，在社会完成对个体的目的性塑造后就会遗留下来，成为新的主体性

---

① 在这一点上，尼采和马克思都会同意。

形成的生长点。

尼采的认识论表明，尽管个体和社会结构无疑是由一定的权力系统历史性形成的，但这种形成的观念却不应该在全部的意义上理解。相反，个体是选择性地塑造的，以成为对特定社会和政治有用的人力资源。其他的部分，尽管不是"更加真实"或更为"人性"，就被当前主导性的权力关系所抑制或降为次要地位。而这些其他的能动性、直觉和紧张（状态）并没有消失，它们构成了抵制特定权力形式的基础。"个体"确实是"生产"出来的，但却不是由生活于其中的权力关系所全部或专门地创造出来的。

福柯的主体观点与胡塞尔现象学对主体的认识大相径庭。福柯否定了主体先于世界以及主体是经验产生的可能性条件这种说法，而正相反，"正是经验……才产生了主体。我将主体化看作这样一种过程：个体变成主体，或更精确地说，个体建构了主体性，当然只是自我意识组织［经验作用的结果］的既定可能性中的一种"。因此，如果我们称作"主体化"的过程是暂定的而绝非决定的，产生的主体的心智结构是多元的且可转变的，那么显然个体可以被重新建构，而绝不可能被决定。据此，反对行动也不需要等到整体社会结构的重组后才可能生效。

知识的选择性产生了话语的可逆性。关于某种对象的否定性评价可以利用，话语的转变者可以用自己的、异于主导性的规则来开展话语游戏，从而将话语的否定意义转变为积极意义。而这种可能性的实现，全赖于主体心智本身的内涵和角色的多元性。话语可逆性的基础在于主体心智状态的可逆性或者说可以"再评价"，也就是说，主体心智状态具有多元性。主体心智状态可以发生反转或可以"再评价"，只有当建构的心智仅是整体心智中的一部分才有可能；而反转和再评价的实现，恰恰也证明了这一点。社会对个体的塑造，绝不是在完全意义上的，而只是部分地塑造对社会有用的方面。换句话说，每位个体身上都存在着多元的主体心智模式，"主体并不是一种固化的物质，而是一种存在的状态，而且这种状态主要不或经常不等同于它自身"。

在现代社会中，个体要扮演多种角色，表现出多种主体身份。在不同的情境下及相应的主体身份中，儿童与自我的关系也会有很大不同，例如在父母面前和在同学或老师面前，他们的自我意识肯定会表现出较大的差异。由于身份类型既不同又相关，一方面能够促进儿童有效地执行子女或学生的角色，明确特定情境中的身份意识。另一方面，主体类型之间的相互"干扰"，也可能具有批判性功能。在这些不同的身份类型之间，肯定存在着某种关系和干扰，使儿童绝不会以同一种面孔（即单一主体性）出现，他们将经历不同的主体身份的转换。个体可以利用在一种身份中形成的经验，去批判性反思他在另一种身份中所经历的事件和评价。例如在学校中，儿童与儿童之间的关系通常被看作平等的；当儿童回到家中，他们与家长的关系就可能表现为一种依赖、尊敬或者畏惧。于是，两种情境中的身份意识就产生了明显的对比，这种差别会引起他们思考人与人之间应然的相处模式。我们可以重新评价与权力关系相关的论述，从而对主体性的分类或建构的意义与功能发起挑战。现实社会中的权力关系总是多元的，多元的权力关系之间相互作用，互相促进，当然也可能相互干涉，这就不可避免地造成关于主体性的多元视角，而多元视角将会促进主体性之间的比较与评价。形成的个体主体性是多元的而不是单一的，这一事实将保证：一种特定的权力关系（永远不会只有一种）永远不可能完全俘获和彻底决定个体。

主体性生产的选择性决定了后续主体性多元建构的可能性。福柯说道："个体不应该被看作一种基本的单子……而事实上，它是权力的主要效果之一，权力识别出某种身体、某种动作、某种话语、某种欲望，并将它们生产出来，这就是个体。"（Foucault，1980c，98）当从决定主义者的视角来理解时，对个体的这种描述看似否定了反抗活动的可能；而当从尼采的观点来解释时，个体建构的绝对性就会烟消云散了。个体的建构，总是从多元的能动性中加以选择的结果。这种事实的证据之一就是，建构活动从来不是一劳永逸一次性完成的，而总是贯穿儿童的一生；而且在建构的多个领域中，也没有哪一个领域是最主要的。对于任何一位个体，都不可能进行完全意义上的建构；也没有哪一位个体，他的形成是单一活动建构的结果。

主体心智状态的开放性，是教育的逻辑起点和价值所在。第一，根据某一种或某几种对于儿童的真理性规约和权力性生产，不可能塑造出儿童潜在能力的所有方面。权力规定生产儿童的具体内容和方式，但权力的狭隘兴趣远远小于儿童潜在能力的广阔领域。第二，儿童主体实际上具有多元的心智结构，他们根据具体的情境而表现出相应的主体类型，而各种主体类型之间又相互作用。

二、规训权力的意识形态

上述观点是儿童主体化的理论背景之一，它是从权力关系的外部（话语本身与权力关系紧密连接）来论述主体性的开放性，描述了权力生产与知识编码儿童时的选择性，即它们不可能凝视和生产儿童所有特性的所有方面。此外，福柯还微妙地论述了权力关系中自由的运行方式，即权力关系在运行过程中，自身为儿童提供了一种自由的形式，儿童能够利用权力生产的条件——自由，不仅去抵制权力，而且还能建构自身。

权力关系以形成特定主体性的儿童为目的，本身需要自由的主体。教育空间中的权力关系通常并不直接作用于儿童的身体，而是通过引导儿童的行为、调控儿童选择的方式进行生产，儿童在教育关系中具有能动性和抵制的能力，从而有可能让权力作用的预期方向发生偏差。同时，如果一种权力关系要想高效生产特定种类的有用的个体行为，它就必须在生产过程中赋予个体以自由状态，尽管这种自由局限于权力关系及其对象的连锁式策略的具体机制中。

将儿童的生产看作目的本身而不是其他目的的途径，这种做法与康德的伦理观点看似一致。不过，福柯并不将这种行为理解为促进先天人性的展开，而是将其看作现代权力关系运行的最起码要求和高效生产的必要性策略。也就是说，将儿童看作目的本身，不是为了伦理上的关怀，而是出于效率上的考虑。这样就会产生两种结果：第一，自由成为权力关系中不可避免的原则，儿童具有选择的机会和拒绝的可能性；第二，与此相关，权力关系中所有策略和操纵的最终效果将变得不可预知。权力关系试图影响和控制儿童，并让儿童的自主行为变得可以预测，这就需要儿童可以在权力提供的诸多对象中选择自己喜欢的对象，例如拓展性课程、选修课程、课外活动等已经成为儿童修习的课程结构的一部分，从而能在权力关系的内部和外部寻找发展的资源。在这种情况下，尽管儿童的课程内容（游戏场所）以及课程的学习方式（游戏规则）已由权力关系所预先限定，而且权力关系还会操纵教学过程，但同时也为儿童提供了可能性抵制的资源和机会。

三、儿童批判思考的创造性

儿童主体性的开放性，如果只是从权力关系（包括外部和内部）的角度来理解，那还远远不够，因为自由的要素并非局限在这两种事实之中，即建构个体的选定方式所遗留下的尚未形成话语论述的个体方面，以及权力关系运行所需要的个体与权力的关系型自由。权力关系的运行是"行为影响行为"，需要权力双方的乐意配合，因此关系型自由内在于权力关系之中，并借助于权力关系来表达。总之，教育空间对于儿童个体的建构不可能是在全部意义上，建构过程也不可能是个封闭系统，而是始终存在着儿童"对抗性建构"的可能性。

主体性的"对抗性建构"是从另一维度表征着主体性的开放性，它意味着儿童可以（部分）超越当前的主导性权力，进入新的自由之境和生存之境。这种新的主体化形式尽管仍存在于权力关系中，但可能借助于思考、想象等自我真理的建构工具实现部分超越，最终迈向新的存在方式。

思考为儿童提供了一种自由。思考是教育真理和权力关系发挥作用不可或缺的通道，教育真理对儿童产生作用、儿童在权力关系中发挥主动性，都离不开儿童思考作用的调节。正因为思考内在于权力关系之中，所以儿童可借此发挥思考的"反调节"功能，改变或抛弃旧有的外界力量对自我的建构方式，以创造与拓展新的存在形式。

实践与思维方式密切相连。实践是运行着的思维方式，没有一种实践过程不包含着思维活动。当改变内涵于其中的思维方式后，实践就将随之发生改变，于是新的实践方式产生了。当然，这种新的实践方式本身也面临着被反复改变的命运。

权力关系本身是一种实践方式，因为权力关系本质上是个体如何看待自我以及协调自我与他人关系的方式。作为一种实践方式，思维活动自然运行其中，"没有任何一种经验本身不是一种思维方式"（Foucault，1984e，335）。福柯认为，现代权力关系的标志性特征，就是"一套行为对行为的作用"或"一种治理的艺术"，旨在引导和协调人们的行为（Dreyfus & Rabinow，1983a，220—221）。因此，一种行为对另一种行为发生作用，思维就是不可或缺的中介。权力关系若要高效运作，必定要赋予权力参与者自由和选择，而赋予自由和选择的关键就在于让儿童利用自己的思维。

不过，这种自由是一种关系型自由，这种自由的运用，本身是权力的生产对象与要素。通过控制儿童选择的范围和选择的行为本身，最佳策略就是将儿童做出选择的关键性先决条件，转变为儿童接受了的、最终成为不可置疑的思维方式。通过生产并引导儿童选择的倾向性，最终使得儿童选择的思维方向，与权力关系的生产方向相一致。简言之，权力关系的运

311

行，依赖并生产着儿童的关系型自由和他们特定的思维方式。

权力关系对儿童思维的生产和引导，并非意味着"另类思维"方式就不可能出现；事实正好相反，权力与思维的这种关系，恰好为儿童摆脱当下的权力结构，进入新的生存方式提供了可能与必要。不过，这种新的生存方式不是完全超越现实，也不是在权力关系的外部去探寻。只要儿童对自己当前的思维方式进行批判性反思，识别它的特质，他们就可以决定是拒绝、保持抑或强化这种思维方式。福柯认为："批判……不是去表明不可逾越的界限，或描述封闭的系统；它正要体现改变的可能性。不过这种改变的发生，必须以反思自身的思维方式为前提。"（Foucault，1984e，335）权力关系生产和维持自己，是通过以某种方式塑造个体或个体的思维方式为前提；个体的思维活动，不可能为权力关系中的任何一方一劳永逸地掌控和利用，只能进行单向度思考，果真如此便不能叫作"思考"了——福柯将此特性称为思维的不可化约性。只要对自己的思维方式进行反思，"只要个体不再坚持对事物的先前认识，改变就显得既紧迫而又十分可能了"（Foucault，1988d，155）。因此，关系型自由与具体权力关系密切相关，在权力关系和关系自由的背后是思考，思考让它们成为可能。如果思考发生了改变，权力关系和关系自由也将随之改变。现实中的权力关系永远面临着被改变的危险，这源于权力关系处于与儿童思维的既依赖思维又容易遭致思维颠覆的高利害关系中。正是由于权力关系对儿童思维的依赖性，才构成了思维对于权力关系的反叛性。

对反叛性自由的认识不要滑入唯意志论。儿童个体和他们参与其中的权力实践，不可能摆脱社会存在的具体决定性（Foucault，1984e，335），也就是说，个体和群体生于斯长于斯的，从历史的角度看，无疑是一种独特的社会存在方式。但是这些普遍结构（社会存在）并不直接决定社会中个体的行为："经验的特殊形式可能会充分体现社会结构的普遍性，并不可能摆脱社会存在的决定性；然而，不管是社会存在的决定性，还是社会结构的普遍性，都唯有经过思考才能转化为经验的形式。"（Foucault，1984e，335）所有类型的实践，都内含有思考的成分，并由思考加以调解问题理解与社会体制和实践之间的关系（Foucault，1980e，51）。个体生存于其中的普遍性社会结构，和在结构情境中个体需要践行的风俗、实践和习惯，思考将在二者之间发挥着重要的调解作用。

想象，是福柯思想中的又一关键概念。"我们必须想象和建构我们可能的样式"，去反对当前的主体性形式（Dreyfus & Rabinow，1983，216），他指出需要"想象新的政治化模式"（Foucault，1980d，190）。"现代性的态度"就是"迫切地渴望"去"想象"世界的另一种样子（Foucault，1984c，41）。福柯反对自然权力学说和人文主义思想，根本原因在于这套总体化、本体论性质的话语，潜在地限制了人们更自由地想象和行动（Foucault，1988a，15），我们可能拥有的，远远大于目前条件下的认知范围。

对生活可能性的想象，需要借助于概念来表达。一组新的概念，往往表征着由生活提出的问题的回答。福柯认为，人们的生活必然是一种概念建构性的生活。通常认为"概念"的抽象性将不可避免地歪曲我们对现实生活的认识；但对于福柯而言，方向恰好相反，即个体运用概念去建构对周围环境的认识。这不仅不会脱离或歪曲生活，相反是开创了一种生活，是一种富有变动性而非固定化的生活方式。

当用一组概念建构起一种生活方式后，人们的认知活动并未止步。提出新的概念将改造原有的生活，并可能带来某些深刻变化，新的概念将会建构起一系列价值区分，例如对于真假、善恶、美丑的重新定义等。对于什么是儿童的不同观念、对于什么是合法的权力关系的思考、对于儿童自由的理解与运用，都由此组新的概念而引发并获得合法性，可是这只能是历史的合法性，相对于永恒的大写的真理来说，其真理性成分的比例是多少，不是权力当局所思考的问题，更进一步说他们也无力回答这些问题。

尼采相信，（历史性）真理是最深刻的谎言，所以我们没有必要认为，由概念建构的当前的生活方式就是最好的——这是短视的表现，我们永远不要忘记持久批判的美德。

说是短视，因为从历史来看，从未出现过一组完美的概念，以及由它们所构建的完美的生活方式——即使概念的提倡者如何论证也无济于事，历史本无情。既是想象，就难免出现"失误"，但"可能性的失误"至少具有两层含义：第一，它的确成为失误。因为多元选一，涉及价值判断，即便理性人也难免会犯错。第二，失误提供了新的可能性。既为失误，就要重新选择，去创造新的可能性。简言之，给生活提供的这种答案带有随机性，既不可能唯一，也不可能排除失误。一组概念的提出，通常既是回应上一次失误，又可能带来新的失误，迫使我们从僵化的概念中解脱出来，以迈向新的领域。因此，想象生产概念，同时又对概念进行批判。

儿童主体在自我形成过程中借助于思考和想象，在一定程度上超越了权力关系对于自我的限定性作用①，由是观之，尽管儿童主体的心智状态为各种社会力量建构起来的，但冲破这些主导性社会模式的束缚，形成新的主体性永远是可能的，根源就在于：第一，儿童主体心智状态本身的多元性和开放性，权力/知识对儿童的生产是选择性的。儿童仅仅是被选择性地建构，其他的建构方式总是可能的。第二，现代权力构建一种活动领域，通过行动作用于行动，选择、反对和抵制的策略将永远是可能的。第三，儿童自身的伦理性创造的冲动。思考是权力运行不可或缺的媒介，因此，旧的建构可以被改变或抛弃，而新的建构将被创造出来。这三种情况，决定了儿童既诞生在特定的教育空间中，但却并不完全受教育空间所制，而能够始终处于一种创造过程中，并有可能不断地变换自己的存在方式。

---

① 当然这只是一种可能性，而不是必然性，因为也存在这种可能，在对某种对象经过谱系学方法考察后，我们仍然坚持之前的认识。但即便如此，我们对于该对象的认识因进行过深刻批判与反思而变得与以前不同。

　　儿童不可能完全独立于权力关系而享有绝对自由，同时也不可能完全受制于权力关系、为社会结构全然决定而彻底丧失自由。儿童是一种多种力量间（包括自己在内）的互动、斗争和妥协的媒介与聚点，最终产生出一串临时代码，在一段时间内来表征儿童。产生这些代码的斗争和联盟，可以通过研究加以鉴定，从而构成"作为历史和文化性存在的现代儿童的谱系学"。儿童作为一种存在形式，并不是静止不变的，当产生的代码发生转变时，儿童的存在形式就会随之改变。这种现象对于教育来说，具有非同寻常的意义：如果儿童不是一劳永逸地被创造为一种统一的单子，如果儿童具有可塑性、能够被（再）塑造，那么教育就可以而且应该去争取并运用好儿童所代表的生产性和创造性的力量（Ransom，1997，168）。

　　"当我们反思教育研究的时候，我们注意到我们注视着程序、材料、教学风格和技术、目标、评价。""这些词汇是概念工具，不是它们所指的现实，但对我们中那些想研究人的教育经验的人而言，这些词汇是车厢窗外的东西的变形。要进入这些旧词汇的核心，我们必须扔掉它们。我们必须设计新的、能帮助我们把目光稳定地注视着车厢内，注视着布朗夫人的研究方法。"（Pinar，1994，15）我们寻求研究的不是"概念工具"，甚至也不是"现实"经验本身，而是经验的本质和意义。经验的意义不是通过关注行为本身而获得，而主要是通过关注个体或群体对行为的理解和态度来获得的。意义并不存在于经验之中，相反，只有经过反思性理解的经验才有意义。这种意义存在于"自我"看待经验的方式中，存在于"自我"对那些已经涌现的意义流的态度之中。也就是说，只有通过反思才可能发现寓于经验中的意义。如果不读书，行万里路也不过是个邮差。

　　思考与想象并不指向于某种乌托邦，所以，关于人性的标准内容的提法并不可取，因为它在描述人类的自由时既模糊不清又过于狭隘，并且在人类历史上付出过惨痛的代价。不错，真理的观念仍然需要保留；事实上，如果概念及与它有关的真假区分是一种生活方式而不是窒息生活的催眠术，如果真理是最新的创造而不是最大的谎言，那么对于真理为什么还要反对呢？或许我们不该厌恶真理，也不该摧毁真理，而应该去考察编造真理的历史和偶然性因素，进而去超越真理自身被强加的局限性。

但与文化一样，（历史性）真理是为主体服务的。主体"不是一实体，而是一形式，而且这种形式主要不或经常不等同于其自身"，因此主体性是一种动力性因素，需要并具有持续发展的必要与可能。"我的职责——那是过于强调的一个词——意在向人们表明：他们比自己感觉到的更为自由。人们认为是真理、证据的一些东西，都是在历史中的某一时刻建构起来的，这种所谓的证据，也可以批判和销毁……我所有的分析都反对人类存在的普遍必然性这一观点。"（Foucault，1988a）福柯认为，并不存在人性的普遍必然性，一旦认识到这一点，我们就会比过去的自己体验到更多的自由。

我们认识世界的方式以及我们与世界的关系，最终影响着我们的形成。面对存在的潜在荒谬，我们不惮于寻找其他的生活样式，即便它是另一种荒谬。我们与其觊觎人类自由的最终形态，不如去追求有限的、具体的自由形式。通过澄清并质疑我们看待世界的方式，新的"失误"就将进入我们的生活，进而带来实践性改变。这一过程主要是通过批判的方法，批判不是努力达成某种基本伦理或标准，也不以它们为基础，正如福柯所说，批判"不是去试图鉴定所有的知识或道德行为的一般结构，而是要将表述我们思考、表达与行事的话语，看作一系列历史性事件"，正是这些事件建构了我们。我们可以反思这些事件，它们作为我们的建构方式，我们可以思考、可以拒绝或者进一步肯定，经过这一过程，我们不再是原来的自己。

第二节　向未知进发

一、存在先于论述

萨特说，存在先于本质。因为"本质"即论述，所以，存在先于论述。

——题记

开放的主体性决定了自由的创造性，而不是相反；万不可因为论述而遗忘了论述所指的对象——存在。

人文主义在社会思潮中具有深远影响，福柯对人文主义思潮的一贯态度是强烈批判，他为什么要批判人文主义观念？我们如何认识这些观念与人类主体之间的关系？下面通过简要分析人文主义中的三个核心观念（对应于真、善、美三个维度）[①]，接着论述福柯的批判思路，从而理顺论述与主体之间的关系。

人文主义思潮最重要的假设，大概要属"个性"（individuality）这一观念。它认为个性是个体最基本、最特殊的东西，它标志着每一位人类主体都是独一无二的存在。这一假设信奉这种观念：个体自身应该成为知识的中心和原则。换句话说，独特的个体不仅应该成为知识生产的主体（即知识生产的中心），而且还应成为处理个体与世界关系的标准，因为世界就存在于他们的理解和接受中，世界就是个体所理解的世界（即知识的原则）。所以，个体对于知识型而言就居于首要地位。伴随这种信仰，我们还能够发现一系列与之相关联的个体权力和特权的观念（如"人权"），

317

[①] 同理，教育思想中的解放、自由、主观能动性、理性与科学等观念，并非作为普世性标准用以评价教育实践，也并非作为超验性范畴用来指导教育发展；它们仅仅被用来解决对儿童的社会管理方面的问题，让儿童能成为未来社会的合格公民。因此，运行于教育实践中的这些观念，在接纳合格儿童的同时，也在排斥着不合格的儿童，发挥着权力关系的甄选功能（Popkewitz，2008）。

它们被自动赋予每一位主体。

"意识"的观念，也是极为重要的假设。它坚持认为的确存在着某种人类的内在性或心理活动，相信内省的功能和个体的判断，于是确认个体"主体性自由"的优先地位。"自由"的观念可算作第三个重要假设。个体的自由被视为神圣而不可侵犯，是一种内在的、普世性的价值；所以，对任何形式妨碍内在美好人性的强制或压抑行为，都要强烈反对和猛烈抨击。

福柯（1977b，218—233）认为，这些基本观念中的每一个都是一种神圣的原则。个性的观念与人权的关系不言而喻，意识的观念与真理规则密切关联，而自由的观念与人类美好命运结合在一起。诸多相关的理念——公正、平等和共享——也属于这一价值体系。福柯的观点并非要我们回避所有这类观念，转而引入另一套价值相似或完全相反的理念，而是去质疑这些人类理性中的每一种，是如何被用来评价权力运作的理由和辩护依据的。

同时福柯指出，在人文主义的这些主要价值观中，我们也看到一种能动性的前景，不管是人权、真理还是自由，尽管落实这些价值的权威和控制中心存在于价值赋予者的手中，在超越主体层面的权力关系中（这种价值的获得，其实是权力所赋予的行为）。因此，在这种权力关系中，仍然存在着某种"准主权"的权力类型，这种权力类型中的话语超越了肉体的控制，而采用心理学的表述、意识的观念和自由的解释来运行。这些话语看似表明了一系列神圣的人类特权，但实际上大体揭示出现代规训权力体系在不同层面和效果上的运作方式（Hook，2007，14）。

作为一种伦理性术语，标准是指关于儿童或人类基本特性的伦理规范，需要在社会实践和人际交往中加以保护、尊重和体现的东西。儿童主体性的形成或转变，是否需要遵循这种不变的伦理性标准？

联系本书的主要观点，福柯可能会这样回答：伦理标准，其实并不能保护儿童免遭权力的隐蔽性侵犯，即使人格发展健全的儿童也在所难免，因为这些标准本是权力的一种工具，所以在塑造儿童方面将起着至关重要的作用。

其实，上述问题中的"伦理规范"，与福柯意义上的"标准"，二者还是有区别的。福柯的"标准"是一个动词，是生产或重构个体的过程。正如第三章中所提到的，在规训环境如教室中，"儿童"在时间之手的推动下，逐渐变成指定类型的个体，成为人类意义上的标准化儿童。很明显，伦理规范只是伦理意义上的标准，它是福柯"标准"的下位概念。任何伦理规范的背后，表达的都是对"人是什么"的稳定性说明；开列出的伦理规范清单，表达的仅是对自由、权力与个人之间关系的认识。

人文主义的逻辑是，先假定人应该是什么样子，其后的论述无非是在政治、伦理、道德等方面突出这种假定。从根本上来说，个体存在的全部奥秘和可能性，表现在他们对于个体的已有论述中；个体不过是论述的对象和产物，个体活动的范围和广度，不可能超越论述的限度。一句话，论述的本质就是个体的本质。

而福柯对这些问题的认识恰恰相反。他曾说："在未来，存在着更多的超乎我们想象的秘密、可能的自由和创造性活动。"他得出这种结论，同样是建立在他对于人是什么以及自由对于人意味着什么这两个问题的认识上。第一，在生命的任何一个阶段，尽管看来是经验性"个"体的儿童，却都是由"多"元心智结构所构成。这些心智结构之间的力量对比关系，在外界影响下（如出现新的作用因素、现存力量之间平衡关系的变化或其他突发情况等）将发生变化（这种变化本质上是主动的还是被动的？不可如此区分，变化是综合作用的结果）。第二，个体的形式是不稳定的。因此，为他们所开列的权力清单（尤其是当作构成人类自由的要素时），将不可能及时地跟进变化中的个体，从而成为个体进一步发展的束缚与障碍。最后，人的自由不是一种权力指定的、个体能够占有的东西，

319

而只能是一种创造性行为。当人的心智结构改变时，他所从事的活动及其相应的权力也将随之改变。所以，关于个体的所有理论与观念，并不能及时地表征关于儿童现实的、真实的、全面的存在；它们可能是空洞的图式化，剥夺了现实儿童的多重性、丰富性与生动性，是一种过时的概念。

福柯式思维认为，儿童个体的创造是建立儿童伦理形式的基础，儿童个体的形成应领先于关于儿童的伦理形式。昨天所接受的儿童信念，在今天可能就行不通，正如福柯认为："人文主义可能不是普世性的，而与情境有着很强的关联。"（Foucault，1988a，15）例如，儿童智能的多元性，在过去就未曾得到承认，而只注重语言和数理逻辑两种智能的发展。我们不应当产生这种荒唐的优越感，即认为历史发展的方向是我们有意识牵引的结果；我们前辈当初的努力，正是为了变成我们今天的模样；我们正生活在历史发展的最高峰。同样也不能认为，我们今天对于儿童的认识，是几个世纪以前儿童概念的逐步丰富的结果；当初儿童研究专家们的努力，就是为了获得今天的儿童概念；当前的儿童观是对儿童最丰富最深刻的认识。在某段历史时期内（例如赫尔巴特时期），儿童的地位并不高；而在接下来的时期内，出现了历史的转机，儿童地位由此得到改变。[1]当儿童与（塑造他们）权力的关系改变后，新的有关儿童的伦理形式和标准也随之形成，最后儿童变得不一样了，随之"对付"这种新出现的所谓"儿童"的教育教学方式，自然也就不一样了。

教育学在形成"新"的儿童观过程中，迫切需要的或许不是某种稳定而可靠的儿童的旧式标准，而是新的存在方式——新的存在方式将产生新的标准[2]。事实上，如果儿童新的存在方式及相应的新标准没有创造出来

---

① 详见Aries, Philippe.（1965）. Centuries of Childhood：A Social History of Family Life. New York：Vintage.
② 福柯对待概念的处理态度与尼采不同。"……尼采设想的不是概念世界的解体而是……它的解构——也就是将概念投入美学幻觉与游戏的领域之中。"（Megill，1985，53. Cited in Pinar，1997，164）而福柯一贯的态度是，基于对抽象性概念的谱系学分析，依据概念的偶然性和历史性特征而决定自己未来的行动。

前，我们就不可能知道旧的权力关系塑造儿童的方式为什么说是"不可忍受的"或是"非人性的"。福柯式思维认为，如果儿童看待世界的方式固定化，那么他们将很难创造性地理解世界，更不要说与世界进行有效的互动。所以儿童应该向"未知地带"进发。但进发和探索的目的不在于发现儿童的内核，或是找出"儿童是什么"，而在于发现他们在世界上的生存方式：一种离开自我并形成新的自我的过程。这种生存方式包括了同时进行的两种过程——离开自我的改造和形成新我创造。正是这两种过程，福柯式思维让我们的存在突破了普世性标准的约束，并以一种永恒的创造精神和行动来定义自己。

如果创造新的儿童伴随着产生新的标准，那么这意味着尽管标准存在，但却因为数量太多而不可能用来建立普世性伦理。即使强力建构起普世性伦理，也终将因其过于含混和笼统而不能有效阻止不良行为的发生。结果，特定权力关系中的个体或集团，很可能会将自己特定时空范围内的具体标准和个别观点，装扮成人性的必然结论而尊奉为主导性话语。所以，当儿童在面对多元的标准和观点时，必然进行审慎选择（生存美学中的思想），正确处理"自我–真理–自由"三者间的关系。

在这样行动时，儿童的自由既是创造性的，同时又是情境性的，儿童之间即使在"相同的情境下，人们的反应方式也差别很大"（Foucault，1988a，14）。儿童运用自由的能力，将最终取决于儿童个体的形成方式。儿童个体的建构，可能完全受制于未被识别的力量，在这种情况下，他们的自由就会被外部力量引导来达成自身目的；或者，儿童个体能够审查外部因素对自我的影响作用，并能够参与到自我建构之中。后者当然不能保证，儿童的所有选择都具有教育性或政治性的意义。对于福柯来说，这种"正确的"选择并不存在，但它将让儿童做出"开明"的教育性（同时也是政治性）选择。"开明"就是指儿童能够介入、干预和决定自我主体性的建构，仅此而已。

在当前的社会情境中，我们已经形成了条件反射来接受那些被制度称许的东西，过滤掉那些没有社会回报的东西。人们的这种条件反射从很小的时候就开始培养，在学校教育情境中，更是通过纪律、考试等手段进行强化。这样，到一定程度，人的有意识自我在本质上就几乎完全成为社会的了。

麦克唐纳曾认为，学校的存在主要不是为了灌输文化遗产、培养社会角色扮演者或者满足学习者的兴趣和需要（同时批判了社会本位论与个体本位论的教育目的观）。学校的存在是为了使学习者接触现实，而我们的社会、我们自己、我们的文化遗产都是现实的一部分。

当前我国的课程语言仍然被困锁在传统的课程思想框架内，尤其是局限在泰勒原理的各种变体中，"几乎所有的教育活动都围绕着经验的组织：首先是形成一个教育目标；然后是选择学习经验；再之后是那些学习经验的组织；最后是评价。通过把课程任务置于这样的框架中，课程工作者立刻就被锁进决定他的问题和回答的语言体系之中了。要从这个语言框架中挣脱，就必须把学习和目的的语言置于一边，并开始询问新的问题。要做到这个，课程研究者必须直接面对他的现实，而不是通过特定语言体系的认知透镜"（Huebner，1975，221）。

与此道理相似，教育者可资运用的学科知识很多，但所有的科学都不能替代教师自己对于儿童的观察。因为儿童的个性只能被发现，而不能由心理学等学科推断出来。所以事先对一个儿童作出构想，这本身就是一种不正确的做法。

二、儿童的创造本质

识别当前自然性背后的陌生感和偶然性，是一种改变的策略；当学校教育中常识与理性的封闭性被揭开时，它们的正当性就变得可疑了。

——Popkewitz，2008，xv

儿童主体性的开放性所产生的教育意义，主要表现在：第一，显示出儿童主体的历史性存在特征，主体本身并没有恒定的本质；第二，作为一种历史的建构物，儿童"个"体具有"多"元心智结构；当外界作用力量发生变化，或主体内部力量的对比关系发生变化时，儿童的存在形式就会随之改变。第三，教育对儿童具有生产性作用，通过操纵权力、知识和伦理要素，得以再造特定类型的个体。

当儿童主动介入自身主体性的建构过程时，意义就更为重大。在个体层面上，由于个体是由变化的联合性力量所形成，具有开放性，个体需要一种"自我的政治学"来指引自己，并将其付诸行动。在社会层面上，我们管理、面对和试图界定自己的方式，将极大地影响我们与更大范围内的社会结构的互动方式。

也许会有读者认为，本书对儿童主体化的分析过于抽象，因为它并没有展示具体的东西，甚至也不能促动读者去做什么，因为它根本没有给出任何操作性的忠告或建议，而只是尽可能"真实地"去分析儿童成为今天这种状态（包括身体和心灵）的过程与方式，尽管在文中甚至使用虚构的手法，因为"有的时候虚构比史实更加真实，因为它更符合历史的逻辑"（祝勇，2006，2）。之所以这样安排，是由权力关系本身的特性所决定的，是教育空间的特性所决定的。在经验分析的层面上，不可能提供儿童主体化的抽象的一般性结论。同时，由于儿童主体性在超验层面上的开放性，决定了不可能规范教育者如何进行情境性操作[①]，正如文中已经表明的，情境的操作是一种自我理性的彰显和使用，它是在理解儿童、理解课程的基础上，基于儿童、社会和学科的特点，创造性地建构出来的。

人类历史新的书写方式，总是与对儿童发展新的诠释方式联系在一

323

---

① 具有讽刺意味的是，提供实践性很强的操作规范的研究者所从事的研究，本质上并不是实践性的研究。同理，教师在运用"实践性"的操作规范时，进行的也是一种抽象性很强的"理论化"工作，因为教师在应用时必须非常注意专家的建议，思考专家的思想和观点。这一种事物的两个方面，从教学道德的角度而言，都是不可取的。

起。儿童是多种论述话语之间相互作用的产合物，这种状态因融合物的多样性而显示出儿童概念的复杂性和丰富性。性质不同的理性集中于单一的儿童身上，使得儿童的面孔既丰富又模糊。从某种意义上来说，儿童类似于一本小说，这本小说总是改头换面，不同的权力主体赋予不同的故事情节和叙述结构，从而发挥权力的真理效果。这本小说是一个故事系列，而本书讲述的正是这个故事的一部分。这个故事没有结尾，不同时代权力主体将以不同的笔法，继续写下去……

在（儿童主体）"被创造"的背后，福柯要求我们应该能够自觉意识到外界的多种塑造力量，进而在一定程度上调控这些因素，或者部分地避开这些因素的作用从而去创造自己。因此，有研究者认为，尽管福柯不承认主体存在着先天的本质，但他要求主体去创造自我，这种"要求创造"自己实际上也是福柯对于主体的一种本质规定。我们如何理解这种"本质规定"呢？让我们再次转向福柯的哲学与人生态度。

三、异变与创造

成功只有一个：按照自己的方式，去度过一生。

——无名氏

我们为什么要促成儿童（与我们自身）主体性的开放？我们为什么要鼓励儿童（与我们自身）去自我建构、自我关怀？在所有这些讨论中，是否存在着某种潜在的伦理要求？先听听福柯怎么说。

福柯观念一："书—经验"，改变的哲学。福柯将写作著述看作为自己提供不同的经验，进而去改变自己，并将这种改变与哲学的任务联系起来。福柯重新定义了哲学对于我们生活于其中的世界的任务，在于试图努力去"改变个人的想法甚至个人本身"（Foucault，1988，255），这是福柯对于哲学是什么的根本理解。或者，哲学的任务也可看作让我们……

福柯观念二："流浪"自己，搞清楚是否可能以另一种不同的方式思考与生活。福柯欣赏"流浪"的原因，与其说是流浪创造了新的事物，不如说只有通过鼓励偏离，反思自身才会有生命力。只有当我们变得与原来的自己至少有一点点不同的时候，我们才能遭遇原来的自己。哲学的任务在于反思，在于以与从前的自己不同的方式去思考，而流浪则为我们经历另一个自己打开了方便之门。

福柯观念三：错误本身就在人类中世袭；错误观念具有政治性价值。当作为社会基因的个体发生突变时，生产和再生产权力关系的整个DNA长链就将发生改变。福柯认为，这种突变可用来近似描述人类存在的大体情况；哲学的全部目的，就在于促成这种突变。"实践中的哲学"目的在于促成个体去除先入之见，去寻找其他的规则。替换和转变思维方式、改变接受的价值观以及去思考新的对象、做新的事情、变成另外一种人，这也是哲学的使命。这种哲学积蓄力量，将生命描述为"编码和解码的游戏"，从而打开可能性空间，进行试错性行动。

325

是否存在一种福柯式精神，或某种恒定的道德立场？如果我们回想起福柯坚持自称是一位"具体的知识分子"（specific intellectual），没有也不可能有关于世界的整体性理论，那么我们就会打消这种念头。福柯倾向于认为，"如今，目标不在于发现我们是什么，而是去拒绝我们是什么"（Dreyfus & Rabinow，1983，216）。如果我们拒绝我们是什么，我们将提升内在于生命中的异变性力量。

鼓励这种异变有两点原因。第一，偏离本身将打通一条道路，通向那些新的秘密、可能的自由和创造，它们将把我们引入一个未知方向，并为生命注入活力。第二，在此过程中产生的我们"存在"上的裂缝，将可用作生命的标记，让我们能够对比性反思大体上我们是谁。自我认识和自我转变以某种方式结合在一起，需要并值得我们艺术性和创造性地去对待。

权力抵制与主体性形式的创造或维持之间应该是什么关系？"也许不必为合意而战，而必为拒绝不合意而战！"尽管新的局面仍然存在着很多问题，但并不能就此认为旧的局势就比新的局面好，也不能认为我们之前的批判是不正确的。应该说批判是正确的，因为批判的对象很危险；而现在很明显，危险被改变了。危险被改变，并不意味着危险就消除了，它仍然继续存在。或许，改变的意义仅仅存在于——改变本身。

儿童的创造本质？"去创造"或"去改变"是不是也是福柯对于主体的一种本质规定呢？

从福柯的异变哲学入手，再来理解儿童的自我创造任务，或许就会觉得顺其自然。于是我想起了下边的话：

"从觉醒的人开手，各自解放了自己的孩子。自己背着因袭的重担，肩住了黑暗的闸门，放他们到宽阔光明的地方去；此后幸福的度日，合理的做人。"[①]

326

第三节　创新与展望

一、主要创新点

在本书接近尾声时，笔者想回顾自己做了哪些方面的工作，做得怎么样；还有哪些问题值得今后继续研究。先简要总结下笔者在本书中的四点追求。

（一）课程理解范式研究的初步尝试

在课程研究范式方面，笔者尝试运用课程理解范式，旨在寻求对儿童主体化这一过程的跨学科、多角度的透彻分析，从而让理解者获得关于（再）建构儿童主体性的解放性知识。

[①] 引自鲁迅：《我们现在怎样做父亲》，《鲁迅的教育思想和实践》，人民教育出版社2001年，第267页。

与开发范式的追求不同，本书并没有提供关于"如何培养儿童主体性"之类问题的程序性知识或一般性结论。所以，对这种知识与结论充满期待的教师或研究者可能会对本书失望。但这种失望是必需的，有时甚至是必要而有价值的。事实上，鉴于儿童主体性的多种维度以及其流动性和开放性等特征，这种知识与结论（假如存在的话）很难去应对处于具体情境中的儿童。我们既不能漠视儿童的具体性，将宏大的理论或程序性知识凌驾于儿童之上；也不能尊崇理论或程序的至高地位，将处于情境中的儿童削足适履式地嵌入预先的框架结构内。否则，我们造就的将是千人一面的儿童，这显然不是教育或课程所追求的结果。那么，出路在哪里？

具体的儿童需要具体的对待，具体的对待需要对儿童具体地理解，而理解课程就旨在为这种理解提供多方面的知识，提供问题或对象演进的历史与出现的背景，所以它并非为直接解决问题提供程序性知识，而是为了深入理解问题贡献解放性知识；它不是无视或贬低教育实践者的悟性与智慧，而是尊重与提升所有的教育者和被教育者（有时二者很难明确区分）对"自己的问题"的敏感与觉察，履行作为"具体知识分子"的角色，在理解自己与对象的同时，达成二者在现实性与可能性上的一致和协调。

目标不同，研究的方式就会有很大的差别。对"儿童主体化"问题的考察，必须对儿童"当前的历史"进行谱系学化分析。所以，本书在对儿童进行历史存在论的定位之后，以教育空间为背景，从教育真理、教育权力、伦理实践与时间四个维度，综合借用哲学、心理学、社会学、文学、人类学等多个学科视角，逐一揭示在儿童主体化过程中，四个维度对于主体化过程的作用机制，特别是它们之间的交织关系对于主体化作用的影响，从而揭示儿童主体化是怎么回事，它是如何运行的，以及影响其运行的诸多因素与作用机制等，实现教育者与儿童自身在儿童或自我主体化过程中的自觉与自由。显然这一自由是教师个体性的，并没有或很难具有统一性；而且它只属于具有反思精神与批判态度的教师，只属于对儿童的问

327

题敏感并有执着探究精神的教师。个体在问题理解中所获得的个体意义上的自由，才是创造性解决问题的必要条件。本书旨在对教育者理解儿童的形成过程方面，提供一点帮助。

（二）将福柯思想系统运用于教育或课程研究中的初步尝试

在福柯思想与教育或课程研究方面，本书首次试图将福柯的思想"系统"运用于教育或课程领域。

"系统"一词有两方面含义。第一，它表示运用的是福柯的全部而又内在连贯着的思想。福柯的思想很"另类"，而且不同时期其研究的主题又很不相同，甚至部分内容与观点看似前后矛盾。这就难免造成国内外的许多福柯研究者对其思想的肢解和偏重方面的问题。如何将其"前后矛盾"的思想整合起来而又不违背福柯最初的研究旨趣？笔者借助于特殊的学习经历，有幸获得已出版的福柯的全部英文资料，特别是最近两三年内出版的其在法兰西学院的演讲稿。在通读其前、中、后期的作品并求助于国外的福柯研究权威的基础上，笔者系统梳理出关于福柯研究的核心主题，正如上文所述：在我们的文化中，人（类）是如何变成主体的？当然，这一主题并非笔者对于福柯的武断判断或有意强加；在他生命晚期的一次采访中，他坚持认为自己一生研究的中心是主体，而非权力。通俗一点说，就是对"我是如何变成今天的我"这一老问题的重新回答。研究问题的相似，促使我将福柯思想引入课程理解中来，帮助分析教育情境中儿童的主体化问题。"系统"一词的第二层含义是指，在将福柯思想应用于教育或课程研究中时，笔者是全面、连贯、创造性地应用，而不是片面、矛盾、演绎式地利用。当前在我国的教育研究领域，也出现了一些将福柯思想应用于课程研究的论文与著作。但遗憾的是，这些研究者的应用方式，大多是从福柯早期的知识考古学或中期的权力谱系学中提取若干观点，尔后将其演绎到教育或课程中来，从而显示现实中的教育与课程的现象或问题，与福柯所揭示的政治学中的现象或问题具有某种程度上的相似性。

这种抽取和演绎有时是必要的，它有助于我们理解教育或课程的现象与问题的性质，突出它们与社会其他方面的关联。但若止于抽取、演绎与判断，福柯研究的意义就显得很有限，而且还有断章取义之嫌。部分只有在整体中才能正确把握，也只有在整体中它才具有解释力。福柯后期的看似与前、中期"矛盾"着的思想，也只有在整体中才能对其判断并做出合理的说明。①

抽取式应用要不得，演绎式应用也不是对待理论的正确方式。事实上，直接将福柯的思想拿来比照现实、揭现实之短，这本身为福柯所不容。因为他说过，他的研究不在于提供任何的规范与标准，相对于思想内容来说，蕴含在内容中的方法或思维工具才具有根本性的意义。

本书即是从此着眼和入手。在确定了基本问题（儿童主体化过程）和研究取向（课程理解）后，笔者利用福柯分析主体化的整体思路，即"真理-权力-伦理"，利用其考察真理产生的方法（真理建制）、权力的运行策略（权力分析）与主体自身的生存美学（伦理型自我创造），来分析教育真理的产生及其转换的特性、研究教育权力的运行方式和儿童在权力关系中的存在状态、探求儿童自身的实践自由在自我形成过程中的作用与可能的主体性形态。此外，尽管福柯论述主体化过程也需要时间因素，但他对于时间因素的处理并不如其他三个要素清楚和系统化。为此，笔者将时间因素单独析取出来，作为教育空间中的第四个维度，以明确福柯所假设意义上的时间范畴在儿童主体化过程中的作用。

所以，在"系统"利用福柯时，笔者又尽量去远离福柯甚至一次次地去摆脱福柯，因为不摆脱就不可能真正地进入；摆脱正是为了更好地从精

---

① 当前，将福柯后期的思想运用于教育或课程研究领域也已出现。同样遗憾的是，与对待其前、中期思想的态度一样，研究者仍然坚持演绎与判断，特别是将其与前、中期的思想割裂开来，认为福柯后期的工作是对其前期工作的矫正或补救。如果坚持整体观，或许所得出的结论就会不一样。笔者认为，看似前、中、后期思想各有千秋、主题迥异，实际上是从不同的方面来回答同一问题。这种做法不但必要而且必需。如果缺少了其中的任何一个方面，那可能就会真正出现"矛盾"的现象。

神上贴近他，从方法论上契合他，从批判态度上最终超越他。正如福柯利用尼采的方式一样，笔者对福柯的利用绝不是要还原"福柯"（鉴于他的生存哲学，此种意义上的福柯或许并不存在），而是要以福柯式的眼睛去观察"自己的问题"，以福柯式的耳朵去倾听我国教育改革中的呼声，以福柯式的心灵去感应课程实践中儿童成长的节奏，并以全球化的视野和多元化的思维去分析、去理解儿童成人并成为自我的过程，希望能够为他们的成长破半点迷惘，掬一瓣心香。

（三）主体化理论的发展

在主体化理论方面，本书试图在综合已有主体化理论的基础上，在福柯思想的启示下，建构出四因素的（儿童）主体化理论。关于这一理论，摘要和正文已有详述，以下笔者换个角度，以自我批判的方式重新审视该理论。

不管是先验的人性论（如新/自由主义者所推崇的），还是压抑的人性论（如批判理论家所信奉的），二者都强调不随时空而改变的抽象的人性。从强调主体处于一种"存在事件或进程"之中这一点而言，巴赫金的对话主义值得肯定；但也正是因为它对于人的社会性的过度强调，而没能留意主体的能动性以及对既定时空部分地超越能力。不过，这些主体化理论，都为笔者建构四因素的（儿童）主体化理论提供了正面或反面的丰富的思想营养。

四因素即本书中所分析的教育空间的四个维度。因为儿童历史性的存在论，所以考察其主体化必然要将其定位在具体的时空范围内。在教育空间中，教育真理从知识上规约着儿童，权力通过真理将自己的旨意写入关于儿童的语言中，我们应用、谈论并生产着儿童的语言。它可以体现为儿童的核心素养、儿童的发展理论、儿童的健康常识、儿童的自我意识以及儿童的实践方式，我们理解这些知识，并以这些知识为依据展开教学。最后，我们的期待效应，往往会成为儿童发展的现实；我们的理想模型，经常可能暗含着社会变革的蓝图。

因此，教师理解与应用教育或课程理论，既是一件很有意义的事，又是一件很危险的事，因为当教师不去探究理论的来源，当教师不明白知识的性质，当教师不能对理论进行批判与选择时，他们很容易沦为价值性理论或知识的玩偶和助其实现的媒介而自己竟浑然不觉，他们很难不陷入意识形态的权力漩涡从而不能寻找和倾听来自自己与儿童的声音。当意识到权力与知识之间的差别时，我们或许能够基于这种差别，获得实现民主的力量，以及培养自己对儿童、对他者、对陌生人更加宽容的动力和使命感。它会让我们逐渐认同尊重不同、承认差异所蕴含的伦理意义，应该自然将之变成道德上的义务。

教育权力与教育真理密切关联。以知识关怀的形式、以主体生产的方式，教育权力的新理性自身渗透于教育空间中的每一个角落。生产出主体性的结果本无可厚非，因为并不存在更美好的人性等待自然展开，所以，任何积极意义上的生产都是值得肯定的。教育中规训权力的标准化问题在于，标准不应成为人的最终存在状态，标准化也不应该生产出教育中的差生、后进生等这些与优等生、"X好学生"相对的存在对象。我们对于二元论的迷恋、对于等级的追逐、对于标准的执着，往往会扼制或抹杀世界中本来存有的丰富多彩的合理性存在，结果，人们在胜利的喜悦中听不到他者失败的哭泣，在自我成功的陶醉中失去了善待他人的敏感心灵，在趾高气扬不可一世时，忘记了自己曾经是谁、现在是谁并要最终向何处去。

我们需要理解教育中儿童自由的使用方式。"在民主生活中学会民主，在自由社会中学会自由"，如果从福柯式的观点来看，或许并没有这么简单。当我们被动自由或"必须自由"时，自由就会成为一种负担，成为他人意志的实践方式；当我们的选择就是去成就他人的梦想时，我们就会离真正意义上的自由越来越远。所以我们，尤其是教育中的儿童，需要学会过一种反思性的生活，成为一种策略性自主的实践者。

331

根据福柯关于"真理-伦理-自由"三者间关系的论述，我们可以采用自传方法进行自我认识，认识"我是谁"是走向新的存在方式的基础，而他者、异者将为我们走出自己、走向更广阔意义上的社会性或世界性提供方向。当然，并非每位个体都能达成普世的主体性，而且普世主体性也没有一种标准；它的真实意义在于，个体必须保持开放的胸怀，宽容与接纳异己的对象，通过与他/她/它们接触，或许能帮助我们更好地理解自己的存在，以及思考如何更好地存在。

（四）观点和概念的创新

在建构主体化理论的过程中，本书提出了一些具有生命力和解释力的新观点与新概念，它们有助于我们从更深层次、更大范围内去理解（儿童）主体化过程。

如"主体性具有开放性"这一观点，是基于分析儿童主体化的过程而得出的，所以它既言之成理又言之有据。而基于这一观点，我们又很容易推论出"存在先于论述"的观点。后者是本书的核心观点，也是笔者写作本书的根本出发点之一。再好的理论与解释，都代替不了教师自身对教育实践的感悟与体会；再重要的知识与智慧，也只能解释世界与人生的某一个方面；相对于无边的黑暗来说，论述的"篝火"（哈贝马斯的隐喻）只能照见彼此相对的脸，而且上面还会有阴影。当然，"存在先于论述"并非说不要"论述"，而是不要囿于论述从而遗忘了存在。以上这两个观点既深化了我们对于儿童主体性流动性的认识，也为我们为儿童提供积极的教育经验以再建构主体性提供了辩护性的依据。

在概念方面，本书提出了如"主体性""教育（四维）空间""规训意识形态""策略性自主""异域空间""世间性空间"和"普世主体性"等。一方面，这些概念同样是在分析主体化过程中产生的，它揭示了主体性形成的情境性特征或内在的要素；另一方面，这些概念产生以后，就可能成为分析主体化的概念工具或思维方式，所以，这些概念对于主体化过程既具有描述性意义，又具有规范性或方法论意义。

综上所述，笔者在试图进行课程理解的研究中遇到了"福柯"，于是将其主体形成分析的方法论和思维工具"拿来"，并将其系统应用于分析教育空间中"自己的问题"即儿童主体化过程中，建构出四要素的主体化理论。在建立该理论的过程中，创造了一些新的观点与概念，它们既能作为主体化过程的要素，又能作为主体化分析时的方法论。

二、研究的展望

以下简要总结本研究中笔者一直顾虑的地方以及本研究今后将继续深化的方向。

首先，与上文相联系，创新即意味着冒险，更大的创新意味着更大的冒险。目前在我国教育或课程研究领域，课程开发范式仍然主导着课程话语；而笔者试图从课程理解的角度，以异于课程开发的方式，去尽可能跨学科、多角度地理解同一问题：儿童的主体化。这种研究与开发范式不同，本书并没有提供或总结任何意义上的主体化形成的概括性结论或一般性建议，而是将关于主体化过程的深入理解与分析，融化在正文中的每一字每一词每一句中。这可能为读者带来极大的阅读困扰或需要打破思维定式，而改变往往很难发生。但是，系统总结或抽象概括确实违背了课程理解的意蕴；而且，鉴于主体性的弥散性、流动性与开放性特征，这种总结与概括的意义将非常有限。

所以，为了初步探索新的课程研究方式，为了更深刻地揭示研究问题的特性，笔者冒险坚持学术的独立性和自律性，决定忠实于研究范式、忠实于研究对象。

其次，在分析儿童的主体化时，本书仅限于意识领域，而尚未涉及无意识领域。一方面，无意识领域可能会影响主体化，但相对于意识领域而言，其影响效果相对有限；另一方面，因为笔者的研究能力和时间所限，而且目前也无法搜集到从无意识领域研究主体化过程的有用资料，所以本书尚未深入涉足无意识领域。这将成为笔者今后的研究对象，以不断深入和扩充已建构的主体化理论。

最后，在第二章分析真理主体时，本书以国外儿童理论的探究为主，而没有涉及我国的儿童研究理论。与无意识领域一样，我国的儿童理论，也将成为笔者今后补充和进一步发展主体化理论的资源。

334

参考文献

中文部分

［1］罗伯特·W. 康奈尔. 教育、社会公正与知识. 华东师范大学学报（教育科学版），1997（2）：62—71.

［2］郭官义. 赫尔巴特文集·哲学卷一. 杭州：浙江教育出版社，2002a.

［3］郭官义. 赫尔巴特文集·哲学卷二. 杭州：浙江教育出版社，2002b.

［4］李其龙. 赫尔巴特文集·教育学卷一. 杭州：浙江教育出版社，2002c.

［5］李其龙. 赫尔巴特文集·教育学卷二. 杭州：浙江教育出版社，2002d.

［6］李其龙. 赫尔巴特文集·教育学卷三. 杭州：浙江教育出版社，2002e.

［7］李其龙. 赫尔巴特文集·心理学卷. 杭州：浙江教育出版社，2002f.

［8］李其龙. 普通教育学·教育学讲授纲要. 北京：人民教育出版社，1989.

［9］伽达默尔. 真理与方法（上册）. 洪汉鼎，译. 上海：上海译文出版社，1999.

［10］乌尔里希·贝克. 什么是世界主义？章国锋，译. 马克思主义与现实，2008（2）：54—57.

［11］雅斯贝尔斯. 什么是教育. 邹进，译. 北京：生活·读书·新知三联书店，1991.

[12] J. 德勒兹. 德勒兹论福柯. 杨凯麟，译. 南京：江苏教育出版社，2006.

[13] 福柯. 临床医学的诞生. 刘北成，译. 南京：译林出版社，2001.

[14] 福柯. 疯癫与文明. 刘北成，译. 北京：生活·读书·新知三联书店，1999.

[15] 福柯. 规训与惩罚. 刘北成，杨远婴，译. 北京：生活·读书·新知三联书店，2003.

[16] 福柯. 知识考古学. 谢强，马月，译. 北京：生活·读书·新知三联书店，2004.

[17] 福柯. 词与物：人文科学考古学. 莫伟民，译. 上海：上海三联书店，2001.

[18] 福柯. 性经验史. 佘碧平，译. 上海：上海人民出版社，2000.

[19] 福柯. 不正常的人（法兰西学院讲稿1976）. 钱翰，译. 上海：上海人民出版社，2003.

[20] 福柯. 必须保卫社会（法兰西学院讲稿1974—1975）. 钱翰，译. 上海：上海人民出版社，1999.

[21] 福柯. 权力的眼睛——福柯访谈录. 严锋，译. 上海：上海人民出版社，1997.

[22] 杜小真. 福柯集. 上海：上海远东出版社，1998.

[23] 福柯. 主体解释学（法兰西学院讲稿1981—1982）. 佘碧平，译. 上海：上海人民出版社，2005.

[24] 福柯. 古典时代疯狂史. 林志明，译. 北京：生活·读书·新知三联书店，2005.

[25] 卢梭. 爱弥儿：论教育（上、下册）. 李平沤，译. 北京：商务印书馆，2007.

[26] 查尔斯·泰勒. 自我的根源：现代人认同的形成. 韩震，等译. 南

336

京：译林出版社，2001.

［27］D.C. 霍伊. 批判的抵抗：福柯和布尔迪厄. 张妮妮，译. 国外社会科学，1996（1）：43—49.

［28］J. 丹纳赫. 理解福柯. 天津：百花文艺出版社，2002：185.

［29］J. 弗拉克斯. 后现代的主体性概念. 王海平，译. 国外社会科学，1994：11—16.

［30］丹尼尔·坦纳. 学校课程史. 崔允漷，译. 北京：教育科学出版社，2005.

［31］华勒斯坦. 学科·知识·权力. 刘健芝，等译. 北京：生活·读书·新知三联书店，1999.

［32］詹姆斯·D.马歇尔. 米歇尔·福柯：个人自主与教育. 于伟，李姗姗，译. 北京：北京师范大学出版社，2008.

［33］乔治·H. 米德，著. 心灵、自我与社会. 赵月瑟，译. 上海：上海译文出版社，2008.

［34］汪民安，陈永国，马海良. 福柯的面孔. 北京：文化艺术出版社，2001.

［35］英格尔斯. 人的现代化. 殷陆君，译. 成都：四川人民出版社，1985.

［36］威廉·派纳. 自传、政治与性别：1972—1992课程理论论文集. 陈雨亭，王红宇，译. 北京：教育科学出版社，2007.

［37］詹姆斯·米勒. 福柯的生死爱欲. 高毅，译. 上海：上海人民出版社，2003.

［38］巴赫金. 诗学与访谈. 白春仁，等译. 石家庄：河北教育出版社，1998.

［39］约翰·洛克. 教育漫话. 傅任敢，译. 北京：教育科学出版社，1999.

［40］蔡春. 主体性教育研究的回顾与展望. 现代教育研究，1999：（2）.

［41］蔡慧敏. 福柯的微观权力论与教育观. 湘潮（下半月）（理论），

2008（8）：110—111.

［42］陈胜云. 网络社会主体性危机. 现代哲学，2001（1）：36—38.

［43］陈雨亭. 教师研究中的自传研究方法——对威廉·派纳"存在体验课程"的研究. 华东师范大学博士学位论文，2006（5）.

［44］陈雨亭. 如何研究学校教育情境中的自我：威廉·派纳的存在体验课程研究. 全球教育展望，2009：19—24.

［45］陈雨亭. 现象学对研究教育情境中的自我的启发与借鉴. 全球教育展望，2010：55—58.

［46］陈玉明. 民族主义与世界主义. 书屋，2004（5）：4—10.

［47］陈志明. 对Cosmopolitanism的理解与汉语翻译. 西北民族研究，2009（8）：106—109.

［48］傅智勇. 论网络时代人的主体性的健康发展. 西北大学学报（哲学社会科学版），2001（3）：143—148.

［49］高宣扬. 福柯的生存美学. 北京：中国人民大学出版社，2005.

［50］郭晓明. 课程知识与个体精神自由. 南京师范大学博士学位论文，2003（5）.

［51］郭晓明. 知识与教化：课程知识观的重建. 华东师范大学学报（教育科学版），2003：11—18.

［52］郭晓明. 知识的意义性与"知识获得"的新标准. 华东师范大学学报（教育科学版），2004（2）：14—21.

［53］何双秋，魏晨. 媒介权力的多样性探析. 新闻界，2006（1）：37—39.

［54］和学新. 主体性教学研究. 兰州：甘肃教育出版社，2001.

［55］黄作. 不思之说：拉康主体理论研究. 北京：人民教育出版社，2005.

［56］霍桂桓. 舒茨社会学理论中的意义和主体间性. 参阅：中国现象学与哲学评论（第一辑）：现象学与社会理论. 上海：上海译文出版

社，1995.

［57］李一. 主体性的缺位与建构. 兰州大学学报（社会科学版），2010
（1）：37—42.

［58］李姗姗. 福柯的自我建构理论及其教育意义. 东北师范大学学报（哲
学社会科学版），2008（4）：168—173.

［59］李召存. 论两种不同的课程知识观. 上海教育科研，2006（3）：
27—29.

［60］刘康. 对话的喧声——巴赫金的文化转型理论. 北京：中国人民大学
出版社，1995.

［61］刘北成. 福柯思想肖像. 上海：上海人民出版社，2001.

［62］楼育萍. 主体性的对话式建构. 四川教育学院学报，2010（3）：
61—64.

［63］鲁洁. 一个值得反思的教育信条：塑造知识人. 教育研究，2004
（6）：3—7.

［64］陆扬. 后现代性的文本阐释：福柯与德里达. 上海：上海三联书店，
2000.

［65］吕振合，王德胜. 知识与权力：从福柯的观点看学科场域中的权力
运作. 自然辩证法研究，2007（9）：41—45.

［66］康永久，吴航. 主体性教育思想的冲突与走向. 教育研究与实验，2000
（4）：1—6.

［67］瞿葆奎. 教育学文集·智育. 北京：人民教育出版社，1993.

［68］童星，罗军. 网络社会及其对经典社会学理论的挑战. 南京大学学报
（哲社版），2001（5）：96—102.

［69］童星，罗军. 网络社会：一种新的、现实的社会存在方式. 江苏社会
科学，2001（5）：116—120.

［70］汪民安. 福柯的界限. 北京：中国社会科学出版社，2002（7）.

［71］汪民安，陈永国，马海良. 福柯的面孔. 北京：文化艺术出版社，
2001c.

［72］王义军. 从主体性原则到实践哲学. 北京：中国社会科学出版社，
2002.

［73］魏晨. 试论网络媒介权力的"吊诡"状态. 新闻界，2007（6）：
61—63.

［74］吴航. 我国主体性教育理论研究的现状与反思. 华中师范大学学报，
2000（11）：136—142.

［75］吴育林. 当代西方公共领域中权力异化性扩张的成因探析. 东北师范
大学学报（哲学社会科学版），2006（4）：37—40.

［76］魏小萍. "主体性"涵义辨析. 哲学研究，1998（2）：22—28.

［77］肖川. 主体性道德人格教育与个人自由全面发展. 教育研究与实验，
1999（3）：19—22.

［78］熊和平. 课程与生活：基于西方课程思想史的考古学启示. 湖南师范
大学博士学位论文，2007（5）.

［79］薛晓阳. 知识社会的知识观：关于教育如何应对知识的讨论. 教育研
究，2001（10）.

［80］尹宗利. 从启蒙、权力话语看"隐蔽的教育家"福柯. 江苏社会科
学，2010（1）：30—34.

［81］于伟，戴军. 福柯教室中的微观权力理论述评. 东北师范大学学报，
2005（2）：138—143.

［82］赵一凡. 福柯：知识考古学（一，二）. 中国图书评论，2008（1，
2）：61—70，45—55.

［83］赵一凡. 福柯：权力与主体（三，四）. 中国图书评论，2008（3，
4）：40—48，30—41.

［84］周勇. 现代课程改革的知识重建思路与挑战. 全球教育展望，2004

（11）：24—28.

［85］章铸，吴志坚. 论虚拟实践：对赛博空间主客体关系的哲学探析. 南京大学学报（哲学·人文科学·社会科学），2001（1）：5—14.

［86］张天宝. 试论主体性教育的基本理念. 教育研究，2000（8）：13—18.

［87］祝勇. 旧宫殿. 沈阳：春风文艺出版社，2006.

［88］朱慕菊. 走进新课程：与课程实施者对话. 北京：北京师范大学出版社，2002.

英文部分

［1］Addams，Jane.（2002［1902］）. *Democracy and Social Ethics*. Urbana： University of Illinois Press.

［2］Allen，Amy.（2008）. *The Politics of Our Selves*. New York： Columbia University Press.

［3］Appiah，Kwame Anthony.（2005）. *The Ethics of Identity*. Princeton，NJ： Princeton University Press.

［4］Apple，Michael W.（［1979］2004）. *Ideology and Curriculum*（3rd Edn）. New York： RoutledgeFalmer.

［5］Appleby，et al.（1996）. *Knowledge and Postmodernism in Historical Perspective*. New York and London： Routledge.

［6］Arnot，Madeleine.（2006）. Retrieving the Ideological Past：critical sociology，gender theory，and the school curriculum，in Lois Weis，Cameron McCarthy & Greg Dimitriadis（Eds）. Ideology，Curriculum，and the New Sociology of Education，17—36. New York： Routledge.

［7］Baker，Bernadette M.（2001）. *In Perpetual Motion： theories of power, educational history, and the child*. New York: Peter Lang.

[8] Bakhtin, M. (1981). The Dialogic Imagination: four essays [M]. Ed. Michael Holquist. Trans. Caryl Emerson and Michael Holquist. Austin: University of Texas Press.

[9] Ball, S. J., ed. (1990). *Foucault and Education: disciplines and knowledge*. London: Routledge.

[10] Barker, Philip. (1993). *Michel Foucault: subversions of the subject*. New York: Harvester Wheatsheaf.

[11] Benjamin, Jessica. (1998). *In the Shadow of the Other*. New York: Routledge.

[12] Besley, A. C. (Tina). (2000). Self, Identity, Adolescence and the Professionalisation of School Counselling in New Zealand: some Foucauldian perspectives. Ph D thesis, University of Auckland.

[13] Besley, A. C. (Tina). (2003a). Hybridized and Globalized: youth cultures in the postmodern era. Review of Education, Pedagogy and Cultural Studies, 25: 153—177.

[14] Besley, A. C. (Tina). (2006). *Counseling Youth: Foucault, power and the ethics of subjectivity* (2nd Edn). Rotterdam: Sense Publishers.

[15] Besley, A. C. (Tina), & Peters, Michel A. (2007). *Subjectivity and Truth: Foucault, education, and the culture of self*. New York: Peter Lang.

[16] Burchell, G., C. Gordon, and P. Miller, eds. (1991). *The Foucault Effect: studies in governmentality*. Chicago: University of Chicago Press and Harvester.

[17] Butler, Judith. (1990). *Gender Trouble: feminism and the subversion*

342

of identity. New York and London: Routledge, Chapman, and Hall.

[18] Butler, Judith. (1993) . *Bodies That Matter: on the discursive limits of 'sex'* . New York and London: Routledge.

[19] Butler, Judith. (1997) . *The Psychic Life of Power: theories in subjection*. Stanford, CA: Stanford University Press.

[20] Cary, Lisa J. (2007) . *Curriculum Spaces: discourse, postmodern theory and educational research*. New York: Peter Lang.

[21] Cole, Mike. (2008) . *Marxism and Educational Theory: origins and issues*. Taylor & Francis Group.

[22] Connelly, F. Michael. (ed) . (2008) . *The Sage Handbook of Curriculum and Instruction*. Los Angeles. Sage Publications.

[23] Cremin, Laurence. (1961) . *The Transformation of the School*. New York: Knopf.

[24] Crossley, Nick. (1994) . *The Politics of Subjectivity: between Foucault and Merleau-Ponty*. Aldershot: Avebury.

[25] Crossley, Nick. (2001) . The Social Body: habit, identity and desire. London and Thousand Oaks, CA: Sage.

[26] Curtis, B. (2002) . Foucault on Governmentality and Population: the impossible discovery. in Canadian Journal of Sociology, 27 (4) : 505—35.

[27] Cusset, François. (2008) . French Theory: how Foucault, Derrida, Deleuze, & co. transformed the intellectual life of the United States, trans. Jeff Fort. Minneapolis: University of Minnesota Press.

[28] De Alba, A., E. Gonzalez-Gaudiano, C. Lankshear, and M. A. Peters. (2000) . *Curriculum in the Postmodern Condition*. New York: Peter Lang.

343

[29] Deacon, Roger Alan. (2003) . *Fabricating Foucault: rationalising the management of individuals*. Marquette University Press.

[30] Deleuze, Gilles. (1986) . *Foucault. trans. and ed. Sean Hand*. Minneapolis: University of Minnesota Press.

[31] Doll, Jr, William. (1993) . *Post-modern Perspective on Curriculum*. New York: Peter Lang.

[32] Doll, Jr, William, E. et, al. (2002) . *Curriculum Visions*. New York: Peter Lang.

[33] Dreyfus, H. L. (1991) . *Being-In-The-World: a commentary on Heidegger's Being and Time, Division I*. Cambridge, MA: MIT Press.

[34] Dreyfus, H. L., & P. Rabinow. (1983) . *Michel Foucault: beyond structuralism and hermeneutics* (2nd edition) . Chicago: University of Chicago Press.

[35] Dunkel, H. B. (1969) . *Herbart and Education*. New York: Random House.

[36] Edwards, R., and R. Usher. (2000) . *Globalisation and Pedagogy: space, place and identity*. London and New York: Routledge.

[37] Eisner, Elliot W. (1985) . *Aesthetic Modes of Knowing*. Chicago: University of Chicago Press.

[38] Eisner, Elliot W. (1994) . *The Education Imagination: on the design and evaluation of school progress* (3rd ed) . New York: Macmillan College Publishing Company.

[39] Elden, S. (2001) . *Mapping the Present: Heidegger, Foucault and the project of a spatial history*. London and New York: Continuum.

[40] Eribon, Didier. (1991) . *Michel Foucault, tr. Wing, Betsy*.

Cambridge: Harvard University Press.

[41] Flinders, David J. & Thornton, Stephen J. (Eds.) (1997) . *The Curriculum Studies Reader*. New York: Routledge.

[42] Foucault, M. (2006) . *Madness and Civilization: a history of insanity in the age of reason*. London: Routledge.

[43] Foucault, M. (1963) . *Birth of the Clinic*. New York: Pantheon.

[44] Foucault, M. (1970) . *The Order of Things*. New York: Pantheon.

[45] Foucault, M. (1972) . *The Archaeology of Knowledge*. New York: Pantheon Books.

[46] Foucault, M. (1977a) . *Discipline and Punish: the birth of the prison*. London: Penguin.

[47] Foucault, M. (1980a/1978a) . *The Will to Know: The History of Sexuality* (Vol. 1) . New York: Vintage.

[48] Foucault, M. (1985) . *The Use of Pleasure: The History of Sexuality* (Vol. 2) . New York: Vintage.

[49] Foucault, M. (1990) . *The Care of the Self: The History of Sexuality* (Vol. 3) . London: Penguin.

[50] Foucault, M. (1977b) . Language, Counter-Memory, Practice: selected essays and interviews. D. Bouchard, ed. Oxford: Blackwell.

[51] Foucault, M. (1980) . *Power/Knowledge: selected interviews and other writings 1972—1977*. C. Gordon, ed. New York: Pantheon Books.

[52] Foucault, M. (1980c) . *Two lectures, in Power/Knowledge*. C. Gordon, ed. New York: Pantheon Books.

[53] Foucault, M. (1980d) . *The History of Sexuality, in Power/ Knowledge*. C. Gordon, ed. New York: Pantheon Books.

［54］Foucault, M.（1980e）. *Prison Talk, in Power/Knowledge*. C. Gordon, ed. New York: Pantheon Books.

［55］Foucault, M.（1980f）. *The Confession of the Flesh, in Power/ Knowledge*. C. Gordon, ed. New York: Pantheon Books.

［56］Foucault, M.（1983a）. The Subject and Power, in Dreyfus & Rabinow.（1983）. *Michel Foucault: beyond structuralism and hermeneutics*（2nd edition）. Chicago: University of Chicago Press.

［57］Foucault, M.（1984）. The Foucault Reader. P. Rabinow, ed. New York: Pantheon Books.

［58］Foucault, M.（1984b）. Nietzsche, Genealogy, History, in The Foucault Reader. P. Rabinow, ed. New York: Pantheon Books.

［59］Foucault, M.（1984c）. What Is Enlightenment? in The Foucault Reader. P. Rabinow, ed. New York: Pantheon Books.

［60］Foucault, M.（1984d）. Politics and Ethics, in The Foucault Reader. P. Rabinow, ed. New York: Pantheon Books.

［61］Foucault, M.（1984e）. Preface to The History of Sexuality, vol. 2, in The Foucault Reader. P. Rabinow, ed. New York: Pantheon Books.

［62］Foucault, M.（1988）. Technologies of the Self: a seminar with Michel Foucault. L. H. Martin, H. Gutman, and P. H. Hutton, eds. Amherst: University of Massachusetts Press.

［63］Foucault, M.（1988a）. Truth, Power, Self: an interview with Michel Foucault, in Technologies of the Self: a seminar with Michel Foucault. Martin, etc. eds. Amherst: University of Massachusetts Press.

［64］Foucault, M.（1988b）. Technologies of the Self, in Technologies of the Self: a seminar with Michel Foucault. Martin, etc. eds. Amherst: University of Massachusetts Press.

［65］Foucault, M.（1988c）. The Political Technology of Individuals, in Technologies of the Self: a seminar with Michel Foucault. Martin, etc. eds. Amherst: University of Massachusetts Press.

［66］Foucault, M.（1988）. Politics, Philosophy, Culture: interviews and other writings, 1977—1984. Lawrence. D. Kritzman ed., Alan Sheridan and others, tr. New York and London: Routledge.

［67］Foucault, M.（1988d）. Practicing Criticism, in Politics, Philosophy, Culture. New York and London: Routledge.

［68］Foucault, M.（1988e）. The Return of Morality, in Politics, Philosophy, Culture. New York and London: Routledge.

［69］Foucault, M.（1988f）. Politics and Reason, in Politics, Philosophy, Culture. New York and London: Routledge.

［70］Foucault, M.（1988g）. Power and Sex, in Politics, Philosophy, Culture. New York and London: Routledge.

［71］Foucault, M.（1991）. The Foucault Effect: studies in governmentality. G. Burchell, C. Gordon, and P. Miller, eds. Hemel Hempstead: Harvester Wheatsheal.

［72］Foucault, M.（1997）. Ethics, Subjectivity and Truth（essential works, Vol. 1）. P. Rabinow, ed. New York: The New Press.

［73］Foucault, M.（1997a）. Sex, Power and the Politics of Identity, in P. Rabinow ed., Ethics, Subjectivity, and Truth（essential works, Vol. 1）（163—173）. New York: The New Press.

［74］Foucault, M.（1997b）. Foucault and His Interlocutors. Davidson, A. I., ed. Chicago: University of Chicago Press.

［75］Foucault, M.（1998a）. Aesthetics, Method, and Epistemology（essential works, Vol. 2）. D. Faubion, ed. P. Rabinow, series ed. R.

Hurley et al., trans. London: Allen Lane and Penguin Press.

[76] Foucault, M. (1998b) . What Is an Author? in Aesthetics, Method, and Epistemology (essential works, Vol. 2) . London: Allen Lane and Penguin Press.

[77] Foucault, M. (1998c) . Structuralism or Poststructuralism, in Aesthetics, Method, and Epistemology (essential works, Vol. 2) . London: Allen Lane and Penguin Press.

[78] Foucault, M. (1998d) . A Critical History of Thought, in Aesthetics, Method, and Epistemology (essential works, Vol. 2) . London: Allen Lane and Penguin Press.

[79] Foucault, M. (2000) . Power (essential works, Vol. 3) . J.D. Faubion, ed.; and R. Hurley et al., trans. London: Allen Lane and Penguin Press.

[80] Foucault, M. (2000a) . The Subject and Power, in Power (essential works, Vol. 3) . London: Allen Lane and Penguin Press.

[84] Foucault, M. (2006b) . Psychiatric Power (1973—1974) . Graham Burchell, trans. New York: Palgrave Macmillan.

[85] Foucault, M. (2004) . Abnormal (1974—1975) . Graham Burchell, trans. New York: Palgrave Macmillan.

[86] Foucault, M. (2003) . Society Must Be Defended (1975—1976) . David Macey, trans. New York: Picador.

[87] Foucault, M. (2007) . Security, Territory, Population (1977—1978) . Graham Burchell, trans. New York: Palgrave Macmillan.

[88] Foucault, M. (2008) . The Birth of Biopolitics (1978—1979) . Graham Burchell, trans. New York: Palgrave Macmillan.

[89] Foucault, M. (2005) . The Hermeneutics of the Subject (1981—

1982）. Graham Burchell, trans. New York： Palgrave Macmillan.

[90] Foucault, M.（2010）. The Government of Self and Others （1982—1983）. Graham Burchell, trans. New York： Palgrave Macmillan.

[91] Foucault, M.（1983）. This is Not a Pipe. trans. and ed. by James Harkness. Berkeley： University of California Press.

[92] Foucault, M.（1991）. Remarks on Marx. R. James Goldstein and James Cascaito, ed. New York： Semiotext（e）.

[81] Foucault, M.（2001a）. Fearless Speech. J. Pearson, ed. Los Angeles： Semiotext（e）.

[82] Foucault, M.（2006a）. *The Chomsky–Foucault Debate： on human nature*. New York & London： The New Press.

[83] Foucault, M.（2007a）. The Politics of Truth. S, Lotringer. ed. Los Angeles： Semiotext（e）.

[93] Freire, Paulo.（1970）. *Pedagogy of the Oppressed*. New York： The Seabury Press.

[94] Gabbard, David（ed.）（2008）. *Knowledge and Power in the Global Economy： the effects of school reform in a neoliberal / neoconservative age*（2nd edition）. New York： Lawrence Erlbaum Associates.

[95] Gabbard, David.（2008）. *Education Under the Security State： defending public schools*. New York and London： Teachers College Press.

[96] Giroux. H.（1990）. *Curriculum Discourse as Postmodern Critical Practice*. Geelong： Deakin University Press.

[97] Giroux. H.（1992）. *Border Crossings： cultural workers and the politics of education*. New York and London： Routledge.

[98] Goodlad, John I.（1966）. *School, Curriculum and the Individual*.

Massachusetts: Blaisdell Publishing Company.

[99] Goodlad, John I. (1979). *Curriculum Inquiry: the study* of *curriculum practice*. New York: McGraw—Hill Book Company.

[100] Grande, Sandy. (2004). *Red Pedagogy: Native American social and political thought*. Lanham: Rowman & Littlefield.

[101] Griffith, Bryant. (2007). *A Philosophy of Curriculum*. Rotterdam/ Taipei: Sense Publishers.

[102] Hall, G. S. (1883). *The Contents of Children's Minds on Entering School*. New York: E. L. Kellogg & Co.

[103] Hall, G. S. (1904). Adolescence: its psychology and its relations to physiology, anthropology, sociology, sex, crime, religion and education. Vols. I and II. New York: D. Appleeton and Company.

[104] Heidegger, M. (1962). *Being and Time. J. Macquarrie and E. Robinson, trans*. London: SCM Press.

[105] Heidegger, M. (1977). *The Question Concerning Technology and Other Essays*. New York: Harper and Row.

[106] Hillis, Vikki. (Ed.) (1999). *The Lure of the Transcendent: collected essays by Dwayne E. Huebner*. New Jersey: Lawrence Erlbaum Associates.

[107] Hindess, B. (1996). *Discourses of Power: From Hobbes to Foucault*. Oxford: Blackwell.

[108] Humboldt, Wilhelm Von. (1969). *The Limits of State Action*. London: Cambridge University Press.

[109] Hofer, Barbara K., & Pintrich, Paul R. (Eds.) (2002). *Personal Epistemology: the psychology of beliefs about knowledge and knowing*. New Jersey: Lawrence Erlbaum Associates.

［110］Holquist, Michael. (1990). *Dialogism: Bakhtin and His World*. London: Routledge.

［111］Hook, Derek. (2007). *Foucault, Psychology and the Analytics of Power*. Houndmills: Macmillan Distribution Ltd.

［112］Horkheimer, Max & Adorno, Theodor, W. (1987). *Dialectic of Enlightenment*. New York: Continuum.

［113］Jackson, Philip W. (Ed.) (1992). *Handbook of Research on Curriculum: a project of the AERA*. New York: Macmillan Publishing Company.

［114］Jay, Martin. (2005). *Songs of Experience: modern American and European variations on a universal theme*. Berkeley: University of California Press.

［115］Kelly, Michael. (1994). *Critique and Power: recasting the Foucault–Habermas debate*. Cambridge: The MIT Press.

［116］Kelly, A. V. (1999). *The Curriculum: theory and practice* (4th edition). London: Paul Chapman Publishing.

［117］Kincheloe, Joe L. & McLaren, Peter (Eds). (2007). *Critical Pedagogy: where are we now?* New York: Peter Lang.

［118］Kincheloe, Joe L. & Pinar, William F. (Eds). (1991). *Curriculum as Social Psychoanalysis: the significance of place*. Albany: State University of New York Press.

［119］Kliebard, Herbert. (1986). *The Struggle for the American Curriculum, 1893—1958*. Boston: Routledge and Kegan Paul.

［120］Kliebard, Herbert. (1992). *Forging the American Curriculum: essays in curriculum history and theory*. New York and London: Routledge.

[121] LaCapra, Dominick. (2004) . *History in Transit: experience, identity, critical theory*. Itiiaca and London: Cornell University Press.

[122] Luke, A., and Luke, C. (2000) . A Situated Perspective on Cultural Globalisation. In N. Burbules and C. Torres, eds. Globalisation and Educational Policy. New York: Routledge.

[123] Macdonald, Bradley J. ed. (1995) . *Theory as a Prayerful Act*. New York: Routledge.

[124] Mahon, Michael. (1992) . *Foucault's Nietzschean Genealogy: truth, power and the subject*. New York: State University of New York Press.

[125] Malewski, Erik. ed. (2009) . *Curriculum Studies Handbook: the next moment*. New York: Routledge.

[126] Malpas, J. (1999) . *Place and Experience: a philosophical topography*. Cambridge: Cambridge University.

[127] Malpas J. & Wrathall M. eds. (2000) . *Heidegger, Authenticity, and Modernity*. Cambridge: MA: The MIT Press.

[128] Marshall, J. D. (1996) . *Michel Foucault: personal autonomy and education*. Dordrecht and Boston: Kluwer Academic Publishers.

[129] McLaren, Peter. (1997) . *Revolutionary Multiculturalism*. Boulder: Westview Press.

[130] McNay, Lois. (1992) . *Foucault and Feminism: power, gender and self*. Boston: Northeastern University Press.

[131] McNay, Lois. (1994) . *Foucault: a critical introduction*. Polity Press.

[132] Megill, A. (1985) . *Prophets of Extremity*. Berkeley: University of California Press.

[133] Merlean-Ponty, M. (1962) . Phenomenology of Perception. C.

Smith, trans. London: Routledge and Kegan Paul.

［134］Merlean-Ponty, M.（1968）. The Visible and the Invisible. A. Lingus, trans. Evanston: Northwestern University Press.

［135］Miller, Janet I.（2005）. Sounds of Silence Breaking. women, autobiography, curriculum. New York: Peter Lang.

［136］Miller John, P.（2007）. *The Holistic Curriculum*（2nd Edition）. Toronto: University of Toronto Press.

［137］Morgan, J.（2000）. Critical Pedagogy: the spaces that make the difference. in Pedagogy, Culture and Society, 8（3）: 27—89.

［138］Morris, Brian.（1991）. *Western Conceptions of The Individual*. New York/Oxford: Berg.

［139］Miller, James.（1993）. *The Passion of Michel Foucault*. New York: Simon & Schuster.

［140］Milchman, Alan. & Rosenberg, Alan, eds.（2003）. *Foucault and Heidegger: critical encounters*. London: University of Minnesota Press.

［141］Nealon, Jeffrey T.（2008）. *Foucault Beyond Foucault*. California: Stanford University Press.

［142］Nietzsche, Friedrich.（1956 ［original 1887］）. *The Genealogy of Morals*. New York: Doubleday.

［143］Nietzsche, F.（1969）. On the Genealogy of Morals. trans. Walter Kaufmann. New York: Random House.

［144］Olssen, M.（1999）. *Michel Foucault: materialism and education*. Westport, CT: Bergin and Garvey.

［145］Olssen, Mark.（2009）. *Toward A Global Thin Community: Nietzsche, Foucault, and the cosmopolitan commitment*. Boulder &

London: Paradigm Publishers.

[146] Paras, Eric. (2006) . *Foucault 2.0: beyond power and knowledge.* New York: Other Press.

[147] Peters, M. A. (1996) . *Poststructuralism, Politics and Education.* Westport, CT and London: Bergin and Garvey.

[148] Peters, M. A. and A. C. Besley, eds. (2006) . *Why Foucault? new directions in educational research.* New York: Peter Lang.

[149] Pinar, William F. (ed.) (1975) . *Curriculum Theorizing: the reconceptualists. Berkeley:* McCutchan Publishing Corporation.

[150] Pinar, William F. (1975a) . Sanity, madness and the school. in Pinar (ed.) (1975) . *Curriculum Theorizing: the reconceptualists* (359—383) . Berkeley: McCutchan.

[151] Pinar, William F. (1975b) . Currere: toward reconceptualization. in Pinar (ed) . *Curriculum Theorizing: the reconceptualists* (396—414) . Berkeley: McCutchan Publishing Corporation.

[152] Pinar, William F. (1975c) . The Analysis of Educational Experience. in Pinar (ed) . *Curriculum Theorizing: the reconceptualists* (384—395) . Berkeley: McCutchan Publishing Corporation.

[153] Pinar, William F. (1975d) . Search for a Method. in Pinar (ed) . *Curriculum Theorizing: the reconceptualists* (415—426) . Berkeley: McCutchan Publishing Corporation.

[154] Pinar, William F. (1991) . *Understanding Curriculum As Phenomenological and Deconstructed Text.* New York and London: Teachers College Press.

[155] Pinar, William F. (1994) . *Autobiography, Politics, and Sexuality: essays in curriculum theory 1972—1992.* New York: Peter Lang.

[156] Pinar, William F., Reynolds, William M., Slattery, Patrick & Taubman, Peter M. (1995) . *Understanding Curriculum*: *an introduction to historical and contemporary curriculum discourses*. New York: Peter Lang.

[157] Pinar, William F. ed. (1998) . *Curriculum*: *toward new identities*. New York and London: Garland Publishing, Inc.

[158] Pinar, William F. (Ed.) (2003) . *International Handbook of Curriculum Research*. Mahwah: Lawrence Erlbaum Associates.

[159] Pinar, William F. (2004) . *What is Curriculum Theory*? Mahwah: Lawrence Erlbaum.

[160] Pinar, William F. & Irwin, Rita L, eds. (2005) . *Curriculum in A New Key*: *the collected works of Ted T*. Aoki. Mahwah: Lawrence Erlbaum Associates.

[161] Pinar, William F. (2006a) . *The Synoptic Text Today and Other Essays*: *curriculum development after the reconceptualization*. New York: Peter Lang.

[162] Pinar, William F. Exile and Estrangement in the Internationalization of Curriculum Studies. in Journal of the American Association for the Advancement of Curriculum Studies (JAAACS) , Vol. 2, 2006b.

[163] Pinar, William F. (2007) . *Intellectual Advancement through Disciplinarity*: *verticality and horizontality in curriculum studies*. Rotterdam: Sense Publishers.

[164] Pinar, William F. (2008) . Curriculum Theory Since 1950: Crisis, Reconceptualization, Internationalization. in Connelly, F. Michael (ed) . (2008) . The Sage Handbook of Curriculum and Instruction, 491—513. Los Angeles. Sage Publications.

［165］Pinar, William F.（2009a）. *The Worldliness of a Cosmopolitan Education*： *passionate lives in public service*. New York： Routledge.

［166］Pinar, William F. The Unaddressed 'I' of Ideology Critique. in Power and Education, Vol. 1, No. 2, 2009b, 189—200.

［167］Peters, et al.（eds.）（2003）. *Critical Theory and the Human Condition*： *founders and praxis*. New York： Peter Lang.

［168］Popkewitz, T. S., and M. Brennan.（1998）. *Foucault's Challenge*： *discourse, knowledge and power in education*. New York： Teachers College Press.

［169］Popkewitz, Thomas S.（2008）. *Cosmopolitanism and the Age of School Reform*： *science, education, and making society by making the child*. New York： Routledge.

［170］Porter, Roy.（2003）. *Flesh in the Age of Reason*： *the modern foundations of body and soul*. London： Allen Lane.

［171］Proudfoot, M.（2003）. *The Philosophy of the Body*. Oxford： Blackwell Publishing.

［172］Rajchman, John.（1985）. *Michel Foucault*： *the freedom of philosophy*. New York： Columbia University Press.

［173］Ransom, John S.（1997）. *Foucault's Discipline*： *the politics of subjectivity*. Durham and London： Duke University Press.

［174］Rasmussen, Mary Louise.（2006）. *Becoming Subject*： *sexualities and secondary schooling*. New York： Routledge.

［175］Reynolds, William M. et al（2004）. *Expanding Curriculum Theory*. Mahwah： Lawrence Erlbaum Associates.

［176］Ross, E. Wayne, & Gibson, Rich eds.（2007）. *Neoliberalism and Education Reform*. New Jersey： Hampton Press.

356

[177] Rorty, Richard. (1979). *Philosophy and the Mirror of Nature*. Princeton: Princeton University Press.

[178] Rose, Nikolas. (1989). *Governing the Soul: the shaping of the private self*. London: Routledge.

[179] Rose, N. S. (1998). *Inventing Our Selves: psychology, power, and personhood*. Cambridge: Cambridge University Press.

[180] Sartre, Jean-Paul (1981). *The Family Idiot: Gustave Flaubert 1821—1857, trans. Carol Cosman*. Chicago: University of Chicago Press.

[181] Silber, I. F. (1995). Space, Fields, Boundaries: the rise of spatial metaphors in contemporary sociological theory, Social Research, Summer, 62 (2): 323—333.

[182] Smith, Paul. (1988). *Discerning the Subject, foreword by John Mowitt*. Minneapolis: University of Minnesota Press.

[183] Smith, Roger. (1995). *Derrida and Autobiography*. Cambridge: Cambridge University Press.

[184] Smith, Roger. (2007). *Being Human: historical knowledge and the creation of human nature*. New York: Columbia University Press.

[185] Shrift, A. (1995). *Nietzsche's French Legacy: a genealogy of poststructuralism*. New York and London: Routledge.

[186] Strawson, Galen. (2009). *Selves: an essay in revisionary metaphysics*. Oxford: Clarendon Press.

[187] Strozier, Robert M. (2002). *Foucault, Subjectivity and Identity: historical constructions of subject and self*. Detroit: Wayne State University Press.

[188] Tanner, D., & Tanner, L. (1990). *History of the School*

Curriculum. New York: Macmillan Publishing Company.

[189] Todd, Sharon. (2009). *Toward an Imperfect Education: facing humanity, rethinking cosmopolitansim*. Boulder: Paradigm Publishers.

[190] Torres, Carlos Alberto. (2006). Schooling, Power, and the Exile of the Soul, in Lois Weis, Cameron McCarthy & Greg Dimitriadis (Eds). Ideology, Curriculum, and the New Sociology of Education, 47—65. New York: Routledge.

[191] Wang, Hongyu. (2004). *The Call from the Stranger on a Journey Home: curriculum in a third space*. New York: Peter Lang Publishing, Inc.

[192] Weis, Lois., McCarthy, Cameron & Dimitriadis, Greg (Eds). (2006) *Ideology, Curriculum and the New Sociology of Education*. New York: Routledge.

[193] Wexler, Philip. (1987). *Social Analysis of Education: after the new sociology*. Boston: Routledge & Kegan Paul.

[194] Wittgenstein, L. (1953). *Philosophical Investigations*. Oxford: Blackwell.

[195] Young, Michael F.D. (2008). *Bringing Knowledge Back In: from social constructivism to social realism in the sociology of education*. London: Routledge.

[196] Ziarek, Ewa Plonowska. (2001). *An Ethics of Dissensus: postmodernity, feminism, and the politics of radical democracy*. Stanford, CA: Stanford University Press.

附　录

术语表

aesthetic revelation　审美启示

aesthetics of existence　生存美学

arts of governance　治理的艺术

alterity　异者

architecture of resistance　抵制结构

art of distribution　分布艺术

autobiography method　自传方法

biopower　生命权力

bodily singularities　身体奇点

body site　身体据点

buried depth　埋置深度

character development　道德发展

child archaeology　儿童考古学

child image　儿童的面孔

common school　公立学校

confinement　禁闭

historical ontology　历史存在论

history of present　当前的历史

idealist morphology　观念论形态学

individual human beings　人类个体

individualizing effect　个体化效应

lived experience　生活体验

matrices of transformation　变换模型

media power　媒介权力

partitioning　分区技术

pastoral power　牧师权力

pattern of modifications　修改模式

personal autonomy　个体自主

politics of body　身体政治学

politics of space　空间政治学

politics of truth　真理政治

political anatomy　政治解剖学

political society　政治社会

populational reasoning　一般性推论

power relations　权力关系

practice of freedom　实践自由

preformation theory　预成论

presentations　呈现物

Reals　真实因子

recapitulation theory　复演论

regimes of truth　真理建制

regime of visibility　视觉机制

reproduction theory　再生产理论

soul-effects　心灵效应

specific intellectual　具体知识分子

spiritual guidance　精神引导

state power　国家权力

strategical autonomy　策略性自主

subject positions　主体身份

subjectivation　主体化

subjective states　主体心智状态

subjectivity　主体性

totalizing concept　总体化概念

totalizing effect　总体化效应

universal intellectual　全能知识分子

worldliness　现世性